全国职业病诊疗康复人才培训系列教材

职业性化学中毒

国家卫生健康委职业健康司　组织编写

李珏　李涛　主编

中国人口与健康出版社
China Population and Health Publishing House
全国百佳图书出版单位

图书在版编目（CIP）数据

职业性化学中毒 / 国家卫生健康委职业健康司组织编写 . -- 北京 ：中国人口与健康出版社，2025. 6.
（全国职业病诊疗康复人才培训系列教材）. -- ISBN 978-7-5238-0438-4

Ⅰ. R598

中国国家版本馆 CIP 数据核字第 20257DZ723 号

全国职业病诊疗康复人才培训系列教材
职业性化学中毒

QUANGUO ZHIYEBING ZHENLIAO KANGFU RENCAI PEIXUN XILIE JIAOCAI
ZHIYEXING HUAXUE ZHONGDU

国家卫生健康委职业健康司　组织编写

责任编辑	李春荣　薛　珂
责任设计	刘海刚
责任印制	任伟英
出版发行	中国人口与健康出版社
印　　刷	天津中印联印务有限公司
开　　本	889 毫米 ×1194 毫米　1/16
印　　张	18.5
字　　数	479 千字
版　　次	2025 年 6 月第 1 版
印　　次	2025 年 6 月第 1 次印刷
书　　号	ISBN 978-7-5238-0438-4
定　　价	58.00 元

微信 ID	中国人口与健康出版社		
图书订购	中国人口与健康出版社天猫旗舰店		
新浪微博	@ 中国人口与健康出版社		
电子信箱	rkcbs@126.com		
总编室电话	（010）83519392	发行部电话	（010）83557247
办公室电话	（010）83519400	网销部电话	（010）83530809
传　　真	（010）83519400		
地　　址	北京市海淀区交大东路甲 36 号		
邮　　编	100044		

全国职业病诊疗康复人才培训系列教材
编写指导委员会

《职业性化学中毒》编委会

主　　编：李　珏　北京市职业病防治院

李　涛　中国疾病预防控制中心职业卫生与中毒控制所

副 主 编：牛东升　北京市职业病防治院

牛丕业　首都医科大学

夏丽华　广东省职业病防治院

赖　燕　湖南省职业病防治院

闫永建　山东省第二人民医院

刘志东　惠州市职业病防治院

黎东霞　贵州省第三人民医院

孙道远　同济大学附属上海市肺科医院（上海市职业病防治院）

编写人员：（按姓氏笔画排序）

丁晓文　北京市职业病防治院

王会宁　北京市职业病防治院

王多多　湖南省职业病防治院

王艳艳　广东省职业病防治院

冯宝宝　山东第一医科大学附属省立医院

刘继中　贵州省第三人民医院

闫丽丽　上海市化工职业病防治院

关　里　北京大学第三医院

杨　浩　贵州省卫生健康委员会职业健康处

李　俊　贵州省第三人民医院

李　晓　北京大学第三医院

李世恒　惠州市职业病防治院

何蔡为　北京市职业病防治院

余志林　湖南省职业病防治院

张　箭　贵州省第三人民医院

张雪涛　上海市化工职业病防治院

陈　田　首都医科大学

陈章健　北京大学

范晓丽　山东第一医科大学附属职业病医院

郑　昀　北京市职业病防治院

赵旭鹏　北京市职业病防治院

赵娜娜　北京市职业病防治院

黄　明　广东省职业病防治院

黄春桃　湖南省职业病防治院

曾　梅　山东大学齐鲁医院

曾承贵　惠州市职业病防治院

樊琳琳　山东省第二人民医院

序 言

人民健康是民族昌盛和国家富强的重要标志，职业健康关系亿万劳动者身心健康和家庭幸福，党中央、国务院历来高度重视职业健康工作。党的十八大以来，以习近平同志为核心的党中央坚持以人民为中心的发展思想，把保障人民健康放在优先发展的战略地位，提出从以治病为中心转变为以人民健康为中心，实施健康中国战略，将健康融入所有政策，为人民群众提供全方位全周期健康服务。党的二十届三中全会明确提出实施健康优先发展战略，健全公共卫生体系，促进社会共治、医防协同、医防融合，强化监测预警、风险评估、医疗救治等能力。

我国正处于工业化、城镇化快速发展阶段，广大劳动者在职业活动中接触的职业病危害因素日益复杂多样，职业性尘肺病、职业中毒等传统职业病防治形势仍然严峻，肌肉骨骼系统疾病和工作压力导致的生理、心理问题正成为亟待应对的职业健康新挑战。保障劳动者健康，做好职业病诊疗康复工作，需要大力加强专业技术人才培养，加强职业卫生放射卫生服务能力建设，以适应新时代职业健康工作需要。

按照《“健康中国 2030”规划纲要》《国家职业病防治规划（2021—2025 年）》等要求，国家卫生健康委将职业病诊疗康复人才培训纳入卫生健康人才培养项目。为加强人才培训培养工作的专业性、规范性和实效性，国家卫生健康委职业健康司组织编写了“全国职业病诊疗康复人才培训系列教材”，共 10 种，分别是《职业健康检查》《职业病诊断与鉴定》《职业性尘肺病》《职业性化学中毒》《职业性噪声聋》《职业性皮肤病及其他职业病》《放射工作人员职业健康检查》《职业性放射性疾病》《工作相关肌肉骨骼疾病》《工作相关精神和行为障碍》。

本套教材由 200 多位来自疾病预防控制机构、职业病防治院所、专科医院等职业病诊断、治疗和康复相关领域的专家学者共同编写，内容丰富、科学系统，具有较强的专业性、科学性、针对性、实用性，既可用于职业病诊疗康复人员的培训，也可供职业健康监管人员、用人单位职业卫生管理人员、职业健康技术服务人员以及大专院校相关专业师生学习参考。

因时间仓促，本套教材虽经多次讨论和修改，但难免会有不妥和错误之处，欢迎广大读者批评指正。

全国职业病诊疗康复人才培训系列教材

编写指导委员会

2025 年 6 月

前言

随着工业化进程的加速和化学工业的蓬勃发展，化学物质被广泛应用于各行各业。从化工生产到电子制造，从医药研发到金属加工，化学物质已经成为现代工业不可或缺的重要组成部分。然而，化学物质的使用在带来经济效益的同时，也带来了不容忽视的职业健康问题，由生产性毒物所导致的职业性化学中毒是我国常见职业病之一。职业性化学中毒具有群发性、隐匿性和长期性等特点，其影响范围广，所造成的经济损失高，严重影响着从业人员的身心健康，更对整个经济社会的稳定发展构成威胁。因此，党中央及国务院高度重视职业性化学中毒的防治工作。

《职业性化学中毒》为全国职业病诊疗康复人才培训系列教材之一，聚焦于职业性化学中毒诊疗康复相关技术。全书共十二章，第一章为概述部分，重点阐述了职业性化学中毒的基本概念和特点；第二章到第五章介绍了职业性化学中毒的诊疗规范，包括职业性化学中毒的诊断、救治、康复、预防与控制；第六章至第十二章介绍了各种常见生产性毒物的接触机会，其所致职业性化学中毒的发病机制、临床表现，以及相应的实验室检查、诊断与鉴别诊断和治疗方法等，内容涵盖了职业性金属或类金属中毒，职业性刺激性气体中毒，职业性窒息性气体中毒，职业性有机溶剂中毒，职业性苯的氨基、硝基化合物中毒，农药中毒，以及其他常见化合物的职业中毒，并在每章列举了相应案例以供读者参考。

本书紧扣《职业病诊疗康复人才培训大纲》，依据国家现行政策标准，聚焦于国内前沿成果和最新的典型案例，旨在构建职业性化学中毒诊疗康复知识体系框架，帮助临床医师及相关的职业健康工作人员掌握常见职业性化学中毒的临床特征及诊断救治措施，提升职业性化学中毒诊断、救治能力。本书力求概念清晰、内容系统、逻辑严密、语言表述准确、编写科学规范，突出科学性和实践性，适用于职业性化学中毒的诊疗康复培训，也可作为相关职业健康工作人员的日常参考用书。

本书是在国家卫生健康委职业健康司的具体指导下，由来自全国职业病防治机构、疾病预防控制机构、高等院校和企事业单位的知名专家、学者共同执笔撰写。由李珏、李涛担任主编，牛东升、牛丕业、夏丽华、赖燕、闫永建、刘志东、黎东霞、孙道远担任副主编。在此，谨向参与教材编写的各位专家、学者，以及各方面的支持与帮助，一并表示衷心的感谢。

由于编者经验、水平有限，书中难免存在不足甚或错误，敬请各位同行和读者批评、指正，以便再版时修订。

《职业性化学中毒》编委会

2025 年 6 月

目 录

01 第一章　职业性化学中毒概述

随着工业生产的快速发展，大量化学物质进入人类生产和生活环境，在生产、运输和使用等职业接触条件下，如缺乏有效的防护措施，生产性毒物可通过呼吸道、皮肤或胃肠道等途径进入人体，导致职业性化学中毒。

第一节　生产性毒物概述

生产性毒物（industrial toxicant），是指在生产过程中产生的或存在于工作环境中的、在一定条件下可引起机体暂时或永久性病理改变，甚至危及生命的外源性化学物。

一、生产性毒物的来源

生产性毒物主要来源于原料、辅助材料、中间产品（中间体）、成品、夹杂物、副产品或废弃物，也可来自热分解产物及反应产物。

（1）原料：如生产氯乙烯所使用的乙烯和氯；制造蓄电池所使用的铅。

（2）辅助材料：如生产乙醛时使用汞作氧化剂；氯乙烯合成聚氯乙烯使用氯化汞作为触媒。

（3）中间产品：如生产苯胺时产生的硝基苯。

（4）成品：如农药厂生产的对硫磷等。

（5）夹杂物：如炼锡过程中夹杂的锌、铅等。

（6）副产品或废弃物：如含碳物质燃烧时产生的一氧化碳；生活垃圾焚烧所产生的二噁英等。

（7）化学反应产物：如聚氯乙烯塑料加热至160~170℃时的分解产物氯化氢；磷化铝遇湿分解生成的磷化氢等。

二、生产性毒物的存在形态

生产性毒物可以固态、液态、气态或气溶胶的形式存在。

气态毒物指常温、常压下呈气态的有毒物质，如氯气、氮氧化物、一氧化碳、硫化氢等。液态物质蒸发或挥发、固态物质升华时形成的气态物质称为蒸气，如苯蒸气、熔磷时产生的磷蒸气等。凡沸点低、蒸气压大的液体都易产生蒸气，对液体加温、搅拌、通气、超声处理、喷雾或增大其表面积均可促进蒸发或挥发。

悬浮于空气中的液体微滴称为雾，多由蒸气冷凝或液体喷洒而形成，如镀铬作业时产生的铬酸雾、喷漆作业时产生的漆雾等。悬浮于空气中直径小于0.1μm的固体微粒称为烟，金属熔融时产生的蒸气在空气中迅速冷凝、氧化可形成烟，如熔炼铅、电解铝时可产生铅烟、铝烟，锰电焊作业产生锰烟；有机物加热或燃烧时，也可形成烟。能较长时间悬浮在空气中，粒子直径为 0.1~10μm 的固体微粒则称为粉尘，固体物质的机械加工、粉碎，粉状物质在混合、筛分、包装时均可引起粉尘逸散。飘浮在空气中的粉尘、烟和雾，统称为气溶胶。

三、职业接触机会

劳动者接触生产性毒物的机会主要存在于生产环节或操作过程，包括原料开采与加工，原辅材料的运输、装卸和贮存，加料和出料，采样和分析，产品、副产品的处理、包装，设备维护和检修，化学反应控制不当或加料失误引起冒锅和冲料，物料输送管道或出料口堵塞，以及作业人员进入反应釜出料和清釜等。

有些作业虽未使用有毒物质，但在一定条件下也可能接触到毒物，甚至引起中毒，如在有机物堆积且通风不良的密闭场所作业（如地窖、矿井下的废巷、化粪池、腌菜池等）可能接触硫化氢；在含砷矿渣的酸化或加水处理时可接触砷化氢。消防和救护人员进入灾害场所执行救援任务时可能会接触到毒物，并有可能引起相应的急性中毒。

四、生产性毒物的分类

生产性毒物按化学特性和用途可分为以下类别。

（1）金属及其化合物：如铅及其化合物、汞及其化合物、锰及其化合物、铬及其化合物等。

（2）类金属及其化合物：如砷及其化合物、锑及其化合物等。

（3）刺激性气体：如甲醛、氮氧化物、二氧化硫、氨气、氯气等。

（4）窒息性气体：如硫化氢、磷化氢、一氧化碳等。

（5）有机溶剂：如苯、甲苯、二甲苯、乙苯等。

（6）苯的氨基和硝基化合物：如苯胺、三硝基甲苯、联苯胺、N- 甲基苯胺、N- 异丙基苯胺、对硝基苯胺、对硝基氯苯 / 二硝基氯苯、二苯胺等。

（7）农药：如氨基甲酸酯类农药、拟除虫菊酯类农药、杀虫脒等。

（8）其他化合物：如酚、醇、醚类化合物，多环芳烃类化合物，以及丙烯酰胺、丙烯腈、肼类化合物（含肼）、二甲基甲酰胺等。

五、进入人体的途径

生产性毒物主要经呼吸道吸入，也可经皮肤接触或经口摄入进入人体并被机体吸收。

（一）呼吸道吸入

由于肺泡的呼吸膜极其纤薄，具有较大的扩散面积（$50\sim100m^2$）且供血丰富。因此，气体、蒸气和气溶胶状态的毒物均可经呼吸道吸收进入人体，大部分生产性毒物经此途径被吸收进入人体而引起中毒。经呼吸道吸收的毒物，未经肝脏的生物转化解毒过程即直接进入大循环并分布于全身，故其毒作用发生较快。

气态毒物经呼吸道吸收的速度与其在空气中的浓度或分压有关，毒物浓度越高、在呼吸膜内外的分压差越大，进入机体的速度就越快。到达肺泡的气态物质的血 / 气分配系数越大，越易通过简单扩散跨呼吸膜吸收入血。气态毒物进入呼吸道的深度取决于其水溶性，水溶性较大的毒物（如氨气），在上呼吸道即可引发刺激症状，浓度较高时可到达肺泡；水溶性较小的毒物（如氮氧化物、光气等），对上呼吸道的刺激较小，但易进入呼吸道深部而被吸收，从而导致急性肺水肿。此外，劳动强度、肺通气量与肺血流量以及生产环境的气象条件等因素也可影响毒物在呼吸道中的吸收。

气溶胶状态的毒物在呼吸道的吸收情况受气道的结构特点，气溶胶的形状、分散度、溶解度，以及呼吸系统的清除功能等多种因素的影响。

（二）皮肤接触

皮肤对外来化合物具有屏障作用，但仍有不少外来化合物可经皮肤吸收入血而引起中毒，如有机磷酸酯类化合物、氨基甲酸酯类化合物、金属有机化合物（四乙基铅）、芳香族氨基和硝基化合物等。毒物主要通过表皮细胞，也可通过皮肤的附属器（如毛囊、皮脂腺或汗腺）进入真皮而被吸收入血；但皮肤附属器仅占体表面积的0.1%~0.2%，只能吸收少量毒物，其实际的卫生学意义不大。经皮吸收的毒物不经肝脏的生物转化解毒过程即直接进入大循环。

毒物经皮肤吸收可分为“穿透皮肤角质层”和“由角质层进入真皮而被吸收入血”两个阶段。毒物穿透角质层的能力与其分子量大小、脂溶性和角质层的厚度有关，分子量大于300Da的物质一般不易透过角质层。角质层下的颗粒层为多层膜状结构，且胞膜富含磷脂、固醇，脂溶性物质易透过此层，但水溶性物质难以进入。毒物到达真皮后，如不同时具有一定的水溶性，亦很难进入真皮的毛细血管，故经皮易吸收的毒物常是脂、水两溶性物质。汞蒸气等皮肤难以吸收的毒物在其浓度较高时也可经皮肤吸收；皮肤有病损或遭腐蚀性毒物损伤时，原本难经完整皮肤吸收的毒物也能进入；生产环境的温度和湿度、接触皮肤的部位和面积以及毒物的浓度和黏稠度等均可影响毒物经皮吸收。

（三）经口摄入

在生产过程中，毒物经口通过消化道摄入所致的中毒甚为少见，常见于事故性误服。由于个人不良的卫生习惯或食物受毒物污染时，毒物也可经消化道进入人体体内。有的毒物（如氰化物）可被口腔黏膜吸收。

六、影响生产性毒物毒作用的因素

（一）化学结构

毒物的化学结构与毒性大小之间有一定的规律性，如烷烃类物质对肝脏的毒性可因卤素的增多而增强，氯化甲烷的毒性依次为$CCl_4>CHCl_3>CH_2Cl_2>CH_3Cl$；毒物基团的位置亦影响其毒性的大小，如苯环化合物，其毒性为对位>邻位>间位；毒物的毒性还会随其分子中不饱和键的增加而增加，如乙炔>乙烯>乙烷等。

（二）理化性质

毒物的理化性质对吸收途径和体内过程有重要影响。毒物的溶解度直接影响其毒性大小，溶解度越大，其毒性越大。脂溶性物质易在脂肪内蓄积，易侵犯神经系统，如正己烷有较高的脂溶性。毒物的分散度越大，越易随呼吸进入人体，其毒性就越大，如锰的烟尘毒性大于锰的粉尘毒性。毒物的挥发性越强，在空气中的浓度越高，进入人体的可能性就越大。

（三）联合作用

在生产环境中，常有多种毒物同时存在，这些有害因素可同时或先后共同作用于人体，其毒效应可表现为相加作用、协同作用和拮抗作用。

（四）剂量、浓度及接触时间

空气中毒物浓度越高、接触时间越长，则其进入人体的量越大，也越容易引发中毒。

（五）生产环境和劳动强度

温度、湿度、气压等因素也对毒物的毒性有影响。高温条件能促进毒物的挥发，高湿条件可使氯化氢等毒物的毒性增加，高气压能使溶解于体液中的毒物的量增多。劳动强度大，个体的呼吸量增大，代谢及吸收毒物的速度也通常会随之加快。

（六）个体敏感性

同一接触条件下，不同个体对同一毒物毒作用的反应相差很大，造成这种差异的因素有很多，如年龄、性别、健康状况、免疫状况、个体遗传特性等。

（牛丕业　丁晓文）

第二节　职业性化学中毒特点

职业性化学中毒（occupational chemical poisoning），是指劳动者在职业活动中，短期或长期接触生产性毒物而引起的急性或慢性健康损害。

一、职业性化学中毒的临床类型

受生产性毒物的理化特性、接触浓度和时间、个体差异等因素的影响，职业性化学中毒在临床上可表现为急性中毒和慢性中毒。

（一）急性中毒

急性中毒（acute poisoning）是指毒物一次或短时间（数分钟至数小时）内大量吸收进入人体而引起的中毒。如急性硫化氢中毒、急性苯中毒等。

（二）慢性中毒

慢性中毒（chronic poisoning）是指毒物少量长期吸收进入人体而引起的中毒，如慢性铅中毒、慢性正己烷中毒等。

二、职业性化学中毒的临床特点

（一）潜伏期

潜伏期是指从开始接触生产性毒物到出现临床症状的时间，不同毒物引起急、慢性中毒的潜伏期各有特点。

1. 急性中毒潜伏期

（1）无潜伏期：接触毒物后迅速出现临床表现。常见于绝大多数刺激性气体中毒，以及无机氰化物、硫化物中毒，腐蚀性化学物所致眼、皮肤或胃肠灼伤，职业性化学源性猝死等。

（2）有潜伏期：起病形式为接触毒物后，经过一定时间才出现典型中毒临床表现。如个体在吸入有机溶剂后短时间内可无不适，经数小时或1d以后才逐渐出现意识障碍等中枢神经系统损害的症状；有些化学物在一次吸入后的潜伏期可达10h或更长，如急性光气中毒等。

（3）潜伏期双峰表现：潜伏期双峰表现是急性中毒潜伏期的特殊类型，病程常表现为接触毒物

→潜伏期（无症状）→初期中毒临床表现→中毒症状缓解→第二期中毒临床表现（典型中毒表现），如急性羰基镍中毒等。了解这种潜伏期特点，不但可避免误诊，也可在初期中毒症状缓解时采取积极的预见性治疗，以阻止或减轻第二期中毒病情。

2. 慢性中毒潜伏期

慢性中毒的潜伏期长，开始常表现为非特异性症状，有时很难确定确切的起病时间。通过职业健康监护，全面掌握在接触毒物过程中的健康状况，及早发现早期临床表现，是明确慢性中毒潜伏期及诊断慢性中毒的主要依据。

（二）迟发性

迟发性是职业性化学中毒的一种特殊发病形式，临床上常表现为以下两种情形。

1. 迟发性病变

在急性中毒病程中，患者急性期的临床表现已基本恢复，但经过数日或更长的“假愈期”后，又突然出现较严重的症状或体征，这与中毒后遗症的概念和性质不同。如急性一氧化碳中毒迟发性脑病，患者在意识障碍恢复 1~60d 后，又突然出现神经精神症状，称“迟发性脑病”或“迟发性神经精神综合征”，这种迟发性病变也可见于硫化氢、氰化物、环氧乙烷等化学物中毒。有机磷酸酯类农药急性中毒严重症状控制后 1~8 周，患者有时会出现多发性周围神经病，称为“有机磷中毒迟发性神经病”。

2. 迟发性中毒

迟发性中毒是指患者在脱离接触毒物若干时间后才出现中毒的临床表现。这种情况较为少见，曾见于慢性铍病、慢性苯中毒等。

（三）多脏器损害

有的化学中毒可同时出现 1 个以上器官损害的表现。如急性四氯化碳中毒在引起肝功能衰竭的同时，也可引起肾功能衰竭及中枢神经系统损害，三者可同时出现也可先后发生，严重程度也不一致。毒物的多脏器损害，除化学物的直接作用（多靶器官作用）外，也可能是发生了继发作用。继发性多脏器损害的病变性质、临床表现、转归及处理等都与化学物原发性多脏器损害不同。

毒物的靶器官及多脏器损害的作用，是形成化学中毒临床特点的主要因素。当劳动者身体某一器官或系统受到生产性毒物损害，发生病理生理异常并出现相应的症状、体征时，其他器官、系统也可受其影响，通常不能用单一靶器官受损的模式来解释。不论何种毒物引起的急性或慢性中毒，不论是哪几个靶器官受损，都应将其视为全身性疾病来分析病情，指导诊断和治疗。

三、职业性化学中毒事件特点

职业性化学中毒事件是指在工作过程中，劳动者因接触过量的生产性毒物而导致生理功能紊乱或器官损伤的职业病危害事故，通常由不正确使用、储存或处理化学物而引起，具有以下特点。

1. 突发性

急性职业性化学中毒事故多为突然发生，没有预兆。

2. 群体性

职业性中毒事件多为群体性中毒，涉及人数多、范围广、危害严重，通常影响一批劳动者或从事某一职业的人群。

3. 特异性

所有职业性化学中毒的患者均有明确接触某种化学毒物的职业病危害接触史。

4. 针对性

职业性化学中毒的患者往往是那些接触有害物质的特定职业群体。

5. 重复性

中毒事件可能在同一工作环境或工作群体中反复发生。

6. 复杂性

中毒原因复杂，可能涉及多种有害因素的联合作用。

（牛丕业　丁晓文）

第三节　临床毒理学

临床毒理学是从临床医学方面观察毒物对人体的影响，主要探讨外源化学物中毒的临床表现及其发生发展规律、诊断和治疗方法，研究中毒患者或过量暴露人群的生理生化变化。

一、毒物在体内的代谢

（一）分布

毒物被吸收后，随血液循环分布到全身。毒物在体内的分布主要取决于其进入细胞的能力及与组织的亲和力。大多数毒物在体内呈不均匀分布，相对集中于某些组织器官，如铅、镉、氟、铝集中于骨骼和神经组织。在组织器官内相对集中的毒物会随时间推移而呈动态变化。最初常分布于血流量较大的组织器官，随后则逐渐转移至血液循环较差、组织亲和力较大的部位（靶组织或储存库）。

（二）生物转化

进入机体的毒物，有的直接作用于靶部位产生毒效应，并可以原形排出。但多数毒物被人体吸收后需经生物转化，即在体内代谢酶的作用下，其化学结构发生一系列改变，形成其衍生物以及分解产物的过程，亦称代谢转化。生物转化主要包括氧化、还原、水解和结合四类反应。毒物经生物转化后，亲脂类物质最终变为更具极性和水溶性的物质，有利于经尿或胆汁排出体外；同时，其透过生物膜进入细胞的能力以及与组织的亲和力也会减弱，从而降低或消除其毒性。但是，也有不少毒物经生物转化后其毒性反而增强，或由无毒转变为有毒。许多致癌物如芳香胺、苯并（a）芘等，均是经代谢转化而被活化。

（三）排出

毒物可以原形或其代谢物的形式从体内排出。排出的速率对其毒效应有较大影响，排出缓慢的毒物，其潜在的毒效应相对较大。

1. 经肾脏排出

肾脏是排泄毒物及其代谢物最有效的器官，也是最重要的排泄途径。许多毒物经肾脏排出，其排出速度除受肾小球滤过率、肾小管分泌及重吸收作用的影响外，还取决于毒物或其代谢物的分子量、脂溶性、极性和离子化程度。尿中毒物或代谢物的浓度常与血液中的浓度密切相关，所以测定尿中毒物或其代谢物水平，可间接衡量毒物的体内负荷情况，结合临床征象和其他检查，有助于诊断。

2. 经呼吸道排出

气态毒物可以原形经呼吸道排出，如乙醚、苯蒸气等。其排出的方式为被动扩散，排出的速率主要取决于肺泡呼吸膜内外气态毒物的分压差，通气量也影响气态毒物的排出速度。

3. 经消化道排出

肝脏是毒物排泄的重要器官，尤其对经胃肠道吸收的毒物更为重要。肝脏是许多毒物的生物转化器官，其代谢产物可直接排入胆汁随粪便排出。有些毒物（如铅）可由肝细胞分泌，经胆汁随粪便排出。有些毒物经胆汁排入肠道后可被再吸收，形成肠肝循环。

4. 经其他途径排出

汞可经唾液腺排出；铅、锰、苯等可经乳腺排入乳汁；有的毒物（如铅等）还可通过胎盘屏障进入胎儿体内。头发和指甲虽不是排泄器官，但有的毒物（如铅、砷等）可富集于此，而排出体外。毒物在排出时可损害排出器官和组织，例如，镉可引起肾近曲小管损害，汞可产生口腔炎。

（四）蓄积

蓄积是指进入机体的毒物或其代谢产物在接触间隔期内，未能完全排出而逐渐在体内积累的现象。蓄积作用是引起慢性中毒的物质基础。当毒物的蓄积部位与其靶器官一致时，则易发生慢性中毒，例如，有机汞化合物蓄积于脑组织，可引起中枢神经系统损害。当毒物的蓄积部位并非其靶器官时，又称该毒物的“储存库”，例如，铅会蓄积于骨骼内。储存库内的毒物处于相对无活性状态，在急性毒作用期对毒性危害起缓冲作用；但在某些条件下，如感染、服用酸性药物等，体内平衡状态会被打破，此时，储存库内的毒物可释放并进入血液，有可能诱发或加重毒性反应，如慢性中毒的急性发作。有些毒物因其代谢迅速，停止接触后，其在人体内的含量很快降低，难以检出。但若反复接触，其损害效应的累积仍可引起慢性中毒。例如，劳动者反复接触低浓度有机磷农药，由于每次接触所致的胆碱酯酶活力轻微抑制的叠加作用，最终引起酶活性明显抑制，而呈现功能蓄积。

二、生产性毒物的作用机制

生产性毒物种类繁多，损害效应机制各不相同，目前已知的致病作用机制可概括为以下八个方面。

（一）影响酶的合成或活性

化学毒物进入机体后可影响酶的合成，或与酶发生作用，改变酶的活性而产生毒性效应。

（二）细胞膜的破坏

有些毒物可以作用于离子通道，改变细胞膜的通透性。例如，甲基汞可增加细胞膜的通透性，造成细胞损伤。

（三）影响能量代谢

有些毒物可以影响能量代谢。例如，五价砷离子可干扰线粒体氧化磷酸化过程，使氧化磷酸化过程解偶联，从而抑制三磷酸腺苷（ATP）生成，干扰能量代谢；一氧化碳、氰化物和硫化氢则通过抑制呼吸链传递 H^+ 或电子，使偶联磷酸化无法进行，ATP 生成减少。

（四）缺氧

一氧化碳、硫化氢、氰化物等窒息性气体可通过不同途径阻碍氧的摄取、转运和利用。一氧化碳与血红蛋白结合形成碳氧血红蛋白使血液携氧能力降低；苯胺与血红蛋白结合形成高铁血红蛋白，使血红蛋白失去带氧功能，引起氧运输障碍；氰根（CN^-）能与氧化型细胞色素氧化酶中的 Fe^{3+} 结合，使细胞色素失去传递电子的能力，呼吸链中断，组织摄取和利用氧受阻。

（五）自由基损伤

有些化学毒物在体内代谢过程中产生氧自由基，有些毒物本身就是氧自由基。如四氯化碳在体内经酶催化形成自由基，作用于肝细胞膜中的不饱和脂肪酸，产生脂质过氧化，使溶酶体破裂，线粒体、内质网变性，肝细胞坏死。有些则通过抑制抗氧化酶活性，导致机体不能有效清除自由基，使脂质过氧化作用增强。自由基还可对蛋白质造成氧化损伤，引起酶活性改变，使膜和细胞功能改变。活性氧也可对脱氧核糖核酸（DNA）产生碱基修饰或造成 DNA 链的断裂。

（六）与生物大分子结合

毒物可与体内蛋白质和核酸等生物大分子发生共价结合，导致其结构变异和功能损害。例如，汞、砷可与膜蛋白中的巯基（–SH）结合，造成膜的传输功能障碍；苯胺可与血红蛋白中珠蛋白的巯基结合，导致溶血；光气与组织蛋白中的功能基团发生酰化反应，影响蛋白结构与功能。绝大多数毒物经代谢活化后产生的亲电子活性产物与 DNA 形成加合物，这是 DNA 化学损伤最重要和最普遍的形式。

（七）细胞内钙稳态失调

细胞内钙稳态失调在细胞中毒性损伤中起重要作用，其中，细胞内钙超载是细胞损伤最重要的分子机制。例如，铅、镉等二价金属毒物具有与 Ca^{2+} 相似的原子半径，可与 Ca^{2+} 发生竞争，部分或完全取代 Ca^{2+}，进而导致细胞内钙稳态失调，引起细胞死亡。

（八）表观遗传调控机制

化学物可改变 DNA 甲基化、组蛋白修饰、染色质重塑和非编码核糖核酸（RNA）组成的表观调控网络所调控的组织和细胞特异性基因表达模式。

三、健康效应

生产性毒物的不良作用与剂量（或强度）、接触时间、接触途径、接触方式及其物理、化学特性有着密切关系，但大多数情况下，接触量是决定因素。职业性有害因素可通过多种方式干扰或破坏机体的生理生化过程。一些有害因素可直接引起局部损害，例如，接触具有腐蚀性的强酸强碱会造成皮肤损伤，吸入刺激性气体可直接引起呼吸道损伤。一些有害因素可引起全身性中毒或损伤，例如，吸入一氧化碳所引起的全身性缺氧。最初表现为局部损伤的化学毒物也可能通过神经反射或被机体吸收后引起全身性反应。有害因素可损害神经系统、呼吸系统、血液系统、消化系统、泌尿系统、心血管系统、生殖系统、内分泌系统或听觉系统，甚至产生致畸、致癌、致突变等效应。

（一）早期健康损害

生产性毒物对人体的作用可以在分子、细胞、组织、器官、个体及人群水平上表现出来，而生产性毒物与机体内的各种分子（如 DNA、蛋白质等）的交互作用导致了健康损害的早期效应，主要包括氧化应激、炎性反应和免疫应答反应，这些反应是机体重要的防御反应。然而如果机体产生过低或过强的反应，就可能对机体不利，甚至可能是早期健康损害的危险信号。生产性毒物对人体的早期健康损害还包括血压、血糖和血脂的不良改变、肺功能下降、心率变异性降低、动脉粥样硬化加剧，甚至出现微核率、DNA 损伤和基因突变等遗传损伤增加等。如果早期采取积极正确的职业健康监护和干预治疗等二级预防措施，劳动者的早期健康损害则多恢复为健康，反之则发展为疾病。

（二）接触反应

接触反应是指接触较高浓度化学危害因素所引起的短暂的或一过性的全身或局部的临床表现，但尚未达到诊断为急性职业中毒的程度。如短期接触较大量氟及其无机化合物后，劳动者会出现眼痛、流泪、畏光、咳嗽、咽痛、胸闷及头晕、乏力、心悸等症状，或出现血钙降低但无临床表现，并于脱离接触 72h 内症状明显减轻或消失。

（三）观察对象

观察对象指的是长期接触致病潜伏期较长的生产性毒物后，其临床表现和（或）实验室及特殊检查异常改变的性质和程度需要进一步临床观察或复查者；血、尿中化学毒物含量超过可接受上限值或正常参考值但无明显临床表现，或仅有轻度症状而未能确诊慢性职业病者。例如，劳动者长期接触低剂量锰后，出现头晕、头痛、疲乏、睡眠障碍、健忘等类神经症状以及食欲减退、流涎、多汗、心悸、性欲减退等自主神经功能紊乱的表现，同时可有肢体疼痛、下肢无力和沉重感等时，此类职业性锰接触者可诊断为观察对象。

（四）致癌效应

致癌效应是指生产性毒物引起正常细胞发生恶性转化并发展成肿瘤的过程，分为遗传毒性致癌效应和非遗传毒性致癌效应。遗传毒性致癌效应是生产性毒物诱发的生物体遗传物质如 DNA 的变异作用及其在子代中的有害遗传变化效应，一般主要包括生产性毒物对机体的致突变作用、致畸作用及致癌作用（即“三致”遗传毒性效应）。非遗传毒性致癌效应是指生产性毒物不与细胞 DNA 直接结合，而是通过促进已经发生 DNA 改变的细胞过度增殖而发挥致癌作用，当前研究学说主要包括细胞异常增生、免疫抑制、内分泌激素失衡、过氧化物酶增殖剂激活受体等。生产性毒物致癌过程中还可能与表观遗传（epigenetic inheritance）机制有关，表观遗传可提供何时、何地及如何应用遗传信息的指令，在时空顺序上控制基因的表达，它不涉及 DNA 序列改变但可以通过细胞分裂传给子代细胞；表观遗传修饰主要通过 DNA 甲基化（DNA methylation）、染色质重塑（chromatin remodeling）、组蛋白修饰（histone modification）、非编码 RNA（non-coding RNA，ncRNA）几种模式来控制基因的表达。

生产性毒物引起的肿瘤称为职业性肿瘤（occupational tumor），又称职业癌（occupational cancer），指劳动者在工作环境中接触职业性化学致癌物，经过较长的潜隐期而罹患的某种特定肿瘤。职业性肿瘤与非职业性肿瘤在发病部位、病理组织学类型、发展过程和临床症状等方面没有太大差异，但是只有诊断为职业性肿瘤时，才可依法获得职业病工伤的补偿。

1. 我国职业性肿瘤的种类

世界各国依据本国状况规定的职业性肿瘤名单并不相同，我国 2024 年修订颁布的《职业病分类和目录》中规定了 11 种职业性肿瘤，包括石棉所致肺癌、间皮瘤；联苯胺所致膀胱癌；苯所致白血病；氯甲醚、双氯甲醚所致肺癌；砷及其化合物所致肺癌、皮肤癌；氯乙烯所致肝血管肉瘤；焦炉逸散物所致肺癌；六价铬化合物所致肺癌；毛沸石所致肺癌、胸膜间皮瘤；煤焦油、煤焦油沥青、石油沥青所致皮肤癌；β- 萘胺所致膀胱癌等。

2. 职业性致癌因素的作用特征

（1）致癌潜隐期：一般将机体自接触职业病危害因素至出现确认的健康损害效应（最早临床表现）所需的时间称为潜伏期，亦可将从接触致癌物到出现确认的职业性肿瘤的间隔时间称为潜隐期，不同的致癌因素引起的职业性肿瘤有不同的潜隐期。例如，接触苯所致白血病最短时间仅 4~6 月，石棉诱发间皮瘤最长可达40年以上。由于职业性致癌因素接触强度一般都较高，所以职业性肿瘤的发病年龄比非职业性同类肿瘤会提前，这也是确定职业性肿瘤的重要依据之一。

（2）致癌阈值：大多数毒物的毒性作用存在阈值或阈剂量，超过这个剂量时才可引起健康损害，阈剂量是制订职业接触限值的主要依据。但是对于职业性致癌因素来说，是否存在阈值尚有争论。遗传毒性致癌物无阈值的学说认为，单个细胞只要一次小剂量接触致癌物，甚至接触一个致癌分子就可能导致DNA改变，从而启动肿瘤发生的连锁过程，此即“一次击中学说”（one hit theory），由此推论遗传毒性致癌物的致癌效应无剂量阈值，致癌因素不存在安全接触剂量，人类不应该接触任何具有遗传毒性的致癌物。有阈值学说认为，即使单个致癌物分子可能诱导细胞的基因改变，但这个分子到达其靶器官的可能性很小；致癌分子可以与细胞其他的亲核物质如蛋白或DNA的非关键部分作用而被代谢；细胞有修复DNA损伤的能力，机体的免疫系统又有杀伤癌变细胞的能力；大多数致癌物的致癌过程都有前期变化，如增生、硬化等，肿瘤是“继发产物”。

（3）剂量－反应关系：虽然致癌物阈值问题有争论，但大量动物实验和流行病学调查研究证明，多数致癌物都明显存在剂量－反应关系，即暴露于同一致癌物总剂量（累加上非职业接触剂量）较大的人群相比于接触剂量小的人群肿瘤具有较高的发病率和死亡率。

（4）好发部位：职业性肿瘤有比较固定的好发部位或范围，多在致癌因素作用最强烈、最经常接触的部位发生。由于皮肤和肺是职业致癌物进入机体的主要途径和直接作用的器官，故职业性肿瘤多见于皮肤和呼吸系统，并可能累及同一系统的邻近器官，如致肺癌的职业致癌物可引发气管、咽喉、鼻腔或鼻窦的肿瘤；亦可发生在远隔部位，如皮肤接触芳香胺可导致膀胱癌；同一致癌物也可能引起不同部位的肿瘤，如砷可诱发肺癌和皮肤癌。此外，还有少数致癌物会引起大范围的肿瘤，如电离辐射可引起白血病、肺癌、皮肤癌、骨肉瘤等。

（5）致癌病理类型：职业性致癌因素种类不同，各自导致的职业性肿瘤具有不同的特定病理类型。例如，铬暴露多致肺鳞癌、家具木工和皮革制革工的鼻窦癌大部分为腺癌。接触的职业性致癌因素强度不同，亦可导致不同特定病理类型的职业性肿瘤。一般认为，接触强致癌物以及接触高浓度致癌物引发的肿瘤多为未分化小细胞癌，反之则多为腺癌。但是上述病理学特点不是绝对的，如苯所致白血病的类型不一且无一定规律。因此，病理类型仅供与非职业性肿瘤作鉴别时参考。

（6）致癌条件：职业性肿瘤要在一定条件下才能发生，主要与职业性致癌因素的理化特性、强度、作用方式等有关。例如，金属镍微粒有致癌性，而块状金属镍无致癌性；苯胺的同分异构体中的β位异构体为强致癌物，而α位异构体则为弱致癌物；不溶性的铬盐及镍盐，只有经肺吸入才能致癌，而将它们涂抹皮肤或经口摄入均无致癌作用。职业性肿瘤是否发生还与接触者的健康状况、个体易感性、行为与生活方式等有关。如接触石棉且吸烟者，其肺癌发病率较不吸烟者可以增加40~90倍。

（陈　田　丁晓文）

第二章　职业性化学中毒的诊断

02

第一节　职业性化学中毒诊断的基本要求

一、基本原则

职业性化学中毒的诊断是一个复杂的过程，需要综合考虑多个因素，包括毒物的种类、暴露方式、暴露时间、暴露剂量以及病变的性质和严重程度，其实质是确定疾病与接触生产性毒物之间的因果关系。判定职业性化学中毒与接触生产性毒物之间的因果关系，需要可靠的劳动者职业史、职业病危害因素接触史、职业健康检查结果、工作场所职业病危害因素检测结果、毒理学资料以及疾病的临床表现、实验室检查和（或）其他辅助检查结果等，按照循证医学的要求进行综合分析，并排除其他类似疾病，方可作出诊断结论。疾病的认定与生产性毒物的判定均为因果关系判定的前提，两者具有同等的重要性。

二、通用要求

（一）疾病认定原则

疾病是在特定病因作用下，机体的自我调节机制出现失衡，导致代谢、功能或结构的异常变化。在职业性化学中毒的诊断中，确认疾病的发生是首要步骤。临床表现和辅助检查结果是判断疾病发生与否及其严重程度的关键依据。

（二）生产性毒物接触判定原则

1. 生产性毒物的存在与识别

根据工作场所生产工艺记录、职业病危害因素的检测数据等相关资料，综合分析判断工作场所是否存在生产性毒物，并确定其种类和具体名称。

2. 劳动者接触水平的评估

依据劳动者接触生产性毒物的持续时间、频率以及接触方式，同时考虑生产性毒物在工作场所的浓度（或强度），参考工作场所已有的工程防护措施和劳动者使用的个人防护装备，以此推断劳动者可能的接触水平与累积接触水平。

3. 劳动者过度接触的评估

将工作场所职业病危害因素的检测结果或劳动者的生物样品监测数据与国家或行业规定的职业接触限值进行比较分析，评估劳动者实际接触生产性毒物的水平，以判断劳动者是否存在过度接触，因为只有接触的生产性毒物达到一定水平才可能引起疾病的发生。

（三）因果关系判定原则

判定疾病和接触生产性毒物之间的因果关系，需要可靠的生产性毒物接触资料、生产性毒物的毒理学资料及疾病的临床资料，并遵循以下原则进行职业性化学中毒的判定。

1. 时序性原则

职业性化学中毒一定是发生在接触职业病危害因素之后，并符合致病因素所致疾病的生物学潜伏期和潜隐期的客观规律。职业性化学中毒的发生必须是在接触了相应的生产性毒物之后，任何在接触之前就已存在或发生的疾病，不应被诊断为职业性化学中毒。

2. 生物学合理性原则

生产性毒物与职业病的发生存在生物学上的合理性，即生产性毒物的理化特性、毒理学资料或其他特性能证实该因素可导致相应疾病，且疾病的表现与该因素的健康效应一致。例如，汞能够穿过血脑屏障，影响神经系统的功能，导致神经退行性变化。职业性汞中毒表现为震颤、感觉障碍和认知功能下降，与汞对神经系统的毒性效应相一致。

3. 生物学特异性原则

生产性毒物与职业病的发生存在生物学上的特异性，即特定的生产性毒物通过引起特定靶器官的病理损害而致病，多累及一个靶器官或以一个靶器官为主。其他靶器官如果有损害，多是继发性的，而非有害因素毒性本身所致。例如，一氧化碳的主要毒作用是神经毒性，可引起急性一氧化碳中毒，即神经系统是一氧化碳的靶器官。严重的一氧化碳中毒患者昏迷时间过长，则会继发其他系统的损害。

靶器官指外源性化学物被机体吸收后，直接或经生物转化后发挥毒作用的效应部位。一种毒物的靶器官可以是一个器官，也可以是多个器官。

生物学合理性原则和生物学特异性原则都是评估生产性毒物与特定疾病之间是否存在因果关系的基础，都需要科学证据来支持其合理性和特异性，如职业卫生学资料、毒理学研究、流行病学数据和临床资料。生物学合理性侧重于从生物学角度解释某一生产性毒物能够引起疾病，即该因素的理化特性、毒理学资料等能否合理地支持其致病性。生物学合理性在诊断中的应用可能更为广泛，涉及对疾病发生机制的整体理解，需要更广泛的证据，包括不同研究领域的数据，以支持其合理性。

生物学特异性强调特定生产性毒物对特定器官或系统的靶向影响，即某些因素倾向于影响特定的生物学目标。生物学特异性关注于特定因素对特定器官的特定影响，以及这种影响是否符合已知的生物学和病理学知识。生物学特异性在诊断中的应用可能更为具体，例如，锰及其无机化合物的特定暴露与锥体外系损伤的特定健康效应之间存在直接联系。

4. 生物学梯度原则

职业病与接触生产性毒物之间存在剂量－效应和（或）剂量－反应关系，即接触的生产性毒物应达到一定水平才可能引起疾病的发生；接触水平越高、接触时间越长，疾病的发病率就越高或病情越严重。生产性毒物对疾病的发生、发展影响越大，疾病与接触毒物之间因果关系的可能性就越大。生产性毒物能否引起疾病存在最低累积接触量，即小于最低累积接触量一般不大可能引起职业病。生产性毒物的最低累积接触量决定于有害因素固有的物理、化学性质和毒理学性质，虽然有个体差异，但不是主要的。对于致敏物，个体一旦致敏，即使接触极小剂量也可能引起过敏性疾病。

（1）剂量－效应关系：随着接触的生产性毒物浓度/强度的增加，出现某种健康效应的可能性也随之增加。例如，劳动者接触的刺激性化学物质浓度越高，其患呼吸系统疾病的风险也越高。

（2）剂量－反应关系：涉及不同个体对同一剂量生产性毒物的不同反应。生物学梯度原则认为，即使在相同的暴露剂量下，不同个体的生物学反应也可能不同，这可能与遗传、年龄、性别、健康状况等因素有关。

（3）个体累积接触量：分为外累积接触量和内累积接触量。外累积接触量主要决定于工作场所职业病危害因素的浓度（强度）和接触时间。内累积接触量是指生产性毒物进入人体的累积剂量，需要在外累积接触量的基础上考虑生产性毒物进入人体的途径、吸收系数及代谢等因素。工作场所中的生产性毒物可能是一种，也可能是几种混合存在，在考虑累积接触量时，应考虑混合接触的交互作用。当生产性毒物与疾病的发生和严重程度有很强的相关性时，可以说这种生产性毒物引起疾病的可能性很大，即暴露累积剂量与疾病之间的关联越强，越能明确生产性毒物与疾病发生的因果关系。

5. 可干预性原则

对接触的生产性毒物采取干预措施，可有效地防止疾病的发生、延缓疾病的进展或使疾病向着好的方向转归。例如，消除或减少工作场所或环境中的职业病危害因素，可预防和控制相应疾病的发生或降低其发病率。

实际工作中，通过改变工艺、使用更安全的替代材料或技术，可以从根本上减少或消除生产性毒物。例如，使用无毒或低毒的化学物质替代高毒性化学品，使用工程和技术手段来控制和减少工作场所的生产性毒物，或采用自动化和机械化操作减少劳动者与生产性毒物的直接接触。

（黎东霞　刘继中）

第二节　现场职业卫生调查

一、职业史

（一）工作描述

记录劳动者的工作内容、工作性质和生产工艺，包括但不限于工作场所的具体位置、工作班次（白班/夜班）、工作频率以及工作的具体任务。

（二）工作场所

描述工作场所的环境因素，如温度、湿度和通风状况等，需特别注意密闭空间、高压环境或极端气候条件等特殊环境因素。同时要收集原、辅材料及产品情况，生产工艺情况和各仪器设备布局图等。

（三）接触时间

记录劳动者在特定工作环境中的总暴露时间，包括开始和结束时间，以及每天或每周的暴露时长。这有助于评估长期和短期暴露的风险。

（四）职业变动

如果个体在职业生涯中更换过工作或岗位，应记录这些变迁以及相关的生产性毒物暴露变化。

二、职业病危害因素暴露评估

（一）生产性毒物识别

列出劳动者在工作中直接或间接接触的所有已知化学物质，包括原料、中间体、成品和副产品。这些化学物的有害性信息通常可以从化学品安全技术说明书（MSDS）中获取。

（二）其他职业病危害因素识别

除了已知的化学物质外，还应考虑可能通过空气、皮肤或食物链途径接触到的潜在化学物质，如溶剂、清洁剂、燃料、润滑剂等，以及可能接触到的物理性或生物性职业病危害因素。

（三）接触途径

描述劳动者接触化学物质的途径，包括吸入、摄入和皮肤接触等。记录任何可能导致暴露增加的因素，如设备故障、操作失误或不当的工程和个人防护措施。

（四）接触水平

记录劳动者接触化学物质的浓度和频率。接触水平的记录应包括时间加权平均接触浓度、短时间接触浓度和峰接触浓度，将其与国家规定的职业接触限值进行比较，以确定是否存在超标情况。

（五）现场流行病学调查

评估同一工作场所内其他劳动者的健康状况，特别关注是否有相似的临床症状或疾病发生。检查工作场所的化学物质浓度以及是否存在超标情况。

三、职业健康监护资料

（一）病史和症状记录

劳动者病史和症状信息对于诊断职业性化学中毒非常重要，可以帮助医生了解劳动者的健康状况变化，并与职业暴露史相结合，进行综合分析。

（二）生物监测

生物监测是指通过检测劳动者血液、尿液或其他生物样本中的化学物质或其代谢产物，来评估体内吸收水平。例如，铅中毒患者可通过检测其血液中的铅含量来评估暴露程度。

（三）职业健康监护

职业健康监护是指通过收集定期或不定期的医学健康检查和健康相关资料（如血液学检查、生化分析、辅助检查等）连续性地监测劳动者的健康状况，分析劳动者健康变化与所接触的生产性毒物的关系。连续性的医学健康检查和相关资料可为疾病的发生、发展、转归和因果关系的判定提供科学的基础资料，包括职业健康检查、离岗后健康检查、应急健康检查和职业健康监护档案管理等。

（四）个人累积剂量评估

个体累积接触剂量包括外累积接触剂量和内累积接触剂量。接触标志物和特异效应标志物可作为反映劳动者内累积接触剂量的指标。部分化学物无法检测内累积接触剂量，或劳动者已脱离接触外源性化学物较长时间后，不能准确评估化学物内接触水平（内接触剂量），此时可对外接触水平（外接触剂量）、职业健康监护资料和职业卫生学调查资料进行综合评估，综合作出职业病诊断。工作场所生产性毒物可能是一种，也可能是几种混合存在，在考虑累积接触量时，应考虑混合接触的交互作用。

四、工作场所及防护措施

（一）总体布局

生产过程中产生并散发化学有害物质的车间，宜位于相邻车间当地全年最小频率风向的上风侧，并且应有足够的空间以保证良好的通风和自然换气。

（二）工作场所的通风和工程控制

评估工作场所的通风系统和工程控制措施是否有效，如通风换气系统、局部排风系统、中控系统等。

（三）个人防护用品的使用情况

了解劳动者在工作过程中是否使用了个人防护用品，如呼吸防护、噪声防护等，以及这些装备的使用频率和有效性。

（四）应急救援措施

在可能发生化学物泄漏或意外释放的地方，应配备适当的事故应急救援设施，如喷淋及洗眼设备、急救药箱、空气呼吸器等及其配套措施。

（杨 浩 刘继中）

第三节 主要临床表现

由于生产性毒物本身的毒性和毒作用特点、接触剂量等各不相同，职业性化学中毒的临床表现各异，尤其是多种毒物同时作用于机体时更为复杂，严重时可累及全身各个系统，出现多脏器损害。同一毒物可累及不同靶器官，不同毒物也可损害同一靶器官而出现相同或类似的临床表现。此外，很多中毒常见的临床表现也与非中毒性疾病相似。掌握各种生产性毒物中毒时靶器官损害的作用规律及特点，有助于正确诊断和治疗职业性化学中毒。

一、神经系统表现

许多化学物质能够有针对性地损害神经系统，特别是对中枢神经系统的敏感性更高。职业性化学中毒所致神经系统疾病包含中毒性脑病、中毒性脊髓病和中毒性周围神经病。

（一）中毒性脑病

职业性急性中毒性脑病的主要病理改变为脑水肿，具体是指由于毒物直接或间接作用于脑组织，使血－脑脊液屏障的通透性以及神经细胞的代谢和功能出现损害，造成血管源性和（或）细胞源性聚积液体，并导致脑组织体积增大的病理过程。该病多表现为剧烈头痛、频繁呕吐、躁动不安，或精神萎靡、意识障碍，或反复抽搐（癫痫发作）、眼球结膜水肿，部分患者眼底可见视神经乳头水肿；严重者可出现小脑幕切迹疝或枕骨大孔疝。急性中毒性脑病可出现情感性精神症状，严重者表现为精神运动性兴奋，包括错觉、视幻觉或听幻觉、妄想，并伴有行为及言语紊乱等精神症状。急性中毒性脑病一般为中枢神经系统弥漫性病变，常缺乏特殊的定位体征，少数出现大脑皮层、小脑、锥体外系局灶性损害。例如，皮质盲是由双侧枕叶皮质视中枢病变所致，表现为视觉丧失，但光反射存在，眼底检查正常；脑白质可有广泛脱髓鞘，脑脊液蛋白含量增高。

职业性急性中毒性脑病一般发病急，但某些外源性化学物如四乙基铅、溴甲烷、碘甲烷、1，2-二氯乙烷、三烷基锡、有机汞等物质所引起的急性中毒，可经数小时、数天潜伏期后发病，在潜伏期内可无明显症状，一旦出现症状，病情可突然恶化，且进展迅速。因此，可适当延长医学监护时间。

临床上需警惕急性中毒迟发性脑病的发生。急性中毒性脑病意识障碍恢复后 1~60d，可能会再次发生神经精神症状，表现为精神异常、意识障碍，如活动减少、反应迟钝、冷漠、缄默、定向力障碍及记忆力障碍等，也可出现帕金森综合征，或以锥体系症状为主，表现一侧或两侧轻瘫、上肢屈曲强直等。此类情况常见于严重急性一氧化碳中毒，也见于硫化氢、氰化物、环氧乙烷等化学物中毒。

（二）中毒性脊髓病

单纯的中毒性脊髓病较为少见。中毒性脊髓病可发生于急性或亚急性有机汞中毒或某些急性有机磷中毒，在脊髓上、下传导通路发生神经轴突病变，引起脊髓局部的运动神经细胞损害，从而出现锥体束征、肌张力增高、腱反射亢进等表现，重者发生痉挛性截瘫、深浅感觉障碍、尿潴留或失禁，个别患者会出现迟发性中毒性脊髓病。

（三）中毒性周围神经病

职业性中毒性周围神经病在临床上多表现为慢性中毒。根据病理研究和神经电生理改变特点，该病主要分为轴索病和髓鞘病两种类型。根据受损神经的分布结合病理特点，该病的主要临床类型为多发性周围神经病，表现为运动和感觉神经同时受累，以感觉障碍为首发症状，感觉障碍重于运动障碍，也有运动障碍重于感觉障碍的情形，可因化学物不同而有所侧重，具体表现如下。

1. 感觉障碍

感觉障碍主要指浅感觉障碍和深感觉障碍，二者可同时受累，但不同的毒物对神经的损害具有一定选择性，因此临床表现各具特征，常表现为四肢远端麻木、疼痛、感觉异常，继而出现四肢远端痛、触觉、音叉振动觉减退或消失，呈典型的手套、袜套样分布，逐渐向近端进展。患者亦会表现为痛觉过敏，呈刺痛、烧灼痛、刀割样、触电样疼痛，疼痛累及神经根时，可出现自发性放射样疼痛，牵引神经根后加重。深感觉明显障碍时可出现感觉性共济失调。

2. 运动障碍

运动障碍主要为不同程度的下运动元神经瘫痪，通常表现为四肢远端肌力下降，逐渐向近端发展，步行不能走远，跑步、登楼困难，下坡、下楼易跌倒，双手不能持重，精细动作受影响，甚至出现肌肉萎缩、垂足、垂腕等。

中毒性周围神经病还可表现为自主神经功能异常，常表现为多汗或无汗、手掌足底湿冷、体位性低血压、心悸等，是中毒性周围神经病的常见症状；还可出现腱反射改变，表现为腱反射减退或消失，以跟腱反射减退明显，是中毒性周围神经病变的重要特征，但在病变早期腱反射可无明显减退，随病程的发展而逐步加重，恢复缓慢；亦可出现脑神经损伤，慢性中毒性多发性周围神经病可伴有脑神经损害，诊断时应主要以客观检查为主。

不同于慢性中毒性周围神经病有感觉障碍或肌力减退等症状进行性加重的过程，急性中毒性周围神经病起病急，病程短，很快便形成末端轴索性周围神经病。急性中毒性周围神经病的症状可于接触外源性化学物 1~2d 内出现，但砷及部分有机磷急性中毒时，可经 2~3 周的潜伏期后出现迟发性周围神经病。有些有机磷中毒患者于急性期胆碱能危象消除 1~5d 后发生神经肌肉接头病，出现“中间期肌无力综合征”，表现为脑神经支配的肌肉、屈颈肌与四肢近端肌肉或呼吸肌无力。

二、呼吸系统表现

（一）急性呼吸系统疾病

1. 急性上呼吸道炎症与气管支气管炎

急性上呼吸道炎症与气管支气管炎因短时间内吸入高浓度刺激性气体引发，表现为剧咳、胸骨后疼痛、胸闷、气短，伴鼻塞、流涕等鼻咽炎症状。局部刺激症状在脱离暴露环境后大多可逐渐缓解，但高浓度、水溶性大的刺激性气体可致黏膜坏死脱落、喉头水肿，导致上呼吸道梗阻或气道痉挛，迅速危及生命；而水溶性低的刺激性气体所引起的局部刺激症状较轻或不明显。

2. 职业性化学性肺炎

职业活动中接触化学物质，如刺激性气体、金属粉尘、有机化合物等可引起肺部炎症性疾病。根据其病理生理机制分为以下几种。

（1）化学性肺炎：高浓度刺激性气体，如氨气、汞蒸气、氯气等化学物质被人体吸入后，直接作用于肺泡和肺间质，引起渗出性炎症。临床表现为急性起病，呼吸困难、咳嗽等，查体见胸部有湿啰音或水泡音，胸部X射线检查见斑片状浸润影，病程3~4周。严重的化学性肺炎可损伤肺泡上皮细胞，引起急性肺损伤（acute lung injury，ALI）或急性呼吸窘迫综合征（acute respiratory distress syndrome，ARDS），表现为进行性呼吸窘迫、低氧血症。海平面呼吸空气氧合指数（PaO_2/FiO_2）≤100时，定义为ALI；PaO_2/FiO_2≤300时，定义为ARDS。ARDS病情严重，预后不良，病死率高达30%~60%。

（2）过敏性肺炎：某些化学物可作为半抗原，如异氰酸酯、甲醛等可通过免疫介导引发Ⅲ型或Ⅳ型超敏反应，导致肺组织肉芽肿和慢性炎症。患者一般经4~6h潜伏期，出现胸闷、呼吸困难等。胸部X射线检查见纹理增多或小片絮状阴影。患者早期肺功能正常，慢性过敏性肺炎可表现为肺通气功能障碍等。实验室检查可在外周血中检测到抗原特异性抗体。

（3）吸入性肺炎：因吸入颗粒、液体或蒸气形态的化学物质（如汽油、煤油等类脂质化合物）并沉积于肺部引发的炎症。患者吸入此类物质后，短时间内出现剧咳、胸痛、胸闷、呼吸困难等，2~8h后体温升高，伴全身中毒症状，胸部X射线检查见小片絮状或大片阴影，吸入性肺炎吸收慢，易迁延。

3. 中毒性肺水肿

毒物（尤其是刺激性气体）可直接损伤肺部，或产生自由基、炎症因子，导致肺毛细血管内皮细胞和肺泡上皮细胞通透性增加，或通过神经作用使肺腺体分泌过多，从而引发肺间质和肺泡腔液体异常积聚的病理状态。其临床过程可分为以下四期。

（1）刺激期：接触毒物后数分钟至数小时（具体取决于毒物种类和浓度），毒物直接刺激呼吸道黏膜，引发局部炎症反应，但尚未累及肺泡和肺间质。临床表现为呛咳、流涕、咽痛、胸闷、头晕、恶心等症状。

（2）潜伏期：刺激期后2~6h，时间长短取决于吸入毒物的剂量、毒性和接触时间。潜伏期时，毒物损伤肺毛细血管内皮细胞，开始出现隐性肺水肿。病人自觉刺激性症状减轻，病情相对稳定，但肺部病变可持续进展，常易被忽视，须密切观察病情进展。

（3）肺水肿期：潜伏期后突发，肺毛细血管通透性显著增加，大量血浆蛋白和液体渗入肺间质及肺泡，导致通气/血流比例失调和严重低氧血症。患者突然出现呼吸困难进行性加重，频繁咳嗽、咳大量粉红色泡沫样痰，发绀，烦躁，大汗淋漓，两肺闻及大量湿啰音，血压、血氧饱和度下降。X射线检查表现为两肺片絮状阴影、模糊不清。该期可并发混合性酸中毒、自发性气胸、纵隔气肿、多脏器损害及继发感染，可因呼吸循环衰竭而危及生命。

（4）恢复期：如无严重并发症，经积极救治后，肺水肿可在2~7d内控制，症状、体征逐渐减轻。

4. 反应性气道功能障碍综合征

反应性气道功能障碍综合征（reactive airway dysfunction syndrome，RADS）指劳动者一次性吸入高浓度刺激性物质（如氯气、二氧化硫等）后，于24h内突发剧烈咳嗽、喘息、胸闷、呼吸困难等症状，症状持续3个月以上，常反复发作，尤其接触冷空气、气味或运动等诱发因素时加重。体格检查可见发作期双肺广泛高调呼气相哮鸣音，缓解期多正常。肺功能检查显示阻塞性通气障碍

（FEV_1/FVC 降低）及气道高反应性，支气管舒张试验部分阳性。影像学检查多正常或仅见肺纹理增粗。RADS 由单次高浓度暴露引发，无致敏期，暴露后 24h 内迅速发病，无既往哮喘病史。职业性哮喘通常有潜伏期（数周至数年），通过免疫介导机制（IgE 或非 IgE）致敏，接触较低浓度的特定致敏原后诱发哮喘发作，可能有个人或家族过敏史。

（二）慢性呼吸系统疾病

1. 慢性阻塞性肺疾病

慢性阻塞性肺疾病（chronic obstructive pulmonary，COPD）常由长期接触低浓度刺激性气体（如二氧化硫、二氧化氮、氨气等）引发，具有中年发病、症状进展缓慢的特点，其核心特征为不完全可逆的气流受限。慢性咳嗽往往是其首发症状，初期多为间歇性，晨起时尤为显著，随着病情进展，咳嗽可能转为全天持续性。部分患者伴有咳痰，咳痰通常为少量黏液性痰，清晨时痰量相对较多，一旦合并感染，痰量会明显增加，且常转为脓性痰。患者常伴有喘息、胸闷等不适症状，以及体重下降、食欲减退、外周肌肉萎缩与功能障碍等全身性表现。体格检查时，双肺可闻及干、湿啰音。胸部 X 射线检查早期可见肺纹理增粗等改变，但随着病情进展，出现胸廓前后径增加，呈桶状，双肺透亮度增加，肺纹理稀疏，膈肌低平，垂位心。根据 COPD 的不同 CT 表现，COPD 影像学表型可分为两种亚型：肺气肿型和慢性支气管炎型。肺气肿型主要是肺实质破坏；慢性支气管炎型主要是小气道损伤。

2. 肺部及胸膜肿瘤

某些特定化学物质是明确的职业性肺癌致癌物。氯甲醚 / 双氯甲醚所致肺癌，其病理以小细胞肺癌为主，恶性程度高，早期出现刺激性干咳，易导致支气管狭窄或阻塞，患者有明确的氯甲醚类化合物高浓度接触史，潜伏期相对较短。砷及其化合物所致肺癌，其病理类型多为鳞状细胞癌，长期接触砷者常有皮肤改变，如躯干皮肤色素沉着、掌跖部疣状或点状角化，甚至出现皮肤原位癌，患者多有砷冶炼、开采等职业暴露史，肺部病变可呈多中心起源。六价铬化合物所致肺癌，其病理主要为鳞状细胞癌和未分化癌，肿瘤常发生于大支气管，易引起阻塞性肺炎，表现为高音调金属音咳嗽、局限性哮鸣音，长期接触六价铬者，常出现鼻黏膜损害，如鼻中隔黏膜糜烂、溃疡，部分患者可伴有铬疮，患者多有铬酸盐生产、铬电镀等职业暴露史。

三、消化系统表现

消化道症状常常是急性中毒最早出现的临床表现。作为保护反射，消化道毒物摄入后多出现恶心、呕吐等排毒反应，某些毒物非消化道途径摄入也可首先出现严重胃肠道症状，可能与呕吐中枢受刺激有关。例如，经皮肤、呼吸道吸收引起的急性有机磷农药中毒，常较早出现呕吐、腹痛、腹泻等症状。经消化道摄入的毒物对消化道黏膜造成刺激，引起急性化学性胃炎，能否引起全身症状，取决于毒物的毒作用及其他影响毒物吸收的因素。在出现胃肠道症状和全身中毒症状之间，可存在短暂的缓解期，此时症状缓解，病情相对稳定，易被误以为病情已经好转。

（一）化学性胃炎

化学性胃炎是指由化学毒物对胃黏膜直接损害造成的炎症，主要病变为胃黏膜糜烂、坏死，有时可累及整个胃壁，甚至穿孔引起急性腹膜炎、胰腺炎等。其临床表现为腹部剧烈疼痛、恶心、呕吐、呕血、呕出坏死黏膜组织，见于口服腐蚀性毒物，如强酸、强碱等，也称为腐蚀性胃炎。

（二）食管贲门黏膜撕裂综合征

急性中毒出现剧烈呕吐可引起腹内压骤然升高，导致胃、贲门及食管黏膜撕裂出血，甚至穿孔，是急性中毒后的并发症。

（三）急性中毒性肝病

大多数生产性毒物引起的肝损伤是由毒物的直接肝毒性所致，其特点是具有明显的剂量 – 反应关系。不同毒物造成的损害可不相同，有些是单一性肝损伤，有的可连锁引起多系统损害。急性中毒性肝损害的病理类型主要分为肝细胞型和肝内胆汁淤积型；慢性中毒性肝损害的病理变化主要为脂肪聚积和纤维化，重症患者可进展为肝硬化。

中毒者会出现肝功能试验指标异常及以消化系统为主的临床表现，如乏力、恶心、呕吐、食欲减退、上腹饱胀、黄疸、肝区疼痛等；肝功能检查提示转氨酶、胆红素升高，肝功能重度损伤出现凝血功能异常，表现为血清凝血酶原时间（PT）延长、国际标准化比值（INR）增高。慢性中毒进展为肝硬化者，其门脉压增高出现腹水、肝肾综合征。急性中毒性肝病查体肝脏触诊有压痛或叩击痛，但质地柔软，B 超可见肝脏、脾脏肿大。慢性中毒性肝病进展为肝硬化时，查体肝脏质地变硬，伴有肝区明显压痛，B 超检查显示有早期肝硬化改变。一些嗜肝毒物，如卤烃类、苯胺、硝基苯等芳香族氨基及硝基化合物，可造成暴发性肝功能衰竭，导致患者出现意识障碍、肝脏缩小、胆 – 酶分离现象，患者伴有出血倾向，出现上消化道出血或脑出血，还会出现多器官功能衰竭、肝性脑病、继发感染等，病情凶险，预后不良。患者摄入毒物至出现暴发性肝功能衰竭期间常有一段相对稳定的阶段，在此期间症状无特异性，仅表现为乏力、恶心、食欲不振，肝区疼痛并不严重，易被忽略。

需要注意的是，职业性中毒性肝病除发生在以肝脏为主要靶器官的中毒病例外，同时可在以其他系统或器官为主要靶器官的中毒病例中发生，并可在病程中延迟发病，应引起注意。如果同时出现致病毒物所导致的其他系统损害，则对病因诊断有重要参考意义。

四、心血管系统表现

生产性毒物不仅可以直接作用于心脏及血管系统，引起心血管结构和功能损害，也可通过其他器官和系统损害给心血管带来继发性改变，如通过影响神经内分泌活性，间接造成心血管系统损害。对心血管系统的直接毒性作用通常取决于心肌和血管系统接触毒物的浓度和暴露时间，严重者出现中毒性心肌病、心律失常、心力衰竭、中毒性休克，甚至心源性猝死。

（一）急性中毒性心肌病

急性中毒性心肌病是指由于生产性毒物直接作用于心肌组织，引起心肌的水肿、变性甚至坏死等结构和功能损害，患者会出现心功能不全的症状和体征，其临床表现为乏力、胸闷、心悸、气短，可有心前区隐痛，严重者脉细弱，肺部可闻及湿啰音，心率快、心音低钝，心尖区可闻及收缩期吹风样杂音、出现舒张期奔马律以及各种类型心律失常，可伴有四肢发绀。心电图示 ST 段降低、T 波平坦、双向或 QT 间期延长等，心脏超声显示心脏扩大，收缩和舒张功能受损。

（二）心律失常

有机溶剂、五氯酚钠等化学物急性中毒可引起尖端扭转型室性心动过速；有机溶剂、一氧化碳、有机锡等化学物中毒可致房室传导阻滞；苯、汽油、二氯乙烷、三氯乙烯及四氯化碳类等多种有机溶剂急性中毒，可使心脏对肾上腺素的敏感性增加，心肌应激性增高，可发生心室颤动；四乙基铅、有机锡、二硫化碳、丙烯腈等化学物急性中毒，可兴奋迷走神经，产生心动过缓。

（三）中毒性休克

中毒性休克是指由于毒物的直接和间接毒性作用，使有效循环容量减少，心输出量不足或外周血流分布失常，引发器官组织血液灌注不足、组织缺血缺氧、严重微循环障碍的中毒性临床综合征。其患者的临床表现有脉搏细速、脉压缩小、血压下降、末梢发凉、皮肤湿冷发花、尿少或无尿，后期出现弥散性血管内凝血（disseminated intravascular coagulation，DIC）和多器官功能衰竭。

中毒性休克是急性中毒危象，由于毒物的多靶部位性质，其发生原因常是综合因素，可能以一种因素为主。例如，环氧乙烷中毒诱发休克，主要是心肌器质性损害，收缩功能明显减退或心律失常，导致心输出量显著降低所致；化学烧伤诱发休克，是血浆渗出和剧烈的吐泻导致外周血容量减少；神经中枢抑制性中毒导致血管舒缩中枢麻痹，引起周围血管扩张，血流分布异常，心脏功能也会受抑制。

（四）急性心肌梗死

急性心肌梗死多见于急性一氧化碳、有机磷农药、有机氯农药、硫化氢及有机溶剂等化学物中毒。已有心血管疾病者为急性心肌梗死的高危人群，但本病也可发生于无心血管病史者。临床上患者可出现心肌梗死的症状，也可被其他症状所掩盖或由于昏迷状态而症状不明显。本病的诊断主要依靠心电图及心肌酶谱测定，需动态观察心电图改变及心肌酶谱变化。

五、泌尿系统表现

肾脏不仅是毒物排泄的主要器官，也是中毒易损器官，这可能与外源性化学物的体内运输、累积及代谢有关，继发的肾灌注压下降也是肾损害的重要因素。

（一）急性中毒性肾功能衰竭

本病主要表现为少尿或无尿，尿常规检查出现蛋白尿、管型、脱落肾小管上皮细胞、红细胞、白细胞，甚至肉眼血尿等，血尿素氮和肌酐逐渐升高，可伴有电解质紊乱及代谢性酸中毒。急性中毒性肾功能衰竭常迟于其他中毒症状，例如，汞中毒时患者先出现呼吸系统症状、消化道症状等，经 2~3d 后才出现蛋白尿、血尿等急性肾小管坏死表现，严重者进展为急性肾功能衰竭。

（二）急性化学性膀胱炎

某些毒物（如邻甲苯胺、对甲苯胺、5– 氯 – 邻甲苯胺、杀虫脒等）可引起急性膀胱炎，表现为尿频、尿急、尿痛和耻骨上区不适等。尿常规检查可发现患者红细胞增多，也可有白细胞，尿蛋白阳性。重者有肉眼血尿，并可有血块排出。

六、血液系统表现

（一）急性再生障碍性贫血

短期接触高浓度苯蒸气，可出现急性再生障碍性贫血，患者开始会出现头晕、头痛、无力、失眠等症状，进而出现瘀点、瘀斑、鼻出血、齿龈出血等全身出血，可继发感染，进一步诱发多器官功能衰竭而死亡。

（二）高铁血红蛋白血症

健康成人血液中高铁血红蛋白（MetHb）占血红蛋白总量的比例通常不超过 1%，这一水平通过内源性还原系统（如 NADH– 细胞色素 b5 还原酶系统）维持动态平衡。当血液 MetHb 浓度超过 1% 时，称为高铁血红蛋白血症，但其临床意义随含量不同而有所差异。生产性毒物可直接或间接氧化形成 MetHb，例如，苯胺的中间代谢产物具有强烈亲电子性，可将血红蛋白氧化为 MetHb 而失去携氧功能，造成组织缺氧，其特点为皮肤黏膜发绀程度与缺氧症状不完全相符。轻度中毒时，机体通过代偿性心输出量增加、红细胞 2，3–DPG 浓度上调等机制维持组织氧供，导致发绀程度显著而缺氧症状（如呼吸困难、意识障碍）相对滞后；重度中毒时代偿失能，两者趋于一致。

（三）溶血

砷化氢是最常见、最强烈的溶血性毒物，吸收入血后绝大部分（95%~99%）很快进入红细胞中与血红蛋白结合，迅速引起溶血。苯胺、硝基苯等中毒可致还原型谷胱甘肽明显减少，红细胞膜功能受损，导致红细胞破裂，产生溶血；同时还直接作用于珠蛋白分子中巯基，使珠蛋白变性，形成的变性珠蛋白小体（又称 Heinz 小体）使红细胞膜脆性增加，导致溶血。

（四）出血

急性中毒引起凝血功能障碍时出现出血倾向，血管、血小板及凝血机制受损是造成出血的主要因素。汞化合物、砷化合物等可使小动脉和毛细血管壁受损，通透性增加，从而导致血浆渗出和出血；有机氯农药、有机溶剂等与血清白蛋白结合成抗原。产生抗体，抗原－抗体复合物作用于血管壁，会引起过敏性紫癜；很多毒物如苯、有机氯农药、酚类可致血小板减少或功能异常而致出血；凝血机制障碍则多见于抗凝血类杀鼠剂中毒，表现为凝血因子合成受阻，导致凝血时间延长（如皮下瘀斑、鼻衄），常于中毒后数日出现，而严重急性中毒可通过激活全身凝血系统而引发 DIC，其导致的广泛微血栓形成和继发性纤溶亢进性出血，则多见于疾病终末期。

七、皮肤及其他损害

生产性毒物可对皮肤造成多种损害，常见的皮肤损害包括由酸、碱和有机溶剂引起的接触性皮炎，这种炎症通常是由于皮肤直接接触刺激性或过敏性化学物质引起。长期暴露于矿物油和卤代芳烃等化合物的工作环境，还可能导致痤疮的发生；煤焦油和石油产品的接触则可能引起皮肤黑变病；铬的化合物和铍盐等化学物可致皮肤溃疡；有机溶剂和碱性物质等可导致角化过度和皲裂；砷和煤焦油等可引起职业性皮肤肿瘤。

生产性毒物还可能对其他身体部位造成损害。例如，三硝基甲苯和二硝基酚可导致白内障；甲醇中毒可导致视神经炎、视网膜水肿、视神经萎缩，严重时甚至失明；氟暴露可能引起氟骨症；黄磷中毒可导致下颌骨的破坏和坏死；吸入含有氧化锌、氧化镉等金属的烟尘，可能引起金属烟热。

（黎东霞　张　箭　何蔡为）

第四节　实验室检查

一、生物标志物

生物标志物（biomarker）是指在个体接触生产性毒物后，能够在生物介质（如血液、尿液、粪便、组织或毛发等）中检测到的特定物质或变化。这些标志物不仅反映了机体对生产性毒物暴露的响应，还可能包括毒物及其代谢产物的浓度，以及机体在生理、生化或分子层面上的变化。生物标志物的检测对于精确评估个体的暴露水平、及时识别潜在的健康影响，以及深入探究毒物的毒性作用机制均具有重要意义。根据生物标志物所代表的意义，可以将其分为接触性生物标志物、效应性生物标志物和易感性生物标志物。

（一）接触性生物标志物

接触性生物标志物（biomarker of exposure）是指外源性化学物已被生物体吸收并延续接触的标志物，主要是外源性化学物的原型或代谢产物。接触性生物标志物与外剂量或毒作用效应相关，可用于评价接触水平或建立生物接触限值。例如，通过测定外周血全血铬或红细胞内铬含量，可以间接反映通过呼吸道进入肺组织的铬含量或六价铬的含量。

（二）效应性生物标志物

效应性生物标志物（biomarker of effect）是指吸收工作场所生产性毒物引起机体中毒时所出现的生理、生化、行为或其他改变的指标。根据其在临床诊断中的意义，效应性生物标志物可以分为特异效应生物标志物和非特异效应生物标志物两大类。

1. 特异效应生物标志物

特异效应生物标志物是指职业性化学中毒后，由于毒物的特定作用导致机体生物化学或细胞学形态学等方面产生特异性改变的指标，例如，机体接触有机磷农药后红细胞胆碱酯酶活性会发生改变，有助于病因判定。

2. 非特异效应生物标志物

非特异效应生物标志物多用于疾病诊断，是临床上常用的检查项目，包括但不限于血常规、尿常规、血小板计数、网织红细胞计数、血液肝功能和肾功能实验、凝血酶原时间、电解质水平等实验室检查项目。这些检查项目虽然对于判断脏器是否存在疾病及其严重程度具有重要价值，但它们通常缺乏病因学上的特异性，因此在职业性化学中毒诊断中，它们更多地被作为辅助手段，而不是直接的病因学证据。常见生物监测指标和职业接触生物限值见表 2–1。

表 2–1　常见生物监测指标和职业接触生物限值

序号	接触的化学有害因素	生物监测指标	职业接触生物限值	采样时间
1	苯	尿中苯巯基尿酸	47μmol/molCr（100μg/gCr）	工作班后
		尿中反 – 反式粘糠酸	2.4mmol/molCr（3.0mg/gCr）	工作班后
2	苯乙烯	尿中苯乙醇酸加苯乙醛酸	295mmol/molCr（400mg/gCr）	工作班末
			120mmol/molCr（160mg/gCr）	下个工作班前
3	丙酮	尿中丙酮	50mg/L	工作班末
4	草甘膦	尿中草甘膦	0.6mg/L	工作班末
5	1，3– 丁二烯	尿中 1，2– 双羟基 –4–（N–乙酰半胱氨酸）丁烷	2.9mg/gCr	工作班末
6	二甲苯	尿中甲基马尿酸	0.3g/gCr 或 0.4g/L	工作班末
7	N，N– 二甲基甲酰胺	血中 N– 甲基氨甲酰血红蛋白加合物（NMHb）	135nmol/g Hb	持续接触 4 个月后任意时间
8	N，N– 二甲基乙酰胺	尿中 N– 甲基乙酰胺	20.0mg/gCr	工作周末的班末
9	二氯甲烷	尿中二氯甲烷	0.3mg/L	工作班末
10	二硫化碳	尿中 2 – 硫代噻唑烷 –4– 羧酸	1.5mmol/ molCr（2.2mg/gCr）	工作班末或接触末
11	酚	尿中总酚	150mmol/molCr（125mg/gCr）	工作周末的班末
12	氟及其无机化合物	尿中氟	42mmol/molCr（7mg/gCr）	工作班后
			24mmol/molCr（4mg/gCr）	工作班前

续表

序号	接触的化学有害因素	生物监测指标	职业接触生物限值	采样时间
13	镉及其无机化合物	尿中镉	5μmol/molCr（5μg/gCr）	不做严格规定
		血中镉	45nmol/L（5μg/L）	不做严格规定
14	汞及其无机化合物	尿中总汞	20μmol/molCr（35μg/gCr）	接触6个月后工作班前
15	甲苯	尿中马尿酸	1mol/molCr（1.5g/gCr）	工作班末（停止接触后）
			11mmol/L（2.0g/L）	
		终末呼出气甲苯	$20mg/m^3$	工作班末（停止接触后15~30min）
			$5mg/m^3$	工作班前
16	甲苯二异氰酸酯	尿中甲苯二胺	1μmol/molCr	工作班末
17	可溶性铬盐	尿中总铬	65μmol/molCr（30μg/gCr）	接触1个月后工作周末的班末
18	铅及其化合物	血中铅	2.0μmol/L（400μg/L）	接触3周后的任意时间
19	三氯乙烯	尿中三氯乙酸	0.3mmol/L（50mg/L）	工作周末的班末
20	三硝基甲苯	血中4–氨基–2，6–二硝基甲苯–血红蛋白加合物	200ng/g Hb	接触4个月后任意时间
21	四氯乙烯	血中四氯乙烯	0.3mg/L	工作周末的班前
22	锑及其化合物	尿中锑	85μg/L	工作班末
23	五氯酚	尿中总五氯酚	0.64mmol/molCr（1.5mg/gCr）	工作周末的班末
24	1–溴丙烷	尿中1–溴丙烷	20ug/L	工作班后
25	一氧化碳	血中碳氧血红蛋白	5%HbCO	工作班末

（三）易感性生物标志物

易感性生物标志物（biomarker of susceptibility）是反映个体对外源化学物（毒物）反应能力的生物指标，是机体对特定外源性物质的敏感性生物标志物。这种敏感性可能是先天遗传的，也可能是后天获得的。易感性生物标志物的检测有助于识别对某些化学物质特别敏感的人群，从而可以采取针对性的预防和保护措施，有效降低这些高危人群的健康风险。

二、常用检验检测技术

（一）理化检验检测技术

1. 理化检验检测的作用和意义

职业性化学中毒理化检测的样品主要分为两大类：生物样品和外环境（现场）样品。生物样品通常包括血液、尿液、毛发、组织等，而外环境样品则可能包括空气、土壤、水体等。在运输过程中需确保样品的完整性和稳定性，使用适当的冷藏设备。样品到达实验室后，应根据需要选择合适的保存条件，并记录其详细信息。

通过检测生物样本（如血液、尿液）中的毒物或其代谢产物，可以确认职业性化学中毒的发生，并有助于确定中毒的类型和程度。理化检验检测结果也可以指导临床治疗，帮助医生选择最合适的解毒剂和治疗方案。通过监测工作场所的化学物浓度和生物样本中的毒物水平，可以评估职业暴露的风险，并采取预防措施以减少职业性化学中毒的发生。

2. 常用理化检测方法

在职业性化学中毒检测中，精确测定待测组分及其含量对于诊断、治疗和预防中毒事件至关重要。通过利用待测组分或其化学反应物的物理或物理化学特性，并借助各种分析仪器来实现，常用的仪器分析方法如下。

（1）色谱技术：常用的色谱技术包括气相色谱和高效液相色谱。

①气相色谱（GC）：适用于分离和检测挥发性有机化合物（VOCs）。在有机溶剂中毒事件中，GC 能够有效地检测出多种有机溶剂的存在和浓度，如苯、甲苯等。

②高效液相色谱（HPLC）：特别适用于检测不易挥发或热不稳定的化合物。

（2）质谱技术：常用的质谱技术包括气相色谱 - 质谱联用和液相色谱 - 质谱联用。

①气相色谱 - 质谱联用（GC-MS）：结合了 GC 的分离能力和 MS 的鉴定能力，适用于快速筛查和检测化学性职业中毒事件中的毒物。GC-MS 能够提供化合物的分子量和结构信息，有助于未知毒物的鉴定。

②液相色谱 - 质谱联用：适用于生物样本中毒物或其代谢产物的检测，能够检测和定量生物样本中的毒物。如有机磷及氨基甲酸酯类杀虫剂等。

（3）光谱技术：常用的光谱技术包括紫外 - 可见分光光度法、原子荧光光谱法、原子吸收光谱法和电感耦合等离子体质谱法。

①紫外 - 可见分光光度法：利用物质在紫外和可见光区域的吸收特性进行分析。这种方法在化学中毒检测中常用于快速筛查和定量分析特定化学物质。

②原子荧光光谱法（AFS）：基于原子荧光现象，具有高灵敏度和高选择性。AFS 在检测重金属和类金属中毒（如汞、砷等元素）方面表现出色。

③原子吸收光谱法（AAS）：通过测量特定元素的原子吸收光的强度来定量分析元素的含量。用于检测金属和类金属中毒（如铅、镉、锰等元素）。

④电感耦合等离子体质谱（ICP-MS）：提供高灵敏度的元素分析，适用于多种金属中毒的检测。

（4）免疫分析：常用的免疫分析方法为酶联免疫吸附分析（ELISA），此方法用于检测特定的毒物或其代谢产物。ELISA 在食物中毒检测中尤为重要，能够快速识别和定量毒素。

（二）效应检验检测技术

职业性化学中毒时，人体细胞、器官及系统会发生相应的变化，引发一系列异常的代谢反应，并产生不同的效应物质。这些效应物质在机体中的表现，有的可以作为职业性化学中毒的生物标志物，例如，血液锌原卟啉作为慢性铅中毒的诊断指标之一，能够反映铅对血红蛋白合成的影响；有的反映了机体中毒严重程度，例如，通过检测血细胞的数量，可以评估机体贫血的程度，通过测量尿液中的微球蛋白水平，可以了解肾脏功能的损害程度。尽管这些效应检验检测指标有的不是职业性化学中毒诊断的金标准，但仍然是中毒诊断、治疗及判断预后的重要依据。

职业性化学中毒常用的效应检验技术及方法包括：血液学检验、体液检验、生化检验、免疫学检验等。

1. 血常规

血常规检查是临床常用的检验项目之一，它不仅是贫血、白血病初步筛查的重要指标，也是判断炎症和过敏反应的关键指标。在职业性化学中毒的情况下，血常规检查结果可能会出现不同程度的异常。不同的化学物质中毒，或者同一化学物质在不同中毒程度或病程阶段，其血常规检查结果也会有所差异。

2. 血细胞形态学检查

血细胞形态学检查是一种历史悠久且至今仍被广泛使用的血液检查方法。目前，最常用的染色技术包括瑞氏染色法和吉姆萨染色法。通过血涂片检查，可以直观地观察到血细胞的数量、形态、染色特性和结构特征。在职业性化学中毒的情况下，血涂片检查能够客观地揭示异常血细胞的形态变化以及特定的中毒颗粒，这些变化和颗粒可以作为中毒的直接证据。例如，苯胺中毒时，红细胞中可能出现 Heinz 小体，这是苯胺中毒的特有标志。

3. 骨髓细胞学检查

骨髓作为成人的主要造血器官，其细胞学检查是评估骨髓造血功能的重要方法。这项检查主要通过形态学分析，辅以细胞遗传学和分子生物学技术，全面评估骨髓细胞的状态。在职业性化学中毒的诊断中，骨髓细胞学检查是识别血液性疾病的关键手段。例如，苯所致白血病通常导致慢性粒细胞性白血病，而骨髓细胞学检查能够区分慢性粒细胞性白血病与急性粒细胞性白血病，为临床提供准确的诊断依据。

4. 尿液常规检验

尿液是机体排泄废物的主要途径。职业性化学中毒时，尿液中可能出现异常排泄物，这可能是肾脏损伤的指标之一。例如，酚类化合物中毒时，尿液可能呈现棕褐色、咖啡色或绿色，并在接触空气后迅速变为黑褐色，临床上称为“酚尿”，这是酚中毒的一个特征性表现。

5. 粪便常规检验

粪便作为机体排泄代谢物的重要途径，其常规检验对于揭示消化系统疾病具有重要意义。粪便常规检验通常包括一般性状检查、显微镜检查及隐血试验。职业性化学中毒时，如急性砷中毒或误服汽油等，可能会引起呕吐、腹泻等消化系统症状，通常不会导致粪便性状或细胞形态异常。

6. 生化分析技术

生化分析技术是指通过检测血液或其他体液中的各种生化成分，如离子、糖类、脂类、蛋白质以及酶、激素和代谢产物的含量，为临床医生提供诊断和治疗的依据。例如，在职业性化学中毒中，三氯乙烯药疹样皮炎表现严重的肝损害，此时患者的血清谷丙转氨酶水平可能会显著升高，甚至达到 6000U/L 左右。

7. 凝血常规检查

凝血常规检查是临床上用于筛查凝血功能异常的重要试验，包括活化部分凝血活酶时间（APTT）、血浆凝血酶原时间（PT）、凝血酶时间（TT）和血浆纤维蛋白原含量等。凝血功能障碍在临床上可能表现为多种症状，而在职业性化学中毒中，它通常是一种并发症状。例如，三氯乙烯中毒可能导致严重的肝损害，影响纤维蛋白原的合成，从而引起凝血时间延长。

8. 血气分析及酸碱平衡分析

血气分析是医学上常用于判断机体是否存在酸碱平衡失调、缺氧及其程度的重要检验手段，包括动脉血中的氧气和二氧化碳分压、血液 pH 值等指标。任何导致机体通气障碍或缺氧的疾病都可能引起血气分析的异常。在职业性化学中毒中，多种化学物质都可能引起酸碱失衡。例如，甲醇、乙醇等化学物中毒时，其在体内代谢产生大量酸性物质，可能导致代谢性酸中毒；一氧化氮中毒可能导致肺水肿、呼吸窘迫综合征，从而引起动脉氧分压降低。

9. 免疫标记技术

免疫标记技术是一种利用荧光素、酶、放射性核素、铁蛋白、生物素或发光物质等作为标记物，对抗原或抗体进行标记的抗原抗体反应技术。在职业性化学中毒检测中，常用的免疫标记技术为酶免疫技术、放射免疫技术和化学发光免疫技术。

（刘继中　杨　浩）

第五节　影像学检查及其他检查

职业性化学中毒的症状谱系极为广泛，在诊断时辅助检查发挥着重要作用。综合运用这些检查手段，对于确诊职业性化学中毒、评估病情的严重程度以及制订个性化的治疗计划至关重要，还能指导临床治疗，优化患者的治疗效果和预后。

影像学检查、心电图、肺功能检查等技术能够直观地揭示器官受损的情况。例如，胸部X射线片和胸部CT检查对于早期诊断刺激性气体中毒引起的肺水肿和急性呼吸窘迫综合征（ARDS）发挥着至关重要的作用。此外，这些影像学方法也常用于诊断慢性氟中毒、慢性磷中毒和减压病等病症。心电图检查对于临床评估心脏功能，优化治疗方案有重要作用。肺功能检查则是一套全面的评估方法，涵盖了肺通气功能、气体交换功能、呼吸调节功能和肺循环功能的测试。这些检查不仅有助于评估呼吸功能的整体状况，还能明确呼吸障碍的具体程度、类型以及其可逆性，为临床诊断和治疗提供宝贵的信息。

脑电图和肌电图等检查能够评估神经系统的功能状态。脑电图通过捕捉大脑神经元的电活动，能够记录并分析大脑不同区域的电信号，从而反映大脑的活动状态。在诊断中枢神经系统中毒性疾病时，脑电图能够显示具有诊断意义的特征性变化。肌电图是一种评估神经和肌肉功能的检查手段，它通过记录肌肉在活动和放松状态下产生的电信号，帮助医生判断患者是否存在神经肌肉病变。肌电图在诊断锥体系疾病、锥体外系疾病、周围神经系统疾病和肌源性疾病等方面具有极高的价值。例如，在锰中毒引起的锥体外系疾病或正己烷中毒导致的周围神经系统疾病中，肌电图能够揭示出特定的神经肌肉活动异常，为诊断和治疗提供了关键信息。

消化道内镜和支气管镜检查能够直接观察到机体内部器官的损伤。消化道内镜技术通过内窥镜的使用，能够对消化道进行细致的疾病检查和治疗。上消化道内镜，尤其是胃镜，能够帮助医生直接观察胃、食管及十二指肠的黏膜，检查其是否存在充血、炎症、水肿等异常情况，并在需要时进行干预治疗。下消化道内镜检查包括结肠镜和小肠镜检查。内镜超声技术则是将超声探头与内镜结合，使得医生能够直接观察消化道黏膜及其病变，同时通过超声扫描技术获取消化道管壁各层的结构信息和周围重要器官的状况，这种技术在中毒性疾病的诊断中具有巨大的潜力。支气管镜检查是一种通过将细长的光导纤维支气管镜经口或鼻插入患者的下呼吸道，以直接观察气管和支气管的病变和损伤的技术。它能够检测出从轻微的红斑、黏膜充血到严重的黏膜破溃、坏死脱落、黏液溢出以及支气管腔闭塞等不同程度的病变。临床上使用的支气管镜包括纤维支气管镜和电子支气管镜，支气管镜能够深入检查气管内、支气管内以及肺部深处的病灶和疾病，为无创诊断和治疗提供了可能，尤其在中毒性呼吸系统疾病的诊断和治疗中发挥着关键作用。

活组织检查能提供细胞层面的病理信息。活组织检查是一种通过获取身体局部组织样本进行病理学检查的诊断方法，包括经内镜活检、经皮穿刺肺活检等技术。这些检查可以提供慢性损伤组织的直接证据，对诊断和鉴别诊断具有重要价值。常见的活检方法包括经内镜活检和经皮穿刺肺活检术等，每种技术都有其独特的特点、优势和适用范围。

（黎东霞　刘继中）

第六节　诊 断 流 程

一、诊断方法

职业性化学中毒的诊断过程是一个综合分析的科学活动，它涉及对职业病危害接触史、临床表现、实验室检查、辅助检查结果以及现场职业卫生调查的深入分析，旨在确立化学物接触与健康损害之间的因果关系，并排除其他原因引起的类似症状疾病。

（一）病因判定

病因诊断的核心在于精确识别导致健康损害的具体生产性毒物。包括职业史的详尽收集、生产性毒物暴露评估等现场职业卫生调查，以及接触性生物标志物和效应性生物标志物等实验室检测。

（二）靶器官损害特点

生产性毒物中毒时，不同化学物因其理化特性和作用机制的差异，对人体健康的影响具有特异性，主要表现为对某些器官或系统的选择性损害。靶器官损害的特点包括特异性损害、剂量－反应关系、时效性特征、可逆性与不可逆性、多器官系统影响、临床表现多样性、实验室检测评估等。掌握各种生产性毒物中毒时靶器官损害的作用规律及特点，有助于理解中毒的临床特点。

（三）疾病诊断

疾病诊断的关键在于综合分析临床资料，确保对疾病的性质和严重程度进行准确评估。临床资料的整合包括病史采集、体格检查、必要的实验室和辅助检查等。

（四）分析与评估

将职业接触史与临床资料联系起来，进行细致的思考和综合分析，同时结合现场职业卫生学调查资料，详细分析生产性毒物吸收的时间与发病时间、靶器官损害的特点、估计的吸收剂量与疾病严重程度等是否与特定化学物中毒的发病规律相符，从而确定病因（生产性毒物）与疾病（化学中毒）的因果关系。同时，还需考虑影响临床表现及严重程度的各种因素，如吸收途径、同时接触多种生产性毒物或与其他危害因素的联合作用、个体差异等，也应注意生产性毒物中可能含有的杂质或在特定条件下通过化学反应产生的其他化学物。

二、职业性急性化学中毒的诊断

根据短期内接触较大量化学物的职业接触史，出现相应靶器官损害为主的临床表现，结合有关实验室辅助检查等结果，参考现场职业卫生学调查资料，进行综合分析，排除其他病因所致类似疾病后，方可诊断。

（一）职业性急性化学中毒特点

1. 快速发病

职业性化学中毒通常在短时间内发生，即在接触较高浓度的化学物后迅速出现症状，病情进展迅速。

2. 剂量－反应关系

生产性毒物中毒的严重程度与吸收的化学物剂量有关，剂量越大，中毒症状通常越严重。例如，轻度中毒可能仅表现为刺激反应，如眼和上呼吸道刺激症状，而重度中毒可能导致意识障碍、抽搐、心肺功能衰竭等严重症状。

3. 临床表现多样

职业性急性化学中毒的临床表现因化学物质的不同而异，可能涉及多个器官系统，如神经系统、呼吸系统、心血管系统等。

4. 治疗时效性

治疗通常包括立即脱离接触、对症支持治疗、特效解毒药物的使用，以及必要时的重症监护。及时的诊断和治疗对预后至关重要，早期治疗可以减少长期健康影响和残疾的发生。

（二）诊断与分级

1. 轻度中毒

短期内接触较大量生产性毒物后，出现所接触化学物所致相应靶器官（系统）轻度器质性损伤者。

2. 中度中毒

在轻度中毒症状基础上，具有下列情况之一者：

（1）出现所接触生产性毒物引起的两个及以上器官（系统）轻度器质性损伤；

（2）出现生产性毒物所致相应靶器官（系统）功能不全。

3. 重度中毒

在中度中毒症状基础上，具有下列情况之一者：

（1）出现所接触生产性毒物导致的多器官（系统）功能不全；

（2）出现所接触生产性毒物导致的相应靶器官（系统）功能衰竭。

急性中毒最后的分级诊断，应在临床医疗期基本终结时，结合病情的动态观察，参考转归结果等来判断。

职业性急性化学中毒的诊断流程见图 2–1。

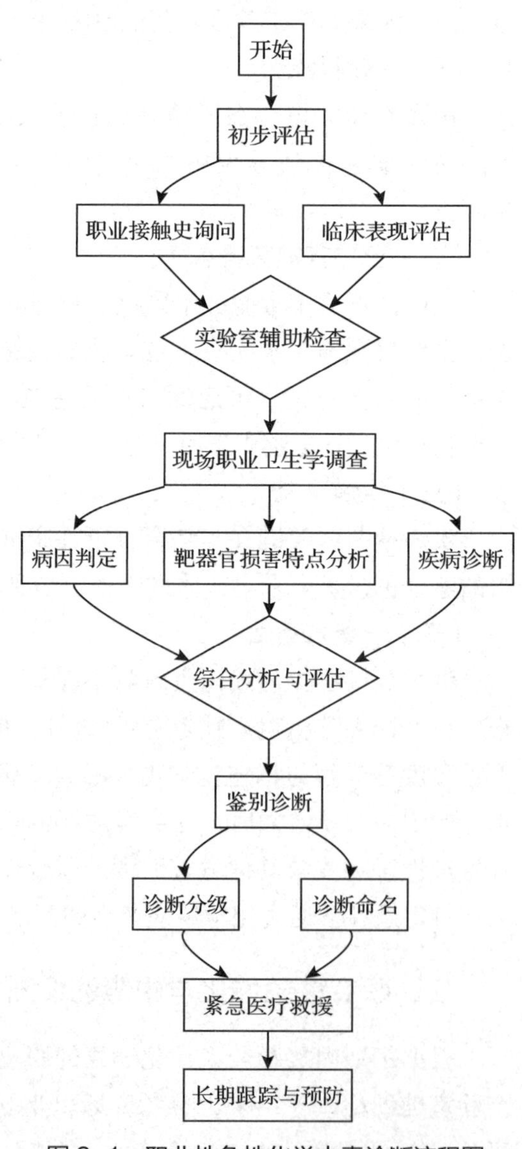

图 2–1　职业性急性化学中毒诊断流程图

三、职业性慢性化学中毒的诊断

职业性慢性化学中毒是指在职业活动中，由于长期接触较低浓度的生产性毒物，导致内累积剂量达到一定程度，从而引起机体相应靶器官（系统）功能性或器质性损伤的疾病。

（一）职业性慢性化学中毒特点

1. 长期接触

职业性慢性化学中毒通常与长期的生产性毒物职业接触史有关，接触时间可以是数月、数年甚至更长时间。

2. 低剂量累积

接触的生产性毒物浓度可能低于立即引起急性中毒的水平，但长期累积接触也可能导致慢性中毒。

3. 靶器官损伤

职业性慢性化学中毒导致的健康损害通常局限于特定的靶器官或系统，这些靶器官对特定的生产性毒物具有特别的敏感性。例如，慢性铅中毒影响神经系统和血液系统，慢性苯中毒影响血液系统。

4. 发病特征

职业性慢性化学中毒起病缓慢，可呈进行性加重。也有部分慢性中毒患者可急性起病，如慢性铅中毒引起的腹绞痛、慢性苯中毒所致再生障碍性贫血。

（二）归因诊断

归因诊断分为直接判定条件和综合判定条件。

1. 直接判定条件

接触生产性毒物的时间≥ 3 个月；靶器官（系统）损害诊断明确；机体特异效应标志物检查至少 2 次异常。

2. 综合判定条件

（1）基本条件：接触时间，靶器官损伤及发病时间为判定职业性慢性中毒的基本条件，具体如下。

①接触时间：接触生产性毒物的时间≥ 3 个月。

②靶器官损伤：靶器官（系统）损害诊断明确。

③发病时间：在接触期间发病或在脱离接触后 1 年内发病（发病时间符合化学物中毒的潜伏期）。

（2）参考条件：接触标志物异常及群体发病为判定职业性慢性中毒的参考条件。

①接触标志物异常：化学毒物的接触标志物在发病前或发病过程中至少 2 次异常。

②群体发病：同工作环境的劳动者有多人发病或有类似症状。

（3）辅助条件：职业性慢性中毒的辅助条件包括环境监测、健康监护提示，工程防护情况、文献相关报道等。

①环境监测：工作场所空气中化学物浓度高于职业接触限值。

②健康监护提示：动态职业健康监护提示曾出现相应靶器官（系统）早期不良健康效应。

③工程防护情况：工作场所生产设备劣化、老化和损坏；工程防护不合理；无个人防护或为无效防护。

④文献相关报道：医学文献中有相似作业环境下类似病例报道。

3. 归因诊断判定方法

归因诊断可以通过以下方法进行判定：①直接符合：符合直接判定条件；②综合符合：符合所有基本条件，同时符合任一参考条件；③符合所有基本条件，同时符合任意三个辅助条件。

（三）诊断与分级

1. 轻度中毒

生产性毒物导致相应靶器官（系统）轻度功能性或器质性损伤。

2. 中度中毒

在轻度中毒基础上，具有下列表现之一者：

（1）工作场所生产性毒物致相应靶器官（系统）功能不全；

（2）部分生活自理障碍。

3. 重度中毒

在中度中毒基础上，具有下列表现之一者：

（1）因接触生产性毒物导致相应靶器官（系统）功能衰竭；

（2）大部分或完全生活自理障碍；

（3）特殊治疗依赖。

职业性慢性化学中毒的诊断流程见图 2-2。

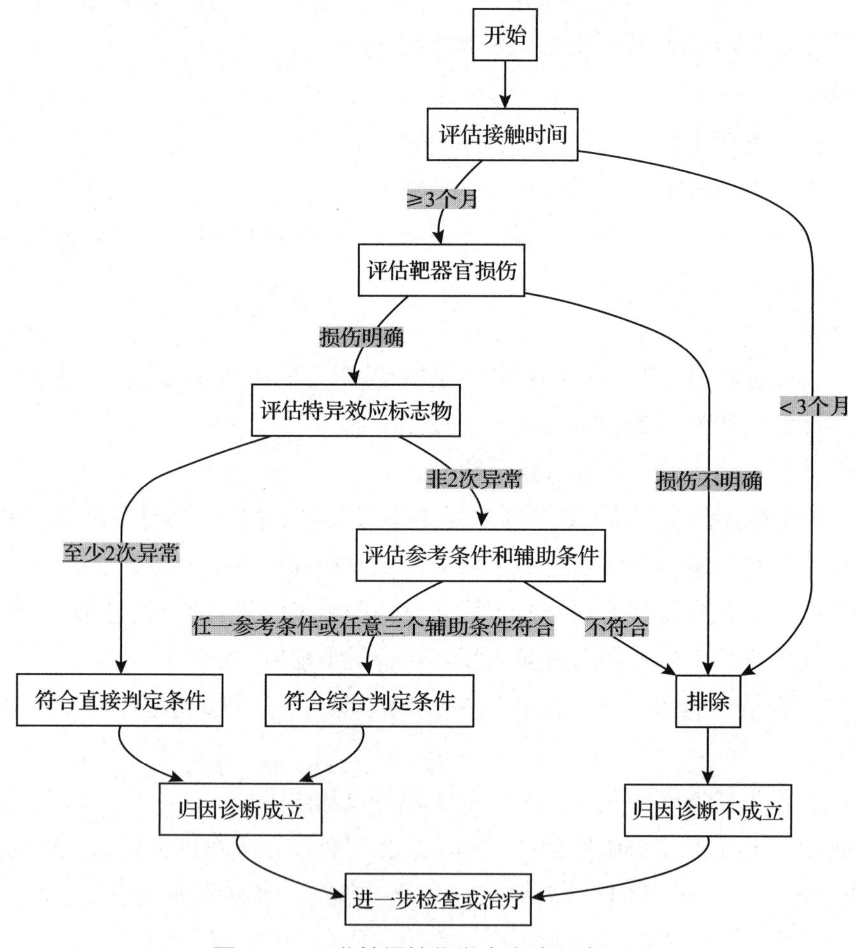

图 2-2　职业性慢性化学中毒诊断流程图

四、生产性毒物中毒诊断命名

职业性化学中毒的诊断命名应遵循特定的规则和格式，确保诊断的准确性和一致性。通常，职业性化学中毒的诊断命名包括以下几个关键要素。

（一）中毒性质

诊断结论应明确指出职业性化学中毒的性质，区分为职业性急性或慢性化学物中毒。

（二）中毒类型

诊断应具体指明职业性化学中毒的医学诊断，如是否为中毒性呼吸系统疾病、中毒性心脏病、中毒性神经系统疾病等。

（三）严重程度

诊断结论应涵盖职业性化学毒的严重程度，通常分为轻度、中度和重度。

（四）致病化学物品种

诊断结论应明确导致职业性化学中毒的确切化学因素。

（五）主要靶器官损伤及严重程度

诊断应列出职业性化学中毒影响的主要靶器官及其损伤的严重程度。

（六）职业病诊断结论

诊断结论包括两种情况：①诊断为职业病时，应依据职业病诊断标准写明职业病名称、性质、诊断分期（分度）以及致病化学物品种，如职业性慢性轻度铅中毒、职业性慢性重度锰中毒等；②诊断为无职业病时，诊断结论中写明“无＋职业病名称”，如“无职业性慢性铅中毒”。

［示例］一位劳动者在职业活动中遭遇氯气泄漏，临床表现为剧烈呼吸深快、咳嗽，进行性呼吸困难、发绀等症状，血气分析显示动脉血氧分压（PaO_2）为55mmHg，动脉血二氧化碳分压（$PaCO_2$）为45mmHg，氧合指数（PaO_2/FiO_2）为265mmHg。双肺底闻及湿啰音，胸部CT出现双肺多发磨玻璃影及浸润影，由肺门向胸膜下扩展，呈蝶状分布，其间显示支气管通气征象。

根据上述信息，此病例的诊断命名如下。

中毒性质：职业性急性化学物中毒；

中毒类型：中毒性呼吸系统疾病；

严重程度：重度ARDS；

致病化学物品种：氯气；

主要靶器官损伤及严重程度：呼吸系统严重损伤，伴有ARDS。

综合以上信息，其职业病诊断结论为职业性急性重度氯气中毒。

（刘继中　黎东霞）

第七节　鉴别诊断

一、病因的鉴别诊断

病因鉴别诊断着重于识别同一疾病可能的多种病因，生产性毒物仅是其中之一的可能性。某些临床表现可能源自多种不同的病因，而职业暴露仅是这些潜在原因之一。在进行职业病诊断时，必须全面考虑职业病危害接触史、工作场所的有害因素检测结果、个人防护措施以及生物监测结果。以蓄电池回收工人为例，若出现贫血、腹痛和神经系统症状，医生应考虑铅中毒的可能性，需要对工人的职业接触情况进行综合评估，包括工作场所的铅暴露水平、职业防护设施、个人防护装备使用情况，以及生物监测确定生物样品中铅的水平。

在诊断过程中，应依据生产性毒物判定原则和因果关系判定原则，特别是生物学梯度原则和职业病诊断标准的要求，明确疾病是否由接触职业病危害因素引起。对于不能明确职业接触引起的、病因不明的疾病，暂时不应诊断为职业病。

二、靶器官损害病因鉴别诊断

靶器官损害的病因鉴别诊断是对影响同一靶器官的不同病因进行细致的区分。生产性毒物引起的损害与其他非职业性因素所致的损害在临床表现上可能相似，但实际上它们在性质上存在本质的差异。例如，中毒性肝病、中毒性周围神经病、中毒性肾病和中毒性心肌病等职业性疾病，需要与病毒性肝炎、由病毒或代谢异常引起的多发性感染性神经炎、感染或免疫介导的肾脏疾病以及病毒性心肌炎等非职业性疾病进行鉴别。

三、临床表现的鉴别诊断

在职业性化学中毒的诊断中，许多中毒症状与非职业性因素引起的临床表现相似，缺乏特异性。因此，实施精确的鉴别诊断尤为关键，以辅助医生排除那些由非职业性因素，如环境因素、生活习惯或基础疾病等引起的类似病理状态。例如，中毒性脑病，这是一种由职业性化学中毒引起的严重神经系统疾病，其伴随的昏迷症状需与急性脑血管意外（如中风）、糖尿病酮症酸中毒等其他疾病仔细区分。

（黎东霞　张　箭）

第八节　案例分析

一、1例职业性慢性轻度磷中毒

（一）案例资料

1. 背景资料

患者，男，53岁，在某公司磷酸车间从事熔磷工13年。个人防护措施包括手套和口罩，而防毒面罩的使用始于近3年前。大约5年前，患者无明显诱因出现牙齿脱落，主要为半边全牙脱落，伴随疼痛不适，无牙龈出血。随后至口腔医院拔除患牙，并遗留上颌骨三颗牙齿和下颌骨二颗牙齿，牙齿均有不同程度的损害，目前患者佩戴假牙。半年前，患者开始出现牙龈出血，表现为唾液中带血，量少，伴随头痛不适，无恶心、呕吐症状。患者曾至当地诊所接受输液治疗（具体药物不详），牙龈出血和头痛症状有所缓解，但仍然时有发作。

2. 临床资料

1个月前，患者自觉牙龈出血症状加剧，出血频率和出血量较前增加，每日出血量为10~20mL。患者随后至某市口腔医院就诊，并接受了全景牙片检查，诊断结果为：①全口慢性牙周炎；② 13~21、23、24、31~34、42~45残根并根尖周炎；③ 26近中深龋。4d前，患者出现牙龈疼痛并伴有头痛不适，为持续性额部胀痛，自觉发烧（未测量体温），并伴有全身关节酸胀不适，无咳嗽、咳痰、咽痛等症状。患者自行服用“感冒药”（具体药名不详）后，头痛症状有所缓解，但牙龈出血症状持续存在。为明确病因，患者至某职业病专科医院就诊，并以“磷接触”为由收治入院。

查体结果：体温36.2℃，脉搏80次/min，呼吸18次/ min，血压130/75mmHg。患者发育正常，营养状况中等，体型适中，自动体位，神志清晰，对答切题，查体合作。口唇无发绀，上颌骨可见尖牙及左侧第一前磨牙伴损伤，下颌骨可见侧切牙伴损伤，其余牙齿已脱落，左上第一、第二牙龈出血明显，咽部无充血，双侧扁桃体无肿大。余未见异常。

3. 辅助检查

实验室检查结果：入院随机血糖 7.1mmol/L，血常规显示白细胞计数 4.56×10^9/L，中性粒细胞百分比 68.4%，中性粒细胞绝对值 3.13×10^9/L，红细胞计数 4.01×10^{12}/L，血红蛋白 131g/L，红细胞比差 39%，血小板计数 138×10^9/L；生化显示肝功能未见明显异常，尿酸 542.82umol/L，葡萄糖 7.46mmol/L；传染筛查显示乙肝表面抗体（+），乙肝表面抗原、乙肝病毒 e 抗原、乙肝病毒 e 抗体、乙肝病毒核心抗体、梅毒螺旋体抗体、丙型肝炎抗体、HIV-Ab 均为阴性；空腹静脉血糖 5.58mmol/L，血脂、电解质、凝血分析、大便常规、尿常规未见明显异常。

其他辅助检查结果：头颅 CT 平扫、胸部正侧位片、心电图以及腹部 B 超均未发现明显异常。

4. 口腔科会诊

口腔科专家会诊意见：颏孔与下颌角之间的距离没有显著变化，下颌骨上缘与下颌骨下缘的比例有所减小，提示下颌骨体部骨纹理改变。

5. 职业健康检查结果

2018 年职业健康检查显示其所接触的危害因素为噪声 + 磷及其无机化合物，下颌骨 X 射线检查左右侧位片显示患者双侧上下牙缺失并齿槽吸收，义齿存留，建议口腔科复查口腔全景片（见图 2-3）。职业健康检查结论为“复查（职业性）”。无其他年份职业健康检查资料。

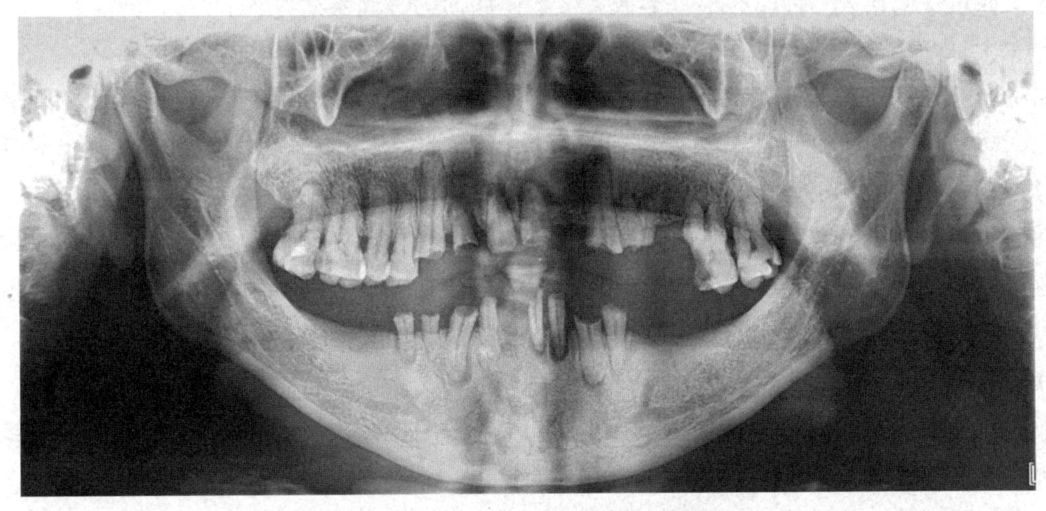

图 2-3 职业性慢性轻度磷中毒者全景牙片

6. 职业病危害因素检测报告

现场职业卫生检测资料显示：2016 年职业病危害因素检验报告显示磷酸车间熔磷工黄磷检测结果为＜$0.03mg/m^3$。无其他年份职业病危害因素检测资料。

7. 诊断结果

职业性慢性轻度磷中毒。

8. 治疗情况

对症治疗及口腔科修复治疗。

（二）案例具体分析

1. 熔磷工艺流程分析

熔磷生产广泛采用的方法是将固体黄磷置于热水池中进行熔化。这一过程涉及熔磷池、磷沉降池、磷储池、循环水池以及控制装置。黄磷的熔点为44.1℃，当其从固态转变为液态时，通过水封技术进行储存，并在需要时使用液下泵进行输送。黄磷因其理化特性，与空气接触即会自燃并产生大量白烟，对空气造成污染。如果劳动者在生产过程中未能采取适当的防护措施，长时间低剂量吸入黄磷蒸气，体内磷含量可能逐渐累积至中毒剂量，从而引发慢性磷中毒。

2. 患者职业病危害接触史

本案例患者自2006年从事熔磷工作13年，在此过程中，黄磷蒸气易通过呼吸道进入人体，而有效的防护措施仅实施了3年。5年前，患者出现牙齿脆性增加、牙根骨质吸收、牙齿松动脱落等症状。临床检查已排除血液疾病作为牙龈出血的原因。考虑到患者仍处于青壮年阶段，年龄因素不能作为解释其症状的理由。由于缺乏完善的健康监护资料，磷中毒的诊断主要依赖于全景牙片的观察结果。

3. 辅助检查

全景牙片显示患者牙齿脱落缺失，下颌骨出现对称性骨质吸收，骨质紊乱及硬化趋势明显，齿槽骨吸收超过根长的2/3。颏孔形态清晰，未发现中度中毒的明显指征。颏孔与下颌角距离未见明显改变，但下颌骨上缘与下颌骨下缘的比例减小，骨量显著减少，左侧更为严重。下颌骨体部骨纹理发生改变。通过动态分析，患者早期即出现骨质损害，牙槽骨吸收后牙根骨质包裹不佳，导致牙周病，进一步加重骨质损失，牙齿脱落，形成多个牙体病损的慢性疾病过程。

4. 诊断结论

依据《职业性磷中毒诊断标准》（GBZ 81—2002）中的慢性磷中毒的诊断标准，长期密切接触黄磷蒸气或含黄磷粉尘的职业史，有以进行性牙周组织、牙体及下颌骨损害为主的临床表现，也可有肝、肾损害，结合现场劳动卫生学资料等综合分析，排除其他病因所引起的类似疾病后，方可诊断为慢性磷中毒。因此，即使本实例中的黄磷浓度没有超过国家标准，如果劳动者长期暴露于低剂量的黄磷环境中，且出现了与慢性磷中毒相符的临床表现，如牙齿脱落、牙龈出血、下颌骨损害等，结合其职业史并排除其他病因，仍然可以诊断为职业性慢性轻度磷中毒。

通过该案例可得到以下几点提示。

（1）长期职业暴露的风险：长期从事接触有毒物质的工作，即使采取了一定的防护措施，也可能因长期低剂量暴露而产生慢性中毒。

（2）个人防护装备的重要性：虽然患者使用了手套和口罩，但直到近三年前才开始使用防毒面罩。这表明早期防护措施的不足可能导致了慢性中毒的发生。强调了在高风险环境中正确使用个人防护装备的重要性。

（3）健康监护和定期体检：本案例缺乏完善的健康监护资料，限制了对患者健康状况的全面评估。定期的健康检查和职业健康监护对于早期发现职业病和采取预防措施至关重要。

（4）症状的早期识别和诊断：患者的症状（如牙齿脱落、牙龈出血）在早期没有得到正确的识别和诊断，导致病情发展。这强调了医疗专业人员在诊断时需要考虑患者的职业史和可能的职业暴露。

（5）工作环境的改善：改善工作环境是预防职业中毒的关键。熔磷工艺流程分析揭示了黄磷熔化和储存过程中可能产生的有害蒸气。通过加强通风系统等措施，减少有害蒸气的产生和扩散，可以有效降低职业中毒的风险。

二、一起中毒事故导致13例急性化学性呼吸系统疾病的误诊

（一）案例资料

1. 背景资料

2020年2月16日，某黄磷有限公司在进行水渣皮带调试时遇到故障，导致落渣口及出渣道中水渣大量堆积。面对这一紧急情况，该黄磷有限公司委托某劳务公司进行清渣。劳务公司于是在黄磷有限公司周边组织了16名农民工进行清渣，其中有13人直接接触磷渣，分三班进行清渣处理，每班工作6~8h，清查时均佩戴医用口罩，现场无抽风排毒设施。工人们在完成工作后，下班回家途中又遭遇了突如其来的暴雨。多名工人在当晚和次日出现了发热和其他类似感冒的症状。于2月22日前往当地县医院就诊，胸部CT影像检查显示了"肺部感染征象"。

2. 流行病学调查

该劳务公司共招募了16名工人参与磷渣处理工作，其中13人直接在出渣道口下接触了磷渣，包括男性7人，年龄范围在30~66岁，平均年龄为52.0 ± 13.1岁；女性6人，年龄范围在50~64岁，平均年龄为57.6 ± 5.6岁。患者入院后均否认了过去两周内有外出旅行或居住史，以及发热或呼吸道症状，否认既往有呼吸道疾病及相关病史。

3. 临床资料

在2月22日至26日期间，共有13名直接接触磷渣的工人因出现"发热伴咳嗽咳痰"的症状，前往当地县人民医院进行就诊。其中有2人并未出现任何症状，且所有人均未观察到皮肤异常。胸部CT影像学检查发现，这些患者双肺出现多发磨玻璃影及浸润影，部分区域可见充气支气管征象，部分重症患者甚至出现了肺实变征象，俗称"白肺"，这些影像学特征与新型冠状病毒（简称新冠病毒）肺炎的影像学特征相似，但这些患者的新冠病毒核酸检测结果均为阴性。

在入院的患者中，咳嗽和咳痰的症状发生率均为100%。其他症状的发生率分别为：胸闷69.2%，气促30.8%，呼吸困难23.1%，喘息和乏力均为15.4%。在肺部体征方面，92.3%的患者出现了肺部呼吸音增粗，38.5%的患者有肺部干啰音，而湿啰音的出现率为53.8%。

4. 辅助检查

（1）实验室检查结果：入院患者白细胞计数升高占92.3%，淋巴细胞计数升高占38.5%，血小板计数升高占46.2%，血沉增高占100%，肝酶增高占38.5%，磷酸肌酸激酶（CK）升高占15.4%，乳酸脱氢酶（LDH）升高占38.5%，PO_2降低占53.8%，肺炎支原体抗体阳性占15.4%，流感病毒抗体阳性占30.8%。

（2）核酸检测结果：为了排除新冠病毒感染，对入院患者及其共同生活的近亲属进行了咽拭子、深部痰及粪便的核酸检测，各进行了两次，所有检测结果均为阴性。

（3）胸部CT影像：胸部CT影像学检查显示，入院患者中有92.3%存在双肺多发感染，7.7%的患者表现为右肺多发感染。影像上可见双肺中下肺野多发磨玻璃影及浸润影，部分患者出现云片状或结节状模糊影，这些影像从肺门向胸膜下扩展，其间可见支气管通气征象。重症患者影像上融合成大片阴影，形成所谓"白肺"，呈蝶状分布。（附部分患者胸部CT影像及现场照片，见图2–4至图2–15）

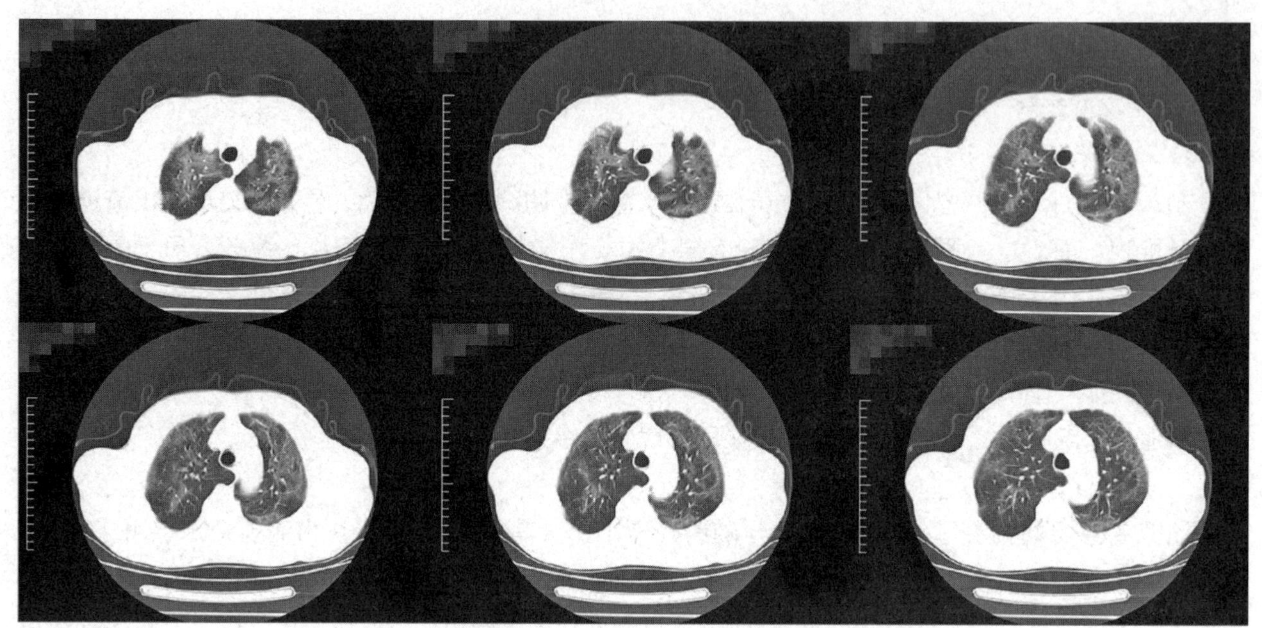

图 2-4　患者 1 胸部 CT 影像

双上肺叶见斑片状磨玻璃样密度增高影，密度不均，边缘清晰。

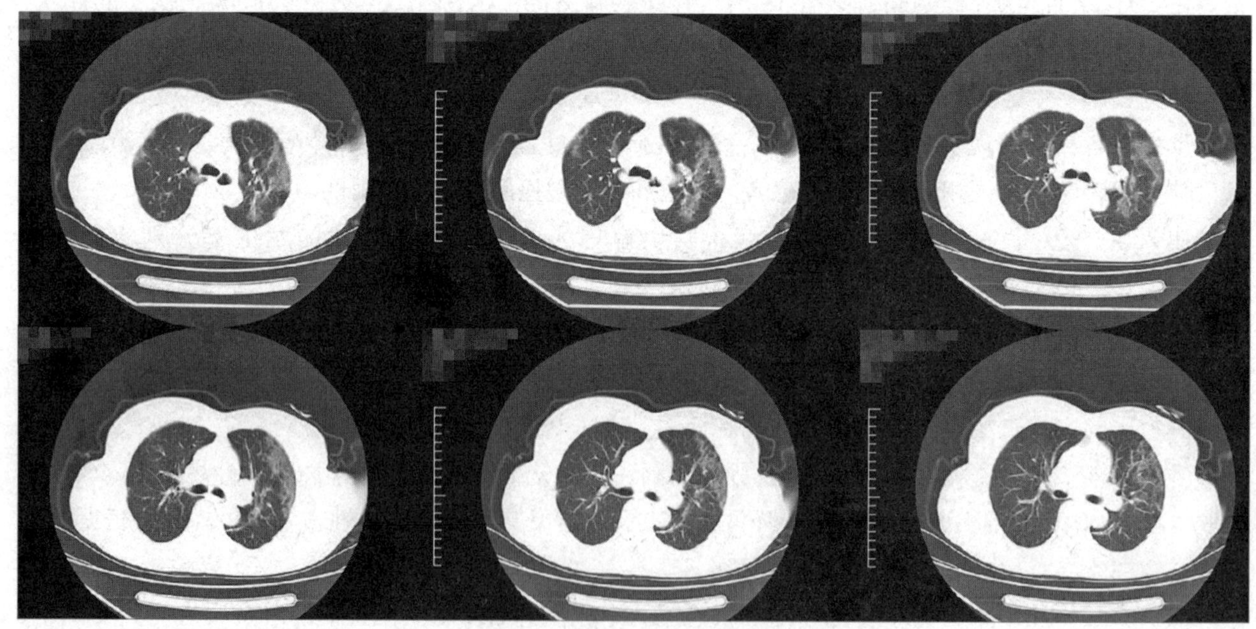

图 2-5　患者 2 胸部 CT 影像

双上肺叶见散在斑片状磨玻璃样密度增高影，边缘模糊，以左上肺叶尖后段为著。

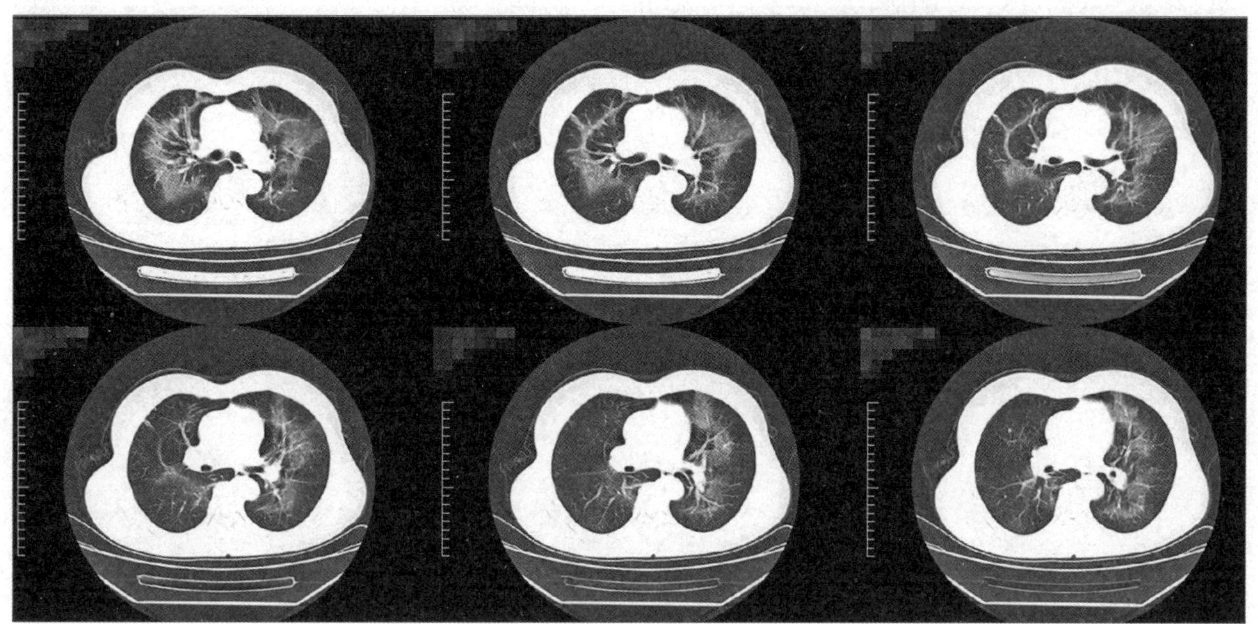

图 2-6　患者 3 胸部 CT 影像

双肺叶见“蝶翼状”密度增高影，边缘清晰，其中心密度较边缘稍高；右中肺叶夹杂索条状密度增高影。

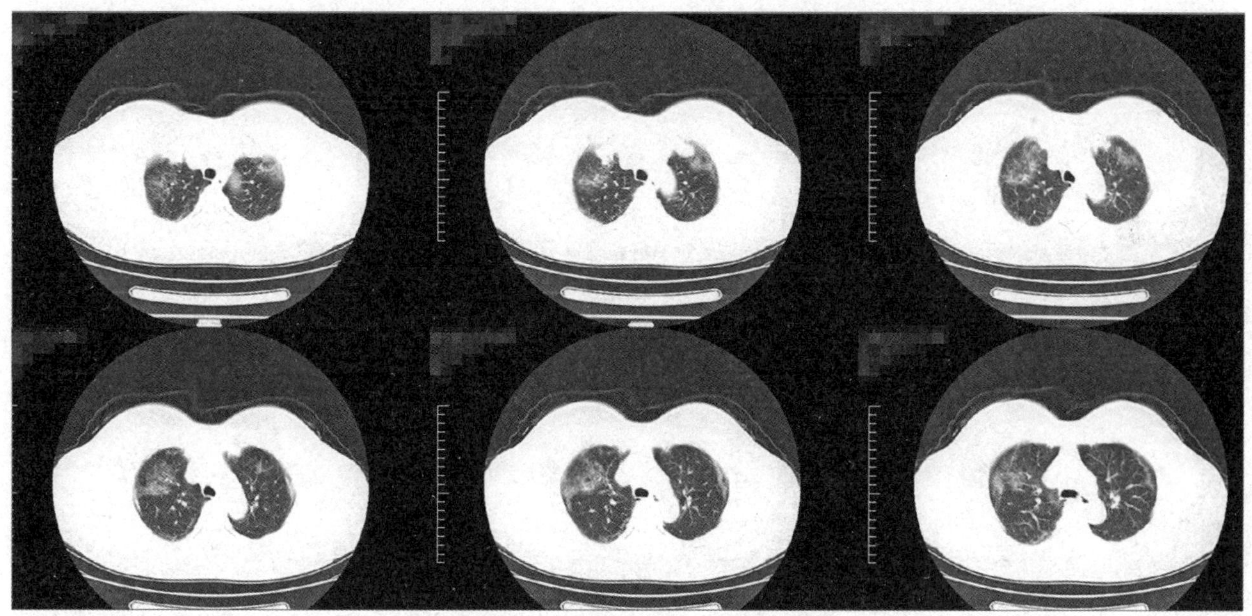

图 2-7　患者 4 胸部 CT 影像

双上肺尖见散在斑片状磨玻璃样密度增高影，边缘模糊，密度不均，以胸膜下为著。

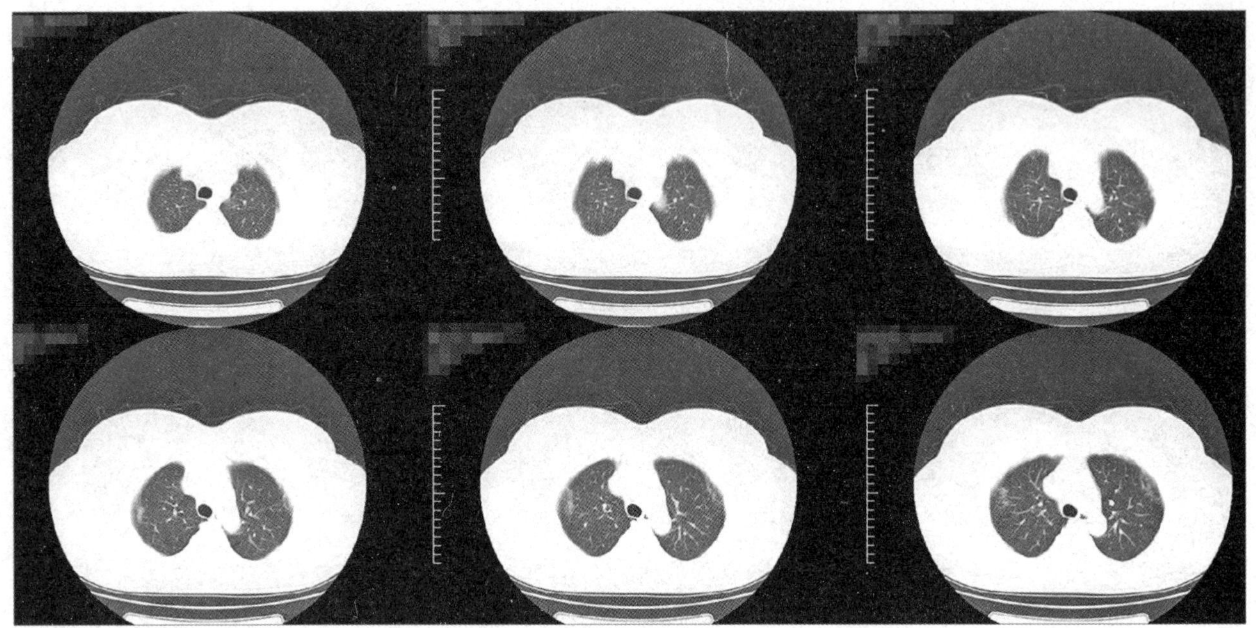

图 2-8　患者 5 胸部 CT 影像

双上肺尖胸膜下见散在斑片状磨玻璃样密度增高影，边缘模糊，密度不均。

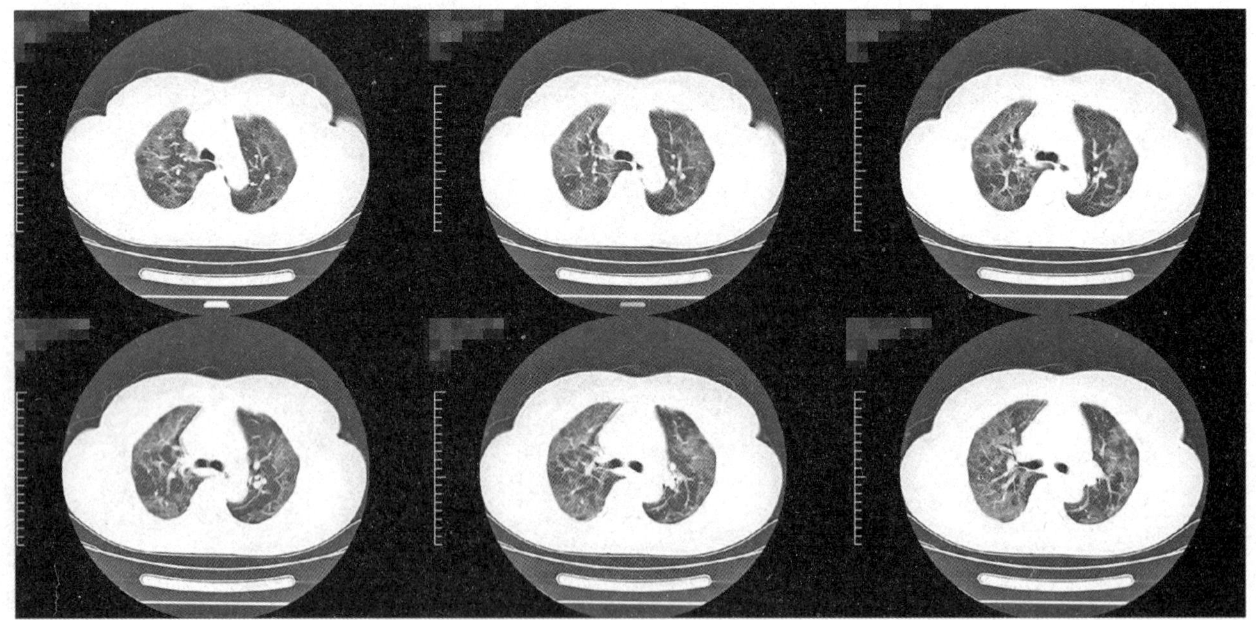

图 2-9　患者 6 胸部 CT 影像

双上肺叶见大片状磨玻璃样密度增高影，密度不均，边缘模糊。

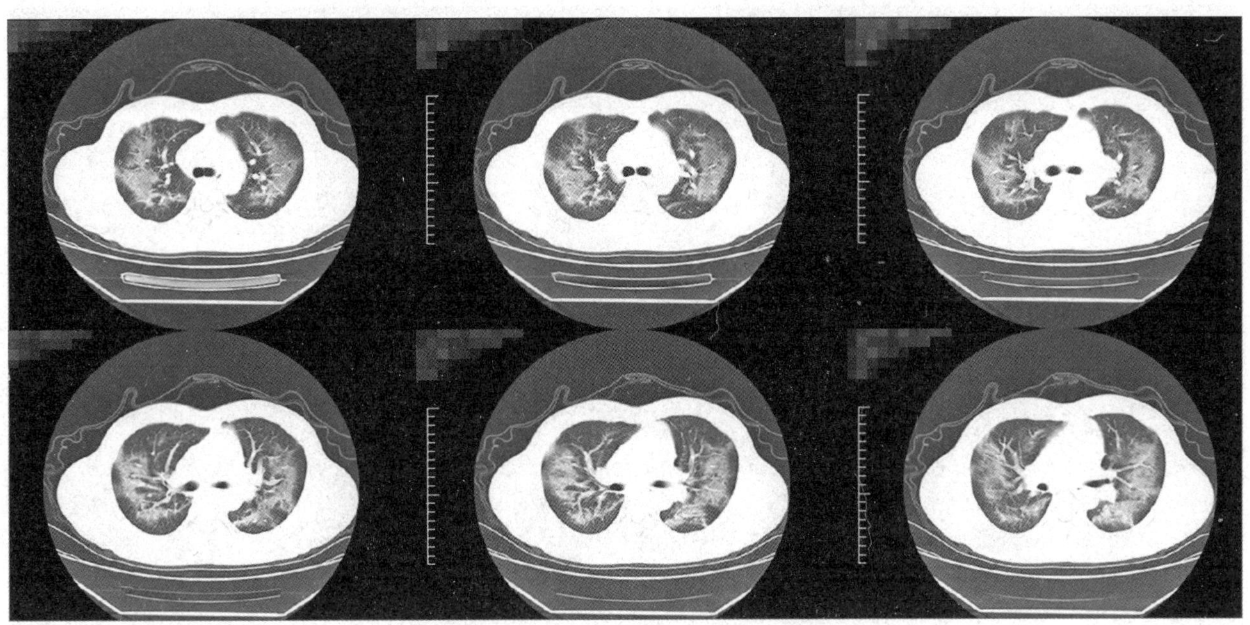

图 2-10　患者 7 胸部 CT 影像

双上肺叶见对称性斑片状磨玻璃样密度增高影，密度不均，边缘模糊。

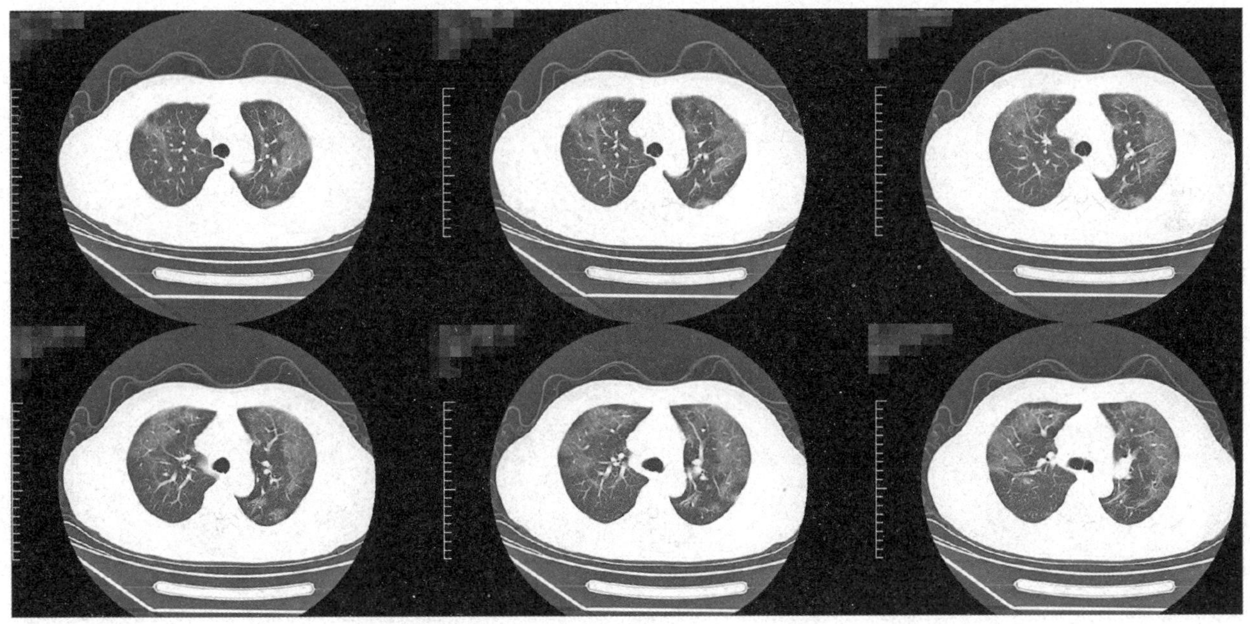

图 2-11　患者 8 胸部 CT 影像

双上肺叶见散在细点状、小斑片状密度增高影，斑片影边缘模糊，密度不均。

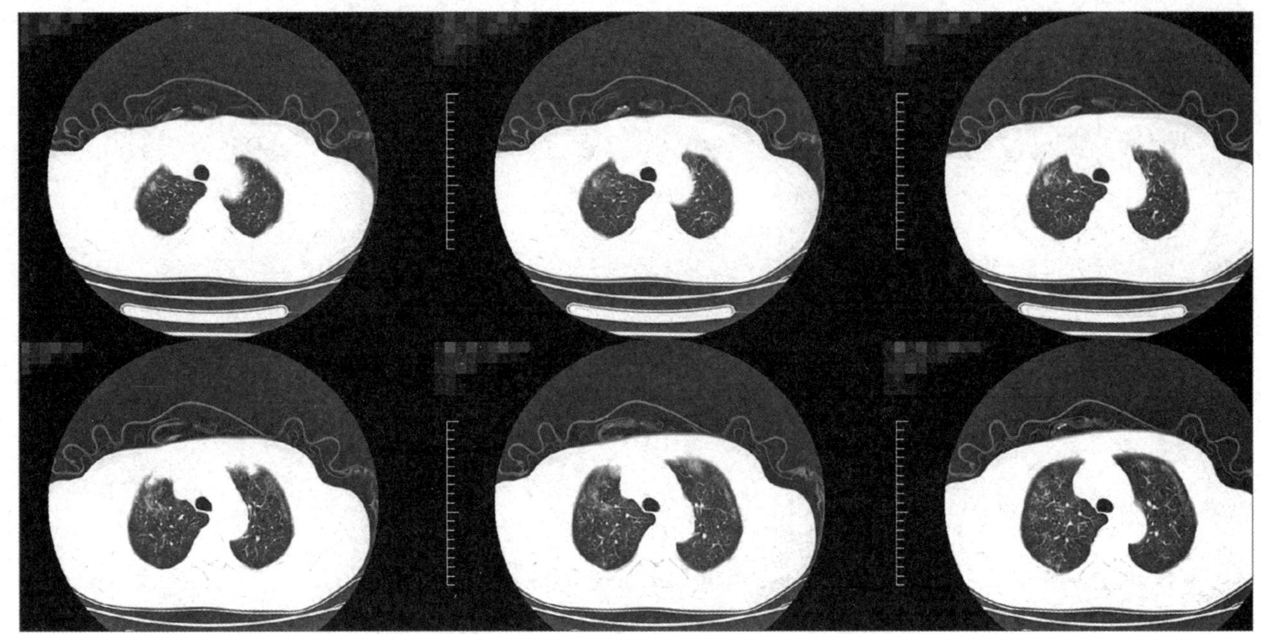

图 2-12　患者 9 胸部 CT 影像

双上肺叶见细点状、散在斑片状密度增高影，斑片影以胸膜下为著，密度不均。

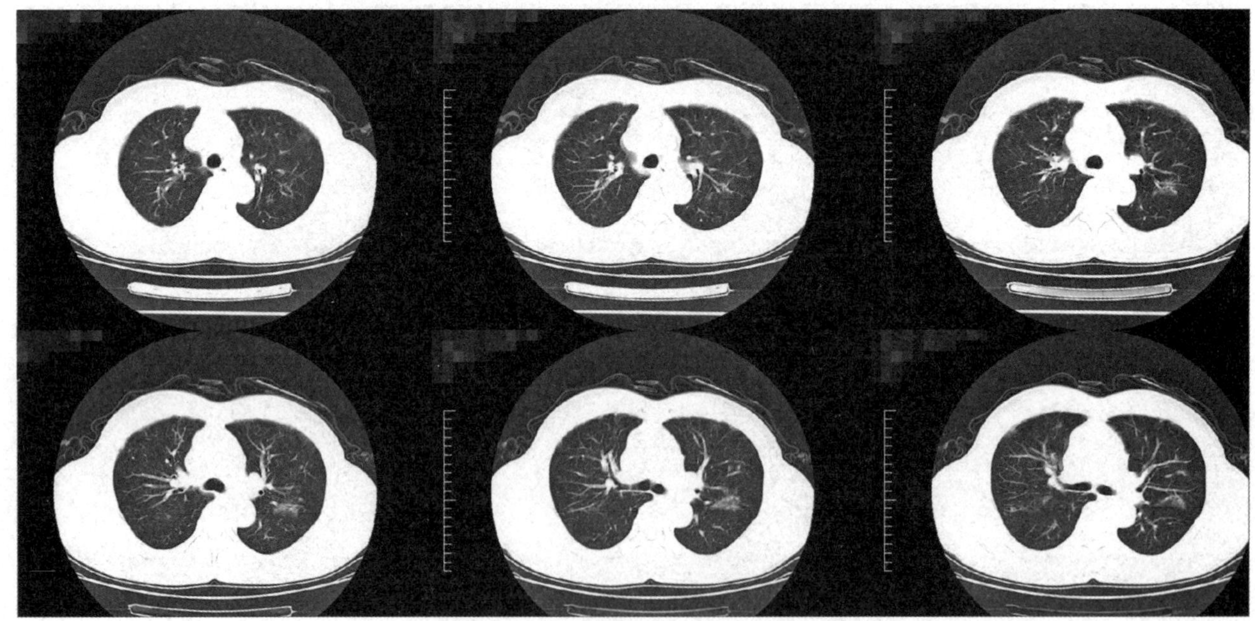

图 2-13　患者 10 胸部 CT 影像

双上肺叶见细点及散在斑片状密度增高影，斑片影边缘模糊，密度不均。

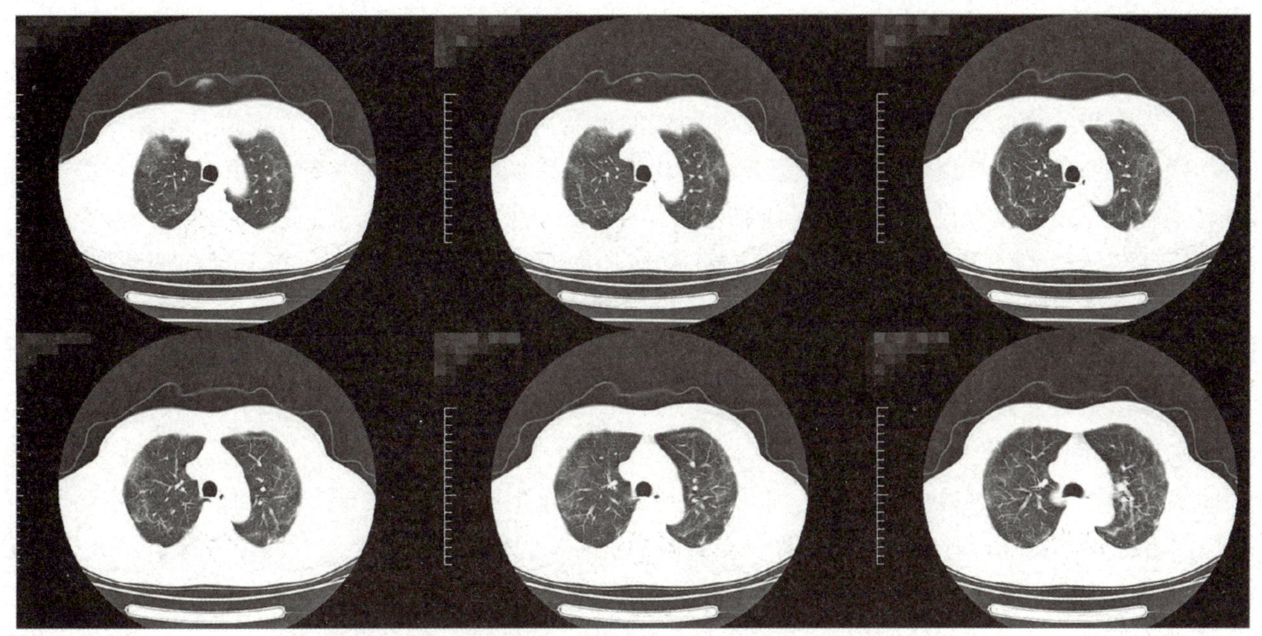

图 2-14　患者 11 胸部 CT 影像

双上肺叶见细点状、小斑片状磨玻璃样密度增高影，边缘模糊，密度不均。其间见索条状密度增高夹杂。

图 2-15　职业卫生现场调查图

5. 治疗经过

在 2020 年 2 月 22 日至 27 日期间，13 名因直接接触磷渣而出现“发热、咳嗽咳痰 5d”症状的工人被收入院。当时正值新冠疫情流行时期，医院专家组根据患者的症状、体征和胸部 CT 等辅助检查结果，经过讨论后决定按照新冠疑似病例进行单间隔离治疗。治疗方案包括：给予吸氧治疗以改善呼吸状况；使用左氧氟沙星进行预防性抗感染治疗；应用奥司他韦进行抗病毒治疗；溴己新用于止咳化痰；维持水电解质酸碱平衡；监测生命体征、血气分析、各项生化指标；完善新冠核酸检测，并对症处理。

在治疗初期，患者病情有所好转。2020 年 2 月 25 日复查胸部 CT 显示，病灶较前未见明显变化，但渗出性病灶有所吸收，同时出现了纤维化改变。两次新冠核酸检测结果均为阴性。结合患者的务工史，专家组认为此患者为吸入性化学性肺损伤的可能性较大，因此对治疗方案进行了调整：继续给予吸氧、左氧氟沙星预防感染、溴己新止咳化痰、维持水电解质酸碱平衡。加用强的松口服，以减轻炎症反应。氯雷他定口服，用于抗肺泡过敏治疗，防治肺纤维化。到了 2 月 27 日，复查肺部 CT 显示肺纤维化明显改善，渗出性病灶明显吸收，患者病情好转后出院。1 个月后门诊胸部 CT 检查发现，病灶明显吸收，但有 4 例患者留下了少量肺纤维化病灶。

6. 临床诊断

临床诊断结果为吸入性化学性肺损伤。

（二）案例具体分析

黄磷属于一种高毒性化学物质，其在空气中容易氧化生成三氧化二磷和五氧化二磷，主要通过蒸气和粉尘的形式，经呼吸道进入人体。在黄磷的开采和提炼过程中，会产生一氧化碳、二氧化硫、氮氧化物、磷酸、磷化氢、氟化氢等有毒有害物质。

本次调查的现场采样检测报告显示，劳动者在作业现场吸入的有毒气体包括：①成酸氧化物，如二氧化硫、氮氧化物、五氧化二磷和磷酸等无机酸类；②成酸氢化物，如磷化氢；③含有刺激性氟化物、氰化物等混合性、刺激性气体的水蒸气；④窒息性气体，如一氧化碳。这些刺激性气体对眼睛、呼吸道黏膜和皮肤具有强烈刺激作用，吸入后可导致急性炎症、肺水肿等病理改变，主要临床表现为咳嗽、咳痰、气促，肺部听诊时呼吸音粗糙，伴有干、湿啰音。

实验室检查显示：血常规提示白细胞计数中度升高伴核左移，C 反应蛋白（CRP）通常升高，降钙素原（PCT）轻度升高；肝功能及肾功能基本正常；血气分析常提示低氧血症，动脉血二氧化碳分压（$PaCO_2$）稍降低；胸部 CT 影像显示两肺弥漫片絮状模糊影，内见充气支气管影。

在下道清渣过程中，工人们大量吸入上述有毒混合气体，对呼吸道黏膜产生强烈刺激，导致化学性支气管炎、肺炎，出现咳嗽、胸闷、呼吸困难等症状。肺部听诊粗糙，伴有干、湿啰音，胸部 CT 检查显示双肺多发磨玻璃影及浸润影，以外带明显，内见充气支气管影，重症患者出现肺实变征象。由于患者入院时正值新冠疫情流行期间，肺部影像与新冠肺炎的影像学特征相似，因此患者入院后首先考虑为新冠肺炎（待排），导致早期就诊的患者治疗有所延误。经过后期核酸检测等一系列阴性结果及企业现场调查，排除了新冠肺炎的诊断，判断本次气体吸入患者符合急性呼吸系统疾病的诊断，经治疗后均痊愈出院。

该案例提示在临床医疗实践中对职业病相关知识普及的重要性，应提高临床医生有关职业病防治知识的继续教育和培训。对于出现 3 人及以上相似病例的情况，临床医生应高度警觉，考虑是否存在聚集发病的可能性。在接诊患者时，临床医生应详细询问患者的职业背景和可能的职业暴露史，有助于识别疾病与职业的相关性并进行正确的诊断。一旦发现疑似职业中毒的病例，应立即向当地卫生健康行政部门报告，以便进行流行病学调查和采取相应的预防措施。

（黎东霞　李　俊）

03 第三章　职业性化学中毒的救治

第一节　治 疗 原 则

一、基本原则

职业性化学中毒对健康的影响遵循剂量－效应关系和时间－效应关系，暴露剂量和持续时间是决定毒性效应的关键因素。不同的化学物质具有不同的损伤机制，并且倾向于影响特定的“靶器官”。又由于化学物质种类繁多且影响因素复杂，一旦某些致病因子导致机体损伤，往往难以完全恢复，这些因素共同决定了职业性化学中毒治疗的基本原则和方式。

（一）病因治疗

病因治疗（etiological therapy）是职业性化学中毒治疗的核心原则。由于病因通常可以明确识别，所以治疗措施极具针对性，能够迅速排除体内的有毒有害物质，或者中和它们的有害作用，减轻或消除其对机体的损伤。因此，病因治疗不仅是职业性化学中毒预防和治疗的基础，也是必须牢记并严格执行的首要原则。

（二）对症治疗

对症治疗（symptomatic therapy）是一类针对疾病所引起的临床症状而非病因或疾病本身的治疗方式，旨在缓解或消除疾病症状，包括降温、止痛、镇静、止咳和防治出血等，尽管病因治疗能够阻断化学中毒病因对机体的进一步伤害，但无法逆转已经造成的机体功能或结构上的损伤。因此，迅速减轻患者的痛苦或避免症状引发的并发症，显得尤为重要。对症治疗不仅能够维持生命体征和器官功能，为紧急抢救争取宝贵时间，对于恢复机体功能、促进康复也至关重要。职业性化学中毒的对症治疗应秉持多学科协作原则，同时结合病因治疗，从而最大限度地降低器官损伤和后遗症风险。

由于职业性化学中毒引起的症状多样且复杂，所采取的对症治疗须迅速精准。例如，对于氯气等刺激性气体中毒引发的剧烈咳嗽，应及时止咳；对于硫化氢中毒等引起的头痛、胸痛，使用非甾体抗炎药（布洛芬）来缓解疼痛和炎症；对于有机溶剂中毒引起的恶心、呕吐症状，应及时止吐，控制呕吐症状；对于光气等化学物质中毒导致的喘息、呼吸困难，使用支气管扩张剂，快速改善通气功能；对于金属中毒等患者出现抽搐时，使用抗惊厥药及时控制惊厥发作；对于中毒引起的高热，采用物理降温（如温水擦浴）和药物降温（如服用布洛芬）相结合的方式，迅速降低体温，减轻高热对机体的不良影响。

（三）支持治疗

支持治疗（supportive therapy）指根据各种疾病的不同阶段而采取的合理饮食、补充营养，维持水、电解质和酸碱平衡，增强患者体质和免疫功能的各项措施，即通过维持或改善机体基本生理功能、辅助病因治疗或提高生存质量的医学干预措施。支持治疗是维持重度职业性化学中毒患者生命体征和器官功能的关键。在呼吸支持方面，对于一氧化碳中毒等引起的呼吸衰竭或急性呼吸窘迫综合征（ARDS），氧疗可提高血氧饱和度，改善组织缺氧状态，必要时采用机械通气，如采用持续气道正压通气（CPAP）、呼气末正压通气（PEEP）等模式，辅助或替代自主呼吸，维持患者有效的气体交换。在循环支持方面，若患者因中毒导致血压下降、休克，则通过补液、补充血容量来维持血压，同时使用血管活性药物，如多巴胺、去甲肾上腺素等，多巴胺通过激动 α 受体、β 受体及多巴胺受体，来增强心肌收缩力，增加心输出量，改善组织灌注，维持循环稳定。在肾脏支持方面，维持水、电解质平衡是基础，对于急性肾损伤患者，血液净化可清除体内多余的水分和毒素，维持内环境稳定。在肝脏支持方面，针对中毒性肝损害患者，使用保肝药物如谷胱甘肽，其可参与体内多种代谢过程，具有解毒、抗氧化作用，保护肝细胞，促进肝细胞修复。在营养支持方面，根据患者胃肠功能情况选择肠内或肠外营养，确保机体有足够的能量和营养物质供给，维持正氮平衡，促进组织修复和功能恢复。在维持内环境稳定方面，应及时纠正酸碱失衡（如代谢性酸中毒、呼吸性碱中毒）和电解质紊乱（如低钾血症、低钠血症），保证机体正常的生理功能。在防治并发症方面，控制感染是重点，可根据感染部位和病原体选择合适的抗菌药物，可使用质子泵抑制剂（如奥美拉唑）来预防应激性溃疡，减少胃酸分泌，保护胃黏膜，可使用低分子肝素等抗凝药物来预防深静脉血栓，降低血栓形成风险。

（四）干预治疗

传统的治疗方法往往以器官损伤的出现为治疗的起点，而现代医学更推崇早期干预，即在疾病发生前或初期就消除或阻断致病因素。干预治疗（therapeutic intervention）指通过健康教育、生活方式调整和药物治疗等方式，对疾病产生的诱因和诱发加重的因素进行预防性干预，以防止该疾病的发生和进一步加重的治疗方式。其核心是“早期介入、主动干预”，涵盖从病因控制到对症支持的多层次手段。职业性化学中毒的病因明确，损伤途径（如致炎、致敏等）清晰，且对化学物质代谢规律认识较为深入，为早期干预提供了精准“靶点”，其主要干预治疗方法如下。

（1）阻遏炎症反应：炎症反应是许多疾病，包括中毒性疾病共同的病理基础，如刺激性气体引起的气道和肺泡损伤，严重中毒引起的多器官功能衰竭等均因过度炎症反应所致，有效阻遏炎症反应可有效防控疾病的进展和损伤程度。

（2）清除自由基：职业性化学中毒常致机体自由基过多，引发氧化应激损伤。可通过补充抗氧化剂（如维生素 C、维生素 E）、激活抗氧化酶（如 SOD）、使用自由基清除药物（如 NAC）来清除自由基。

（3）维持微循环功能：微循环障碍是多种疾病及中毒性损伤的关键环节，如 ARDS、一氧化碳中毒迟发脑病等，高危病人应考虑早期投用抗凝药，必要时给予溶栓治疗。

（4）纠正机体缺氧：防止机体缺氧对避免重要器官损伤至关重要，主要通过给氧、通气、激活呼吸酶、防治心肺衰竭等措施实现。

（5）稳定内环境：及时纠正机体急性应激状态下出现的各种异常病理、生理后果，保持内环境稳定。除及时纠正缺血缺氧、能量耗竭、酸碱失衡、水钠潴留等病理过程外，还应积极防治细胞内钙超载，早期使用钙通道阻滞剂。

（五）心理治疗

职业性化学中毒除损害生理健康外，还可能伴随一系列心理问题，如焦虑、抑郁、创伤后应激障碍（PTSD）、社会适应障碍等。因此，心理治疗是职业性化学中毒综合康复的重要组成部分。心理治疗（psychotherapy）是一种运用心理学理论和技术，缓解或消除患者心理障碍，促进其人格成熟和发展，促进疾病康复的干预手段，其核心目标是帮助中毒患者理解自身心理状态，解决内心冲突，提高适应能力，实现心理健康和生活质量的提升。职业性化学中毒的心理治疗需针对伴随中毒的多种心理问题和精神障碍，如焦虑、抑郁等情绪障碍；与创伤相关的心理问题，如 PTSD 及急性应激反应；强迫行为等行为问题；社交焦虑、职场压力等人际关系冲突等。需结合患者的职业接触史、中毒类型（急性 / 慢性）及病程特征，通过心理测试工具，量化认知功能损害，评估焦虑、抑郁及 PTSD 症状严重程度，并考虑家庭与职场支持等，制定阶梯式治疗方案，急性期以危机干预为主，亚急性期则侧重认知行为重建，慢性期则聚焦社会功能恢复。

职业性化学中毒的心理治疗需整合医学、心理、社会多维度资源，其核心目标是帮助患者重建对身心的掌控感，减少“中毒身份”的自我标签化，通过适宜的心理治疗、药物治理和物理治疗相结合的综合治疗模式，促进生理—心理—社会功能的整体康复。

（六）康复治疗

康复治疗（rehabilitation therapy）在职业性化学中毒的治疗中起到了重要的支持作用。面对许多职业危害因素，目前临床上缺乏特效治疗手段，对于它们引起的严重器质性损伤及远期效应，治愈方法并不完善。在很多情况下，患者机体功能的恢复依赖于机体自身的修复能力。因此，康复治疗对于职业性化学中毒，尤其是那些病情较为严重的患者，是未来职业医学发展需要重点加强的领域。

随着医学的进步和对职业性化学中毒认识的深入，康复治疗正逐渐成为职业性化学中毒治疗不可或缺的一部分。通过康复评估，综合运用物理治疗、职业康复、心理支持等多种手段，能够帮助患者最大限度地恢复身体功能，提高生活质量，并促进其重返工作岗位。这不仅有助于减轻患者的身心负担，也对社会的整体健康和生产力的发展有着积极的影响。

二、分步处置法

在临床实践和研究的基础上，临床毒理学家已对中毒患者的抢救归纳出一套操作性强、层次清晰的分步处置法（stepwise approach），这对保证患者及时得到最佳医疗救治具有关键意义，具体步骤如下：①维持心肺和循环功能，稳定患者临床状况，争取抢救时机。②询问病史及进行物理学、实验室、放射学全面检查，及时作出诊断，评估中毒严重程度，为选择正确治疗方案奠定基础。③早期催吐、洗胃、导泻、清洗皮肤，防止毒物进一步吸收。④快速采取补液、利尿、血液净化等措施，加强毒物清除。⑤及时合理使用糖皮质激素、解毒剂，或针对性生理拮抗剂。⑥积极给予对症支持治疗及综合处理。⑦追踪观察患者，及时发现迟发性损伤，开展康复性治疗等。

（黎东霞 刘继中）

第二节 现 场 处 置

一、突发中毒事件现场分区

卫生应急处置人员应辨析现场分区（见图 3-1）情况，根据不同的分区选配穿戴适当的防护装备进入现场开展工作。

1. 热区

热区具体指的是按照《呼吸防护用品的选择、使用与维护》（GB/T 18664—2022）规定的立即威胁生命或健康的浓度（IDLH）环境或突发中毒事件危险度一级和二级的现场核心区域，区域范围通过实时监测或模型分析确定，使用红色警示线隔离。

2. 温区

温区指的是紧挨热区外的区域，危害因数大于等于 1 或存在潜在健康危害的区域且非 IDLH 环境，使用黄色警示线隔离。

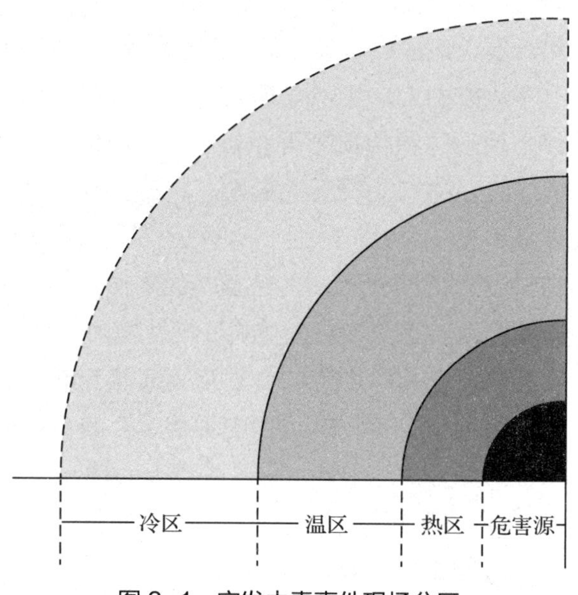

图 3-1　突发中毒事件现场分区

3. 冷区

冷区指的是热区和温区以外的区域，没有受到有毒物质沾染或沾染浓度不能形成危害的区域，使用绿色警示线隔离。

二、医疗救援人员的个体防护要求

现场医疗救援人员在给皮肤污染的中毒患者进行检伤、洗消处置时，应选用相应类别的全面罩型呼吸防护器、相应类别的防护服、防护手套和防护靴。

在现场医疗救治区开展工作时，对穿戴个体防护装备无特殊要求。

三、医学应急救援

突发中毒事件会出现大量中毒患者，在现场开展医疗救援工作时，应设置现场医疗救援区域。

存在毒物扩散趋势的现场，医疗救援区域应设置在冷区内；不存在毒物扩散趋势的现场，医疗救援区域设置在接近事件发生地点的安全区域。

结合现场医疗救援工作需要，可在医疗救援区域内设立洗消区、检伤区、观察区、抢救区、转运区、指挥区、尸体停放区等功能分区。

四、现场检伤分类

中毒事件发生后，现场医疗资源不能满足所有中毒患者的救治需求时，应首先进行现场检伤分类。现场检伤区应设置在现场洗消区附近。

（一）现场检伤分类原则

进行现场检伤分类时应遵循以下原则：①检伤操作快速、简便，不使用特殊设备和器材；②优先检伤不能独立行走者；③大量毒物污染患者应首先洗消，再进行检伤；④现场简便可行医疗措施救治后，能显著改善预后、减少伤残者，可适当提高优先处置等级；⑤检伤人员独立工作，其他人员不能干预检伤过程。

（二）检伤分类的标志

按照国际惯例，通常将事件中的伤病员按照需要进行处置的先后顺序分成四类，分别给予不同颜色的醒目标志：危重症患者——红标，优先处置转运；重症患者——黄标，次优先处置转运；轻症患者——绿标，延后处置转运；濒死或死亡患者——黑标，暂不做处置。

（三）检伤分类的标准

1. 危重症患者——红标，优先处置转运

出现下列情形之一者，可列为红标：①意识状态，重度意识障碍（昏迷状态）；②抽搐程度，癫痫持续状态；③呼吸频率大于 30 次 /min 和 / 或明显的呼吸窘迫；④呼吸频率小于 6 次 /min；⑤呼吸节律明显不规律；⑥大动脉搏动微弱，末梢毛细血管充盈时间大于 2s；⑦大动脉脉律明显不齐；⑧化学性灼伤总面积大于 50%；⑨Ⅲ级化学性灼伤面积大于 20%；⑩疑似角膜化学性灼伤；⑪会阴部化学性灼伤。

2. 重症患者——黄标，次优先处置转运

出现下列情形之一者，可列为黄标：①意识状态，中度意识障碍（谵妄状态、混浊状态）；②抽搐程度，癫痫大发作；③呼吸频率（24~30）次 /min 或（6~12）次 /min；④化学性灼伤总面积 10%~50%；⑤Ⅲ级化学性灼伤；⑥面部化学性灼伤。

3. 濒死或死亡患者——黑标，暂不做处置

同时具备下列条件者，列为黑标：瞳孔散大；无自主呼吸；大动脉搏动消失。

4. 轻症患者——绿标，延期处置转运

生命体征平稳，不符合上述条件者，均列为绿标。

五、现场应急洗消

（一）洗消的目的

洗消工作的目的主要是消除或最大限度地降低事故现场的毒性，缩小染毒区域，减少机体对毒物的吸收，终止或尽量减少毒物对机体的危害，从而便于人员的防护和撤离，避免或最大限度地减少暴露人员携带的毒物对医疗机构环境、人员的二次污染。

（二）常见洗消方式

1. 物理洗消

（1）通风除毒：借助通风、日晒等自然条件使毒物散发或分解，降低毒性。

（2）冲洗除毒：直接使用大量水冲洗染毒体，是最常用的物理洗消方法。

（3）吸附除毒：利用吸附剂（如活性白土、硅胶粉）吸附化学毒物，但需注意处理废弃物以防二次中毒。

（4）其他方法：包括溶洗除毒、机械转移除毒、燃烧除毒等。燃烧可破坏毒物，但可能造成空气污染，需采取防护措施。

2. 化学洗消

化学洗消是利用洗消剂与毒物发生化学反应，生成无毒或毒性很小的产物，具有消毒彻底、环境保护较好的特点。常用方法包括氧化法、还原法、中和法、催化法、络合法等。洗消剂选择原则如下：洗消速度快、彻底，用量少；洗消剂本身无腐蚀性，不对人员和设备造成伤害；应注意避免洗消剂与毒物反应产生新的有毒物质，从而引起次生反应染毒事故；实施过程中化学洗消需借助器材装备并消耗大量洗消药剂，成本较高，通常与物理方法结合使用。

（三）现场洗消实施

1. 现场洗消点的设立

突发危化品中毒事件紧急现场洗消一般是在温区与冷区交界处设立现场洗消点，卫生救援人员协助消防部门对受毒物沾染人员进行洗消，同时注意染毒衣物和去毒材料的处理。

2. 受毒物沾染人员现场分类

受毒物沾染人员现场通常可以分为以下 3 类。

（1）C1 患者：能够在没有帮助的情况下理解指令并执行，给予指导下自行紧急洗消去污。

（2）C2 患者：在没有援助的情况下，不能理解指令或无法执行指令，给予必需的协助下进行紧急洗消去污。

（3）C3 患者：反应迟钝、危及生命的患者，立即给予抢救，即“先急救后洗消”。

3. 局部紧急洗消

局部紧急洗消是指用任何手段立即清除头发或皮肤局部污染的紧急关键操作，可分为以下两类。

（1）紧急干性去污：是突发化学中毒事件处置中的常规操作，可使用身边的吸收材料进行去污，操作一般从擦洗脸部开始，向后倾斜头部使头发 / 头部干燥，然后逐渐向下移动擦洗身体。

（2）紧急湿性去污：只在污染物为微粒或具腐蚀性（如立即引起皮肤刺激）的情况下使用，应使用不超过 40℃的清洁水源进行去污。

4. 全身现场洗消

受毒物沾染人员进行全身洗消应遵循以下几个步骤：①迅速除去受沾染的衣物，该过程中应防止衣物的污染面再次接触患者，通常可除去 80%~90% 的沾染毒物。②其后尽快使用大流量、低压水流进行全身淋洗，一般来说，用水冲洗是对大批人员进行洗消的最好办法。③洗消顺序为从头、面、颈部开始，到肩膀、手臂、躯干，最后清洁双腿和双脚，避免二次污染。④毛巾擦干，更换清洁衣物。⑤必要时进行专业洗消，并合理处置总体去污后的去污材料和沾染衣物。

5. 患者后送

经过现场处置和洗消后，立即将患者后送至专业医疗机构进行后续救治。

6. 洗消注意事项

（1）分类洗消：不同伤情人员的洗消顺序及不同毒物的洗消流程及方法视具体情况而定，区别对待。对于挥发性强的毒物，脱去可能污染的外衣，进行全身冲洗即可。对于不易挥发的毒物如糜烂性毒物，必须去除其所有衣物，用肥皂水等反复清洗皮肤。同时注意伤口、眼睛和上呼吸道黏膜等特殊化学毒物部位的洗消。

（2）其他注意事项：①中毒应急专业人员从现场毒物污染区域撤离时，应首先在洗消区对穿着的个体防护装备进行喷淋洗消，洗消干净后脱去防护装备，将其装入专用容器内妥善封存保管。②所有可能被毒物污染的携行装备和器材，均应在洗消区进行统一处理。对于能够使用清水或洗消液进行初步洗消的装备，如采样罐、采样袋等，应先进行洗消，然后用干净的材料进行外包装，以确保妥善保管和交接。对于不宜现场洗消的装备，如精密仪器、电子设备等，应密封保存在专用容器中。③伤员衣物收集、标记后，集中处置。④注意患者的保温。

（杨　浩　刘继中）

第三节　现场医疗救治

现场医疗救援的重点是尽快解除可能导致中毒患者病情加重的危险因素，稳定患者的生命体征，将患者安全转运至指定医疗机构进一步救治。可采取的救援措施包括现场急救、终止毒物继续吸收和清除毒物、使用特效解毒剂和必要的生命体征支持等。

一、现场急救

（一）基础生命支持

基础生命支持（basic life support，BLS）是一系列紧急医疗程序，旨在为心脏骤停或其他危及生命的情况提供初步的医疗援助。BLS 通常包括以下几个步骤。

（1）现场评估：在抢救前，首先评估周围环境是否安全。需先将伤者转移到安全且便于施救的场地。

（2）判断伤者意识：检查伤者是否有意识和呼吸。如果伤者意识消失且呼吸停止，立即开始施救。

（3）现场呼救：在实施心肺复苏前，如果是多人在场，其中一人应迅速拨打急救电话；如果是单人施救，应请求周围人帮助拨打急救电话。

（4）胸外心脏按压：进行胸外按压以重建循环。将双掌根对准患者胸骨下半段（大约是两乳头连线中间位置），连续按压 30 次。按压时应保证力度适中，避免过大，确保按下和抬起的时间相等，且掌根不离开胸骨。

（5）开放气道：清除患者口腔中的异物，如分泌物、假牙、泥沙等。可以将患者头部倾斜至一侧，以避免清理过程中异物进一步进入气道。

（6）人工呼吸：施救者一手捏住伤者鼻子，深吸一口气，迅速俯身，用嘴包住患者的嘴，快速将气体吹入，同时观察患者的胸廓是否因气体吹入而扩张。吹气后松开捏鼻的手，让伤者自然呼出气体，两次吹气为一组，以此重建呼吸。

（7）电击除颤：如果条件允许，使用自动体外除颤器（AED）进行除颤。AED 是一种可自动分析心律并给出除颤建议的设备，操作简便，非专业人员也可使用。

（二）延续生命支持

延续生命支持（prolonged life support，PLS）通常指的是在紧急医疗情况下，为患者提供比 BLS 更高级的医疗援助，直到患者可以被转移到医院或更专业的医疗环境中接受进一步治疗。PLS 通常包括以下内容。

（1）高级气道管理：包括使用高级气道设备，如气管插管或使用喉罩，以确保患者有稳定的气道和足够的氧气供应。

（2）呼吸支持：使用呼吸机或其他呼吸辅助设备来帮助患者呼吸。

（3）循环支持：包括使用药物、输液和心脏按压来维持患者的血液循环。

（4）监测和评估：持续监测患者的生命体征，如心率、血压、血氧饱和度等，并根据需要调整治疗方案。

（5）疼痛和焦虑管理：为患者提供适当的疼痛缓解和心理支持。

（6）创伤管理：对于创伤患者，PLS 可能包括止血、固定骨折、处理开放性伤口等。

（7）药物治疗：根据患者的具体情况，可能需要给予特定的药物，如抗心律失常药物、抗休克药物等。

二、终止毒物继续吸收和清除毒物

在处理中毒事件时，首要任务是阻止毒物的进一步吸收和清除体内的毒物。由于现场条件的限制，应以皮肤、黏膜（包括眼睛、鼻腔、口腔等）清洗和催吐等毒物清除措施为主，清洗液可使用清水、生理盐水等。如果现场条件允许，并且已知毒物的具体种类，可以配制特定的洗消液，如碳酸氢钠溶液、高锰酸钾溶液或硼酸溶液等，以更有效地清除毒物。

（一）经呼吸道吸入途径中毒

中毒患者应立即移离中毒事件现场至上风向的空气新鲜场所，保持呼吸道通畅，注意保暖，必要时予以吸氧治疗。给氧方法包括鼻导管、鼻塞、面罩等。在呼吸衰竭、中毒性肺水肿及中毒性 ARDS 时，可用机械通气、高频通气、高频喷射通气等。

（二）经皮肤黏膜接触途径中毒

经皮肤黏膜接触途径暴露中毒的患者，在移离现场开始下一步医疗救治措施前，应首先进行现场皮肤的洗消，清除毒物。经过初步洗消后，救治过程中发现仍有毒物污染的部位（需特别注意毛发、眼睛、腋窝等皮肤皱褶部位），应及时用大量清水或生理盐水清洗干净。

（三）经口摄入途径中毒

1. 催吐

中毒患者意识清晰且无禁忌证者应立即催吐。催吐过程中，要严防患者将呕吐物误吸入气道，以免引起窒息或吸入性肺炎。患者处于昏迷、惊厥状态、吞服石油蒸馏物或腐蚀剂者，禁忌催吐。

2. 洗胃

有意识障碍者，有条件时可进行洗胃。洗胃进行得越早效果越好，最佳时机在中毒后的 6h 之内。但有些毒物可能在胃中滞留较长时间，因此即使超过 6h，洗胃仍然可能有必要。洗胃时必须同时进行其他抢救治疗措施，如特效解毒剂的早期应用；急性口服中毒危重病例，经口插管困难时可考虑施行胃造瘘洗胃术；对于呼吸、循环功能衰竭或口服腐蚀剂的患者禁忌洗胃，有食管胃底静脉曲张的患者，洗胃可能造成出血风险。

三、使用特效解毒剂

突发中毒事件常用的解毒药物中，有些解毒药物必须尽快使用才能达到最佳疗效，例如氰化物中毒的特效解毒剂（亚硝酸异戊酯、亚硝酸钠、4- 二甲氨基苯酚和硫代硫酸钠）、高铁血红蛋白血症的特效解毒剂（亚甲蓝）、有机磷酸酯类杀虫剂中毒的特效解毒剂（阿托品、氯解磷定）等。另外一些解毒药物延迟数小时使用对治疗效果影响不大，如金属螯合剂（二巯丙磺钠、依地酸钙钠）、普鲁士蓝等。还有一些解毒药物因使用方法受条件限制不适宜在现场医疗救援时使用，如肉毒抗毒素。

四、生命体征支持

生命体征支持是急救和重症治疗中至关重要的一环，旨在维持患者生命体征和器官功能，在恢复机体功能、促进患者康复以及影响病情的最终转归方面发挥着关键作用。

（一）持续监测生命体征

对患者的心率、血压、呼吸频率和血氧饱和度等关键指标进行不间断的监测，以便及时发现任何病情变化并迅速采取相应措施。

（二）快速建立静脉通路

迅速建立有效的静脉通路，以便及时输入或注入急救药物、补充必要的体液和电解质。

（三）保持呼吸道通畅

确保患者的呼吸道畅通，必要时进行气管插管或使用其他呼吸支持设备，以防止呼吸道阻塞和呼吸衰竭。

（四）对症支持治疗

根据患者的具体症状和体征，采取相应的对症支持治疗措施。

1. 补液治疗

根据患者的血容量状态和液体需求，给予适量的液体复苏，以维持循环稳定。

2. 维持电解质和酸碱平衡

监测并调整电解质水平和酸碱平衡，以防止电解质紊乱和酸碱失衡。

3. 疼痛管理

对于疼痛明显的患者，给予适当的镇痛药物，以减轻患者的痛苦。

4. 感染控制

应保持创面清洁，预防细菌感染和吸入性肺炎。对脏器损伤患者，应密切监测感染迹象，降低继发感染风险。

5. 营养代谢支持

根据病情提供适应的营养支持，以促进恢复。

（黎东霞　李　俊）

第四节　院内医疗救治

一、清除毒物

（一）皮肤、黏膜二次洗消

存在有皮肤、黏膜毒物污染可能的中毒患者在进入指定接收医疗机构后，应在分诊前首先进行皮肤、黏膜污染情况检查，特别注意毛发、皮肤皱褶、指甲、会阴等毒物不易彻底清除的部位。如果仍然存在毒物污染情况，应立即进行院内二次洗消。

（二）经口中毒的胃肠道毒物清除

1. 催吐

对于意识清晰、能配合催吐操作的患者，如果院前急救措施未进行充分催吐治疗，且入院时接触毒物时间不超过 6h 者，应立即进行催吐，直至呕吐胃内溶液清澈、无浑浊物、无异味为止。

2. 洗胃

对于无法进行催吐治疗的中重度患者，入院时接触毒物时间不超过 6h 者，应立即进行洗胃。如果有充分证据证明胃中仍存有毒物接触，口服毒物时间 6h 以上者视情况进行洗胃。

3. 给予吸附剂

根据病情需要，可给予活性炭等吸附剂治疗。活性炭具有颗粒小、含大量小孔、比表面积大的特点，其强有力的吸附作用能有效阻止毒物吸收。成人用量为每次 30~50g，儿童用量为每次 0.5~1g/kg，置于水中制成混悬液口服，可反复多次使用，也可以在洗胃后服用，以增强吸附效果。

肠梗阻是活性炭治疗的禁忌证，活性炭可能会进一步加重肠梗阻的病情。

4. 给予导泻剂

导泻也为目前常用清除毒物的方法之一。不推荐单独使用导泻药物清除急性中毒患者的肠道。常用导泻药有甘露醇、山梨醇、硫酸镁、复方聚乙二醇电解质散等。

5. 全肠灌洗

全肠灌洗是一种相对较新的胃肠道毒物清除方法；尤其适用于口服重金属、缓释药物、肠溶药物以及消化道藏毒品者。该方法经口或胃管快速注入大量聚乙二醇溶液，从而产生液性粪便，可多次注入直至大便流出物变清为止。聚乙二醇不被吸收也不会造成患者水和电解质的紊乱。研究报道显示全肠灌洗可通过促使大便快速排出而减少毒物在体内的吸收。经导泻或全肠灌洗仍无排便者，可以灌肠。视患者病情及是否排便，可给予多次灌肠。

（三）强化利尿

强化利尿是指通过扩充血容量、增加尿量，达到促进毒物排泄目的的一种方法，主要适用于以原形从肾脏排出的毒物中毒，对心、肺、肾功能不全者慎用。具体方法为：快速大量补液，根据血浆电解质和渗透压情况选用不同液体；补液同时给予呋塞米 20~80mg 静脉注射。

（四）血液净化

血液净化治疗模式主要包括血液灌流、滤过、透析和血浆置换，不同的模式因其原理和所清除的毒物分子量大小不同，可应用于不同毒物的治疗中。符合血液净化适应证的中毒患者应尽早进行血液净化，其治疗模式和疗程的选择应根据毒物代谢特点和临床病情综合决定。由于受毒物代谢动力学、接触毒物时间、对解毒药物清除率等影响，血液净化措施并不是对所有中毒都有效，应根据不同的中毒，有选择性地应用血液净化方式。

1. 血液透析

血液透析是通过弥散的方式将血液中的小分子清除，适用于那些具有较小分布容积、较低蛋白结合力、较小分子量以及较大水溶性的毒物。氯酸盐、重铬酸盐能损害肾引起急性肾衰竭，是血液透析的首选指征，一般在中毒 12h 内进行血液透析效果好。临床上已经开展血液透析治疗的化学中毒物质包括乙醇、乙二醇、甲醇、铊、百草枯、氟乙酰胺等。汞、镉等重金属会与血浆蛋白结合导致分子量显著增大，通常不适合采用血液透析治疗。

透析前需先建立动静脉通道，将动脉端肝素化的血液引入透析器，利用血液与透析膜另一侧的透析液溶质的浓度差，通过渗透、扩散等作用使血液净化，净化后的血液经静脉回输到体内。整个治疗过程大约需要 4h。

2. 血液灌流

血液灌流是通过吸附树脂将血液中的中大分子脂溶性物质的毒物清除，适用于那些具有较小分布容积且能被吸附的化学物质。对于脂溶性化合物和分子量较大的物质，其消除效果较好。血液灌流主要用于有机磷中毒、除草剂中毒、工业性毒物中毒等。

血液灌流清除毒物具有高效、广谱的特点，是最常用的清除体内毒物的措施，能被吸附材料吸附的毒物都可以考虑使用血液灌流进行治疗。治疗时间相对较短，通常仅需 2h。

3. 血液滤过

血液滤过是一种模拟人体肾小球滤过和肾小管重吸收的血液净化技术，通过高通透性滤过器，在压力差的作用下，将血液中的水分和大部分中小分子溶质过滤掉，同时补充与细胞外液成分相似的电解质溶液，以达到净化血液的目的。与传统的血液透析相比，血液滤过具有对血流动力学影响较小，对中分子物质清除率高等优点。由于在治疗过程中会滤出大量液体，因此需要补充置换液以维持血容量和电解质平衡。联合血液灌流可有效清除有机磷农药，提高抢救成功率，尤其适用于伴有心肺功能衰竭、脑水肿、肾衰竭和电解质紊乱的急性重症中毒患者。

血液滤过对于肾功能严重不全或无尿的患者尤为重要，它可以帮助患者排出体内多余的水分和废物，维持生命体征，并为肾功能的恢复争取时间。整个治疗过程大约需要 4h。

4. 血浆置换

在血浆置换过程中，患者的血液被引入血浆交换装置，血浆从血液中分离出来，同时补充新鲜的血浆或其代用品。原则上对存在血浆中的任何药物或毒物均可使用，主要用于清除分子质量大，蛋白结合率高，分布容积小的物质，包括抗体、免疫复合物、冷凝蛋白、蛋白结合率高的药物或毒物等。

由于需要使用较大的血量，血浆置换的广泛开展存在一定难度，目前主要用于急性血液毒物中毒的治疗，例如砷化氢（AsH_3）中毒、苯的硝基或氨基化合物中毒等。血浆置换的治疗时间相对较短，通常约为 2h。

二、病因治疗

解毒药物是一类能够帮助减轻、预防或治疗中毒症状的药剂，它们通过各种机制来降低毒物的毒性、阻碍毒物的吸收、改变毒物的代谢过程及加速毒物的排出。根据解毒药物的作用特点，可分为两大类：特效解毒剂和非特异性解毒剂。

（一）特效解毒剂

特效解毒剂是指能有针对性地对抗或阻断毒物的毒性作用而发挥解毒作用的药物，其本身不具有与毒物相反的效应。特效解毒治疗是一种针对特定毒物的解毒方法，使用特定的解毒药物来中和或阻断毒物的毒性作用。这种治疗方式与非特异性解毒不同，后者通常通过支持性治疗来帮助身体自然排除毒物或减轻其影响。特效解毒剂通常具有以下特点。

（1）针对性强：特效解毒剂物针对特定的毒物或毒素，能够直接与毒物发生反应，从而减少或消除其毒性。

（2）机制明确：这些药物的作用机制通常比较明确，例如，通过与毒物结合形成不活跃的复合物，或通过抑制毒物的活性位点来阻止其作用。

（3）效果迅速：在许多情况下，特效解毒剂能够迅速发挥作用，减少毒物对身体的损害。

（4）有限的适用范围：特效解毒剂通常只对特定的毒物有效，对其他类型的毒物可能无效或效果有限。

（5）剂量控制：使用特效解毒剂时，通常需要严格控制剂量，以确保其有效性和安全性。

1. 金属、类金属中毒解毒药

金属螯合剂可通过其化学结构与金属离子形成稳定的络合物，从而实现解毒效果。金属螯合剂含有两个或更多能够提供电子对的配位原子，如氮（N）、氧（O）、硫（S）等，它们与金属离子通过配位键形成络合物。当金属螯合剂与金属离子结合时，可以形成环形的络合物，这种特殊的络合物被称为螯合物。水溶性螯合剂在体内不经过生物转化，它们在体液的 pH 值下保持络合能力。这些螯合剂能够与有毒金属形成无毒的螯合物，并通过尿液迅速排出体外。为了有效地从体内排出有毒金属，螯合剂与有毒金属的亲和力必须大于内源性配体。这样，螯合剂才能从内源性配体中夺取有毒金属，恢复被抑制酶的活性。常用的金属螯合剂有巯基螯合剂、氨羧螯合剂、羟肟酸螯合剂及其他类型的螯合剂。

（1）巯基螯合剂：包括二巯丙醇、二巯丙磺钠、二巯丁二酸、二巯丁二钠、巯基乙胺、青霉胺等。

①二巯丙醇（BAL）：BAL 是一种较早使用的螯合剂，它通过其两个巯基与金属元素如汞、砷等形成稳定的络合物，由尿液排出体外。在中毒早期，BAL 还能夺取与组织中酶系统结合的金属，恢复巯基酶的活性，从而缓解金属中毒的症状。如果体内有毒金属含量过高或治疗开始得太晚，这些络合物可能会部分解离，尤其是在酸性的肾小管尿液中，BAL 被氧化后，释放的金属可能再次引起毒性作用。

BAL 主要用于治疗急性砷中毒和无机汞中毒，治疗时需要反复多次给药，维持血浆中 BAL 的浓度以持续形成稳定的络合物，以确保金属、类金属能及时排出，减少毒性作用。治疗过程中需注意：对慢性砷、汞中毒的治疗效果较差；BAL 对砷中毒引起的皮炎有一定的疗效，但对于皮质角质损害演变成皮肤癌的疗效较差；BAL 不能降低脑中的砷浓度；BAL 对砷化氢中毒引起的溶血治疗无效；对于甲基汞等有机汞化合物中毒，使用 BAL 可能会导致汞进入脑组织，因此应避免使用；BAL 与镉、铁、硒、银、铀等元素也能形成络合物，但这些络合物的毒性可能比原始金属的毒性更大，应谨慎使用。

BAL 需要通过深部肌内注射给药，其不良反应包括恶心、呕吐、头痛、口咽部烧灼感、流泪、流涕和出汗。当剂量超过 5mg/kg 时，可能出现心动过速、高血压、抽搐和昏迷，持续应用可能损伤毛细血管，引起血浆渗出，导致低蛋白血症、代谢性酸中毒、血浆乳酸增高和肾脏损害。由于其不良反应较大，BAL 逐渐被其他药物取代，仅在危及生命或急性砷中毒时使用。

②二巯丙磺钠（Na-DMPS）：Na-DMPS 是一种水溶性化合物，主要存在于细胞外液中，部分可进入细胞内。Na-DMPS 以其独特的能力与多种金属元素形成稳定的络合物，因此在临床上被广泛用作重金属中毒的解毒剂。对于急慢性无机汞和有机汞中毒均显示出良好的治疗效果，是首选的促排汞药物；在治疗砷中毒方面，Na-DMPS 同样有效，能够降低脑中的砷浓度，其效果优于 BAL，但对砷化氢中毒无效；Na-DMPS 在促排铅方面也显示出一定的效果，但效果不如依地酸钙钠（$CaNa_2$-EDTA）和二巯丁二酸那么显著；Na-DMPS 还能降低体内铜、铬、镍、锑等金属的负荷量，并显著增加尿铜的排出量。

Na-DMPS 口服吸收率在 30%~60%，肌内注射后，血药浓度在 30min 内达到峰值，在血浆和肾脏中的浓度较高，而在大脑和其他器官中的浓度较低。在血液中，70%~90% 的 Na-DMPS 与血浆蛋白结合。Na-DMPS 在体内没有重要的生物转化过程，主要通过肾脏以原形排出，部分通过胆汁排出。

与 BAL 相比，Na-DMPS 的不良反应较小，但比 DMSA 的不良反应稍大。如果注射速度过快，可能会出现恶心、头晕、心悸、口唇发麻、皮疹和发热等不良反应等症状，这些不良反应通常在短时间内可以自行消失。

③二巯丁二酸（DMSA）：DMSA 是一种具有两个羧基的化合物，其结构与 BAL 相似，但由于羧基的存在，它的金属螯合能力与 BAL 有所不同。DMSA 是一种化学性质稳定的广谱金属螯合剂，尤其适用于治疗铅、汞、砷、锑、铜等金属中毒，是治疗铅中毒和有机汞中毒的首选药物之一。

DMSA 的金属螯合特性：DMSA 对不同金属的亲和力不同，其螯合能力按照 Cd^{2+}、Pb^{2+}、Fe^{3+}、Hg^{2+}、Zn^{2+}、Ni^{2+} 的顺序递减；尽管 DMSA 与镉的亲和力强，但由于不能进入细胞内与金属硫蛋白（MT）竞争结合牢固的镉，所以不适用于治疗镉中毒；DMSA 与铅有特殊的亲和力，降低血铅的效果优于 $CaNa_2$-EDTA，但尿铅排出量不及 $CaNa_2$-EDTA。口服 DMSA 可减少胃肠道对铅的吸收；DMSA 能增加无机汞的排出，改善肾功能，对促排甲基汞的效果优于 Na-DMPS 和青霉胺；对于砷中毒，DMSA 的治疗效果较 BAL 和 Na-DMPS 更有效，但对砷化氢中毒无效；DMSA 对锑的解毒能力比 BAL 强 10 倍；DMSA 能促排铜，可用于治疗肝豆状核变性。

DMSA 主要分布于细胞外液，在血液中约 95% 与蛋白质结合，以巯基与血浆中的游离半胱氨酸结合成半胱氨酸。口服 DMSA 吸收迅速，吸收率可达 60%，血中药物浓度在 3h 内达到高峰。给药后 24h 内，约 95% 的 DMSA 通过尿液排出。DMSA 的不良反应相对较少，主要包括胃肠道反应，如恶心、呕吐、腹泻、食欲不振。偶见血清转氨酶暂时性升高和皮疹等。

④二巯丁二钠（Na-DMS）：Na-DMS 具有与 BAL 相似的解毒机制，但其水溶液在空气中不稳定。Na-DMS 广泛应用于治疗由锑、铅、汞、砷等金属引起的中毒，也可用于预防钴和镍的中毒。对于肝豆状核变性患者也有驱铜和改善症状的疗效。

Na-DMS 用药过程中，常见口臭、头痛、恶心、乏力、四肢酸痛等不良反应，少数患者可见皮疹，个别患者出现 ALT 轻度升高。妊娠期妇女禁用；重度肝功能不全患者禁用；患有肝脏疾病者慎用；哺乳期妇女使用时应停止哺乳。

⑤巯基乙胺（β-MEA）：β-MEA 又称半胱胺，是一种含有巯基（-SH）的化合物，能解除金属对细胞中酶系活动的抑制，尤其适用于急性四乙基铅中毒的治疗，效果较好，尤其是能够缓解神经系统症状，但对尿铅排泄未见明显增加。β-MEA 也适用于治疗急慢性铅中毒、铊中毒，对消除神经系统症状效果显著。

在进行 β-MEA 注射治疗时应平卧，注射速度过快，可出现呼吸抑制，如果患者出现呼吸抑制等严重不良反应，应立即停止注射，并采取相应的对症治疗措施。注射溶液忌与金属接触，必须用玻璃注射器和不锈钢针头，肝、肾功能不良者禁用。

⑥青霉胺（PCA）：PCA 是一种由青霉素水解降解得到的化合物，其分子结构中含有二甲基半胱氨酸，是一种含有巯基的氨基酸。PCA 主要用于治疗铜中毒和肝豆状核变性等疾病。

PCA 具有与铜、汞、铅、铁、砷等重金属形成稳定络合物的能力，这些络合物可以通过尿液排出体外，从而实现解毒治疗的目的。在治疗慢性汞中毒方面，PCA 表现出较好的效果，但其排汞能力不及于 Na-DMPS；在治疗慢性铅中毒方面，PCA 的疗效不如 $CaNa_2$-EDTA 和 DMSA。PCA 适用于轻度重金属中毒或对其他螯合剂有禁忌时选用。

PCA 在消化道中的吸收良好，吸收率可达 40%~70%，且口服后能迅速被吸收。PCA 的不良反应也相对较多，如厌食、恶心、呕吐、口腔炎、皮肤瘙痒、白细胞减少、血小板减少、再生障碍性贫血、血清肝酶升高、蛋白尿、肾病综合征等。

以下情况禁用PCA：对PCA或对青霉素过敏者禁用；孕妇、儿童禁用；肾功能不全、粒细胞缺乏症、再生障碍性贫血患者禁用；红斑狼疮、重症肌无力、严重的皮肤病患者禁用。

（2）氨羧螯合剂：包括依地酸钙钠、喷替酸钙钠等。

①依地酸钙钠（$CaNa_2$-EDTA）：$CaNa_2$-EDTA是一种广泛使用的金属螯合剂，其化学结构使其能够与多种金属离子形成稳定的水溶性络合物，通过尿液排出体外。$CaNa_2$-EDTA含有多个螯合位点，能够与铅、镉、锰等金属离子形成稳定的络合物。这些络合物的稳定性由络合物的稳定常数决定，且随着金属离子种类的不同而变化。$CaNa_2$-EDTA的螯合能力按照金属离子的亲和力顺序递增。

在临床应用中，由于乙二胺四乙酸（EDTA）在体内容易与钙离子结合，可能导致低钙血症并引起手足搐搦等症状，所以常使用其钙盐形式$CaNa_2$-EDTA来治疗金属中毒。$CaNa_2$-EDTA在临床上主要用于治疗铅中毒，它不仅能促进铅的排出，还能与体内的酶系统等配体竞争铅离子，从而缓解中毒症状。但$CaNa_2$-EDTA促进汞的排出效果不佳，可能是因为汞在体内与巯基牢固结合，或者被隔离在$CaNa_2$-EDTA难以到达的部位。$CaNa_2$-EDTA也能促进锰、镉、铬、铜、钴、镍等金属的排出，但治疗效果可能不如对铅中毒的治疗效果明显。

$CaNa_2$-EDTA通过胃肠道的吸收率小于5%，而通过静脉注射则能迅速吸收。$CaNa_2$-EDTA主要分布在细胞外液中，由于其离子性质，难以进入细胞内，只有少量能够进入脑脊液，极少发生代谢降解。

使用$CaNa_2$-EDTA时可能会出现乏力、发冷、发热、头痛等不良反应，偶尔还可能出现恶心、呕吐、流泪、鼻塞、一过性低血压等症状。长期或大量使用$CaNa_2$-EDTA可能会导致体内微量元素如锌、锰、铜的排出增加。$CaNa_2$-EDTA最重要的毒性作用是肾损害，可能出现肾小管细胞变性，可能是由螯合剂与近端肾小管细胞内的内源性金属相互作用所致，及时早期停药可以恢复。

②喷替酸钙钠（$CaNa_3$-DTPA）：$CaNa_3$-DTPA又称促排灵，其解毒作用和络合金属谱与$CaNa_2$-EDTA相同，但由于配位原子增多，喷替酸（DTPA）与多数金属的络合稳定常数比EDTA大，所以其亲和力比EDTA强。因此，DTPA在临床上的应用非常广泛，尤其适用于治疗铅、铁、锌、钴等金属中毒。对于铅中毒，DTPA的疗效已经得到了广泛认可。DTPA也常用于那些对其他治疗方法反应不佳的金属中毒情况。

$CaNa_3$-DTPA通过口服途径的吸收较少，而通过注射给药后则能迅速被吸收。它在体内的主要分布区域是细胞外液，并且主要通过肾脏排出体外。不良反应包括头晕、乏力、恶心、咽炎、口腔溃疡和皮疹，该药可致胎儿畸形，孕妇禁用。

后来又开发出新促排灵喷替酸锌钠（$ZnNa_3$-DTPA），作用与促排灵相似，而毒性只有促排灵的1/10。

（3）羟肟酸螯合剂：常用的羟肟酸螯合剂为去铁胺（DFOA），又称去铁敏，其羟肟酸基团与游离或蛋白结合的3价铁（Fe^{3+}）和铝（Al^{3+}）形成稳定、无毒的水溶性铁胺和铝胺复合物（在酸性条件下结合作用加强），由尿排出。DFOA能清除铁蛋白和含铁血黄素中的Fe^{3+}，主要用于急性铁中毒的解救。但DFOA对转铁蛋白中的Fe^{3+}清除作用不强，更不能清除血红蛋白、肌球蛋白和细胞色素中的Fe^{3+}，与其他金属的亲和力小，故不适于其他金属中毒的解毒。

DFOA在胃肠道中吸收甚少，不到15%。可通过皮下、肌内或静脉注射吸收，并迅速分布到各组织，能够迅速分布于肾脏，并能进入肝细胞和肾小管细胞内。在血浆和组织中，DFOA会迅速被酶代谢，最终通过尿液和粪便排出体外。其不良反应包括胃肠道刺激症状、肌肉局部疼痛、荨麻疹、低血压、心悸和休克等。为了降低不良反应的发生，建议剂量控制在每小时不超过15mg/kg或每日总剂量不超过 80mg/kg。

（4）其他螯合剂：包括二乙基二硫代氨基甲酸钠和对氨基水杨酸钠等。

①二乙基二硫代氨基甲酸钠（DTC，DDC，DEDTC）：DTC 是二硫代氨基甲酸螯合剂，能与镍、铜、镉形成无毒的络合物通过尿液排出体外。DTC 主要应用于以下情况：在急性羰基镍中毒的治疗中，DTC 通过与镍离子螯合，减轻镍中毒造成的伤害；治疗慢性镉中毒时，DTC 不仅能促进体内结合态镉的排出，还能加速非结合态镉的排出，能迅速降低肾脏中镉含量。

DTC 可以通过口服或注射的方式给药，且这两种方式都具有良好的吸收效果。进入体内后，DTC 部分通过其双硫键与血清蛋白结合，另一部分则在肝脏内与葡萄糖醛酸结合。DTC 或其形成的金属络合物会通过尿液和胆汁排出体外，在肾功能受损的早期阶段使用 DTC，还可以起到保护肾功能的作用。临床治疗中，DTC 应与等量碳酸氢钠同时服用。

②对氨基水杨酸钠（PAS-Na）：PAS-Na 能够与锰离子形成稳定的络合物，并通过尿液将这些锰离子从体内排出。在锰中毒的早期阶段，使用 PAS-Na 可以显著改善神经系统的症状，对减轻锰中毒引起的神经损伤具有积极的效果。

PAS-Na 的化学性质相对稳定，易溶于水，水溶液易分解变色。PAS-Na 通过口服途径可以迅速且完全地被人体吸收，并广泛分布于全身的组织和体液中，在脑脊液中的浓度相对较低。

（5）螯合剂应用的注意事项：以下具体阐述了螯合剂在选择、用法、联合用药及辅助治疗方面的注意事项。

①螯合剂的选择：理想的螯合剂应具备对有毒重金属的高亲和力，同时对必需金属元素，尤其是对钙的亲和力较低。例如，DMPS 和 DMSA 在促进汞的排出方面效果显著；$CaNa_2$-EDTA 和 DMSA 在排铅方面表现突出。此外，螯合剂的体内分布特性也需考虑，如 BAL、PCA 和 DFOA 等，它们能分布于细胞内，可能会增加患者体内的金属毒性。亲脂性螯合剂虽有助于与细胞内有毒金属形成络合物，但也可能导致金属在患者组织中的重新分布。在选择螯合剂时，还需考虑其潜在的不良反应，尤其是在治疗可能损伤肾脏的金属中毒时，要特别注意其对肾脏的影响。

②螯合剂的用法：在治疗重金属中毒时，及时使用螯合剂至关重要，早期治疗通常具有更好的效果。在急性中毒情况下，螯合剂的初始使用剂量较大，随后应根据病情改善的情况逐渐减少剂量，并延长给药间隔；慢性中毒时，应避免使用过大剂量和过长疗程，以减少不良反应。治疗过程中，还应密切关注金属排出量和患者症状的改善情况。

③螯合剂的联合用药：螯合剂的联合用药是通过将两种药理作用各异的药物配合使用，发挥它们的协同效应，从而提高治疗效果。例如，在治疗铅中毒脑病时，DMSA 与 $CaNa_2$-EDTA 的联合用药可以发挥显著的协同作用。DMSA 对铅有高度亲和力，能够加速铅从体内的排出，$CaNa_2$-EDTA 则有助于进一步清除体内的铅。这种联合用药方案的优势在于其能够在不增加患者脑内铅含量的前提下，有效加速铅的排出，从而减轻铅中毒症状并保护神经系统。

④辅助治疗：在治疗过程中，应注意给患者补充必需的微量元素和营养成分，如锌、铜、钙、镁等，以及谷胱甘肽、维生素 B_1、维生素 B_6、维生素 C 和叶酸等，以维持患者体内的金属平衡和生理功能，避免产生“过络合综合征”。

2. 氰化物中毒解毒药

氰化物进入体内后，释放出的 CN^- 与细胞内的氧化型细胞色素氧化酶（也称为细胞色素 c 氧化酶）中的 Fe^{3+} 结合，形成稳定的络合物。这种结合具有高度的组织亲和力，导致细胞色素氧化酶的活性受到强烈抑制。

细胞色素氧化酶是细胞呼吸链中的关键酶，负责将电子传递给氧气，从而完成细胞呼吸过程。当此酶的活性被 CN^- 抑制后，会造成呼吸链的电子传递中断，导致细胞无法进行正常的氧化磷酸化过程。细胞呼吸是细胞产生能量的主要途径。当细胞呼吸受阻时，细胞无法获得足够的能量来维持正常的生理活动。这导致组织和器官出现缺氧状况，可能迅速导致多器官功能障碍和衰竭。

（1）亚硝酸盐—硫代硫酸钠疗法：亚硝酸钠—硫代硫酸钠疗法是一种经典的氰化物中毒治疗方法，亚硝酸钠作为氧化剂，能够将血红蛋白中的 Fe^{2+} 氧化成高铁血红蛋白。高铁血红蛋白对 CN^- 具有较高的亲和力，能够与细胞色素氧化酶中的 Fe^{3+} 竞争 CN^-，形成氰化高铁血红蛋白。这个过程有助于恢复细胞色素氧化酶的活性，从而缓解细胞呼吸的抑制。

氰化高铁血红蛋白并不稳定，在数分钟后会逐渐分解，释放出 CN^-，这可能导致氰化物的毒性再次显现，需要迅速给予足量的硫代硫酸钠。在硫氰酸酶的催化作用下，硫代硫酸钠与 CN^- 反应，转化为基本无毒的硫氰酸盐，硫氰酸盐可以通过尿液排出体外，从而降低体内 CN^- 的浓度。

葡萄糖 6 - 磷酸脱氢酶缺乏者禁用亚硝酸钠 - 硫代硫酸钠疗法。亚硝酸异戊酯可致血压下降；亚硝酸钠静脉注射过快可引起血压下降。

（2）4- 二甲基氨基苯酚（4-DMAP）—硫代硫酸钠疗法：4-DMAP 能够迅速促使血红蛋白氧化成高铁血红蛋白，其起效速度比亚硝酸钠更快。在短短数分钟内，4-DMAP 就能使体内形成 30%~50% 的高铁血红蛋白，但过量时易发生溶血。

葡萄糖 6 - 磷酸脱氢酶缺乏者禁用 4-DMAP—硫代硫酸钠疗法。严禁与亚硝酸类化合物并用。

（3）亚甲蓝（美蓝）—硫代硫酸钠疗法：亚甲蓝是氧化还原剂，根据其在体内浓度的不同，对血红蛋白有两种相反的作用，小剂量时可治疗高铁血红蛋白血症，大剂量时可治疗氰化物中毒。亚甲蓝可治疗氰化物中毒，也可治疗亚硝酸盐、硝酸盐等中毒引起的高铁血红蛋白血症。在治疗亚硝酸盐中毒时，切忌使用过大剂量的亚甲蓝，否则会使症状加重。

（4）依地酸二钴（Co_2EDTA）：有研究表明，Co_2EDTA 对抗氰化物的效果优于亚硝酸钠，而与 4-DMAP 相近，单独使用时约可对抗 3 倍半数致死量的氰化物。Co_2EDTA 还可顺利透过血 - 脑脊液屏障，而高铁血红蛋白却难以做到的，因此 Co_2EDTA 在竞争脑细胞内呼吸酶中的 CN^- 时更为有利。但钴离子本身尚有一定毒性，如用量过大，可引起呕吐、荨麻疹、室性心律失常、过敏性休克等反应；葡萄糖可对抗钴的毒性，与钴同时使用有助于减轻其毒副作用。Co_2EDTA 与变性血红蛋白生成剂联用，可使其效果得到进一步加强。

临床治疗中，Co_2EDTA 通常以 300mg（20mL）的剂量通过静脉注射给药。如果首次给药后疗效不足，可根据患者的反应重复给药。此外，钴制剂在国内使用尚不普遍，临床实践表明，其总体疗效亦并不优于高铁血红蛋白生成剂与硫代硫酸钠联合疗法。

（5）羟钴胺：羟钴胺通过 CN^- 结合形成氰钴胺（维生素 B_{12} 的衍生物），能够有效地从细胞色素氧化酶中移除 CN^-，恢复该酶的活性。羟钴胺不会干扰组织的正常氧合作用，在治疗过程中不会干扰氧的输送和利用。

在临床上，通常以 40% 的羟钴胺溶液静脉注射给药，剂量为 10mL（4g），注射时间为 20min，最常见的不良反应是过敏反应，给药前应评估患者的过敏史。

3. *高铁血红蛋白血症解毒药*

亚硝酸盐和苯的氨基硝基化合物等化学物质具有氧化作用，它们能够将正常血红蛋白中的 Fe^{2+}

氧化为 Fe^{3+}，从而形成高铁血红蛋白。而高铁血红蛋白不能有效地与氧气结合，血液因此会失去运输氧气的能力，进而引起中毒性高铁血红蛋白血症，其临床表现包括皮肤、黏膜的紫绀（呈现蓝紫色）以及其他缺氧症状。

中毒性高铁血红蛋白血症有效治疗的关键在于将高铁血红蛋白还原为正常的血红蛋白，从而恢复其携带氧气的功能。

高铁血红蛋白血症的常见解毒药有以下几种。

（1）亚甲蓝（美蓝）：亚甲蓝是一种具有氧化 – 还原特性的药物，是一种常用的还原剂，它在低浓度下能够促进高铁血红蛋白的还原，将 Fe^{3+} 还原为 Fe^{2+}。这一过程涉及 6– 磷酸葡萄糖脱氢酶的作用，该酶将还原型辅酶Ⅱ（NADPH）的电子传递给亚甲蓝，使其还原为无色的白色亚甲蓝。白色亚甲蓝随后将电子传递给含有 Fe^{3+} 的高铁血红蛋白，将其还原为正常的血红蛋白，而白色亚甲蓝则在此过程中被氧化回亚甲蓝。在整个反应链中，亚甲蓝充当了电子传递的媒介。高浓度的亚甲蓝可能不会被完全还原，此时它将发挥氧化作用，可使红细胞脆性增加进而增加溶血风险。亚甲蓝在胃肠道的吸收效果不佳，但通过静脉注射可以迅速发挥效果。在体内，亚甲蓝迅速被还原为白色亚甲蓝，其中约有 74% 会在 6d 内通过尿液排出，其余部分则通过胆汁排出。

亚甲蓝主要用于治疗由亚硝酸盐，苯的氨基、硝基化合物，苯肼以及含芳香胺的药物引起的中毒性高铁血红蛋白血症。它也用于治疗苯胺、硝基苯、三硝基甲苯、亚硝酸钠、硝酸甘油、硝酸根、苯醌及间苯二酚等引起的中毒。

使用亚甲蓝时，患者尿液会呈现蓝色，经皮下注射可能引起组织坏死等不良反应，如果静脉注射速度过快，还可能引起恶心、呕吐、胸闷、腹痛、头痛、血压下降、心跳加快甚至心律失常等症状；静脉注射过量可引起恶心、腹痛、眩晕、头痛及神志不清等症状。葡萄糖 6– 磷酸脱氢酶缺乏者禁用。

（2）甲苯胺蓝：甲苯胺蓝是一种高效的还原剂，用于还原高铁血红蛋白时的速度比亚甲蓝更快，能迅速将高铁血红蛋白还原为正常的血红蛋白。

在临床治疗中，通常以 4% 的甲苯胺蓝溶液静脉注射缓慢给药，推荐剂量为 10~20mL。如果患者在接受初次治疗后 3~4h 内症状未有明显改善，可以考虑再次给药。

甲苯胺蓝的不良反应相对较少，偶尔可能会出现恶心、排尿痛等症状，患者的尿液可能会呈现蓝绿色。

4. 有机磷农药中毒解毒药

有机磷农药中毒时，其分子与患者体内的乙酰胆碱酯酶（AChE）紧密结合，形成磷酰化胆碱酯酶，从而抑制 AChE 的活性，导致 AChE 无法正常水解乙酰胆碱（ACh）。ACh 在神经突触间隙中积累过多，会造成胆碱能受体兴奋，从而产生毒蕈碱样症状、烟碱样症状以及中枢神经系统症状，表现为急性胆碱能危象。

有机磷农药中毒的常见解毒药如下。

（1）乙酰胆碱 M 受体阻断药：乙酰胆碱 M 受体阻断药通过与 ACh 竞争性地结合到 M 受体上，有效阻断 ACh 对 M 受体的激动作用，从而缓解由 ACh 积聚引起的毒蕈碱样症状。以下为几种常见的 M 受体阻断药。

①阿托品：阿托品是最常用的 M 受体阻断药，该药物可阻断节后胆碱能神经效应器的毒蕈碱受体（即 M 受体），有效地对抗 ACh 的毒蕈碱样作用，从而缓解支气管痉挛缓解、减轻支气管腺体和唾液腺分泌增多现象、降低胃肠平滑肌兴奋性，并能兴奋呼吸中枢，解除对呼吸中枢的抑制，但对

烟碱样症状无抑制作用。

阿托品化的指征是瞳孔扩大、颜面发红、皮肤干燥、口干、心率增快、肺部啰音明显减少或消失。治疗重度中毒患者时应遵守“早期、足量、重复给药”的原则，使其达到阿托品化而避免阿托品过量中毒。在用阿托品治疗的过程中，如患者出现躁动、谵妄、双手抓空、乱喊乱叫、体温升高、尿潴留甚至昏迷等阿托品中毒表现时，应立即停用，严重者给予对症处理。此外，治疗存在明显缺氧的有机磷中毒患者时，如直接使用大剂量阿托品，易诱发心室颤动。宜先纠正缺氧，然后再给阿托品；或边纠正缺氧，边给阿托品。

②盐酸戊乙喹醚（长托宁）：长托宁的中枢和周围抗胆碱作用皆强，救治急性有机磷杀虫剂中毒具有起效快、持续时间长、用药次数少、用药总量小、简便易行、安全可靠等优点。长托宁的使用有助于提高抢救成功率，减少阿托品中毒发生率。

（2）胆碱酯酶（ChE）复能剂：ChE 复能剂主要由含有肟基（RCH=NOH）的化合物组成，这类化合物能够与磷原子形成强烈的亲和力使得 ChE 复能剂能够有效地从磷酰化 ChE 中夺取磷酰基，恢复 AChE 的活性。ChE 复能剂对神经肌肉接头的复能作用尤为显著，对于控制由中毒引起的烟碱样症状（如肌肉震颤和痉挛）具有显著的疗效。

ChE 复能剂的作用不仅限于酶水平，它们还能与血液中的游离有机磷农药结合，形成无毒化合物，随后通过尿液排出体外，从而降低体内有机磷农药的浓度。ChE 复能剂对不同有机磷品种中毒的疗效不尽相同，如对内吸磷、对硫磷、甲拌磷、乙硫磷、治螟磷、氯吡硫磷（毒死蜱）、苯硫磷、辛硫磷、特普等中毒的疗效较好，对敌敌畏、敌百虫中毒的疗效次之，对乐果、氧乐果、马拉硫磷等中毒的疗效较差，对二嗪磷、谷硫磷中毒无效。在使用 ChE 复能剂治疗有机磷杀虫剂中毒时，除了要尽早应用，还应根据中毒程度，给予合理的剂量和应用时间。磷酰化 ChE 在形成后的 36h 内可能会发生老化，一旦老化，酶的活性就很难恢复。ChE 复能剂的早期使用至关重要。由于胆碱酯酶复能剂在体内的半衰期较短，通常在 1~1.5h 之间，因此需要反复给药以维持疗效。

①碘解磷定（PAM-I）和氯解磷定（PAM-Cl）：PAM-I 和 PAM-Cl 是两种结构和作用机制相似的 ChE 复能剂，它们通过与磷酰化 ChE 中的磷酰基结合，有效地将磷酰基从酶上移除，从而恢复 ChE 的活性。

PAM-Cl 水溶性高、溶液稳定，既可肌内注射又可静脉给药，是临床首选的 ChE 复能剂。ChE 在肌内注射后 1~2min 内即可见效，对于病情较重的患者，建议使用生理盐水稀释后缓慢静脉注射。治疗过程中，应根据患者的肌束震颤情况和 ChE，间隔性地重复给药，直至症状得到缓解。注射过速可能造成患者眩晕、视力模糊、恶心、呕吐、心动过缓，严重者有阵挛性抽搐及呼吸抑制，有时有咽痛及腮腺肿大。

②双复磷（DMO4）和双解磷（TMB4）：DMO4 和 TMB4 由两个解磷定分子组成，具有两个活性基团。在恢复 AChE 活性方面比单一的解磷定药物具有更强大和更持久的效果。两者对于治疗由敌敌畏和敌百虫引起的中毒都显示出良好的疗效，且具有阿托品样作用，有助于缓解由 ACh 过度积累引起的症状。

DMO4 能够通过血脑屏障，改善中枢神经系统症状较明显。但两种药物的毒性相对较大，因此在临床应用上较为谨慎，应用较少。在急性有机磷农药中毒的治疗中，通常需要联合使用抗胆碱药（如阿托品）和 ChE 复能剂。这种联合用药可以更快地达到阿托品化，减少阿托品的总需求量。

③抗中毒复合剂：此药为一种由抗胆碱能药物与 ChE 复能剂等药物合成的复方制剂。解磷注射

液是一种含有氯解磷定和贝那替嗪的复方制剂，结合了两种药物的作用，具有效果全面和起效迅速的特点，适用于肌内注射。轻度中毒者首次使用剂量为1/2~1支，肌内注射，0.5~1h后可重复一次，以后视病情决定是否继续给药。中度中毒者首次使用剂量为1~2支，肌内注射，20~30min后再肌内注射1支，以后根据临床表现，加用阿托品或氯解磷定。重度中毒者首次使用剂量为2~3支，肌内注射，15min后再肌内注射1~2支，同时加用阿托品和氯解磷定，使其阿托品化和解除肌束震颤等烟碱样症状，并继续给予维持量。

（二）非特异性解毒剂

非特异性解毒剂是指能阻止毒物被继续吸收、中和或破坏毒物以及促进其排出的药物，其特点是无特异性、解毒范围广、见效慢，多作为解毒的辅助治疗。根据药物治疗的机理分为以下类别。

1. *形成减毒的不溶性化合物*

（1）葡萄糖酸钙：葡萄糖酸钙能够与氟化物反应生成不溶性的氟化钙，与乙二醇或草酸（乙二酸）结合形成草酸钙。这些化合物的毒性较低，溶解度小，因此容易通过排泄途径从体内清除。葡萄糖酸钙可用于治疗氟化物及其化合物、乙二醇、草酸（乙二酸）以及钙通道阻滞剂中毒。在临床急性中毒治疗中，葡萄糖酸钙也可用于洗胃，能够减少毒物的吸收。乳酸钙、氯化钙也常用于急性氟化物及其化合物中毒的临床治疗。

（2）硫酸钠：硫酸盐能与钡离子结合形成不溶性的硫酸钡，有效减少钡离子在胃肠道的吸收。硫酸钠可用于治疗钡及其化合物引起的中毒。在临床急性中毒治疗中，可用5%的硫酸钠溶液洗胃。

2. *加速生物转化及排泄*

（1）葡萄糖醛酸内酯（肝泰乐）：葡萄糖醛酸内酯与化学物质上的羟基、氨基、羧基等基团结合，形成低毒性或无毒性的葡萄糖醛酸结合物，这些结合物可以通过尿液排出体外。葡萄糖醛酸内酯具有保护肝脏的作用，适用于苯、甲苯、苯甲酸、酚、酚酞、苯胺、对氨基水杨酸盐等中毒情况。

（2）谷胱甘肽（GSH）：谷胱甘肽主要分布在肝细胞质中，对多种外来化学物质具有解毒作用。通过其 –SH 与毒物或其有毒代谢产物结合并促进其排出。谷胱甘肽是细胞合成的抗氧化剂，参与过氧化物还原反应，能够清除自由基，维持维生素E的抗氧化作用。谷胱甘肽还能保护多种肝酶，抑制脂质过氧化，并与卤代芳香烃、不饱和脂肪烃和环氧化物结合，促进其迅速排出体外。此药主要用于辅助治疗由乙醇、有机磷农药等引起的中毒性肝病。

（3）乙酰半胱氨酸（NAC）：乙酰半胱氨酸进入肝细胞后，补充肝内的谷胱甘肽，保护肝细胞。用于治疗由汞、钴等中毒引起的肝细胞内谷胱甘肽大量消耗和肝细胞坏死。

3. *毒物效应的拮抗剂*

（1）维生素 B_6（吡哆辛）：对于异烟肼、肼及其衍生物中毒，维生素 B_6 能够对抗这些物质对磷酸吡哆醛激酶的抑制作用，从而保证吡哆醛能够转化为具有活性的磷酸吡哆醛。由于磷酸吡哆醛是谷氨酸脱羧酶的辅酶，其活性的维持对于合成抑制性神经递质 γ– 氨基丁酸（GABA）至关重要。维生素 B_6 的及时给予可以控制由于GABA合成减少而引起的惊厥。

（2）维生素 K_1：维生素K是肝脏合成多种凝血因子的必需辅助因子。维生素 K_1 作为羧化酶的活化剂，对于维生素K缺乏或抗凝血类灭鼠药（如敌鼠钠、杀鼠酮、鼠丸等）及双香豆素类灭鼠剂（如华法林）引起的凝血障碍具有特效拮抗作用。

（3）氯化钾：氯化钾可用于补充血钾离子，治疗化学中毒引发的低钾血症。例如，钡离子中毒可导致细胞膜通透性改变，引起低钾血症，出现肢体瘫痪和心律失常；轻症钡中毒患者可口服或静脉滴注氯化钾，每日3~4.5g；重症患者应在心电图监护和血钾监测下静脉滴注补钾，首日剂量可达10g或同时应严密观察动态血钾及心电图等，防止高钾血症发生。

（4）纳洛酮：纳洛酮是一种阿片受体阻断剂，能够阻断外源性阿片受体激动剂和内源性吗啡样物质的作用。纳洛酮用于治疗急性乙醇中毒，乙醇在体内氧化为乙醛，乙醇和乙醛经单胺氧化酶作用可生成四氢异喹啉类物质，作用类似吗啡，纳洛酮可与其对抗，起催醒作用。

（5）乙醇：乙醇与甲醇、乙二醇在体内竞争醇脱氢酶，乙醇对醇脱氢酶的亲和力较大，能够抑制甲醇、乙二醇与该酶的作用，阻止了甲醇、乙二醇转化为甲酸、甲醛和乙二酸（草酸）等较高毒性的代谢产物。

（6）乙酰胺（解氟灵）：乙酰胺与有机氟类杀虫剂氟乙酰胺化学结构相似，能竞争酰胺酶抑制氟乙酸产生，从而消除氟乙酸对机体三羧酸循环的毒性作用。乙酰胺用于治疗氟乙酰胺和氟乙酸钠等有机氟化合物中毒。

所有氟乙酰胺和氟乙酸钠等有机氟化合物中毒患者，包括可疑中毒者，应及时给予本品，以免贻误治疗时机。早期应足量给药，乙酰胺与1~2mL的2%普鲁卡因或4%利多卡因混合注射，可缓解局部刺激症状，减轻注射局部疼痛及防止有机氟引起的心律失常。

乙酰胺的不良反应主要为注射局部疼痛，剂量过大或长期用药可引起血尿，必要时停药并加用糖皮质激素使血尿减轻。

（7）氟马西尼：氟马西尼是苯二氮䓬受体拮抗药，可竞争性地与苯二氮䓬受体结合，从而逆转苯二氮䓬类药物所致的中枢镇静作用。此药主要用于治疗苯二氮䓬类中毒，终止苯二氮䓬类药物诱导及维持的全身麻醉，还可作为苯二氮䓬类药物过量时中枢作用的特效逆转剂，用于鉴别诊断苯二氮䓬类药物所致脑损伤的昏迷。

以下情况禁用本药：于本品过敏、妊娠前三个月的孕妇；使用苯二氮䓬类药物控制严重头部损伤后的颅内压或癫痫的患者。哺乳期妇女、肝功能不全、头部损伤、药物或酒精依赖者慎用。本品可引起面色潮红、恶心和（或）呕吐等不良反应。

（8）甲吡唑：甲吡唑和乙醇都是乙醇脱氢酶（ADH）的抑制剂，前者较后者作用更强，是治疗乙二醇和甲醇中毒的有效解毒药，甲醇中毒时首选本药。乙二醇能引起肾衰竭，甲醇能引起视力障碍或失明。在暴露甲醇和乙二醇后未出现中毒表现前给予甲吡唑，可预防其毒性，出现中毒症状后给予可阻滞病情进展。

乙二醇中毒患者肾损伤不严重时，应用甲吡唑可避免血液透析。孕妇及哺乳期妇女、对青霉素过敏者慎用。使用甲吡唑后可能出现恶心、呕吐、腹泻等消化道症状。

4. 抗氧化剂

毒理学研究发现，自由基产生和脂质过氧化过程中的产物能损伤细胞膜、酶和细胞内DNA，破坏细胞结构和功能。很多化学物的中毒机制与化学物产生自由基引起脂质过氧化有关，如四氯化碳、氯仿、氟烷、三硝基甲苯、苯肼、异烟肼、乙醇、百草枯、二氧化氮等。抗氧化剂能够捕捉自由基反应链中的氧自由基，阻止或减缓脂质过氧化自由基链式反应的进行。常用的抗氧化剂有维生素E、维生素C、超氧化物歧化酶（SOD）、类胡萝卜素、谷胱甘肽过氧化物酶（GSH-Px）、辅酶Q10等。

（1）维生素E：维生素E是自由基链式反应的终止剂，维生素E通过将活性强的自由基转化为稳定性更强、活性更弱的维生素E自由基，阻断了脂质过氧化的链式反应。维生素E自由基可以被维生素C和GSH还原，恢复其抗氧化功能。但维生素E的使用量不宜过大，过量可能会影响白细胞的杀菌能力。

（2）维生素 C：维生素 C 是水溶性还原剂，食入后可分布于细胞内和细胞外，可清除体内自由基 O^{2-} 和 OH^{-}，维生素 C 还能提高 GSH–Px 的活性，减少脂质过氧化物（LOOH）的生成，并与维生素 E 发挥协同作用。

（3）类胡萝卜素（CAR）：类胡萝卜素具有抗氧化自由基的作用，能清除 O^{2-} 和 LOO^{-}，由于其分子量较小，能透过细胞膜，在细胞内起抗氧化作用，具有显著的抗脂质过氧化效果。

（4）辅酶 Q10：辅酶 Q10 是一种脂溶性醌类化合物，在细胞呼吸链中起着质子移位和电子传递的重要作用。辅酶 Q10 是细胞呼吸和代谢的激活剂，也是一种重要的抗氧化剂，能够保护生物膜结构的完整性，并对缺氧的心肌细胞具有保护作用。

表 3–1 列举了常用解毒药物的选择和使用方法。

表 3–1　常用解毒药物的选择使用方法

序号	特殊解毒药类别	分类	名称	解毒的化学物种类或名称	推荐的使用方法	备注
1	金属中毒解毒剂	巯基螯合剂	二巯丙醇	无机汞、砷	肌内注射。成人常用量：按体重 2~3mg/kg，第 1~2 日，每 4 小时 1 次，第 3 日改为每 6 小时 1 次，第 4 日后减少到每 12 小时 1 次，疗程一般为 10 日	—
2			二巯丙磺钠	无机汞、有机汞、砷、铅、铜等	急性中毒：每次 0.25g 肌内注射或静脉滴注，或每次 5mg/kg 给药，第 1 日为 3~4 次，第 2 日为 2~3 次，以后每日 1~2 次，7 日为一个疗程； 慢性中毒：每次 2.5~5mg/kg，1 次 / 日，用药 3 日停 4 日为一个疗程，一般用 3~4 个疗程	—
3		巯基螯合剂	二巯丁二酸	无机汞、有机汞、砷、铅、锑等	成人通常剂量为每次 0.5g，一日 3 次，连续服用 3 日，然后停药 4 日，7 日为一个疗程。或者每次 0.5g，每日两次，隔日服药，共 10 日，停服 5 日，15 日为一个疗程。儿童的剂量则根据体重每次 10mg/kg，每 8h 一次，连续 5 日，然后改为每 12 日一次，连用 2 周，共 19 日为一个疗程	—
4			二巯丁二钠	无机汞、有机汞、砷、铅、锑等	成人常用量为 1g，临用时配置成 10% 溶液，立即缓慢静脉注射，10~15 分钟内注射完毕。 对于急性中毒，首次剂量为 2g，用 5% 葡萄糖注射液溶解后，静脉缓缓注射，以后每小时 1g，共 4~5 次。 亚急性金属中毒：每次 1g，每日 2~3 次，共 3~5 日。慢性中毒时，每日 1 克，连续 5~7 日，停药 5~7 日；或每日 1g，连续 3 日，停药 4 日为一疗程，按病情可用 2~4 疗程	—
5			巯乙胺	四乙基铅	1. 治疗急性中毒 0.2~0.4g/ 日，静脉注射或加入 5% 葡萄糖注射液 250~500mL 静脉滴注。 2. 治疗慢性中毒肌内注射，0.2g/ 日，10 日为一疗程	—
6			青霉胺	铜	成人剂量为一日 1~1.5g（8~12 片），分 3~4 次服用，5~7 日为一个疗程。停药 3 日后，可开始下一个疗程，根据体内毒物量的多少一般需 1~4 疗程	—

续表

序号	特殊解毒药类别	分类	名称	解毒的化学物种类或名称	推荐的使用方法	备注
7	金属中毒解毒剂	氨羧螯合剂	依地酸钙钠	铅等	每次0.25~0.5g肌内注射，每日2次，可加2%普鲁卡因2mL减轻疼痛；或0.5 ~1.0g溶入葡萄糖液中静脉滴注，一般连用3日，停药4日，7日为一个疗程	—
8			喷替酸钙钠	铅、铁、锌、钴、铬	1. 静脉滴注：0.5~4g/日，溶于0.9%氯化钠溶液或5%葡萄糖注射液中，剂量逐渐增大，每周2~3次，间歇应用。 2. 肌内注射：0.25~0.5g/日，2次/日，3日为一个疗程	—
9		羟肟酸螯合剂	去铁胺	铁	根据个体情况而定，取决于适应证和病情严重程度 1. 慢性铁超负荷，20~60mg/kg体重/日。 2. 急性铁中毒，不超过80mg/kg体重/日	—
10		其他解毒剂	二乙基二硫代氨基甲酸钠	羰基镍	口服：在吸入毒物后立即口服0.5g，每日4次，同时服用碳酸氢钠0.5g，以减少胃部反应。如果在吸入毒物4~8h内给药，疗效显著。 静脉注射：对于重度中毒者，可以使用二乙基二硫代氨基甲酸钠静脉注射。首次剂量为25mg/kg，24h总剂量不超过100mg/kg，分3~4次注射。 雾化吸入：也可以采用雾化吸入的方式，每次剂量为0.2g，每日1~2次	—
11		其他解毒剂	对氨基水杨酸钠	锰	每日静滴6g，3~4日为一疗程	—
12			普鲁士蓝	铊	每日250mg/kg口服，可溶于甘露醇中使用	—
13			硫酸钠	钡	每日1%硫酸钠500 ~1000mL静脉滴注，连用2~3日；口服中毒时，还可口服20%~30%硫酸钠100mL，病情严重者可连用2~3日	—
14	氰化物中毒解毒剂	—	亚甲蓝	氰化物	5~10mg/kg稀释后缓慢静脉注射，必要时可重复给药	必须与硫代硫酸钠合用
15			亚硝酸异戊酯	氰化物、丙烯腈	将安瓿包在一层手帕或纱布内，折断，经鼻腔吸入。2~3min可重复一次，总量不超过1~1.2mL	—
16			亚硝酸钠	氰化物、丙烯腈	3%亚硝酸钠溶液10~15mL缓慢静脉注射，或按6~12mg/kg给药	必须与硫代硫酸钠合用
17			4–二甲氨基苯酚	氰化物、丙烯腈	10% 4–二甲氨基苯酚2mL肌内注射，必要时可重复给药	—
18			硫代硫酸钠	氰化物	首先使用亚甲蓝、亚硝酸钠或4–二甲氨基苯酚后，立即静脉注射25%~50%硫代硫酸钠溶液20~50mL	—
19	高铁血红蛋白血症解毒药	—	亚甲蓝	芳香族氨基硝基化合物、苯基羟胺、苯肼、硝基苯乙醚、对氨基苯甲醚、除草醚、灭草灵、亚硝酸盐	1%亚甲蓝溶液1~2mg/kg稀释后缓慢静脉注射，注射0.5~1h后血液中高铁血红蛋白含量无明显下降或发绀不见缓解，可重复用药一次全量或半量，直至高铁血红蛋白血症消失	—

续表

序号	特殊解毒药类别	分类	名称	解毒的化学物种类或名称	推荐的使用方法	备注
20	有机磷杀虫剂、氨基甲酸酯类杀虫剂中毒解毒剂	乙酰胆碱M受体阻断药	阿托品	有机磷酸酯类杀虫剂	轻度中毒：首次剂量1~2mg肌内注射，1~2h后可重复一次，以后酌情减量并延长间隔时间。中度中毒：首次剂量2~4mg，肌内或静脉注射，0.5h后可重复一次，“阿托品化”后酌情减量并延长间隔时间。重度中毒：首次剂量一般为5~10mg静脉注射，如5min起作用，立即重复5g静脉注射，以后每隔10min给药一次，每次2~5mg，达到“阿托品化”后减量维持“阿托品化”24h上，逐渐减量停药	—
21			长托宁	有机磷酸酯类杀虫剂、氨基甲酸酯类杀虫剂	用药方法为肌内注射，首次使用剂量：轻度中毒为1~2mg，中度中毒为2~4mg，重度中毒为4~6mg。以后，根据病情确定给药剂量和使用时间	—
22		胆碱酯酶复能剂	氯解磷定	有机磷酸酯类杀虫剂	轻度中毒首次剂量0.5g肌内注射，2~3h后可重复一次：中度中毒首次剂量0.5~0.75g肌内注射或缓慢静脉注射，1~2h后重复注射一次，以后酌情减量应用；重度中毒1.0~1.5g缓慢静脉注射，0.5h后可重复一次，以后每1~2h给药0.5g，但24h用量一般不超过10g，病情好转后酌情减量并延长间隔时间	—
23			碘解磷定	有机磷酸酯类杀虫剂	使用方法基本同氯解磷定，1g氯解磷定约相当于1.5g碘解磷定，只能静脉注射，不可肌内注射	—
24	有机氟类杀鼠剂中毒解毒药	—	乙酰胺	氟乙酰胺	轻、中度中毒患者每次2.5~5.0g，肌内注射，每日2~4次，连用5~7日；重度中毒患者首日每次可给予5.0~10.0g	—
25	其他	—	乙醇	甲醇、乙二醇	甲醇中毒：成人通常使用10~15mL/kg的乙醇负荷剂量，以迅速达到有效血液浓度，随后每1~2h监测血液乙醇浓度来调整维持剂量，目标是保持血液乙醇浓度在100~150mg/dL。维持应用至血清甲醇水平保持在<20mg/dL 乙二醇中毒：95%乙醇0.8~1mL/kg口服，然后改20%乙醇，以0.15mL/（kg·h）的速度维持	—
26			甲吡唑	乙二醇、乙醇、甲醇	1. 首次给予剂量15mg/kg，10mg/kg/12h，4次，继后，15mg/kg/12h，直至乙二醇或甲醇浓度低于20mg/日或监测不到，血液pH值正常，一次滴注时间不少于30min。 2. 血液透析时的剂量：血液透析开始离上次给药在6h以内，不得再给药。血液透析过程中，每4h一次。血液透析结束离上次给药的间隔时间小于1h，不得在血液透析结束时给药；若间隔时间为1~3h，可给予下次剂量的半量；若间隔时间大于3h，可给予下次剂量	—

续表

序号	特殊解毒药类别	分类	名称	解毒的化学物种类或名称	推荐的使用方法	备注
27	其他	—	维生素 K_1	抗凝血类杀鼠剂	轻、中度中毒患者每次 10~20mg，肌内注射或静脉注射，每日 2~4 次；重度中毒患者每次 20~40mg，静脉注射，每日 3~4 次。在给药期间，应密切监测凝血酶原时间。在凝血酶原时间恢复正常后，维生素 K_1 逐渐减量	因抗凝血类杀鼠剂从体内排泄缓慢，维生素 K_1 使用时间可达数月
28			氟马西尼	苯二氮䓬类药物	首次 0.3mg 静脉注射，如果在 60s 内未达到所需的清醒程度，可重复使用直至患者清醒或达总量 2mg。如果仍处于昏睡状态，可以 0.1~0.4mg/h 持续静脉滴注，直至患者清醒为止	—
29			纳洛酮	吗啡类药物和含吗啡类生物碱植物	首次 0.4~2mg 静脉注射，如果未获得呼吸功能的理想改善作用，可隔 2~3min 重复注射给药	—
30			肉毒抗毒素	肉毒中毒	首次 10000~20000IU（每个毒素型）肌内注射或静脉滴注，以后根据病情可每隔 12h 使用 1 次	使用前应进行皮试
31			医用活性炭	—	使用剂量一般为成人每次 30~50g，儿童每次 1g/kg，每日 2~3 次。轻度中毒使用 2~3 日，中、重度中毒疗程可延长	多数高毒或剧毒毒物口服中毒均可使用

注：不同剂型、不同规格的用法用量可能存在差异，请阅读具体药物说明书使用。

三、氧疗

氧疗是一种通过提高吸入氧气浓度来改善组织缺氧的治疗方法，对于化学中毒患者尤其重要。氧疗可提高血液中的氧气浓度，以支持细胞代谢，从而减轻因中毒而引起的组织缺氧，促进有毒物质的清除。

（一）氧气疗法

氧气疗法是化学中毒最常用的治疗手段，通过提高吸入氧的浓度来纠正患者的缺氧状态。在急性中毒情况下，毒物可能通过不同机制抑制呼吸功能和气体交换，或者直接影响组织细胞的呼吸作用，导致组织缺氧。任何导致氧饱和度下降的情况，都可能成为开始氧疗的指征，除了某些特定毒物中毒，例如，对于百草枯中毒者，常规吸氧可能会使其病情加重。

在临床实践中，根据患者的具体病情，可以采用多种给氧方式，包括鼻导管、普通面罩、文丘里面罩、储氧面罩等，以合理地供给氧气。初始的氧合目标可参照《急诊氧气治疗专家共识》，同时要避免高氧血症可能带来的危害。对于有 CO_2 潴留高危因素的患者，推荐的氧合目标是脉搏血氧饱和度（SpO_2）为 88%~93%；而对于没有 CO_2 潴留高危因素的患者，血氧饱和度的目标范围则是 94%~98%。

高浓度氧的吸入能够增加血液中的物理溶解氧，促进一氧化碳血红蛋白（COHb）的解离，维持组织中的氧合作用。对于一氧化碳、硫化氢、氰化物等窒息性毒物引起的中毒，使用面罩吸入 100% 的纯氧可以纠正其缺氧状态。在严重的病例中，需要考虑使用高压氧疗法，以进一步提高治疗效果。

（二）高压氧疗法

高压氧疗法是一种特殊的氧疗，通过将患者置于高压氧舱环境中来治疗特定的中毒，如一氧化碳、氨气、硫化氢、氯气等所致中毒及中毒性脑病。这种治疗方法通过提供高浓度的氧气，能够显著提高血氧含量和张力，从而增加组织内氧的含量和储量，有助于缓解缺氧症状，增加血氧的弥散能力以及组织内的有效弥散距离，改善机体的缺氧状态，降低颅内压，促进脑功能的恢复。

高压氧疗法适用于由各种原因引起的全身或局部缺血缺氧性疾病及其相关的组织损伤。

高压氧疗法的禁忌证：未经控制的内出血，特别是颅内出血、严重的休克状态、气胸、严重的肺气肿及其他无法在高压氧舱中安全治疗的情况。

四、对症支持治疗

病因治疗虽然能够阻断导致职业性化学中毒的生产性毒物对身体的进一步伤害，但对于已经造成的身体功能或结构上的损害往往束手无策。相比之下，对症支持治疗在维持生命体征和器官功能、争取紧急救治时间方面发挥着至关重要的作用，为恢复患者身体功能和促进康复奠定了不可或缺的基础，是职业性化学中毒治疗中的核心环节。由于许多生产性毒物引起的职业性化学中毒缺乏特定的病因治疗药物，这使得对症支持治疗在职业性化学中毒的临床管理中占据了更加重要的位置。

（一）呼吸功能支持

维持呼吸功能是中毒患者急救和治疗中的一个重要方面，尤其是对于那些吸入了有毒气体或化学物质的患者。首先要评估患者的呼吸频率、深度和节律，以及是否存在呼吸困难、喘息或发绀等症状，还要确保患者的呼吸道没有异物阻塞。如果有必要，可以进行吸痰或使用导气管来保持呼吸道通畅。对于低氧血症或呼吸功能不全的患者，给予吸氧是基本的支持措施，应根据患者的血氧饱和度和动脉血气分析结果，调整吸氧的浓度和方式（如鼻导管、面罩或高压氧舱）。

在某些情况下，需要使用呼吸兴奋剂来刺激患者呼吸中枢，增加其呼吸频率和深度。如果患者自主呼吸微弱或停止，需要进行机械通气，例如使用呼吸机进行正压通气，以辅助或完全替代患者的呼吸。

对于某些患者，可以采用无创通气方式，如持续气道正压通气或双水平气道正压通气，这些方法通过面罩来提供正压支持，减少了气管插管的需求。在严重的情况下，需要进行气管插管或气管切开，以便更好地控制气道和进行机械通气。应持续监测患者的呼吸状况和血氧饱和度，并同时进行动脉血气分析，以评估患者的呼吸功能和氧合状态。

对于有肺部并发症风险（如分泌物积聚）的患者，可以进行胸部物理治疗，包括胸部震荡、体位引流等，以促进分泌物的排出。根据患者的具体情况，可能需要使用支气管扩张剂、抗炎药物、糖皮质激素等药物来改善呼吸功能。还应采取定期翻身、拍背、使用抗生素等措施预防肺部感染和其他并发症的发生。

氧气疗法和人工呼吸机是医疗领域中用于支持呼吸功能的两种关键治疗手段。这些方法的应用主要涵盖以下几个关键方面。

（1）保护性肺通气策略：这种策略的目的是减少与呼吸机使用相关的肺部损伤。通过限制潮气量和气道压力，可以有效保护肺部不受进一步伤害。

（2）内源性正压呼气末正压通气的应用：内源性正压呼气末正压通气有助于改善氧合和肺顺应

性，同时减少肺泡塌陷的风险，这对于维持肺部功能至关重要。

（3）采用较小的潮气量：通过使用较小的潮气量，可以减少肺泡过度膨胀的情况，从而降低呼吸机相关肺损伤的风险。

（4）无创通气技术：这种技术为患者提供了更为舒适的通气支持方式，同时减少了对有创通气手段的依赖，提高了患者的治疗体验和生活质量。

（二）循环功能支持

循环功能支持是中毒患者治疗中的关键组成部分，尤其适用于患者出现心脏毒性或循环衰竭的情况。首先应评估患者的循环状态，包括心率、血压、脉搏、皮肤温度和颜色等，还应进行心脏听诊和心电图（ECG）检查，以确定心脏功能和循环状态。根据患者情况来采取具体的措施。

对于低血压或休克的患者，需要使用血管活性药物，如多巴胺、去甲肾上腺素或肾上腺素，来提高血压并维持组织灌注。在失血或脱水的情况下，通过静脉输液补充血容量是必要的，需要使用晶体液、胶体液或血液制品。

应持续监测患者心电图，以及时发现心律失常或其他心脏问题。对于心律失常的患者，可使用抗心律失常药物，如利多卡因、普鲁卡因胺或美托洛尔等。在某些严重心动过缓或心脏停搏的情况下，可使用临时或永久性心脏起搏器来维持心脏节律。

对于长期卧床或有血栓形成风险的患者，可以使用抗凝药物，如肝素或华法林，以及进行定期的下肢被动运动。对于心肌受损的患者，可以使用心肌保护药物，如β-受体阻滞剂、血管紧张素转换酶抑制剂或血管紧张素受体阻滞剂。在某些情况下，还可使用改善心肌代谢的药物（如磷酸肌酸或辅酶Q10）以监测和维持钾、钙、镁等电解质的平衡。

疼痛可以增加患者的心脏负荷，因此需要适当控制疼痛，以减少心脏的额外负担。在治疗中毒时，避免使用可能对心脏有毒性的药物。在严重心力衰竭的情况下，可使用正性肌力药物，如多巴酚丁胺或米力农。在极端情况下，如心脏泵血功能严重不足，可使用机械循环支持设备，如主动脉内球囊反搏（IABP）、体外膜氧合（ECMO）或其他临时性心脏辅助装置。

（三）神经系统保护

神经系统保护是指采取一系列措施来预防或减少患者的神经系统损伤，尤其适用于中毒、缺氧、创伤或其他神经系统疾病。首先应评估患者的意识水平、肌力、感觉、反射和协调能力，并进行神经影像学检查（如CT、MRI）和电生理检查（如脑电图、神经传导速度检查）。针对不同情况可采取以下措施：①颅内压增高可能导致脑组织损伤，应监测患者颅内压，并采取相应措施，如使用甘露醇、呋塞米等降颅内压药物，必要时进行手术减压；②脑水肿会增加患者颅内压，可使用皮质类固醇、甘露醇或其他渗透性利尿剂来控制脑水肿；③抽搐会加重脑损伤，因此需要及时控制。抗惊厥药物如苯妥英钠、丙戊酸钠、地西泮等可用于预防和治疗抽搐；④患者血糖应维持在适当的水平，高血糖或低血糖都可能对神经系统造成损害；⑤应确保患者有足够的氧气供应，以维持脑组织的正常代谢，必要时给予吸氧或机械通气；⑥还应控制患者体温，发热会增加脑代谢和氧需求，可使用物理降温或药物降温的方法来控制体温；⑦使用神经营养药物（如脑活素、神经节苷脂等）有助于保护神经细胞和促进神经修复；⑧控制患者血压，高血压或低血压都可能对脑血流产生不利影响，可通过使用血管活性药物将血压维持在正常范围内；⑨感染会加重神经系统损伤，因此需要使用抗生素预防或治疗可能的感染；⑩在治疗过程中，应避免使用可能对神经系统有毒性的药物。

在中毒性神经系统损伤的情况下，可能发生一系列复杂的生物化学和病理生理变化，具体变化如下：①细胞内钙离子浓度过高，可导致细胞内信号传导失衡，激活损伤性酶类；②兴奋性氨基酸的大量释放，如谷氨酸的过量积累，可引发神经细胞的兴奋毒性；③自由基的脂质损伤，自由基攻击细胞膜，导致脂质过氧化，损伤细胞结构；④再灌注损伤，血流恢复后，可能伴随有氧自由基的产生和炎症反应，加重脑功能损伤。这些因素不仅导致损伤性细胞坏死，还可能引起凋亡性细胞坏死，脑功能支持治疗用于保护和恢复直接或间接损伤以及其他脏器功能不全或衰竭所造成的脑功能的影响。

（四）液体平衡支持

液体平衡支持治疗是中毒患者管理中的一个重要方面，尤其适用于患者出现脱水、电解质紊乱或液体过载等情况，具体措施如下。

通过临床检查（如皮肤弹性、黏膜湿润度、心率、血压和尿量）和实验室检测（如血液生化、血气分析和电解质水平）来评估患者的液体和电解质状态。根据患者的需要，通过静脉输液补充适量的水分和电解质，以维持水电解质平衡。

记录患者的液体摄入量（包括静脉输液、口服液体和食物中的水分）和液体排出量（尿量、呕吐物、引流液等），以评估液体平衡。根据患者的具体情况和监测结果，调整输液的类型（如晶体液、胶体液或血浆）和速率。

应预防和治疗脱水，对于脱水的患者，应及时补充丢失的水分和电解质，以防止血容量不足和电解质紊乱：对于液体过载的患者，应限制液体摄入量，并可能需要使用利尿剂或进行血液净化治疗；还应维持患者体内酸碱平衡，通过监测血气分析，评估酸碱平衡状态，并根据需要调整治疗方案，如使用碳酸氢钠纠正酸中毒，应定期检查患者的肾功能指标（如血肌酐和尿素氮），以评估肾脏对液体和电解质平衡的调节能力；应预防和治疗电解质紊乱，根据患者的电解质水平，补充或限制特定电解质的摄入，如钾、钠、钙和镁；在某些情况下，如脑水肿，可使用甘露醇或呋塞米等渗透性利尿剂来减少脑组织中的水分；在液体丢失过多或心功能不全的情况下，可使用血管活性药物来支持心血管功能。

（五）免疫功能支持

职业性化学中毒患者常常面临免疫功能紊乱、屏障功能破坏和抵抗力下降等问题，这些因素使他们易于发生严重的感染和其他并发症。

免疫功能支持治疗的目的包括：①调节免疫功能，通过特定的药物或治疗手段，增强患者的免疫应答，帮助他们抵抗感染。②恢复或保护免疫屏障功能，维持皮肤、黏膜等物理屏障的完整性，以及免疫细胞和分子的功能性，防止病原体的侵入。③合理调整抗生素使用，根据患者的具体情况和感染类型，合理选择和调整抗生素的使用，以避免抗生素滥用和细菌耐药性的增加。

免疫功能支持治疗包括：①免疫调节剂，使用免疫调节剂来增强患者的免疫功能，提高对感染的抵抗力。②感染控制，实施有效的感染控制措施，包括无菌操作、隔离技术和适当的消毒。③抗生素管理，根据药物敏感性测试结果和临床指南，合理选择抗生素，避免不必要的广泛使用。④免疫球蛋白治疗，在某些情况下，使用免疫球蛋白可以帮助患者快速获得被动免疫保护。

（六）营养代谢支持

营养代谢支持是中毒患者治疗中的一个重要方面，通过提供足够的能量和营养素，以维持患者的生命体征、促进患者的伤口愈合、增强患者的免疫功能和支持患者的器官功能。以下为具体的营养代谢支持措施。

（1）评估营养状态：对患者进行全面的营养评估，包括体重、BMI、血清蛋白水平、血糖水平等指标。

（2）确定营养需求：根据患者的年龄、性别、体重、疾病状态和活动水平，计算其能量和蛋白质需求。提供能量和营养素，通过口服或肠内营养（如鼻胃管、鼻肠管或经皮内镜胃造瘘术）提供营养。在不能通过胃肠道喂养的情况下，可能需要肠外营养（静脉营养）。

（3）补充蛋白质：蛋白质是修复组织和维持免疫功能的关键营养素。根据患者的具体情况，可能需要额外补充蛋白质或氨基酸。

（4）补充维生素和矿物质：应给患者提供足够的维生素和矿物质，特别是那些在应激状态下消耗增加的营养素，如维生素 C、维生素 B 群、锌和硒。

（5）控制血糖：高血糖或低血糖都可能对患者造成额外的压力。通过适当的营养支持和胰岛素治疗，将患者血糖维持在正常范围内。

（6）支持肝脏功能：肝脏在代谢和解毒过程中起着重要作用。提供支持肝脏代谢的药物和营养素，如乳果糖、支链氨基酸等。

（7）促进肠道功能：肠道是营养吸收的主要场所，也是免疫系统的重要组成部分，可通过使用益生菌、益生元和膳食纤维来支持肠道健康。

除以上措施外，应定期监测患者的营养状态和生化指标，根据患者的反应和实验室结果调整营养方案；在开始营养支持时，要注意预防再喂养综合征，这是一种由于过快补充营养而导致的电解质失衡；在选择营养补充剂时，要考虑患者的耐受性和过敏史，避免使用可能引起不良反应的食物或营养素。

（黎东霞　刘继中）

第五节　案 例 分 析

一、事件经过

某平板电脑屏幕加工厂的屏幕清洁车间，2 名工人在半个月内相继出现四肢乏力、末端麻木症状。到附近医院就医后症状无明显改善，二人神经肌电图均显示四肢多支神经脱髓鞘样改变。据了解，因天气炎热，工人在开放空调工作时车间门窗紧闭。当地医院考虑为同工种发病，怀疑职业病，遂请职业病防治专家会诊，怀疑“正己烷中毒”。对企业使用的屏幕清洁剂及车间环境检测，发现清洁剂中的正己烷含量达 20%。随后病人转入职业病防治院诊治，确诊为“职业性慢性轻度正己烷中毒”，并予以营养神经、物理因子治疗、中医针灸及中药等治疗，症状逐渐好转，最终痊愈。

二、临床资料

其中 1 人的肌电图 / 诱发电位检查显示：右腓总神经、尺神经、左胫神经存在不同程度混合性损害，双正中神经、左尺神经、右胫神经运动纤维轻度脱髓鞘性损害，左腓总神经轻度脱髓鞘性损害；右胫前肌、股直肌、腓肠肌、左小指展肌等肌电图显示神经性损害。提示患者四肢周围神经源性损害（感觉、运动纤维受累，脱髓鞘及轴索性损害）。

三、案例具体分析

正己烷是无色透明、具有微弱特殊气味的液体，不溶于水，易溶于乙醇、乙醚、丙酮、氯仿等多数有机溶剂。熔点 -95.3~-94.3℃，沸点 69℃，相对密度 0.66，化学性质稳定。正己烷是一种具有多种用途的有机溶剂，常用作鞋、革、箱包的黏胶剂、电子元件表面的擦拭剂或清洁剂等。长期接触可致周围神经炎，急性中毒时有头痛、头晕等症状，吸入后应迅速脱离现场至空气新鲜处，保持呼吸道通畅。

本案例中 2 名工人因在密闭空间接触含正己烷的清洗剂致病。对于正己烷中毒患者，首先应迅速脱离正己烷环境，避免继续接触。治疗上，尽早使用促神经生长因子，促进神经细胞修复与再生，并积极给予维生素 B_1、维生素 B_6、维生素 B_{12} 和能量合剂，以助于病情康复。同时，根据患者肌力及肌萎缩情况制订适合的康复治疗计划，以恢复患者的肢体功能。中医治疗方面，每日进行一次电针治疗，取穴以手足三阳经穴位为主，尤其是手足阳明穴位（如：合谷、手三里、曲池、肩髃、足三里、梁丘等）通过刺激特定穴位，达到通经活络、调和气血；再配合每天一次推拿治疗，缓解肌肉紧张，促进肢体功能恢复。物理治疗方面，每日安排两次四肢部位的中频治疗，利用中频电流刺激，改善局部血液循环、减轻神经水肿，促进神经肌肉功能恢复。运动康复训练方面，每日开展两次关节运动训练，防止关节挛缩，维持关节活动度。经以上系统治疗，患者症状逐渐好转并痊愈。

此案例警示：用人单位应做好物料分析、保证通风；劳动者出现类似症状时，应及时就医，早诊早治，配合营养神经、物理治疗、传统中医治疗及运动康复治疗，可缩短疗程、恢复健康。

（李世恒）

04 第四章　职业性化学中毒的康复

第一节　概　　述

职业性化学中毒患者往往会涉及多个不同的靶器官，其损害可表现为不同程度的器质性和功能性障碍。因此，应重视康复的早期介入，抓住康复的最佳时机，为患者提供科学、系统的康复治疗。治疗过程中，应及时评估患者身体状况和耐受程度，指导并适时提供物理治疗、作业治疗、言语治疗、心理辅导等康复治疗，以改善患者的身体机能、环境适应能力，提高其生活质量，从而提升患者的健康水平，实现早日回归社会的目标。

一、职业性化学中毒后遗症及康复对象和目标

（一）常见职业性化学中毒后遗症

职业性化学中毒可能导致多种后遗症，具体取决于接触的化学物质类型和暴露剂量，以下是一些常见的职业性化学中毒及其可能的后遗症。

1. 有机溶剂中毒

如正己烷、二硫化碳、汽油等有机溶剂的长期暴露可能导致周围神经系统损害，出现感觉及运动功能下降等后遗症。苯等中毒可能损害造血系统，导致白血病等血液疾病，以及神经系统症状如头晕、头痛等后遗症。

2. 重金属中毒

铅、汞、砷等重金属中毒，可能导致周围神经系统损害、肾脏功能障碍、血液系统疾病等后遗症。

3. 农药中毒

接触某些农药可能会引起周围神经系统损害、肝脏损害、生殖系统损害等后遗症。

4. 窒息性气体中毒

一氧化碳中毒，可能导致脑损伤、心脏功能障碍、神经系统功能障碍等后遗症。硫化氢中毒，可能导致嗅觉丧失、肺功能障碍等后遗症。

5. 刺激性气体中毒

氯气、氨气等刺激性气体中毒，可能引发呼吸道炎症、肺水肿等严重呼吸系统疾病，甚至导致呼吸衰竭等后遗症。

6. 腐蚀性物质中毒

强酸、强碱等腐蚀性物质的接触，可能导致皮肤和黏膜的严重损伤，留下疤痕、视力受损等后

遗症。

上述后遗症中，有些是目前临床上现代医疗技术无法康复的，如造血系统损害、疤痕等；而有些损伤和功能障碍经过积极康复治疗是能够改善甚至恢复的，如心肺功能障碍、周围神经功能障碍等。因此，适时选择有效的康复治疗方法对于帮助患者恢复健康、尽早回归社会是非常重要的。

（二）职业性化学中毒康复的对象和范围

职业性化学中毒的康复对象主要指在职业活动中因接触生产性毒物而引起中毒，且身体、心理和社会功能受到严重影响的劳动者，如产生躯体、器官、精神、心理等功能障碍者。功能障碍可以与化学中毒并存，也可以是化学中毒的后遗症。

（三）职业性化学中毒的康复目标

康复的终极目标是使功能障碍者最大限度地恢复功能，并重返社会。但是在康复医疗过程中，各个阶段有不同的目标设定。康复不仅是要训练患者提高其功能，适应环境，还需要环境和社会的参与，以利于他们重返社会。康复服务计划的制订和实施，要求患者本人、其家庭及所在社区参与。

二、康复过程

康复医学是以研究病、伤、残者功能障碍的预防、评定和治疗为主要任务，以改善躯体功能、提高生活自理能力、改善生存质量为目的的一个医学专科。康复医学主要包括康复评定及康复治疗两方面内容。

（一）康复评定

1. 概念

康复评定（rehabilitation evaluation/assessment）是制订科学有效的康复治疗计划的基础。康复评定不同于疾病的诊断，但远比疾病诊断细致。由于康复的对象是有功能障碍的患者，治疗目的是最大限度地恢复、重建或代偿其功能，因此，康复评定的重点不是寻找疾病的病因、作出疾病的诊断，而是客观地、准确地评定功能障碍的原因、性质、部位、范围、严重程度、发展趋势、预后和转归。

2. 评定时间

康复评定应在康复治疗开始前（初期评定）、康复治疗中（中期评定）、康复治疗结束后（末期评定）进行，根据评定结果来制订、修改治疗计划和对康复治疗效果和结局作出客观的评价。康复治疗应该始于评定，止于评定。

3. 评定内容

康复评定内容包括整体（宏观）评定和具体（微观）评定。

（1）整体（宏观）评定：一般以《国际病损、残疾、残障分类》（*International Classification of Impairments*，*Disabilities & Handicaps*，ICIDH）为依据，近年来，更加趋向于采用《国际功能、残疾与健康分类》（*International Classification of Functioning*，*Disability and Health*，ICF）来评定。ICIDH 从器官水平（残损）、个体水平（残疾）、社会水平（残障）三个层面评定患者的功能，而 ICF 则是在 ICIDH 的基础上发展起来，除了从器官水平（身体结构与功能）、个体水平（活动）、社会水平（参与）三个层面，还结合了环境和个体自身因素的影响。

（2）具体（微观）评定：针对某种功能障碍所采取的评定方法。例如，针对肌肉力量减退采取的手法肌力评定，针对关节活动范围采取的关节活动范围测量，针对平衡功能采取的 Berg 平衡量表评定，针对日常生活自理能力采取的 Barthel 指数评定，等等。

4. 康复评定的实施

目前普遍采用“SOAP”方法。其中，S 为主观资料（subjective data），即患者的主诉材料、症状；O 为客观资料（objective data），即患者的客观体征和功能表现；A 为评定（assessment），即对上述资料进行整理和分析；P 为计划（plan），即拟定处理计划，包括有关进一步检查、会诊、诊断、康复治疗和处理的计划。

（二）康复治疗

康复治疗是康复的主要组成部分，主要以团队的方式进行，涵盖了物理治疗、作业治疗、言语治疗等各种专科治疗手段，贯彻早期介入、综合实施、循序渐进、主动参与、全程干预的原则，可最大限度地改善患者的病、伤、残等功能障碍。

1. 康复治疗的原则

（1）早期介入：指康复的介入与临床救治同步进行，入住相关临床科室的患者，入院后的床边康复。

（2）综合实施：指采用多种康复治疗方法或者手段，包括中西医结合、药物或者非药物、主动运动或者被动接受等。

（3）主动参与：在确保安全的前提下，应尽可能地鼓励患者主动参与和功能康复有关的康复治疗。

（4）全程干预：指康复在生命周期的全程覆盖，大多数的功能障碍患者，需要长期的康复。

2. 康复治疗方式

（1）物理治疗（physical therapy，PT）：通过功能训练、物理因子和手法治疗的手段，重点改善患者的肢体功能，包括肢体的主、被动活动，体位转变训练，平衡训练，行走训练，等等。

（2）作业治疗（occupational therapy，OT）：针对患者功能障碍，制定个体化的作业活动（tasks），重点改善患者的上肢功能和日常生活活动能力，包括上肢的主、被动活动，手功能训练，日常生活活动能力训练（如穿衣、洗漱、进餐、如厕、家务活动等），助行器（如手杖）、足托、生活辅助用具的制作及使用，等等。

（3）言语治疗（speech therapy，ST）：重点是改善交流能力（包括听、说、读、写功能）和吞咽功能。

（4）中医治疗（traditional Chinese medicine，TCM）：通过使用中药、针灸、中医手法、传统锻炼方法（如太极拳、八段锦等），达到改善功能障碍的目的。

（5）心理咨询（psychological therapy，PsT）：通过心理疏导和宣泄，调节心理状态，改善心理功能。

（5）其他：除上述治疗外还有康复工程、康复护理、文体治疗、社会服务等。

3. 康复流程

康复是从伤病的早期进行，直至患者回归社会或家庭的连续性服务，它可以改善患者的功能结局，提高其生活质量。急性期的康复一般需要 1~2 周。其后需要经过相对长时间的康复治疗，时间可能为数周至数月，使患者能达到生活、行动自理，进一步可以回归家庭或社区，直至恢复工作。

而在回归家庭或社区之前，往往还需要一个过渡阶段。

有些病伤者可能只经历某一阶段，即可恢复工作。而有些病伤者虽经努力，仍不能生活自理，终生需要他人帮助。所以在整个康复流程中的各种机构，均应设置良好的康复服务设施，以满足病伤者的需要。在医疗和社会结构方面，也应该有相应的机构来解决他们的问题。《世界残疾报告》提供的康复流程见图 4–1。

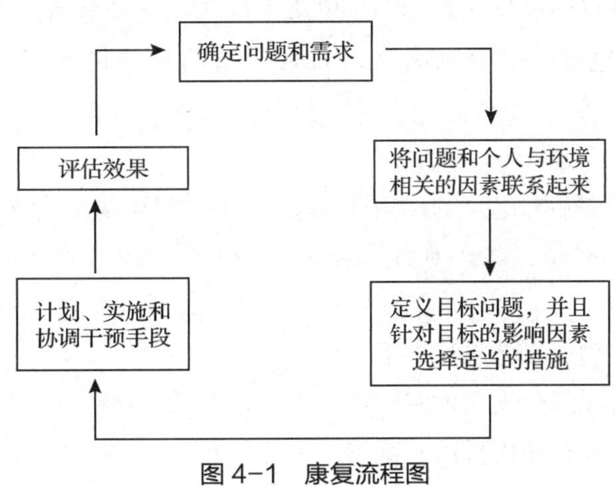

图 4–1　康复流程图

（刘志东）

第二节　医学康复

不同化学物质导致的职业性化学中毒可影响单个或多个系统的功能，包括但不限于神经系统、呼吸系统、消化系统、泌尿系统和造血系统等。化学中毒引起的神经系统损伤，根据其损伤部位，主要分为中枢神经系统（central nervous system，CNS）损害和周围神经系统（peripheral nervous system，PNS）损害两大类。例如，一氧化碳、二氯乙烷等可对中枢神经系统造成不同程度的损害，治疗不及时还可能留下认知障碍、记忆力障碍、偏瘫等后遗症；重金属及类金属（如铅、铊、砷等）、有机溶剂（如正己烷、汽油、二硫化碳等）和其他因素（如丙烯酰胺、环氧乙烷等）则可以造成周围神经系统损害，并导致肢体感觉及运动障碍。无论是对于肢体瘫痪，还是对于感觉障碍、认知障碍，康复治疗都有助于改善职业性化学中毒所致神经系统损害的后遗症，提高患者生活质量。本节将聚焦中枢神经系统及周围神经系统，着重介绍相关康复技术的应用。

一、中枢神经系统康复技术

针对职业性化学中毒（如有机溶剂、一氧化碳、重金属中毒等）导致的中枢神经系统损伤，康复治疗应根据中毒类型、神经损伤机制（如神经元损伤、脱髓鞘、轴索病变等）及病程阶段（急性期、亚急性期、慢性期），结合神经可塑性原理，制订个体化方案，进行分阶段、多维度干预。

（一）中枢神经系统功能评定

1. 认知功能的评定

认知功能的评定方法可分为如下 4 类。

（1）筛查法：是一种快速的、综合的认知功能甄别测验。常用的认知功能筛查量表有简易精神状态检查（MMSE）表和神经行为认知状态测试（NCSE）量表等。筛查通常是认知功能评定的第一步。

（2）专项检查法：属于认知功能的特异性检查，用于评定某种特殊类型的认知障碍。通过评定患者的认知加工过程及其结果而作出诊断，有助于下一步治疗计划的制订。

（3）成套测试：是一整套标准化的测验，主要用于认知功能较全面的定量测定。

（4）功能检查法：通过直接观察患者从事日常生活活动的情况来评定相关认知功能障碍的程度。

2. 注意功能的评定

注意是对事物的一种选择性反应。注意是心理活动对一定事物的指向和集中，能使人们清晰地认知周围现实中某一特定的对象，避开不相关的事物。以下介绍了两种视觉注意和听觉注意的评估方法，可根据临床需要选用。

（1）视跟踪和形态辨认测试具体方法如下。

①视跟踪：要求患者目光跟随光源做左、右、上、下移动。每一个方向记 1 分，正常为 4 分。

②形态辨认：要求患者临摹画出垂线、圆形、正方形和 A 字各一样。每项记 1 分，正常为 4 分。

（2）数或词的辨别注意测试包括听认字母测试、背诵数字测试和词辨认测试等。

①听认字母测试：在 60s 内以每秒 1 个的速度念无规则排列的字母给患者听，其中有 10 个为指定的同一字母，要求听到此字母时举手，举手 10 次为正常。

②背诵数字测试：以每秒 1 个的速度念一列数字给患者听，要求患者立即背诵。从两位数开始至不能背诵为止。背诵少于 5 位数为不正常。

③词辨认测试：向患者放送一段短文录音，其中有 10 个为指定的同一个词，要求患者听到此词时举手，举手 10 次为正常。

3. 记忆功能的评定

记忆是人对过去经历过的事物的一种反应，是对所获得信息的感知及思考（又称编码）、储存和提取的过程。记忆功能是人脑的基本认知功能之一。记忆功能的评估主要依赖各种记忆量表，从言语记忆和视觉记忆方面进行评定。

《临床记忆量表》是由我国学者根据国外单项测验编制的成套记忆量表，用于成人（20~90 岁）。由于临床所见记忆障碍以近事记忆障碍或学习新事物困难为多见，故该量表各个分测验都是为了检查持续数分钟的一次性记忆或学习能力。本量表可以鉴别不同类型的记忆障碍，如词语记忆障碍或视觉记忆障碍，并对大脑功能障碍评定提供参考数据。量表包括 5 部分内容，即指向记忆、联想学习、图像自由回忆、无意义图形再认和人像特点联系回忆。整套量表分甲、乙两式，以利于在短期内对同一受试者重复检测，避免学习效应的影响。

4. 执行功能的评定

执行功能是人类推理、解决和处理问题的能力，是人类的智力性功能的最高水平。在这一范畴内包含的功能有学习获得器材及其操作、抽象思维（思考、推理、分类、归纳）、计算等方面的能力，这些是复杂的神经心理学功能，是以更基础性的过程（注意、言语、记忆等）的统合和相互作用来完成的。

目前国际上使用的执行功能评定量表有几十种，以下简单介绍两种，以供参考。

（1）威斯康星卡片分类测验：被认为是测定额叶执行功能的标准测验。测验要求患者根据主试的反馈（“正确”或“错误”），将一系列卡片按颜色、形状和数目等不同的变化规则进行正确地归类。

（2）画钟测验：是一种简单的测试工具，能够初步反映测试者的执行功能和视觉结构能力。例如，要求患者在白纸上画出一个钟表的表盘，把数字放在正确位置，并用表针标出8:20的位置。评分方法包括3分法、4分法、Rouleau评分10分法等。该试验简单易行，能够快速筛查轻度认知功能障碍患者的执行功能。

（二）中枢神经系统康复治疗

对于化学物质所致的中枢神经损伤，早期干预至关重要。在化学中毒后的72h内，高压氧治疗能够有效改善脑缺氧状态，减轻炎症反应，对改善患者预后意义重大。中毒1周内，开展床旁被动关节活动，并辅以感觉刺激（如刷擦、冰刺激等），可显著降低挛缩和深静脉血栓的发生风险。中毒后的3~6个月是神经功能重塑的最佳时期，被称为“黄金康复期”。此外，部分中枢神经损伤患者会出现认知障碍、记忆力减退等一种或多种功能异常，需借助系统的康复治疗促进功能恢复，具体康复方案如下。

1. 失认康复训练

失认是对人或物认识能力的缺失，包括视觉、听觉、触觉及身体部位的认识能力，是脑损伤的症状之一。

（1）视觉失认训练法包括面容失认训练、颜色失认训练和视觉空间失认训练等。

①面容失认训练：先用亲人的照片，让患者反复看，然后把亲人的照片混放在几张无关的照片中，让患者辨认出亲人的照片。

②颜色失认训练：用各种颜色的图片和拼板，先让患者进行辨认、学习，然后进行颜色匹配和拼出不同颜色的图案，反复训练。

③视觉空间失认训练：患者自己画钟面、房屋，或在市区路线图上画出回家路线等。

（2）触觉失认（失实体觉）训练法：触觉失认也称为体觉障碍，训练时可用人的轮廓图或小型人体模型让患者学习人体的各个部分及名称，再用人体拼板让患者自己拼配；同时，刺激患者身体某一部分，让其说出这一部分的名称，或说出患者身体某一部分的名称，让其刺激自己身体的这一部分。

（3）听觉失认训练：主要是指导患者利用其他感官进行代偿，如把门铃附加闪灯等。

2. 记忆障碍康复训练

记忆是一种动态过程。它包括与学习和知觉相关的几种成分，即编码、贮存和提取，人们在记住某事前，必须注意和发觉它。

（1）记忆训练课：主要包括图像法、层叠法、联想法。

①图像法：将字词或概念幻想成图像，这是如何记住姓名的好方法。

②层叠法：将要学习的内容化成影像，然后层叠起来。要求学习者记住这幅图像而不是单词。

③联想法：将新学的信息联系到已存在和熟悉的记忆中，在大脑里产生一个印象有助于记住它们。

除上述3种方法之外还有故事法、关键词法、数字分段法、组织法等。

（2）代偿性记忆：指利用身体外部的辅助物品或提示来帮助记忆障碍者的方法，常用的辅助工具有以下几种。

①记事本：这是一种最通用有效的方法。

②活动日程表：将规律的每日活动制成大而醒目的时间表贴在患者常在的场所。

③学习并使用绘图：适用于伴有空间、时间定向障碍的患者，用大地图、大罗马字和鲜明的路线标明常去的地点和顺序，以便患者利用。

④其他辅助工具：手机、闹钟、手表、各种电子记忆辅助工具的使用。随着电子产品的发展及工具的普及，此类产品众多。

3. 注意力障碍康复训练

注意力是将精力集中于某特殊刺激而不被其他刺激分散的能力。具体训练方法如下。

（1）猜测游戏：取两个杯子和一个弹球，让患者注意看着由训练者将一杯反扣在弹球上，让其指出球在哪个杯里。反复数次。如无误差，改用两个以上的杯子和一个弹球，方法同前。

（2）删除作业：在白纸上写汉字、拼音或图形等，让患者用笔删去指定的汉字、拼音或图形，反复多次无误差后，可增加汉字的行数或词组，训练患者。

4. 执行力障碍康复训练

中枢神经系统损伤的患者可以表现出不同程度的执行功能（即计划和组织能力）缺陷，这是脑的高级复合功能障碍。

在要求患者做计划时，要提供反馈和有关结构，具体训练方法如下。

（1）外部提示：用书写和口语逐步引导任务完成。

（2）内部提示：教患者自我提问（开始可以说出声，逐步地不出声），如“我要完成什么？做改变所需的步骤是什么？改变什么？”患者将其对问题的回答写下，治疗师和患者一起对他的计划进行评价。

除上述训练外，尚有经颅磁刺激技术、传统中医康复等多项治疗方法可用于职业性化学中毒导致中枢神经损害后的康复治疗，在此不一一赘述。

二、周围神经系统康复技术

职业性化学中毒（如正己烷、铅、砷、有机磷农药等中毒）可导致周围神经系统（PNS）损伤，康复治疗需围绕轴突再生、髓鞘修复、神经微循环重建及功能代偿等核心环节展开。根据损伤发展阶段，治疗目标各有侧重：急性期（0~8 周）以抑制炎症反应、消除水肿为首要任务；再生期（2~6 个月）治疗重点转向促进轴突定向生长；功能重塑期（6 个月后），则将重建感觉运动整合作为核心目标，通过针对性康复训练逐步恢复患者的周围神经功能。以下为具体康复方案细则。

（一）周围神经系统功能评定

1. 肌力评定

肌力是指肌肉收缩的力量。肌力测定是指受试者主动运动时，测定其肌肉或肌群的力量，评定肌肉的功能状态。肌力评定对肌肉骨骼系统、神经系统病损以及周围神经疾病的功能评定有着重要的意义。

常用的肌力测定方法有徒手肌力检查和器械肌力检查（包括握力计、捏力计、张力计、拉力计等）。

（1）徒手肌力检查：以下为徒手肌力检查的操作流程及禁忌证。

①操作流程：根据拟测试的肌肉选择适当的准备姿势，一般是先将关节的近端肢体固定在坚固的平面上，让患者收缩待测肌肉，使远端肢体在垂直面上做由下向上的运动，检查者在肢体远端给予一定阻力，嘱患者尽力收缩拟测试肌肉做全关节活动范围的运动，根据远端肢体能对抗阻力的大小来进行肌力评定。

②禁忌证：严重疼痛、关节活动极度受限、严重的关节积液或滑膜炎、软组织损伤后刚愈合、骨折愈合不良、骨关节不稳定、骨关节肿瘤、关节急性扭伤或拉伤等为绝对禁忌证；疼痛、关节活动受限、亚急性或慢性扭伤或拉伤、心血管疾病为相对禁忌证。

（2）器械肌力检查：在肌力较强（超过 3 级）时，为了进一步做较准确的定量评定，可用专门的器械进行测试，根据肌肉不同的收缩方式可分为等长肌力检查、等张肌力检查和等速肌力检查。

①等长肌力检查：在标准姿势下用测力器测定一块肌肉或者肌群的等长收缩肌力。以下为 4 种等长肌力检查方法。

A. 握力测试：测试姿势为上肢在体侧下垂，将把手调至适当宽度，用力握 2~3 次，取最大值。以握力指数评定。握力指数 = 握力（kg）/ 体重（kg）× 100。握力指数正常值应>50。

B. 四肢各组肌群的肌力测试：在标准姿势下通过钢丝绳与滑车装置牵拉固定的测力计，可测试四肢各组肌群（如腕、肩、踝的屈伸肌群及肩外展肌群）的肌力。

②等张肌力检查：用于测定肌肉克服阻力收缩做功的能力。测试时，被测肌肉进行等张收缩，做关节全范围活动，所克服的阻力不变。做 1 次运动的最大阻力称为该运动关节的最大负荷量（1RM），完成 10 次连续运动时能克服的最大阻力则为 10RM。

③等速肌力检查：指整个运动中运动速度（角速度）不变的一种肌肉收缩方式。通常是利用等速测试仪内部特定的结构，让运动的角速度保持不变，进行不同速度的肌肉等速向心性收缩测试。其禁忌证包括严重疼痛，关节活动严重受限，严重心血管疾病等。上述禁忌证有些经过及时治疗，若症状好转，可酌情考虑进行测试。

2. 关节活动度测定

关节活动度是指关节运动时可达到的最大运动弧度，常以度数表示，亦称关节活动范围。关节活动有主动与被动之分，所以关节活动范围亦分为主动与被动活动范围。

（1）关节活动度测量方法：具体如下。

①基本姿势：全身所有关节按解剖姿势放置则为 0°，轴、面的概念和解剖学一致。

②测量工具：通用量角器，为临床应用最普遍的一种工具。使用时，在标准的测量姿势体位下，量角器的轴心对准关节的运动轴心，将量角器的两臂分别放到两端肢体的长轴，其中固定臂与构成关节的近端骨长轴平行，移动臂与构成关节的远端骨的长轴平行（患者有特殊障碍时可以变化），然后在量角器上读出关节所处的角度。

（2）主要关节活动范围测量方法：具体见表 4–1、表 4–2。

3. 运动功能恢复等级评定

英国医学研究院神经外伤学会将神经损伤后的运动功能恢复情况分为 6 级（见表 4–3），该分级对高位周围神经损伤尤为适用。

表 4-1 上肢主要关节活动范围测量方法

关节	运动	受检者体位	测角计放置方法			正常活动范围
			轴心	固定臂	移动臂	
肩	屈、伸	坐或立位，臂置于体侧，肘伸直	肩峰	与腋中线平行	与肱骨纵轴平行	屈：0~180° 伸：0~50°
	外展	坐或立位，臂置于体侧，肘伸直	肩峰	与身体中线（脊柱）平行	与肱骨纵轴平行	0~180°
	内、外旋	仰卧，肩外展 90°，肘屈 90°	尺骨鹰嘴	与腋中线平行	与肱骨纵轴平行	各 0~90°
肘	屈、伸	仰卧或坐或立位，臂取解剖位	肱骨外上髁	与肱骨纵轴平行	与肱骨纵轴平行	0~150°
	旋前、旋后	坐位，上臂置于体侧，肘屈 90°	尺骨茎突	与地面垂直	腕关节背面（测旋前）或掌面（测旋后）	各 0~90°
腕	屈、伸	坐或立位，前臂完全旋前	尺骨茎突	与前臂纵轴平行	与第 2 掌骨纵轴平行	屈：0~90° 伸：0~70°
	尺、桡侧偏移（尺、桡侧外展）	坐位，屈肘，前臂旋前，腕中立位	腕背侧中点	前臂背侧中线	第 3 掌骨纵轴	桡偏 0~25° 尺偏 0~55°

表 4-2 下肢主要关节活动范围测量方法

关节	运动	受检者体位	测角计放置方法			正常活动范围
			轴心	固定臂	移动臂	
髋	屈	仰卧或侧卧，对侧下肢伸直	股骨大转子	与身体纵轴平行	与股骨纵轴平行	0~125°
	伸	侧卧，被测下肢在上	股骨大转子	与身体纵轴平行	与股骨纵轴平行	0~15°
	内收、外展	仰卧	髂前上棘	左右髂前上棘连线的垂直线	髂前上棘至髌骨中心的连线	各 0~45°
	内旋、外旋	仰卧，两小腿于床沿外下垂	髌骨下端	与地面垂直	与胫骨纵轴平行	各 0~45°
膝	屈、伸	俯卧或仰卧或坐在椅子边缘	股骨外髁	与股骨纵轴平行	与胫骨纵轴平行	屈：0~150° 伸：0°
踝	背屈跖屈	仰卧，膝关节屈曲，踝处于中立位	腓骨纵轴线与足外缘交叉处	与腓骨纵轴平行	与第 5 跖骨纵轴平行	背屈：0~20° 跖屈：0~45°

表 4-3 周围神经损伤运动功能恢复情况表

恢复等级	评定标准
0 级（M0）	肌肉无收缩
1 级（M1）	近端肌肉可见收缩
2 级（M2）	近、远端肌肉均可见收缩
3 级（M3）	所有重要肌肉能抗阻力收缩
4 级（M4）	能进行所有运动，包括独立的或协同的
5 级（M5）	完全正常

4. 平衡功能评定

（1）平衡功能：指人体保持稳定的能力或保持重心落在支撑面内的能力。

（2）平衡的种类：包括静态平衡、自动态平衡和他动态平衡。

①静态平衡：又称一级平衡，指人体在无外力作用下，在睁眼和闭眼时维持某姿势稳定的过程，如坐位和站位时的平衡。

②自动态平衡：又称二级平衡，指在无外力作用下从一种姿势调整到另外一种姿势的过程，在整个过程中保持平衡状态，如行走过程中的平衡。

③他动态平衡：又称三级平衡，指人体在外力的作用下，当身体质心发生改变时，迅速调整质心和姿势，保持身体平衡的过程。

5. 感觉功能评定

（1）浅感觉检查：浅感觉包括触觉、痛觉、温度觉和压觉等，是皮肤和黏膜的感觉，对应的检查方法如下。

①触觉检查：嘱患者闭目，评定者用棉签或软毛笔轻触患者的皮肤，让患者回答有无一种轻痒的感觉或让患者数所触次数。

②痛觉检查：嘱患者闭目，评定者先用大头针针尖在患者正常皮肤区域刺激数下，让患者感受正常刺激的感觉。然后再进行正式的检查，以均匀的力量用针尖轻刺患者需要检查部位的皮肤，嘱患者回答“痛”或“不痛”，同时与健侧比较，并让患者指出受刺激部位。痛觉障碍有痛觉缺失、痛觉减退和痛觉过敏等。

③温度觉检查：温度觉包括温觉和冷觉。嘱患者闭目，用分别盛有冷水和热水的试管两支，交替、随意地接触皮肤，试管与皮肤的接触时间为2~3s，嘱患者说出“冷”或“热”的感觉。

④压觉检查：嘱患者闭目，检查者用大拇指用劲地去挤压肌肉或肌腱，请患者说出感觉。

（2）本体感觉检查：本体感觉又名深感觉，包括位置觉、运动觉、振动觉，是肌肉、肌腱、关节和韧带等深部结构的本体感觉。肌肉是处于收缩或舒张状态、肌腱和韧带是否被牵拉以及关节是处于屈曲还是伸直状态等的感觉。

①运动觉检查：嘱患者闭目，检查者轻轻握住患者手指或足趾的两侧，上下移动5°左右，让患者辨别移动的方向。

②位置觉检查：嘱患者闭目，将其肢体放到一定的位置，然后让患者说出所放的位置；或嘱患者将其正常肢体放在与患侧肢体相同的位置上，正常人能正确说出或摆出正确位置。

③振动觉检查：嘱患者闭目，检查者将256Hz音叉放置患者身体的骨骼突出部位（如手指、尺骨茎突、鹰嘴、桡骨小头、内外踝、髂嵴、棘突、锁骨等）并敲动音叉，询问患者有无振动感和持续时间。振动觉和运动觉、位置觉的障碍可以不一致。

（3）复合感觉检查：复合感觉也称皮质感觉，包括皮肤定位觉、两点辨别觉、实体辨别觉和体表图形觉及重量觉等，是大脑对各种感觉综合、分析判断的结果。

①皮肤定位觉检查：检查时嘱患者闭目，一般常用棉签、手指等轻触患者皮肤后，由患者用手指指出刺激的部位。正常误差手部$<$3.5mm，躯干部$<$1 cm。

②两点辨别觉检查：区别一点还是两点刺激的感觉称为两点辨别觉。嘱患者闭目，检查时用两脚规即诊锤的两尖端或针尖同时轻触皮肤，距离由大到小，测定能区别两点的最小距离。两点需同时刺激，用力相等。

（二）周围神经系统康复治疗

周围神经系统康复常用综合康复治疗方案，包括物理因子治疗、运动疗法、作业治疗、传统康复治疗等。以下重点介绍临床常用的物理因子治疗、运动疗法及感觉训练。

1. 物理因子治疗

（1）直流电疗法：直流电是一种电流方向不随时间变化的电流。若电流强度也不随时间变化的电流称平稳直流电；若电流方向不变，电流强度随时间变化，称脉动直流电；若周期性通断电，则称断续直流电。利用直流电作用于人体以治疗疾病的方法称直流电疗法，临床上采用专门的直流电疗机。衬垫法是一种常用的直流电疗操作技术，具体指用薄铅片或导电橡胶电极，外包 1cm 厚吸水衬垫，用温水或电解液浸湿后在治疗部位对置或并置，电流强度 0.03~0.1mA/cm^2，一次 / 天，20~25min/ 次，12~18 次 / 疗程。

（2）干扰电疗法：干扰电疗法是将两组频率不同的正弦电流交叉输入人体，在电力线交叉部位产生低频调制（差频变化 0~100Hz）的中频电流（差频电流），用以治疗疾病的一种方法。对急性炎症、出血、严重心脏病、局部有金属等患者禁用。

（3）调制中频电疗法：是使用低频调制的中频电流治疗疾病的方法，其频率为 2000~5000Hz，调制频率为 10~150Hz，调制深度为 0~100%。临床适用范围基本同干扰电流疗法，可用于神经肌肉电刺激、药物离子导入。禁忌证同干扰电流疗法。

（4）红外线疗法：是利用红外线防治疾病的方法，红外线波长范围为 0.76~400μm。

2. 运动疗法

（1）肌力训练：根据患者现存肌力水平，分为被动运动、辅助主动运动、主动运动、抗阻运动和等长运动。

①被动运动：指由外力作用于人体某一部分所引起的动作，一般用于维持正常或增大已受限的关节活动范围。适用于职业性化学中毒导致的重度及中度中毒的周围神经病变患者，该类患者早期肌力常为 0 级或 1 级。

②辅助主动运动：指肌力达不到 3 级以上时，可由物理治疗师徒手或利用运动器械、引力或水的浮力帮助患者进行活动。适用于职业性化学中毒导致的中度及轻度中毒的周围神经病变患者，该类患者肌力常为 2 级。

③主动运动：指患者主动以肌肉收缩形式完成的运动。运动时既不需要助力，也不用克服外来阻力。适用于职业性化学中毒导致周围神经病变中期的患者，该类患者肌力在 3 级以上。

④抗阻运动：指在肌肉锻炼过程中，需克服外来阻力才能完成的主动运动，适用职业性化学中毒导致周围神经病变的康复后期的患者，该类患者肌力为 4 级或 5 级，能克服重力和外来阻力完成关节活动。

⑤等长运动：指肌肉收缩时，无肌肉缩短或关节运动，适用于肌力 2~5 级患者。等长运动是增加肌力的最有效的方法。可徒手或利用墙壁、地板、床等器具进行训练。

总之，在训练前，应先评定训练部位的关节活动范围和肌力，并根据肌力现有等级选择运动方式。

（2）临床常用的运动疗法：常用方法包括以下 3 种。

①渐进式抗阻训练方法：是一种逐渐增加阻力的训练方法，随着肌肉力量的增强负荷量也随之增加。

②短暂等长练习：是一种利用抗阻等长收缩来增强肌力的训练方法，即让受训练的肌群在能耐受的最大负荷下做等长收缩。

③利用器械进行的等速练习：由仪器限定了肌肉收缩时肢体的运动速度，使受训练的肢体在运动全过程中始终保持角速度相等，做到在运动全过程的任何时刻，肌力都有较大的增加。

除上述肌肉训练外还有垫上肌力增强的训练方法、轮椅上肌力增强的训练方法、平行杠内肌力增强的训练方法、浮力支持的训练方法等，在此不一一赘述。

（3）增强全身耐力的运动疗法：通常所说的耐力训练是指有氧运动，有氧运动可改善各系统器官的生理功能，维持身体的整体健康，避免并发症，是周围神经损伤患者训练中最重要也是易被忽略的一环。因此，除了对肢体局部的训练外，还要增加有氧训练以保持适当的运动量，主要是通过全身大肌群的参与，以低强度、长时间、有规律的运动形式为主。临床常用的治疗方法有步行、慢跑、爬山、游泳、骑自行车及做中医各类健身操如太极拳、八段锦等。

3. 感觉训练

周围神经损伤后，感觉障碍因神经损伤的部位和程度不同而表现不同，但大致会出现以下几种：①感觉异常，如损伤局部出现各种性质的疼痛（如刺痛、胀痛、灼痛、触痛、酸痛、跳痛、牵拉痛等）、麻木、潮湿感、冷热感、振动感等，这种感觉异常在夜晚会更加明显；②感觉减退或消失，具体指深浅感觉、复合感觉、实体觉消失；③感觉过敏，即感觉阈值降低，轻微刺激即可出现强烈反应，以痛觉过敏最多见，其次是温度觉过敏。

随着周围神经损伤的修复，患者感觉皮层所接收到的来自患者自身的感觉神经冲动刺激发生了改变。尽管这种感觉刺激能够被感觉皮层接收，但由于神经冲动的新模式与以往不同，这些刺激无法被患者正确表达或理解。因此，感觉训练的目的在于帮助周围神经损伤的患者正确表达和接收到他们意识中的不同感觉脉冲。

感觉训练包括对周围神经损伤患者进行浅感觉、实体觉、运动觉的训练。临床上，感觉训练的主要方法包括感觉再教育、脱敏疗法和代偿疗法。

对于周围神经损伤患者的感觉再教育，早期患者的训练重点是将刺激的视觉反应与感觉反应相对应。当能感觉到固定的触觉并能将之很好地定位后，就可以开始通过触觉来分辨物品的训练。

感觉再训练的重点：根据神经恢复的进程给予分级刺激（如触觉定位，移动性触觉、持续性触觉、持续压力、振动），通过形状、质地、物理识别的触觉辨别来训练。要求患者一天中短时间训练几次。先用健侧，后用患侧，先睁眼，再闭眼，注意感觉过敏。

当患者还未能分辨 30 Hz 振动之前，即可以进行感觉训练。早期训练集中在移动性触觉，持续触觉，压觉和触觉定位。当触觉已能分辨 30 Hz 以及 256 Hz 振动时，或当移动性触觉和持续触觉在手指被感知时，即可开始后期训练。此期的目标是促进实体觉的恢复，锻炼设计一系列的触觉辨别任务。后期训练包括形状辨别、质地辨别、脱敏疗法等。

三、传统中医康复治疗

在传统中医康复治疗体系中，周围神经病被纳入“痹证”“痿证”“血痹”等病症范畴。中医认为，外邪侵袭、经络闭阻、气血不畅等因素，致使患者出现肢体疼痛、麻木、无力等症状。基于整体观念与辨证论治，传统中医康复治疗通过针灸这一核心手段，遵循局部选穴、循经选穴、对症选穴原则，灵活运用毫针刺法、电针法、艾灸法，刺激经络穴位，调节气血运行与脏腑功能。同时，还常结合中药内服、推拿按摩、康复训练等疗法，形成综合康复方案。一般每天治疗 1~2 次，10~15 次为一个疗程，同时还可结合中药内服等综合治疗以提升效果。

（李世恒）

第三节　职 业 康 复

职业性化学中毒的康复治疗旨在缓解症状、促进身体机能恢复，并帮助患者重建工作和生活自理能力，重返社会。职业康复是其中的核心环节，通过整合多领域康复内容，助力患者全面康复。

职业性化学中毒患者的职业康复训练以精准评估为起点。通过精准评估全面了解患者中毒状况及康复预期目标，分析化学毒物对机体相关系统的损害，并运用标准化量表评估日常生活能力，为制订个性化康复方案提供依据。个性化康复方案包括身体机能康复、职业训练、日常生活活动能力训练等。身体功能康复应针对化学中毒引发的肢体麻木无力、运动障碍、感觉异常等周围神经损伤，以及认知障碍、记忆力减退等中枢神经损害，运用物理治疗、作业治疗等手段，逐步恢复受损部位功能，提升肢体力量与灵活性，并结合中毒累及的呼吸、心血管等系统功能损伤，开展针对性呼吸训练、耐力训练等。本节将重点介绍日常生活活动能力评定、生存质量评定、职业评定、职业训练、心理康复等内容。

一、日常生活活动能力评定

日常生活活动（activity of daily living，ADL）能力是指在个体在成长过程中形成的，用于维持生存和适应环境的基本身体活动能力，是从事其他活动的基础。ADL 包括基本日常生活活动（basic activity of daily living，BADL）和工具性日常生活活动（instrumental activity of daily living，IADL）。

（一）基本概念

ADL 是指日常自我料理活动，包括穿衣、饮食、居住、出行及个人卫生等基本活动。对于存在不同程度功能障碍的患者，这些基本活动有可能出现不同程度的困难，需要通过训练、使用辅助用具或代偿环境和功能实现自理。ADL 自理不仅是康复的目标，也是患者重拾生活信心和角色感的关键。

（二）评定方法

1. 评定目的

ADL 能力评定是对个体能力障碍程度的评定。主要目的包括：①确定个体在 ADL 方面的独立程度；②结合患者及其家属康复需求，根据评定结果拟定治疗目标和方案；③定期再评定以评估治疗效果，调整治疗方案；④预测患者功能恢复情况；⑤提升患者和治疗师的信心；⑥开展投资－效益分析。

2. 评定方法

（1）直接观察法：检查者通过直接观察患者的实际操作能力进行评定。此方法的优点是能够比较客观地反映患者的实际功能情况，缺点是费时费力，有时患者不配合。

（2）间接评定法：通过询问方式进行评定。询问对象可以是患者本人，也可以是家人或照顾者。该方法简单快捷，但信度较差。日常评定时通常将以上两种方法结合应用。

（3）ADL能力测试：使用专门的评定量表（如Barthel指数量表等）或操作课题进行ADL能力测试，此方法可量化评估结果。

（4）问卷调查：使用功能活动问卷（FAQ）或自评量表等特定评估量表进行评定，也可使用邮寄版本量表由患者自行打分。

（三）常用的评定量表

1. BADL标准化量表

常用BADL标准化量表包括Barthel指数、改良Barthel指数、Katz指数评定、改良Rankin量表以及Pulses评定量表。

2. IADL标准化量表

常用IADL标准化量表包括功能活动问卷（FAQ）、快速残疾评定量表-2（RDRS-2）、工具性日常生活活动量表（IADL）、情景图示评定量表。

二、生存质量评定

生存质量，也称生活质量（quality of life，QOL），是对人们生活好坏程度的衡量。现代康复治疗强调干预质量和结果，自20世纪90年代以来，QOL评定广泛用于评估多种伤病和残疾的康复效果。

（一）生存质量评定意义

1. 有助于了解影响患者生活质量的主要因素

生存质量评定是制订康复措施的重要依据，有助于了解疾病和功能受损对患者生存质量的影响，以便进行针对性干预。通过生存质量评定，分析影响患者康复的主要因素，阐明生存质量与损伤或残疾程度的关系，有助于发现问题，针对不同疾病成因机制提出全面且较客观的解释。

2. 有利于评价和比较各种康复干预措施的疗效

生存质量评定指标是判断康复治疗效果的重要参数，可为后续治疗提供依据。

（二）生存质量评定内容

生存质量评定是对个体主观感受和对社会、环境体验的评定，有别于其他客观评定指标，须分析不同疾病、状态、人群与生存质量有关的因素，以确定适合的评定内容。

1. QOL评定内容和方法

常用QOL评定方法有访谈法、自我报告法和观察法。在康复治疗领域常用量表有世界卫生组织与健康有关生存质量测定量表（WHOQOL）、健康生活质量量表（QWB）及健康调查量表36（SF-36）等。

2. SF-36的评定

（1）量表内容：该量表包括8个领域，涉及躯体健康（生理功能、生理职能、躯体疼痛和总体健康）和精神健康（活力、社会功能、情感职能和精神健康）两方面。

（2）评定标准：SF-36各领域和总分的权重得分满分均为100分；分值越高，表示生活质量越高。评定结束后，需对量表健康状况各个方面进行计分及得分换算。换算公式：换算得分=（实际得分-该方面的最低得分）/（该方面的最高得分-最低得分）×100。

三、职业评定

职业评定是职业康复过程中非常重要的环节，目的是评估工伤劳动者的作业能力和职业适应能力。预测和判断工伤劳动者潜在就业能力，须结合职业的基本特征评定工伤劳动者的兴趣、个性、气质、价值观、态度、身体能力、耐力、学习及工作的适应性。职业评定的主要内容包括以下内容。

（一）身体功能评定

身体功能评定是针对工伤劳动者身体状况、旨在确定与职业活动相关的身体机能水平，以分析对工伤劳动者的职业适应能力与职业适应性及职业潜力，从而为其就业提供科学依据，为其职业发展提出科学建议。与常规的身体检查不同，身体功能评定的检查内容包括残疾类型、残疾程度、残疾原因，上下肢功能，适应性体位、坐位、立位耐力，平衡体位、步行能力，躯干动作，手功能，视力、听力、会话能力等。

（二）心理状态评定

与职业康复相关的心理状态评定包括社会心理评定和智力测定。

社会心理评定主要是对工伤劳动者的就业意向和处理社会问题的能力进行评估。通常采用心理测量方法，如使用工伤劳动者就业意向调查表、工伤劳动者就业动机调查表等。

智力测定主要对工伤劳动者的智力水平和发展情况进行评估，常用瑞文标准推理测验和韦氏智力测验等。其中，韦氏智力测验包括常识、相似性、图片排列、物体拼凑等 11 个方面的评定，评定结果转换为标准分，进而换算成智商。

（三）职业适应性评定

职业适应性评定旨在确定工伤劳动者的技能水平、职业适应性和作业能力等。目前较为常用的是由残疾人国际中心开发的微塔评测法，通过观察残疾人完成反映特定职业的作业来评定其职业能力。

值得注意的是，职业能力是一种综合能力，不仅包括知识、技能、体力、智力，还包括人的意志、感情等非智力因素。工伤劳动者的某些职业劳动能力会受到限制和损害，但通过发挥其他器官的代偿作用和潜能，可以最大限度地弥补其受限制和受损害的能力。评估工伤劳动者的职业劳动能力时，应关注工伤劳动者能做什么，而非不能做什么；应关注其能以自己的方式做什么，而非局限于正常方式。

四、职业训练

职业训练旨在帮助工伤劳动者根据个人职业目标，提升其技能、工作速度和效率，增强其职业适应性。目的是使工伤劳动者重建自信和产生工作愿望，掌握必需的职业知识和技能，提高工作适应能力并开发工伤劳动者的职业技能。

在职业训练过程中，应根据工伤劳动者身体功能和职业兴趣，针对其残疾或功能障碍程度，选择合适的项目进行训练，有时可能需要选择使用辅助器以帮助其完成职业活动。

（一）作业治疗

作业治疗是康复医学中一种重要的职业训练方法，是以服务对象为中心的康复治疗方法，旨在通过有目的性和选择性的作业活动，帮助患者恢复或提高身体、心理和社会功能，以增进健康。作业治疗的主要目标是协助患者更好地参与日常生活，通过与个人和社区合作，或调整活动、改造环境以提高患者的参与能力，支持其更好地参与其想做、必须做或期望做的作业活动。因此，作业治疗是帮助患者从医院回归家庭和社会的重要纽带。

作业治疗对人类生活和健康等具有十分重要的意义：

首先，在人生的不同阶段，人们扮演着不同的角色和作业取向。通过干预作业活动能力，能够帮助其更好地履行自己的角色，帮助他们更清晰地确定自己的生活方式。

其次，人类生活质量与日常生活中良好的作业平衡密不可分。通过适度干预个人身心功能及外部环境，能够使其合理地规划作业活动。

再次，缺乏作业活动会使生活变得单调并影响个人健康。作业治疗可根据患者的能力和背景，设计或选择有意义的、适合患者且为患者感兴趣的活动，以锻炼其身心或其他能力，并引导其参与其中，享受治疗带来的好处。

最后，通过进行连续的高层次的作业活动，可提升社会文化水平，提升人群整体素质，从而推动社会的进步。

作业治疗主要以各种作业活动为手段和媒介对患者进行治疗，范围广泛且形式多样。根据治疗目的、内容和作用，常见的治疗项目可大致分为三大类：日常生活活动能力训练、治疗性作业活动和认知与感知觉训练。治疗技术的核心理念是以创造和促进、改善/代偿为主。根据患者的主观意愿和客观情况，通过环境改造、多种辅助技术以及个人能力的再学习，提升患者的独立性及生活质量。

（二）日常生活活动能力训练

1. 基本日常生活活动能力训练

基本日常生活活动（BADL）训练，旨在通过模拟真实生活场景，改善患者的躯体功能，提高患者的残存潜能，从而降低患者对他人的依赖程度，最大限度地提高患者地自理能力，使其重建独立生活的信心，以适应日后回归家庭、重返社会的需要。

（1）进食训练：应采取坐位、颈部保证良好支持且头略前屈的进食体位，以助于患者的吞咽；食物应放在患者视野内一个稳定的台子上；针对患者情况，为其提供恰当的辅具。

（2）穿衣训练：应提前评定患者动态坐位平衡和认知功能，以确定其达到该项作业活动的基本能力要求；建议患者坐在轮椅或有靠背的椅子上，有自身平衡能力的患者可以坐在床边；在进行穿脱裤子的活动训练中，若患者坐位平衡较差，也可采取卧位；在患者的后背和椅背之间要留有一定空间，以便于穿后襟。

穿脱鞋袜可使用穿袜器和鞋拔以保证安全。对于单侧功能障碍患者，作业治疗师可帮其学会单手使用技巧。

（3）修饰训练：所用工具尽量换为患者使用方便且简单的，如毛巾最好为小块单薄的或使用小块海绵，牙膏最好为较好按压的小牙膏，剃须刀最好为较好操作的电动剃须刀，梳子可使用易操作的弯曲成角的梳子，如有需要可加粗把柄或用万能袖套帮助抓握。应将所需物品全部放置在患者容易拿取的地方。

（4）洗澡训练：须提前评定以确定患者有良好的坐位平衡能力及转移能力；将洗澡所需的衣物、洗浴用品都放置在容易取用的地方；对于存在温度觉功能障碍的患者，家属一定要做好水温的监控以保证安全；此外，根据患者能力情况，可对浴室进行环境改造，如安装扶手、使用防滑垫、转移板或是使用其他辅助设备帮助患者完成浴室内的转移活动。

（5）如厕训练：训练原则是减少阻碍，提高支持。例如，避免使用有门槛及有很大弹力操作困难的门，安装必要的扶手，留有足够的空间保证轮椅操作，卫生纸放在容易安全拿取到的地方等；

必要时，对厕所提出环境改造，最大限度地使患者达到独立如厕的能力。

（6）转移训练：包括床上转移（如床上翻身）及坐—站转移（如卧—坐—站转移和床—椅转移）。

床上翻身：双手 Bobath 握手（十指交叉相握，患侧拇指放在健手拇指上方），尽量向上伸展，利用双上肢摆动的惯性以及头颈部及腰腹部力量和健侧腿力量完成翻身。

卧—坐—站转移：首先训练患者动态坐位平衡能力并将卧坐转移动作分解练习；为了保证患者安全和易操作性，可在床上铺上防滑布。坐站转移训练必须保证患者安全，对于单侧躯体功能障碍患者与双侧下肢功能障碍患者进行针对性作业活动训练。

床—椅转移：作业治疗师根据患者不同情况选择恰当的转移方法。应注意避免用力拉拽其患侧上肢，以免造成肩关节脱位。厕转移、浴室转移训练类似于床—椅转移。

2. 部分工具性日常生活活动能力训练

工具性日常生活活动能力（IADL）训练强调患者的安全，对患者身体功能、认知功能及其他各方面能力都有较高要求。环境改造是主要训练手段，包括工具改良与物理环境的改造。例如，购物时可使用省力提袋器或载物小推车；轮椅使用者可学习轮椅大轮平衡技术通过台阶，如果没有足够的操作水平，尽量请求他人帮助或借助无障碍设施以保证安全。

（三）治疗性作业活动

治疗性作业活动体现了作业治疗的实用性和灵活性，以及治疗师的创造性和开拓性。通过不同设计和不同方式，相同类型的作业活动可产生不同的疗效。治疗师须系统评定患者的需求和功能，分析患者需要从事活动的要求、表现和影响活动的因素，设定量化的治疗目标并选择合适的作业活动进行训练。训练中治疗师应进行即时指导并给予正向反馈。

1. 生产性活动

生产性活动应用领域广泛，见于职业康复、精神康复、庇护工厂、戒毒和监狱康复等，包括有金工、木工、制陶、纺织、机械装配、藤工、搬运等活动。训练过程中，应注意安全防护、保持治疗场所良好的环境与设备、平衡训练强度以确保最佳训练效果。

（1）工作能力调适训练：在康复初期，准备体能训练器材，通过渐进式训练提升患者体能，包括肌力、耐力及心肺功能，并训练正确安全的发力姿势。

（2）工作能力强化训练：在康复前、后期，准备模拟工作站，包括准备劳动手套、合适重量和数量的沙包、沙包放置台，以及简单的路况模拟（台阶、窄门、斜坡等）。在训练站进行简单的模拟训练，可帮助患者重建工作习惯及信心。

（3）工作模拟训练：在康复后期，为患者准备模拟或实际工作及生产设备、场所，并配有实际经济价值的生产性活动，以帮助患者提升工作集中力及耐力，培养工作状态及上下班习惯，学习与工作中人际互动及团队协作等技巧，促进其建立劳动者角色。

2. 手工艺活动

手工艺活动是一项具有高度技巧性和艺术性的作业活动（包括折纸、插花、编织、刺绣、剪纸、串珠等），对手部精细功能的要求较高。手工艺活动训练适用于各种存在感觉运动、认知综合及心理社会功能障碍者，如脑卒中、脑外伤、脊髓损伤、手外伤、慢性疼痛、精神疾病等。

治疗师应根据患者主观意愿和客观情况选择合适的手工艺活动。团体活动可增进患者之间的交流，提高自信心。

3. 园艺类活动

园艺类活动包括除草、花草种植、盆景栽培、园艺设计、庭院整修等，强调充分接触自然环境，通过植物的颜色、味道、触感等刺激患者不同的感受器，帮助患者调整情绪、丰富生活内容、建立信心、改善手眼协调功能，促进患者身心健康恢复并提高生活质量。

4. 娱乐性活动

娱乐性活动因极具趣味性成为作业治疗最常用的活动之一，包括棋牌类游戏、拼图、迷宫、套圈及电脑游戏等，其目的是帮助患者改善肢体功能、发展个人兴趣、放松身心、转移注意力、增进友谊与交流等。

棋牌类游戏（象棋、跳棋、扑克及麻将等）可锻炼患者手部精细功能、促进感觉恢复、提高认知功能、改善思维能力及增强人际交往能力。虚拟现实游戏在改善患者肢体运动功能、平衡功能、步行功能、认知功能、日常生活活动能力等方面有独特的效果，在游戏过程中，治疗师一定要做好预防患者摔倒的安全措施。

5. 其他

随着生活方式改变，体育活动越来越受到重视。例如，太极拳、八段锦及易筋经等传统功能锻炼，可有效增强全身肌力和肌肉耐力、改善平衡协调能力、提高灵活性和稳定性、放松紧张肌肉、增强心肺功能，还可有效防治老年痴呆的发生。

（四）认知与感知觉训练

详见本章第二节中的“中枢神经系统康复治疗”部分。

五、心理康复治疗

心理康复在职业康复训练中起着重要的作用。受伤或残疾患者常面临情绪低落、自卑等问题。通过心理康复，可以帮助患者树立正确的心态、增强自信心、克服困难。还能与患者建立良好的沟通关系，鼓励他们积极参与康复训练，提高治疗效果。

心理治疗，又称为精神治疗，指运用心理学原理与方法治疗患者的心理、情绪、认知和行为。心理治疗的目的在于帮助患者克服心理困难，消除或减轻焦虑、忧郁、恐惧等精神症状，改善并适应不良行为，矫正对人和事的看法，改善、增进人际关系，促进人格成熟，提高处理心理问题及适应生活的能力。不同于药物或物理治疗方法，心理治疗过程主要依赖心理学原理及方法。心理治疗的作用主要表现为以下方面。

1. 安慰和支持作用

治疗师充分了解患者的心理状态，进行有针对性的治疗，能够促进和鼓励患者适应现实情况，增强和维护患者的自尊心和自我价值。

2. 疏导作用

治疗师通过与患者进行坦率、诚恳的交谈，建立相互理解和信任的基础，使患者在友好气氛中宣泄郁积的情绪和紧张心境，并加以疏导。

3. 矫正认知作用

治疗师在治疗中，要求患者内省分析自己的各种行为动机和愿望，使患者重新认识和整合过去未被承认的或被压抑的需求，从而缓解苦恼、悔恨、自责情绪及自罪感，纠正歪曲的认知。

4. 重建行为作用

在以上作用基础上，促使患者重新建立起良好的、有效的行为，克服不良的和异常的行为。

5. 暗示作用

治疗师运用自身专业知识和经验，引导患者进行情感宣泄，可对疾病发挥暗示性影响以实现治疗疾病的目的。

六、环境评估及改造

职业性化学中毒患者出院后回归家庭生活，能否真正独立，能否参与社会生活，除了身体因素，环境也是重要的影响因素。居住环境、工作环境以及社区环境，包括建筑物的结构设计，可利用空间、服务与公共交通，以及安全问题等都可能成为阻碍患者实施日常作业活动的消极因素。个体只有在特定的外界条件下才可能发挥角色的作用，这种特定的外界条件即环境。物质环境包括自然地域，各种可利用的空间、建筑物、家具、物品、工具，甚至还包括动物。作业治疗师的责任是帮助患者将物质环境的不利因素减到最小。本节从居住环境、工作环境、社区环境三个不同角度的评定进介绍，通过评定发现限制患者回归家庭与社区、社会生活的问题点，为制定切实可行的改造方案提供第一手资料。

（一）居住环境的评定

居住环境的评定对每一个期望在一定程度上保持功能独立的患者来说都十分必要。居住环境的评定通常在开始计划出院时进行。评定的依据是调查问卷和与患者及其家属所做的交谈，必要时进行家访，家访时患者及家属应在现场。观察的主要内容包括两大部分，即住宅的外部结构和内部结构，主要考察入口、楼梯、地面、家用电器的安全性、浴室的安全性、电源插座的位置、电话及紧急出口等。评定的顺序也可按照患者的日常生活规律顺序进行，如住宅内部环境的评定从床边、卧室开始，然后是洗手间等。应记录哪些活动不能完成，为什么不能完成。住宅内外环境的评定包括住宅类型、人口、进入住宅的通道、户内入口和通道、客厅、卧室、餐厅、盥洗室、厨房、洗衣、打扫卫生、应对紧急情况等 12 项内容。评定完成之后，绘制一张包括室内外环境的平面图并记录道路与住所的位置关系。

（二）工作环境的评定

对工作环境进行评定是环境评定的重要组成部分，评定患者工作环境最有效的方法是进行实地考察，在工作环境中评定患者的功能水平。在作业疗法临床实践中，治疗师进行综合分析的目的是判断该职业性化学中毒患者是否还能够回到其从前的工作岗位或另寻合适的新工种。

实地评定工作环境应包括两个方面。一是工作分析。工种特点决定了完成该工作所参与的功能活动种类和所需要的功能水平，因此需要对患者从前或今后可能从事的具体工作进行解析，即解析该项工作的基本组成和特征以及完成该项工作所处的环境特点。二是提出和制订减少或消除危险因素以及优化和提高功能水平的计划。治疗师根据现有工作环境特点，提供改进建议，如建议患者在工作时使用适应性辅助工具或运用生物力学原理采取正确的姿势和体位，从而提高功能水平。

（三）社区环境的评定

社区环境包括各种社区资源和社区服务。对于期望回归和参与社区生活的患者来说，社区环境的评定十分必要，通过评定，使治疗师、患者以及家属了解可以利用哪些社区资源和社区服务，为其提出改进意见提供依据。在社区环境评定中，患者能否利用交通工具以及各种社区服务是两个重点。

康复的核心目标之一，是帮助患者重新融入病前生活环境，恢复其原有的生活和工作模式。在此过程中，环境评定发挥着关键作用，它是连接康复医院治疗与患者回归家庭、社区生活的重要桥梁。通过全面的环境评定，不仅能够精准评估患者在实际生活场景中的功能状态、社会融入程度及安全隐患，更为康复方案制订、环境适老化/无障碍改造，以及辅助器具的科学适配提供重要依据。关于具体的环境改造技术与方案，可查阅相关专业文献，此处不再详细阐述。

（曾承贵）

05 第五章　职业性化学中毒的预防与控制

第一节　三级预防原则

生产性毒物进入人体的途径主要是经呼吸道，也可经消化道和皮肤进入。生产性毒物能使人体器官组织机能或形态发生异常改变而引起暂时性或永久性病理变化。为了更好地保护劳动者的健康，减少生产性毒物对作业人员的影响，应按三级预防措施加以控制，以保护和促进职业人群的健康。

一级预防（primary prevention）又称病因预防，是从根本上消除或控制职业性有害因素对人的作用和损害，即改进生产工艺和生产设备，合理利用防护设施及个人防护用品，以减少或消除劳动者接触的机会。一级预防对职业病防治至关重要，无论是生产原料、产品，还是生产过程中的中间物质，尽量用无毒物质代替有毒物质，用低毒物质代替高毒物质，同时对生产流程中可能产生有毒中间物质的环节要做好密闭，防止“跑、冒、滴、漏”。

二级预防（secondary prevention）是早期发现和诊断人体受到职业性有害因素所致的健康损害。尽管一级预防措施是理想的方法，但所需费用较大，在现有的技术条件下，有时难以完全达到理想效果，仍然可出现不同健康损害的人群，因此，二级预防也是十分必要的。其主要手段是定期进行职业性有害因素的监测以及对接触者进行定期的职业健康检查，以早期发现病损并及时诊断疾病。特别是要发现早期健康损害，及时采取预防、处理措施。定期体格检查的间隔期可根据下列原则而定：①疾病的发病时间和严重程度；②接触职业性有害因素的浓度或强度和时间；③接触人群的易感性。体格检查项目应鼓励常规检查项目与劳动者所处岗位相关的特异的、敏感的检测指标相结合。

三级预防（tertiary prevention）是指在患病以后，给予患者积极治疗和促进康复的措施。三级预防的原则主要包括：①对已有健康损害的接触者应调离原有工作岗位，并进行合理的治疗；②根据接触者受到健康损害的原因，对生产环境和工艺过程进行改进，既要治疗患者，又要加强一级预防；③促进患者康复，预防并发症的发生和发展。

三级预防体系相辅相成。一级预防针对整个职业病危害接触人群是最重要的，二级和三级预防针对高危人群和职业病患者，是一级预防的延伸和补充。应全面贯彻和落实三级预防措施，做到源头预防、早期检测、早期处理、促进康复、预防并发症、改善生活质量，以上共同构成了职业卫生与职业医学的完整体系。

（郑　昀　牛东升）

第二节　职业卫生管理

一、用人单位职业病防治的法律责任

根据《中华人民共和国职业病防治法》(以下简称《职业病防治法》)的相关规定，用人单位主要负责人全面负责本单位的职业病防治工作。用人单位应设置由法定代表人、管理者代表、相关职能部门以及工会代表组成的领导机构，负责审议职业卫生工作计划和方案，布置、督查和推动职业病防治工作。

职业病危害严重的用人单位，应当设置或者指定职业卫生管理机构或者组织，配备专职职业卫生管理人员；其他存在职业病危害的用人单位，劳动者超过 100 人的，应当设置或者指定职业卫生管理机构或者组织，配备专职职业卫生管理人员；劳动者在 100 人以下的，应当配备专职或者兼职的职业卫生管理人员，负责本单位的职业病防治工作。

(一)职业病防治责任制

用人单位应当建立健全职业病防治责任制，职业病防治责任制应明确工会、人事及劳动工资、企业管理、财务、生产调度、工程技术、职业卫生管理等相关部门在职业卫生管理方面的职责和要求，有关部门应加强对职业病防治的管理，提高职业病防治水平，对本单位产生的职业病危害承担责任。

(二)职业病危害防治计划和实施方案

用人单位每年应制订职业病危害防治计划和实施方案，年度职业病防治计划应包括目的、目标、措施、考核指标、保障条件等内容；实施方案应包括时间、进度、实施步骤、技术要求，考核内容、验收方法等内容。

(三)职业卫生管理制度

用人单位应根据国家、地方的职业病防治法律、法规的要求，结合本单位实际制定相应的职业卫生管理制度，管理制度应包括管理部门、职责、目标，内容、保障措施、评估方法等要素。

(四)职业卫生培训

用人单位的主要负责人和职业卫生管理人员应当接受职业卫生培训，具备与本单位所从事的生产经营活动相适应的职业卫生知识和管理能力。用人单位应当按照本单位的培训制度以及年度培训计划组织开展劳动者上岗前和在岗期间职业健康培训，提高劳动者职业健康素养和技能。

(五)职业病危害申报

用人单位工作场所存在职业病目录所列危害因素的，应当按照《职业病危害项目申报办法》的规定，及时、如实向所在地卫生健康主管部门申报职业病危害项目，并接受卫生健康主管部门的监督检查。

(六)职业病危害告知

用人单位与劳动者订立劳动合同时，应当将工作过程中可能产生的职业病危害及其后果、职业病防护措施和待遇等如实告知劳动者。产生职业病危害的用人单位，应按照相关规定设置公告栏、告知卡、警示标识等。

(七)职业病防护设施和职业病防护用品

用人单位应当为劳动者提供符合国家职业卫生标准的职业病防护用品，并督促、指导劳动者按照使用规则正确佩戴、使用，不得以发放钱物替代发放职业病防护用品。用人单位应当对职业病防护用品进行经常性的维护、保养，确保防护用品有效，不得使用不符合国家职业卫生标准或者已经失效的职业病防护用品。用人单位应当对职业病防护设备、应急救援设施进行经常性的维护、检修和保养，定期检测其性能和效果，确保其处于正常状态，不得擅自拆除或者停止使用。

（八）职业病危害因素定期检测与日常监测

职业病危害严重的用人单位，应当委托具有相应资质的职业卫生技术服务机构，每年至少进行一次职业病危害因素检测，每三年至少进行一次职业病危害现状评价；职业病危害一般的用人单位，应当委托具有相应资质的职业卫生技术服务机构，每三年至少进行一次职业病危害因素检测。

用人单位存在职业病危害的，应当实施由专人负责的工作场所职业病危害因素日常监测，并确保监测系统处于正常工作状态。

（九）职业健康监护

对从事接触职业病危害因素作业的劳动者，用人单位应当按照《用人单位职业健康监护监督管理办法》、《放射工作人员职业健康管理办法》、《职业健康监护技术规范》（GBZ 188）、《放射工作人员健康要求及监护规范》（CBZ 98）等有关规定组织上岗前、在岗期间、离岗时的职业健康检查，并将检查结果书面如实告知劳动者，职业健康检查费用由用人单位承担。

（十）职业卫生档案

用人单位应当建立健全职业卫生档案资料。职业卫生档案应包括：建设项目职业病防护设施“三同时”档案，职业卫生管理档案，职业卫生宣传培训档案，职业病危害因素监测与检测评价档案，用人单位职业健康监护管理档案，劳动者个人职业健康监护档案。

（十一）职业卫生专项经费

用人单位应当保障职业病防治所需的资金投入，不得挤占、挪用，并对因资金投入不足导致的后果承担责任。按照职业病防治要求，防治经费在生产成本中据实列支。用人单位应定期评估职业病防治、管理经费投入是否与建设规模、职业危害的控制需求相适应。

（十二）职业病危害事故

用人单位发生职业病危害事故，应当及时向所在地卫生健康主管部门和有关部门报告，并采取有效措施，减少或者消除职业病危害因素，防止事故扩大。对遭受或者可能遭受急性职业病危害的劳动者，用人单位应当及时组织救治、进行健康检查和医学观察，并承担所需费用。用人单位不得故意破坏事故现场、毁灭有关证据，不得迟报、漏报、谎报或者瞒报职业病危害事故。

用人单位发现职业病患者或者疑似职业病患者时，应当按照国家规定及时向所在地卫生健康主管部门和有关部门报告。卫生健康主管部门行政执法人员依法履行监督检查职责时，用人单位应当予以配合，不得拒绝、阻挠。

二、劳动者职业健康保护权利及义务

劳动者受雇于用人单位，即与用人单位建立劳动关系，在用人单位的组织安排下履行劳动合同约定的义务。用人单位在组织职业活动的过程中，必须为劳动者提供符合国家职业卫生标准和卫生要求的工作场所和劳动条件，依法保护好劳动者的健康与生命安全。劳动者从事职业活动，创造财富，其身体健康应当受到法律保护。

依据《职业病防治法》的相关规定，劳动者享有职业健康保护权利，包括：①获得职业卫生教育、培训；②获得职业健康检查、职业病诊疗、康复等职业病防治服务；③了解工作场所产生或者可能产生的职业病危害因素、危害后果和应当采取的职业病防护措施；④要求用人单位提供符合防治职业病要求的职业病防护设施和个人使用的职业病防护用品，改善工作条件；⑤对违反职业病防治法律、法规以及危及生命健康的行为提出批评、检举和控告；⑥拒绝违章指挥和强令进行没有职业病防护措施的作业；⑦参与用人单位职业卫生工作的民主管理，对职业病防治工作提出意见和建议。

用人单位应当保障劳动者行使职业卫生保护权利，因劳动者依法行使正当权利而降低其工资、福利等待遇或者解除、终止与其订立的劳动合同的，其行为无效。

工会组织应当督促并协助用人单位开展职业卫生宣传教育和培训，有权对用人单位的职业病防治工作提出意见和建议，依法代表劳动者与用人单位签订劳动安全卫生专项集体合同，与用人单位就劳动者反映的有关职业病防治的问题进行协调并督促解决。工会组织对用人单位违反职业病防治法律、法规，侵犯劳动者合法权益的行为，有权要求纠正；产生严重职业病危害时，有权要求采取防护措施，或者向政府有关部门建议采取强制性措施；发生职业病危害事故时，有权参与事故调查处理；发现危及劳动者生命健康的情形时，有权向用人单位建议组织劳动者撤离危险现场，用人单位应当立即作出处理。

劳动者应当学习和掌握相关的职业卫生知识，增强职业病防范意识，遵守职业病防治法律、法规及用人单位制定的规章制度和操作规程，正确使用、维护职业病防护设备和个人使用的职业病防护用品，配合用人单位参加职业健康检查，发现职业病危害事故隐患应当及时报告。

（郑　昀　牛东升）

第三节　生产性毒物控制措施

一、生产性毒物工程控制措施

（一）以无毒或低毒物质代替有毒或高毒物质

以无毒、低毒物质代替有毒、高毒物质，是控制生产性毒物危害的根本措施。例如，采用水溶性漆替代油漆、无苯涂料代替含苯涂料、无铅汽油代替含铅汽油；橡胶生产用汽油代替苯用硅整流器代替汞整流器，用无汞仪表代替有汞仪表；电镀行业中广泛应用无氰电镀法镀锌、镀铜等。

（二）工艺改革

采用先进技术和生产工艺，对产生有毒物质的作业，应尽可能采取密闭生产，消除毒物逸散的条件。提高机械化、自动化水平，尽可能采取遥控或程序控制，最大限度地减少操作者接触毒物的机会。例如，将手工电焊改为自动电焊；蓄电池生产中，将干式铅粉灌注改为灌注铅膏等。

（三）通风排毒

采用通风的方法将逸散的毒物排出。排出有毒、有害气体和蒸气可采取全面通风和局部排风方式。

1. 全面通风

全面通风是在工作场所内进行全面的通风换气，以维持整个工作场所范围以内空气环境的卫生条件。此方法用于有毒物质的扩散不能控制在工作场所内一定范围的情况，或有毒物发散源的位置不能固定的场合。这种通风方式的实质是用新鲜空气来稀释工作场所内的污浊空气。全面通风可以利用自然通风，也可以借助机械通风来实现。自然通风是以风压和热压作用使空气流动所形成的一种通风方式。机械通风则利用通风机产生的压力，克服沿程的流体阻力，使气流沿风道主网管流动，从而使新鲜空气进入工作场所，并排出污染的空气。

2. 局部排风

局部排风是将工业生产中产生的有毒气体或蒸气在其发散源处控制、收集起来，使其不会扩散到工作场所，并把有毒气体经净化处理后排出。用于排毒的局部排风系统由排风罩（吸气罩）、风道、净化器、风机和排气筒组成。为了充分发挥其通风排毒效果，应同时做好有毒物发散源的密闭和含毒空气的净化处理。

（四）隔离及卫生设施

产生毒物及其他职业病危害的区域应尽量与其他工序或工作区（间）隔离，其中使用或产生高毒物质的工作场所应与其他工作场所有效隔离。此外，应根据职业接触特征，在易沾染病原体或易经皮肤吸收的剧毒或高毒物质（如石棉、铅）的特殊场所和污染严重的工作场所设置消毒洗涤用房。产生易经皮肤吸收的剧毒或高毒物质和污染严重的工作场所，应专门配置淋浴间和工作服洗涤室。

二、预防职业中毒的个体防护措施

（一）个体防护用品配备的基本要求

对接触毒物的劳动者，进行个体防护有特殊意义。生产性毒物通过呼吸道、口、皮肤侵入人体，凡是接触毒物的作业都应制定有针对性的个体防护制度，必要时应列入操作规程，例如不准在作业场所吸烟、吃东西，班后必须洗澡，不准将工作服带回家等。个体防护制度不仅保护操作者自身，而且可避免家庭成员（特别是儿童）受到间接损害。

作业过程中存在生产性毒物时，作业人员应佩戴个体防护用品，同时应根据所接触毒物的性质选择合适的防护措施。例如，强酸强碱作业者应着耐酸耐碱工作服；接触局部作用强或经皮肤中毒危险性大的物质，应戴相应质地的防护手套；接触容易经皮肤吸收的化学物质时，除着工作服外还应穿衬衣；毒物呈粉尘、烟雾状态时，作业人员需使用机械过滤式防毒口罩；毒物呈气体、蒸气状态时，宜使用化学过滤式防毒口罩或防毒面具。在毒物浓度过高或空气中氧含量过低的特殊情况下，应采用隔离操作或供氧（气）式防毒面具。应根据有毒气体和蒸气种类选择适用的过滤元件，对现行标准中未包括的过滤元件种类，应根据呼吸防护用品生产者提供的使用说明选择。

用人单位应当为劳动者提供符合国家职业卫生标准的个体防护用品，并督促、指导劳动者按照使用规则正确佩戴和使用，不得以发放钱物替代。用人单位所购买的个体防护用品应当具有产品质量检验合格证明、中文说明书和生产、经销单位联系方式，并符合相应危害防护特性。

为作业人员购置、配备、发放和使用的个体防护用品除符合安全性能要求外，应兼顾舒适、方便和美观。

（二）针对不同侵入途径的个体防护

根据生产性毒物进入人体的途径，应相应地采取各种有效措施，保护劳动者在使用化学品时的安全。

1. 呼吸道防护

正确合理使用呼吸防护器是防止有毒物质从呼吸道进入人体引起职业性化学中毒的重要措施之一。需要指出的是，这种防护只是一种辅助性的保护措施，根本的解决办法还在于改善劳动条件，降低作业场所有毒物质的浓度。用于防毒的呼吸器材，大致可分为过滤式呼吸器和隔离式呼吸器两类。

2. 皮肤防护

皮肤防护主要依靠个人防护用品，如工作服、工作帽、工作鞋、手套、口罩、眼镜等，这些防护用品可以避免有毒物质与人体皮肤的接触。由于工种不同，个人防护用品的配备也应有所区别。操作者应按工种要求穿戴和使用工作服等防护用品，对于裸露的皮肤，也应根据其所接触物质的不同，采用相应的皮肤防护剂。

皮肤被有毒物质污染后，应立即清洗。许多污染物不易被普通肥皂洗掉，应按照不同的污染物分别采用合适的清洗剂，但最好不用汽油、煤油作清洗剂。

3. 消化道防护

防止有毒物质从消化道进入人体，一是要严格遵守有关规定，例如在有毒工作场所作业时，按照规定不应饮水和吃食物，防止有毒有害物质进入体内；二是提高安全防范意识，养成良好的卫生习惯，做到饭前洗手注意搞好个人卫生。

三、职业性化学中毒应急救援设施

应急救援设施是指在工作场所设置的报警装置、现场急救用品、洗眼器、喷淋装置等冲洗设备和强制通风设备，以及应急救援中使用的通信、运输设备等。《职业病防治法》规定，对可能发生急性职业损伤的有毒、有害工作场所，用人单位应当设置报警装置，配置现场急救用品、冲洗设备、应急撤离通道和必要的泄险区。上述设备、设施是在可能发生急性职业损伤的场所，预防和及时控制劳动者急性职业损伤，确保劳动者得到及时救治、避免和控制身体伤害扩大、危害因素扩散等所必需的防护设施。

（一）监测报警装置

应急救援用监测报警装置通常指用于检测和（或）报警工作场所空气中有毒气体的装置和仪器，由探测器和报警控制器组成，具有有毒气体自动检测和报警功能，包括固定式和便携式检测报警仪。

（二）强制通风设施

强制通风设施也称事故通风设施，用于有毒气体、易挥发有机溶剂等发生逸散、泄漏等的工作场所，是一种为避免有毒有害气体的积聚而造成进一步人员损害的与有毒物质逸散或泄漏相关联的事故通风设施。

（三）现场紧急处置设施

现场紧急处置设施主要是指用于处置喷溅于劳动者皮肤黏膜上的有毒、有害物质，避免急性职业损伤进一步加剧的设备设施，喷淋装置和洗眼器等冲洗用设备设施是常见的现场紧急处置设施。

（四）急救或损伤紧急处置用品

急救用品或损伤紧急处置用品指劳动者发生急性职业损伤后，用于急救的药品或用于紧急处置劳动者伤口、损伤的皮肤黏膜等部位的用品以及急救用品。

（五）其他设备设施

其他应急救援设备设施包括个体防护装备、通信设备设施、运输设备设施、应急撤离通道、泄险区、风向标等。

（赵旭鹏　牛东升）

06 第六章　职业性金属或类金属中毒

第一节　概　　述

金属（metal）是指原子结构中最外层电子数较少的一类元素，金属具有光泽、富有延展性，并具有良好的导电性和传热性，常见的金属有铅、汞、镉、镍、锰及其化合物等。类金属（metalloid）是介于金属和非金属之间的物质，具有金属特性，常见的类金属有砷、硒、硼、硅及其化合物等。

职业性金属和类金属中毒是指劳动者在职业活动中因不同途径接触金属和类金属及其化合物，其进入人体后有选择性地在某些器官或组织中蓄积并发挥生物学效应（即靶器官毒性），所导致的机体急性、慢性中毒。

一、接触机会

金属、类金属及其化合物在工农业生产、国防建设、科技发展和日常生活中应用广泛，尤其在建筑业、汽车、航空航天、电子和其他制造工业，以及在油漆、涂料和催化剂生产过程中都大量使用。各种金属与类金属都是通过矿山开采、冶炼、精炼加工后而获得的。因此，从矿山掘进、开采、冶炼、加工到应用这些金属和（或）类金属时，都会不同程度地影响相关工作场所劳动者的身体健康。

二、致病机制

作业场所中金属和类金属通常以气溶胶形式存在。在生产环境中呼吸道是主要吸收途径，其也可通过消化道和皮肤进入体内。金属与类金属作为一种元素往往不会被降解破坏，而是转变为其原价态或形成化合物，并提高了毒性。不同金属与类金属的排泄通道和速率有很大差异。金属与类金属多经肾脏排出，如铅、汞、砷、铬等，有些还可经唾液、汗液、乳汁、毛发等排出。同一种金属在不同组织的生物半衰期可不一致，如铅在血液、软组织中仅几周，而在骨骼内却长达 20 年。

不同的金属毒作用机制不同，可以仅具有局部作用，也可以有全身反应，有的也可能是过敏原、致畸物、致突变物或致癌物。主要致病机制如下：①通过与巯基（–SH）共价结合，改变生物大分子的结构和功能，如铅、汞、铊、砷等；②产生过多自由基，破坏机体抗氧化系统，引起氧化损伤，如镉、锰、镍等；③金属间相互作用、诱导合成保护蛋白等。

金属的毒性大多符合“中毒”基本原则——明显的剂量 – 效应关系和时间 – 效应关系，即进入体内的金属剂量决定了其毒性的强弱，大剂量短时间摄入金属毒物可引起急性中毒，而小剂量长时间摄入则可引起慢性中毒。金属毒性还与受其影响的活性物质的性质、溶解度、生物半衰期及机体解毒机制等有关，可影响其刺激性、器官系统特殊毒性、致癌性及免疫致病性的发挥。

三、毒性特点

（一）急性毒性特点表现

急性毒性特点表现多由吸入高浓度金属烟雾或金属气化物所致，在现代工业中，这种类型的接触比较少见，常常是由于意外的化学反应、事故或在密闭空间燃烧或焊接造成。主要表现包括以下3个方面。

1. 刺激性

不少金属及其化合物具有较强的刺激性，可引起皮炎、灼伤、溃疡，如汞、铬、镍、磷、砷、硒等；甚至引起呼吸道急性炎症及肺水肿，如金属氧化物、汞、羰基镍等。

2. 器官系统特殊毒性

不少金属具有较强的中枢神经毒性，可引起脑白质病甚至脑水肿（如锰、汞、锡、铅及其有机化合物等）；有的金属可引起周围神经病（如铅、砷、铊、锰、汞等）；有的金属消化系统毒性较强，可引起口腔炎（汞等）、胃肠炎（砷、铊、钡、镁、铜、镉、锌、铅等），甚至中毒性肝损伤（如砷、磷、锑、锰、铜、铅等）；个别金属尚可引起心肌损伤（砷、钡、镁等）、高血压（铅、镉等）；有的金属可造成血红蛋白合成障碍（铅等），甚至急性溶血（砷化氢、铜盐、铅等）；钡则可引起肌肉麻痹，造成瘫痪、心律失常乃至心搏骤停、休克等表现。肾是金属主要的排泄和蓄积器官，肾毒性是金属最重要的毒性，可引起急性肾小管坏死、肾小管功能障碍，常见于汞、镉、铅、铬等。

3. 免疫致病性

免疫致病性是不少金属的突出毒性，如镍、铬、汞、金等可引起过敏性皮炎；锌、铜、铝、铜、锰、锑、银、铁、镍等金属烟尘可引起“金属烟热”（metal fume fever）；铬盐、铂盐、镍盐、钨尘、五氧化二钒等可引起过敏性哮喘；汞、铜、金等可引起急性间质性肾炎、肾小球肾炎等。

（二）慢性中毒

慢性毒性特点表现主要是长时间接触低剂量金属和类金属引起的慢性毒性作用，是目前金属中毒的重点。

1. 刺激性

部分金属慢性刺激可引起呼吸道慢性炎症，皮肤角化。

2. 器官系统特殊毒性

不少金属除引起神经衰弱综合征外，还可引起脑白质病（如锰、汞、锡、铅及其有机化合物等）、周围神经病（如铅、砷、铊、锰、汞等）、中毒性肝损伤（如砷、硼、磷、锑、锰、铜、铅等）。此外，铅可造成血红蛋白合成障碍；铅、镉等可引起高血压。近年又发现不少金属（如铅、镉、汞等）可以影响人类的生殖功能。金属主要的排泄和蓄积器官是肾，可引起慢性间质性肾炎、肾小球肾炎，常见于汞、镉、铅、铬等金属中毒。

3. 免疫致病性

铍及其化合物可引起肺肉芽肿，汞、铜、金等金属可引起慢性间质性肾炎、肾小球肾炎等。

4. 致癌性

部分金属具有致癌性，集中在元素周期表第四周期的砷、铬、镍、铍等。近年研究发现，铅、镉、砷、镍等金属能影响机体DNA甲基化水平，抑制甲基转移酶活性，并能使抑癌基因表达沉默，其致癌性可能与此机制有关。

四、诊断及鉴别诊断

（一）诊断

金属中毒的诊断原则与其他职业诊断相同，如有确切的职业接触史、特异的临床表现和可靠的实验室依据，并排除其他引起类似表现的疾病等。

由于金属元素本身不易分解破坏，大多能从中毒者体液中检出它的原形，这是其他化合物难以具备的特点。大多数金属和类金属可在血和尿中检出，有助于明确诊断。一般来说，由于金属在体内转运、再分布及排泄等作用的影响，一次接触后，其在血中浓度仅能维持 1~2d，尿液排出则常能持续 1~3 周；对于慢性接触者，除个别金属（如砷可检测头发、指甲，铅可检测骨骼等）外，尿液乃是动态监测其体内含量变化的最佳窗口。

值得注意的是，使用常用生物标本（血、尿液）测定金属含量时，往往只能反映受检者机体有无该种金属过量接触，并不能反映有无中毒发生及中毒程度，且由于金属在体内再分布等因素的影响，有时甚至连接触程度也难以真实反映。此外，血或尿液中的金属浓度也难以准确反映该种金属在靶器官中的蓄积程度。为使血或尿液等生物标本能较好地反映机体接触水平，目前多提倡以药物驱排试验代替空白标本来进行金属测定。

（二）鉴别诊断

金属或类金属中毒在临床上需与生活性中毒相鉴别。例如，由于口服、熏蒸或皮肤涂抹矿物性中药（如水银、铅丹、砒石、轻粉等），而引起的金属中毒。

五、治疗

金属或类金属中毒治疗的基本原则与一般职业性化学中毒治疗相同，可参阅本书第三章相关内容。目前临床已研发出不少螯合剂，这些螯合剂可在体内与敏感配体竞争金属，并与之结合然后经尿液排出，是一种针对金属中毒的特殊疗法。本章主要介绍常见的具有代表性的巯基和氨羧螯合剂，其与有毒金属和类金属的亲和力大于体内必需金属元素，因此可有效地排出有毒金属和类金属并具有较弱的副作用；另外，当螯合剂与有毒金属和类金属的亲和力大于内源性配体（如酶类）与有毒金属和类金属的结合力时，有利于被抑制酶的活性恢复。

（一）巯基螯合剂

巯基螯合剂（thio chelating agents）的结构特点为分子中带有活性巯基。

1. 二巯丙磺钠

此药毒副作用低，偶见恶心、头晕、口麻、心悸、皮疹等，对砷、汞中毒有较好效果，也可用于治疗铬、锑等中毒。急性中毒时，用法为 5mg/kg 肌内注射，2~3 次 /d，2d 后改为 1~2 次 /d，7d 为一疗程。临床实践显示，由于其存在“过络合反应”，会造成体内必需元素大量损失，副作用较大，故目前渐倾向“小剂量、长间隔”方案。慢性中毒时，用法为 0.25g 肌内注射，每日 1 次，3d 为一疗程，至少 1 周以后再开始下一疗程。

2. 二巯丁二钠

此药可用于砷、铅、汞、铜、镍等中毒的治疗，效果良好，且毒副作用不大，仅见头晕、恶心、乏力等反应。急性中毒时可 1g 静脉注射，1~2 次 /d，连用 3~5d；慢性中毒时，每日静脉注射 0.5g，3d 为一疗程，至少1周以后再开始下一疗程。二巯丁二酸胶囊（0.25g）可口服用药，使用更为方便。

3. 青霉胺

此药又称二甲基半胱氨酸，临床主要用于治疗肝豆状核变性，对铅、汞、金等中毒也有一定效果。常用量为0.3g，口服，3~4次/d，7d为一疗程，疗程间隔为1周，但目前职业病临床已很少使用此药。

（二）氨羧螯合剂

氨羧螯合剂（aminocarboxyl chelating agents）的结构特点是分子中同时存在数目不等的氨基和羧酸，氨基和羧基可作为官能团与金属结合。氨羧螯合剂的代表物质为依地酸钙钠，可与多种金属形成牢固的螯合物从尿液中排出，副作用较小，少数人服用后可有头晕、恶心、乏力、食欲减退等反应，最主要的毒作用是肾损害。此药在临床上主要用于治疗铅中毒，对铬及铂等放射性金属也有一定效果，一般为每日1g，静脉滴注，3d为一疗程，4d后再开始下一疗程。

（三）其他螯合剂

文献上尚见下列螯合剂可用于金属中毒治疗。

1. 对氨基水杨酸钠

此药原为结核病治疗药物，近年发现其可与锰结合并经尿液排出，并能改善锰中毒神经系症状。用法为每日静脉滴注6g，3~4d为一疗程。

2. 二硫代氨基甲酸酯类络合剂

二硫代氨基甲酸酯类络合剂与镍、铜、镉的结合力都较强，如二乙基二硫代氨基甲酸酯（DTC，DDC，DEDTC）、N-4-甲氧苄基-D-葡萄糖胺-N-二硫代酸酸钠（MeOB-GDTC）等，用于治疗急性羰基镍中毒（用法为肌内注射1.5g，24h总用量不超过6g）。

新型驱镉型络合剂N-二硫代羧酸钠基-N-［（2S，3R，4R，5R）-2，3，4，5，6-五羟基己基］-L-蛋氨酸钠，简称GMDTC，是在DTC类络合剂的基础上合成的新型化合物，可驱排肾镉，目前正在进行临床试验，可能是慢性镉中毒很具潜力的治疗药物。

（赖　燕）

第二节　铅及其化合物中毒

铅（lead，Pb）为银白色质软金属，熔点低（327.5℃），相对密度为11.34，加热至400℃以上时有大量铅烟冒出，具有延展性大、抗腐蚀性强、不易被射线穿透等特点。金属铅不溶于水，可溶于硝酸、稀盐酸等溶液。常见铅的无机化合物包括铅的氧化物（PbO、PbO_2等）、硫酸铅、硝酸铅等。

一、接触机会

铅广泛应用于工业生产和生活中。职业性接触铅主要有铅矿的开采与冶炼、含铅金属和合金的熔炼、蓄电池极板制造以及搪瓷、釉料、油漆等行业。

二、致病机制

铅及其化合物主要经呼吸道、胃肠道吸收，一般不经过皮肤吸收。呼吸道吸收铅烟雾是职业性接触铅的主要途径，尤其是直径＜2mm 的微粒较易吸收。而胃肠道吸收是生活性铅接触的主要途径，吸收率为 5%~15%，且受铅化合物的理化性质、膳食成分及年龄等的影响，例如，口服醋酸铅 2~3g 可引起中毒。

铅经不同途径吸收入血后与红细胞中的血红蛋白螯合，也能以磷酸氢铅、甘油磷酸铅或铅离子的形式通过血液循环分布在人体各处，最终约有 90% 的铅会沉积到骨骼，而且血液、软组织及骨骼等部位中的铅会保持一定的动态平衡。铅在人体内代谢较为缓慢，在血液中的半衰期约 35d，在软组织中的半衰期约 40d，而在骨骼中的半衰期约为 30 年。胃肠道中未吸收的铅 85%~90% 由粪便排出，气道中的铅咽到胃肠道后也由粪便排出。

铅化合物的毒性作用与其种类、溶解度、侵入途径、形态及剂量有关，其对人体的损害主要与氧化应激作用、铅离子效应以及炎症机制有关。急性铅中毒在职业人群中少见，在生活性中毒中多见，职业人群铅中毒主要是慢性中毒，靶器官损害主要为消化系统、神经系统、造血系统；排出途径以尿液为主，其次有粪便、唾液、汗液、乳汁。

三、临床表现

（一）急性中毒

职业性急性铅中毒少见，主要见于在相对密闭空间拆除旧建筑、旧船、桥梁过程中用氧－乙炔切割涂有含铅油漆的金属结构作业时发生亚急性铅中毒。中毒者会出现恶心、呕吐、食欲减退、腹胀、阵发性腹绞痛、贫血等症状；重者可出现多器官功能损伤，如出现脑病、肝病和肾病等临床表现。

（二）慢性中毒

职业接触铅及其无机化合物主要引起慢性中毒，临床表现主要以神经系统、消化系统和造血系统损害为主。

1. 神经系统

（1）中枢神经系统：早期可有类神经症状的临床表现，如头晕、头痛、乏力、记忆力减退、失眠等。重症可出现中毒性脑病的临床表现，如头痛、恶心、呕吐、高热、抽搐、昏迷等。

（2）周围神经系统：周围神经病分为感觉型、运动型、混合型，感觉型主要表现为肢体麻木、四肢末端呈手套、袜套样感觉障碍；运动型主要表现伸肌无力和麻痹，重症出现垂腕、垂足。

2. 消化系统

（1）消化不良：铅易引起消化系统分泌和运动功能异常，出现消化功能障碍，表现为食欲减退、口内有金属味、腹胀、便秘等。

（2）腹绞痛：铅中毒特征性表现。发作前一般有腹胀或顽固性便秘，后突然出现脐周为主的腹部疼痛，呈持续性伴阵发性加重，可持续数分钟到数小时不等。查体时腹部无明显压痛等阳性体征，一般止痛药物不易缓解。

3. 造血系统

铅可影响血红蛋白的合成，早期可见到因卟啉代谢障碍引起的锌原卟啉（ZPP）或游离原卟啉（EP）增高。铅中毒贫血以正常细胞低色素性贫血为主，少数表现为小细胞型贫血。

4. 其他

铅对肾脏的损害主要表现为近端肾小管功能异常，出现低分子蛋白尿以及肾功能减退。此外，铅可引起男性精子数目减少、活动度降低等。

四、实验室检查

铅中毒常用的实验室检查指标可分为两类：一类是能够直接反映机体接触量和（或）贮存在体内软组织中的量的指标，如血铅、尿铅、络合剂驱排后的尿铅排泄量等；另一类是接触铅后引起的早期生物学效应，如红细胞 EP 和 ZPP、红细胞 δ- 氨基 -γ- 酮戊酸脱水酶（ALAD）、尿 δ-ALA 等。

（一）血铅

血铅为接触铅首选的检测指标，主要反映近期铅接触量和软组织中铅含量。血铅浓度在职业接触铅后很快升高，在接触数周至数月后逐渐达到并保持一定水平。

（二）尿铅

尿铅为反映近期铅吸收量的指标。因受液体摄入量和肾功能等因素的影响，尿铅浓度比血铅波动范围要大。铅作业工人在工作场所接触尚可耐受的剂量时，铅排泄量并不立刻明显增高，约有 10 d 的延迟期，其后尿铅逐渐增高，在接触 1 个月后达到一定水平。当血铅浓度为 2.5μmol/L（500μg/L）时，尿铅约为 82.5μmol/mol 肌酐（150μg/g 肌酐）。

（三）驱铅试验

驱铅试验在一定程度上反映体内可络合的铅负荷量。一般在怀疑存在铅中毒而不能确诊时进行。对已脱离铅作业或近期接铅量减少的劳动者而言，驱铅试验往往较其他检查指标更有诊断价值。有人将 $CaNa_2$-EDTA 驱铅试验比喻为软组织铅负荷的“化学性活组织检查”。根据 GBZ 37—2024，对于接触铅的劳动者，其驱铅试验的尿铅≥3.86μmol/L（800μg/L）或 4.82μmol/24h（1000μg/24h）时，可诊断为轻度中毒。

（四）血液中 EP 和 ZPP

血液中 EP 和 ZPP 与体内铅负荷量的关系比血铅及尿铅密切，两者均可反映过去一段时间接触铅的水平。在职业和环境医学中主要用作筛检指标。非职业接触者血 EP 和 ZPP 上限值多在 0.72~1.42μmol/L（400~800μg/L）和 0.72~1.60μmol/L（450~1000μg/L）之间。接触一段时间或一定量铅后，因铅对血红素合成酶（亚铁络合酶）的抑制作用，使其不能与原卟啉 IX 结合，导致游离 EP 增加，进而与锌结合，使 ZPP 也增加。一般女性血铅＞ 0.75~1.0μmol/L（150~200μg/L）、男性血铅＞1.25~1.5μmol/L（250~300μg/L）时，EP 开始增加。随着血铅浓度的增高，女性血 EP 或 ZPP 的增加比男性更显著。在接触铅比较恒定时，血铅浓度为 3.0μmol/L（600μg/L）时，男性相应的血 EP 浓度为 5.33μmol/L（3000μg/L）、女性相应的血铅浓度为 6.25~7.12μmol/L（3500~4000μg/L）。但轻度的缺铁性贫血、遗传性红细胞生成性原卟啉症也可使血 EP 和 ZPP 增高，在评价时须加以鉴别。

五、诊断与鉴别诊断

依据国家已发布的《职业性铅及其无机化合物中毒诊断标准》（GBZ 37—2024）进行诊断。

（一）急性中毒

1. *诊断要点*

急性中毒的诊断原则是根据短期内摄入大量铅及其无机化合物的职业病危害接触史，出现以消化系统损害为主，可伴有多器官功能障碍的临床表现，结合辅助检查结果，参考职业卫生调查资料，进行综合分析，排除其他原因所致的类似疾病后，方可诊断。

符合下列条件者，可诊断为急性中毒：短期吸入大量铅及其无机化合物后，出现血铅≥ 2.9μmol/L

（600μg/L），伴恶心、呕吐、腹胀、便秘或腹泻、食欲减退、腹绞痛等消化系统症状，可有乏力、头晕、口内有金属味、头痛、血压升高、多汗、少尿、面色苍白等症状，可发生贫血、中毒性肝病、中毒性肾病及急性中毒性脑病。其中，后三者疾病的诊断方法见《职业性中毒性肝病诊断标准》（GBZ 59—2024）、《职业性中毒性肾病的诊断》（GB 79—2013）和《职业性急性化学物中毒性神经系统疾病诊断标准》（GB 76—2024）。

值得注意的是，工业生产中除了发生急性铅及其无机化合物中毒以外，还可见亚急性铅及其无机化合物中毒，其临床表现与急性中毒相似。亚急性中毒是指接触铅及其无机化合物数日至 90d 以内出现的中毒病变。亚急性铅及其无机化合物中毒的诊断参照急性中毒。

2. 鉴别诊断

急性铅中毒导致的腹绞痛应与急性阑尾炎、急性胆囊炎、胰腺炎、肠梗阻等疾病相鉴别。

（二）慢性中毒

1. 诊断要点

慢性中毒的诊断原则是根据密切接触铅及其无机化合物 3 个月及以上的职业病危害接触史，出现以神经、消化、血液系统损害为主的临床表现，结合辅助检查结果，参考职业卫生调查资料，综合分析，排除其他原因所致的类似疾病后，方可诊断。

GBZ 37—2024 将职业性慢性铅中毒分为以下三级。

（1）轻度中毒。①血铅 ≥ 2.9μmol/L（600μg/L）或尿铅 ≥ 0.58μmol/L（120μg/L），并具有下列表现之一者：A. 红细胞锌原卟啉（ZPP）≥ 2.91μmol/L（13.0μg/gHb）；B. 尿 δ- 氨基 -γ- 酮戊酸（δ-ALA）≥ 61.0μmol/L（8000μg/L）；C. 血红细胞游离原卟啉（EP）≥ 3.56μmol/L（2000μg/L）；D. 腹部隐痛，腹胀，便秘等症状。②试验性驱铅治疗后，尿铅 ≥ 3.86μmol/L（800μg/L）或 ≥ 4.82μmol/24h（1000μg/24h）者，可诊断为轻度中毒。

（2）中度中毒。在轻度中毒的基础上，具有下列表现之一者：①腹绞痛；②贫血；③轻度中毒性周围神经病（见 GBZ/T 247—2013）。

（3）重度中毒。在中度中毒的基础上，具有下列表现之一者：①铅麻痹；②中毒性脑病。

2. 鉴别诊断

慢性铅中毒引起的贫血应与缺铁性贫血、血卟啉病相鉴别。铅及其无机化合物对周围神经系统的损伤，以运动功能受累较著，主要表现为伸肌无力，重者出现肌肉麻痹，亦称“铅麻痹”，如垂腕、垂足，需要与免疫性、血管炎性、感染性、代谢性、营养障碍性、副肿瘤性等周围神经病鉴别。慢性铅中毒引起智能障碍和精神症状时，应和脑退行性疾病（如阿尔茨海默病）、血管性痴呆、精神分裂症、情感性精神病、酒精依赖症等鉴别；有脑局限性损害的临床表现时应与脑肿瘤或帕金森病等相鉴别。

六、治疗

（一）急性中毒

1. 现场处理

阻止毒物进一步吸收，并清除毒物，职业中毒者应迅速脱离工作现场。

2. 对症支持治疗

腹绞痛患者可静脉注射 10% 葡萄糖酸钙溶液或者肌内注射阿托品。中毒性肝病、中毒性脑病和肾病可参见本书第一章。

3. 驱铅治疗

使用金属螯合剂进行驱铅治疗，对于有肾脏损害者金属螯合剂可酌情减量。

（二）慢性中毒

慢性中毒一旦确诊，应暂时脱离接触环境，并进行驱铅治疗。

1. 驱铅治疗

使用金属螯合剂进行驱铅治疗。如静脉注射依地酸二钠钙、二巯丁二钠，或者口服二巯丁二酸。具体参见本章第一节。

2. 对症治疗

腹绞痛发作时，可静脉注射10%葡萄糖酸钙溶液或者肌内注射阿托品。有周围神经损害者予以营养神经、改善循环、中医药康复理疗等对症处理。中毒性脑病可参见第一章。

（黄春桃）

第三节　四乙基铅中毒

四乙基铅（tetraethyl lead，TEL）为无色油状液体，常温下易挥发，具有特殊苹果样气味，约含铅64%；分子式 $Pb(C_2H_5)_4$，分子量323.44，密度1.64g/cm^3（18℃），沸点195℃；0℃时即可产生大量蒸气，蒸气密度为11.2g/L；135℃时铅与乙基开始分解，400℃时完全分解；不溶于水，可溶于有机溶剂。

一、接触机会

四乙基铅曾广泛用作汽油添加剂。从事生产、保管、运输四乙基铅及乙基液的工作人员均可能发生四乙基铅中毒。

二、致病机制

四乙基铅是一种具有高度脂溶性的强神经毒性化合物，可经呼吸道、皮肤和消化道吸收。吸收后在脂肪组织含量高的脑、肝脏中分布最多。进入人体的四乙基铅在肝细胞微粒体混合功能氧化酶的作用下转变为三乙基铅，抑制大脑中线粒体葡萄糖的代谢，减少高能磷酸键形成，增加耗氧量和乳酸生成，引起细胞毒性脑水肿，主要损害大脑皮质额区和海马、丘脑及丘脑下区。

三、临床表现

（一）急性中毒

急性中毒早期具有隐匿性，潜伏期的长短与接触途径及接触量有明显关系，多数在接触后数小时或数天后发病，潜伏期长者可达2~3周。

急性中毒患者主要表现为精神障碍，早期可出现失眠、多梦、头痛、食欲不振、恶心等神经症样症状，进一步可出现易兴奋、急躁、易怒、焦虑不安或淡漠、对答迟滞等情感障碍，严重者表现为躁动不安、精神错乱、幻觉、妄想、谵妄、人格改变、暴力行为等精神病性症状，可出现癫痫样发作，甚至昏迷。部分患者在中毒后4~7d内出现体温、脉搏、血压偏低的“三低征”以及多汗、两侧肢体皮温不对称等自主神经功能紊乱表现。

部分急性中毒患者可出现血铅及尿铅高，血中δ-氨基乙酰丙酸脱水酶（δ-ALA-D）降低，但与临床表现无平行关系。

（二）慢性中毒

慢性中毒多因长期接触一定量四乙基铅所致，主要表现为类神经症及自主神经功能紊乱。患者常有严重的失眠和顽固性头痛，常因噩梦而惊醒，并有健忘、头晕、乏力、心悸、多汗、肢体酸痛、焦虑、抑郁，部分患者尚有晕厥发作、性功能减退及不恒定的“三低征”，伴基础代谢率降低，体重降低及三颤征、腱反射亢进。

严重慢性中毒患者可于上述症状基础上出现慢性中毒性脑病，表现为反应迟钝、动作缓慢、记忆力减退、智能降低、情绪淡漠或激动、好哭、易怒、口中毛发感，甚至出现精神分裂症表现，提示可能有脑白质损害。

四、诊断与鉴别诊断

（一）接触反应

短期内接触较大量四乙基铅后，出现失眠、多梦、头痛、食欲缺乏、恶心等神经症样症状，经72h医学观察，上述症状明显减轻或消失者。

（二）急性中毒

依据国家已发布的《职业性急性四乙基铅中毒的诊断》（GBZ 36—2015）进行诊断。

1. 诊断原则

根据短期内接触大量四乙基铅的职业史，出现以中枢神经系统急性损害为主的临床表现，结合现场职业卫生学调查资料，综合分析，排除其他病因所致类似疾病后，方可诊断。

2. 诊断分级

在GBZ 36—2015中，将职业性急性四乙基铅中毒诊断分轻、重两级。

（1）轻度中毒。失眠、多梦、头痛、食欲缺乏、恶心等症状加重，可出现基础体温、血压或脉搏降低，可伴有血铅和（或）尿铅增高，并具有下列情况之一者：①情感障碍，如易兴奋、急躁、易怒、焦虑不安或淡漠、对答迟滞；②癔症样精神障碍。

（2）重度中毒。具有下列情况之一者：①精神病性症状；②谵妄状态或昏迷；③癫痫样发作或癫痫持续状态。

3. 鉴别诊断

应与急性汽油中毒、精神病、中枢神经系统感染、酒精中毒、神经衰弱综合征等疾病相鉴别。

（三）慢性中毒

慢性中毒尚无统一的诊断标准，主要根据职业史、劳动卫生调查、结合典型的精神症状和自主神经功能失调的临床表现、实验室检查结果，经过综合分析，排除其他病因引起的类似疾病后，方能做作诊断。需与一般的神经衰弱综合征、焦虑症、抑郁症等鉴别。

五、治疗

（一）急性中毒

1. 现场处理

迅速脱离四乙基铅接触，去除污染衣物，污染皮肤用肥皂水及清水清洗。

2. 驱铅治疗

巯基化合物巯乙胺可与四乙基铅络合，阻止四乙基铅穿透血脑屏障。用200~400mg巯乙胺加入250mL的10%葡萄糖液中缓慢静脉滴注，1次/d，5~7d为一疗程，肝、肾功能不全者不宜使用。

3. 对症治疗

应采取积极对症治疗措施，如积极防治脑水肿；出现精神症状或躁动患者，可给予足量的镇静剂等。

（二）慢性中毒

慢性中毒应及时脱离四乙基铅作业环境。目前尚无特殊治疗，主要给予对症支持处理。

（黄春桃）

第四节　汞及其化合物中毒

汞（mercury，Hg）在自然界广泛分布，以金属汞、无机汞（汞盐，Hg^{+}、Hg^{2+}）和有机汞的形式存在。汞是常温下唯一呈银白色液态的金属，不溶于水，易吸附、蒸发、流动，容易造成二次污染。

一、接触机会

职业性汞中毒多发生于从事汞矿的开采、汞的冶炼、仪表电器、汞齐的生产及应用等行业的工人。由于硝酸汞、醋酸汞等可用于皮革制造行业，故皮革行业中也可见职业性汞中毒发生。

二、致病机制

汞的吸收途径主要取决于汞的化学形式及接触途径。无机化合物和有机化合物可经消化道、呼吸道、皮肤进入人体。金属汞在室温下为液体，有较强的挥发性，在生产条件下主要以汞蒸气形式经呼吸道侵入人体。汞蒸气进入肺泡后吸收速度快，吸收量可达75%~100%；金属汞经消化道吸收量不多，无机汞盐主要经消化道吸收，吸收量的多少主要取决于它的溶解性，其溶解度较高的化合物如氯化汞、硝酸汞、醋酸汞等吸收率可达30%。一部分有机汞在体内可分解出汞离子，如烷氧基汞、苯基汞等，其毒性与无机汞的毒性相近。

汞吸收入人体后，最初主要分布在红细胞中，后被氧化成二价汞进入血浆，与蛋白质结合，输送到各个组织器官中，逐渐向肾转移，主要在近曲小管集中，储存在肾小管细胞中。其中有一部分以元素汞的形式溶解在血脂中，并可通过血脑屏障，在脑内氧化成二价汞而长期储存，这也是造成中枢神经系统损害的原因。

在体内被氧化的二价汞在血中的半衰期为2~4d，4个半衰期后约有90%的血汞可得到清除，尿汞一般在接触3~5d后才升高，1~3个月达到峰值，一次接触后可持续6~8月，肠道是早期汞的主要排泄途径之一，其中约有50%主要是经过肾脏排出，有少量经汗液、唾液、乳汁排出。

汞中毒的临床表现与进入体内汞的形态、进入途径、接触剂量和接触时间密切相关。金属汞、有机汞进入人体后被转化成甲基汞和二甲基汞，即“生物甲基化作用”发挥毒性作用。汞中毒的发病机制一是与体内的巯基高度亲和，造成含巯基酶和含巯基受体的活性改变；二是引起细胞“钙超载”；三是血浆蛋白与汞结合后容易穿过肾小球滤膜导致肾小球免疫性损伤。

三、临床表现

（一）急性中毒

短时间内吸入高浓度的金属汞蒸气（>1mg/m^3）或摄入可溶性汞盐可导致急性汞中毒，多由在密闭空间内工作或意外事故造成。临床表现主要有全身症状，如口腔异味、金属烟雾热等；随后出现剧咳、呼吸困难、咳痰、咯血等支气管肺炎表现，甚至出现呼吸衰竭的呼吸系统症状；1~2d 后出现牙龈肿胀、牙齿松动、呕吐、腹痛、腹泻、肝功能异常、肝大等消化道症状；2~3d 后出现蛋白尿、血尿、颗粒管型尿等急性肾小管坏死的泌尿系统症状；1~3d 出现散在性斑丘疹，严重者可发生剥脱性皮炎。

（二）慢性中毒

职业性慢性汞中毒多由长期接触较大量的汞蒸气引起，其典型临床特征有三个：易兴奋症、震颤及口腔 – 牙龈炎。临床上可出现易激动、胆怯、孤僻、抑郁等性格情绪异常或神经衰弱症状；震颤为意向性震颤，起病初期表现为手指的细震颤，随后可波及眼睑、舌及四肢，振幅亦渐增大，严重时生活难以自理；口腔 – 牙龈炎早期多为牙龈肿胀、酸痛、易出血、流涎，继则发展为牙龈萎缩、牙齿松动甚至脱落，口腔卫生不好者可在龈齿交界处出现蓝黑色“汞线（mercury line）”。

四、实验室检查

汞中毒最为特异的实验室检查指标为生物样本中汞含量的测定，如尿汞、血汞、发汞、唾液汞等。

（一）尿汞

尿汞可反映近期汞的接触水平。我国现行诊断标准中，长期从事汞作业劳动者尿汞增高是指尿汞高于其生物接触限值 20μmol/mol 肌酐（35μg/g 肌酐）。

（二）血汞

血汞可作为早期接触指标，但我国目前尚无血汞生物接触限值。美国国家职业安全与健康研究所（NIOSH）推荐全血汞的生物接触限值为 25μg/L（0.125μmol/L），可供参考。

五、诊断与鉴别诊断

依据国家已经颁布的《职业性汞中毒诊断标准》（GBZ 89—2024）进行诊断。

（一）急性中毒

1. 诊断原则

根据短期内吸入大量汞蒸气的职业病危害接触史，出现以呼吸系统、口腔及消化系统、肾脏损害为主的临床表现，结合辅助检查结果，参考职业卫生调查资料，综合分析，排除其他原因所致类似疾病后，方可诊断。

2. 诊断分级

GBZ 89—2024 将汞中毒分为轻、中、重三级。

（1）轻度中毒。短期吸入大量汞蒸气后，可出现发热、寒战、头痛、胸痛、咳嗽、全身乏力等症状，尿汞可增高，并具有下列表现之一者：①口腔 – 牙龈炎和（及）胃肠炎；②急性气管 – 支气管炎；③急性轻度中毒性肾病。

（2）中度中毒。在轻度中毒基础上，具有下列表现之一者：①急性支气管肺炎或间质性肺水肿；

②急性中度中毒性肾病。

（3）重度中毒。在中度中毒基础上，具有下列表现之一者：①肺泡性肺水肿或急性呼吸窘迫综合征；②急性重度中毒性肾病；③急性中毒性脑病。

3. 鉴别诊断

急性汞中毒应与急性胃肠炎、急性呼吸系统感染、急性泌尿系感染、急性肾小球肾炎等疾病相鉴别。

（二）慢性中毒

1. 诊断原则

根据密切接触金属汞6个月及以上的职业病危害接触史，出现以口腔、神经系统和肾脏损害为主的临床表现，结合辅助检查结果，参考职业卫生调查资料，综合分析，排除其他原因所致类似疾病后，方可诊断。慢性汞中毒需与神经官能症、慢性肾炎、口腔－牙龈炎等疾病相鉴别。

2. 诊断分级

（1）轻度中毒。密切接触金属汞6个月及以上，尿汞增高，同时具有下列表现之二者：①神经衰弱综合征；②眼睑、舌或手指细小震颤；③口腔－牙龈炎；④近端肾小管功能障碍：如尿中低分子蛋白含量增高；⑤慢性轻度中毒性周围神经病。

（2）中度中毒。在轻度中毒的基础上，具有下列表现之一者：①精神病性障碍；②四肢粗大震颤；③慢性肾脏病2~3期；④慢性中度中毒性周围神经病。

（3）重度中毒。在中度中毒的基础上，具有下列表现之一者：①中毒性脑病；②慢性肾脏病4~5期；③慢性重度中毒性周围神经病。

3. 鉴别诊断

慢性汞中毒需与脑血管疾病、帕金森综合征、类神经综合征、精神疾病等相鉴别。

六、治疗

（一）急性中毒

急性吸入高浓度的汞蒸气患者，应立即脱离中毒现场，沐浴更衣，静卧保暖的同时做如下处理。

1. 驱汞治疗

常用二巯丙磺钠肌注或者静滴，但患者合并急性肾功能衰竭时不宜进行驱汞治疗。

2. 脏器损害的对症治疗

根据脏器损害情况予以脏器相对应的处理，例如，针对化学性肺炎给予吸氧、糖皮质激素、抗生素、化痰等；针对出现呼吸衰竭等临床表现，及时给予无创或者有创呼吸机辅助呼吸等处理；针对出现肾病综合征等临床表现，可按照内科肾病综合征的处理原则进行治疗。

3. 其他对症支持治疗

可使用广谱解毒剂谷胱甘肽、硒化合物、补液促排等方法促进汞的排出。

（二）慢性中毒

1. 使用特殊解毒剂

一旦确诊，给予二巯丙磺钠肌注或者静滴驱汞治疗。

2. 使用广谱解毒剂

可使用谷胱甘肽、硒化合物促进汞的排出。

3. 对症处理

如神经衰弱者可使用健脑补肾、镇静安眠药物等。

（黄春桃）

第五节 砷及其化合物中毒

砷（arsenic，As）是一种在自然界中广泛存在的类金属元素，原子量 74.9，熔点 818℃，沸点 615℃，相对密度 5.73，单质以灰砷、黑砷和黄砷三种同素异体形式存在。砷不溶于水，可溶于硝酸和王水生成砷酸（$HsAsO_4$），与苛性碱熔融时生成砷酸盐。常温下可缓慢氧化，加热时迅速燃烧成三氧化二砷（As_2O_3），高温下可与硫结合，还能直接与卤素、强氧化剂等剧烈反应，有着火和爆炸危险。常见的化合物有三氧化二砷、三氯化砷（$AsCl_3$）、五氧化二砷（As_2O_5）及一些有机砷化合物如甲基胂酸锌、甲基胂酸钙、甲基胂酸铁胺等。元素砷基本无毒，有机砷毒性也较低，氧化物和盐类属于高毒物质，摄入人体内可造成全身性损害。

一、接触机会

砷在自然界广泛存在，职业活动接触主要来源于含砷矿的焙烧冶炼、砷化合物用于农药的制造、砷与其他金属用于冶金工业等。

二、致病机制

砷及其化合物主要通过口或呼吸道吸收，皮肤吸收较少，胃肠道中砷的吸收率为 90%，大于其他金属。吸收入血的砷 95%~97% 与血红蛋白结合并可迅速分布到一些组织器官。目前关于砷的代谢研究最多的主要是砷的甲基化代谢，无论是无机砷还是五价砷进入人体后被氧化成三价砷，在甲基化转移酶作用下转化为单甲基砷酸、二甲基砷酸从尿中排出，可蓄积于毛发、指甲等。

砷的化合物和盐类大部分属于高毒物质，其毒性作用主要体现在以下四个方面：一是通过抑制细胞色素氧化酶、磷酸氧化酶、氨基转移酶等含巯基酶类功能，从而阻止细胞生化代谢，特别是氧化还原及能量生成过程，从而导致心、脑、肾等重要脏器的损伤；二是砷可降低谷胱甘肽水平以及过氧化物歧化酶活力，导致氧化 / 抗氧化机制失调，脏器脂质发生过氧化损伤；三是会造成血管和神经损伤，砷通过血管舒缩中枢和直接作用，诱发血管平滑肌麻痹、毛细血管扩张，从而使血管通透性增加，导致脏器充血或者出血，长期接触可导致动脉粥样硬化；四是会干扰体内大分子物质功能，干扰 DNA 的合成与修复。

三、临床表现

（一）急性中毒

职业性急性砷中毒主要由呼吸道、皮肤黏膜吸收砷化物烟雾、粉尘所致，可导致接触部位的皮肤出现红斑、丘疹、刺痛等。中毒者可出现咽痛、流涕、咳嗽、胸痛及呼吸困难等呼吸道症状，呕吐、腹痛及腹泻的急性胃肠炎症状，心悸、胸闷等中毒性心肌炎表现，四肢麻木等多发性神经炎表现；也可出现食欲减退、黄疸等中毒性肝炎表现；还可出现贫血、粒细胞减少等血液系统损害表现。

（二）慢性中毒

慢性砷中毒主要的靶器官损害为皮肤损害、肝脏损害、周围神经损害以及出现脑衰弱综合征。

1. 皮肤损害

多样性的皮肤损害为其主要的临床特点，典型表现为掌跖部位的皮肤角化过度、躯干部以及四肢出现弥漫性的黑色或棕褐色的色素沉着和色素脱失斑。

2. 肝脏损害

中毒者可出现肝脏肿大。

3. 周围神经损害

周围神经损害起病隐袭，呈渐进发展，以末端感觉障碍为主。如出现四肢的麻木、痛觉减退等。

4. 其他

中毒者可出现头晕、头痛、记忆力减退等脑衰弱综合征。

四、实验室检查

在临床上常用于评估砷吸收的内暴露指标有尿砷、血砷、发砷。

（一）尿砷

急性接触砷化合物后 4~12h 尿砷增加，人体内尿砷的半衰期约 4d。故尿砷一般主要用于反映近期的砷接触水平。但由于居住环境、生活习惯等的不同，各地区尿砷正常值存在差异。

（二）血砷

砷化合物在血液中的半衰期短，血砷用于反映近期高剂量砷暴露情况。

（三）发砷

无机砷对富含角蛋白的组织有很强的亲和力，血液中的一部分无机砷会与头发的巯基结合，同时富含巯基的头发和指甲对三价砷有较强的亲和力，是砷的富集部位。因此，发砷含量可反映人体近几个月的砷蓄积程度，临床上用发砷作为慢性接触指标。

五、诊断与鉴别诊断

依据我国已颁布的《职业性砷中毒的诊断》（GBZ 83—2013）进行诊断。

（一）接触反应

短时间接触大量砷及其化合物后出现一过性的头晕、头痛、乏力或伴有咳嗽、胸闷、眼结膜充血等黏膜刺激症状，经 24~72h 观察，上述症状消失或明显减轻。

（二）急性砷中毒

1. 诊断原则

根据短时间内接触大量砷及其化合物的职业史，出现以呼吸、消化和神经系统损伤为主的临床表现，结合尿砷等实验室检查结果，参考现场职业卫生学调查综合分析，排除其他类似疾病方可诊断。

2. 诊断分级

如急性接触反应持续不愈，且出现下列表现者即可诊断：①急性气管－支气管炎、支气管肺炎；②出现恶心、呕吐、腹痛、腹泻等急性胃肠炎表现；③出现头晕、头痛、乏力、失眠、烦躁不安等症状。

3. 鉴别诊断

急性砷中毒应与急性胃肠炎、食物中毒、出现的呼吸道症状相应的呼吸系统疾病相鉴别。

（三）慢性砷中毒

1. 诊断原则

根据长期接触砷及其化合物的职业史，出现以皮肤、肝脏和神经系统损害为主的临床表现，结合尿砷或发砷等实验室检查结果，参考现场职业卫生学调查，综合分析，排除其他类似疾病方可诊断。

2. 诊断分级

根据 GBZ 83—2013 慢性砷中毒分为以下三级。

（1）轻度中毒。长期密切接触砷及其化合物后出现头晕、头痛、失眠、多梦、乏力、消化不良、消瘦、肝区不适等症状，尿砷或发砷超过当地正常值，并具有以下情况之一者：①手、脚掌跖部位皮肤过度角化，疣状增生，或躯干部及四肢皮肤出现弥漫的黑色或棕褐色的色素沉着，可同时伴有色素脱失斑；②慢性轻度中毒性肝病；③慢性轻度中毒性周围神经病。

（2）中度中毒。轻度中毒症状加重，并具有下列情况之一者：①全身泛发性皮肤过度角化、疣状增生；或皮肤角化物脱落形成溃疡，长期不愈合；②慢性中度中毒性肝病；③慢性中度中毒性周围神经病。

（3）重度中毒。中度中毒症状加重，并具有下列情况之一者：①肝硬化；②慢性重度中毒性周围神经病；③皮肤癌。

3. 鉴别诊断

慢性砷中毒需与免疫性肝炎、酒精性肝炎、代谢性周围神经病等相鉴别。

六、治疗

（一）急性砷中毒

1. 阻止毒物吸收

中毒者应立即脱离中毒现场，受污染的皮肤或眼立即予以水冲洗，口服者予以洗胃。

2. 解毒剂治疗

使用巯基络合剂如二巯丙磺钠等进行驱砷治疗。

3. 对症支持治疗

可予以护肝、营养神经、抗氧化剂、护心等对症支持治疗，必要时可给予糖皮质激素治疗。

（二）慢性砷中毒

同急性砷中毒，慢性砷中毒者应及时脱离砷接触，并使用巯基络合剂（如二巯丙磺钠）等解毒剂进行驱砷治疗；同时采取对症支持治疗，可予以相应皮肤科药物治疗皮肤改变，予以营养神经药物治疗周围神经病。

（黄春桃）

第六节　砷化氢中毒

砷化氢（arsinic trihydride，AsH_3），也称胂，分子量 77.95，熔点 –116.3℃，沸点 –55℃，常温常压下为无色带大蒜气味，但无明显刺激性的气体，相对密度 2.2695，可燃烧，生成加热至 230℃则可分解为元素砷及氢气。

一、接触机会

AsH_3 与其他砷化合物不同，它既不是工业原料，也不是工业产品，而是某些生产过程生成的废气，常见于锌、锡、铅、锑等矿石的冶炼过程中，砷化物在高温下生成砷氧化物而残留于矿渣内；矿渣加工或储存时，如遇硫酸或盐酸等工业酸类，其中的砷氧化物可与酸类发生化学反应释放砷化氢；部分矿石或煤所含的砷，经高温煅烧或燃烧后生成砷化物，残留于矿渣和煤渣中，遇水时迅速释放砷化氢；生产和使用乙炔、生产合成染料、电解法生产硅铁、氰化法提取金银等生产过程中，可产生砷化氢；海洋鱼体腐败时，鱼体中的有机砷可转化为砷化氢而释放。

二、毒代动力学及发病机制

AsH_3 主要经呼吸道吸收，吸收后迅速入血，有 95%~99% 的 AsH_3 进入红细胞中与血红蛋白结合；少部分则以原形呼出。与血红蛋白结合的 AsH_3 消耗大量的红细胞还原型 GSH，破坏红细胞膜的稳定性，使红细胞破裂或血红蛋白从红细胞中漏出，引起急性血管内溶血以及 AsH_3 刺激血管壁直接损害小动脉与毛细血管导致血管内皮损伤；部分进入血液的 AsH_3 可还原为元素砷蓄积于肝、肾、脾、毛发、指甲、骨骼中，再经肾逐渐排出。

三、临床表现

AsH_3 毒性极强，空气中浓度仅为 0.5mg/m^3 时即可引起急性中毒，且中毒后死亡率可以达到 60%~100%，病情进展迅速。其机体的损害程度与吸入剂量、浓度、时间有明显关系。AsH_3 中毒潜伏期为数十分钟至 24h，潜伏期越短，病情越严重。临床上突出表现为溶血、肾脏、肝脏、心肌损害。吸入 AsH_3 浓度不高或时间较短时，十余小时后可出现头痛、头晕、食欲缺乏、全身乏力、活动后心慌、气短等表现；继可出现低热，恶心、呕吐、腰部酸痛，尿色呈茶色或深褐色；再数小时左右可出现皮肤黄染、浓茶色尿等。如短时间吸入 AsH_3 浓度较高，可在数小时内出现轻症症状外，还可见畏寒、寒战、发热、明显腰痛，甚至肾绞痛，尿呈酱油色甚至黑色，严重者可出现无尿、肝大等多器官功能衰竭表现。

四、实验室检查结果

（一）内暴露指标

急性砷化氢中毒缺乏具有诊断意义的毒物检测指标，血砷、尿砷增高只可作为病因学诊断的参考指标。

（二）效应指标

1. 血常规检查

外周血象网织红细胞数和白细胞数增高，红细胞数和血红蛋白降低；血浆游离血红蛋白、血清总胆红素和间接胆红素增高。

2. 肝肾功能检查

血清 ALT、AST 活性增高；尿素氮、肌酐和血钾增高等。

3. 尿液检查

蛋白尿、血尿、管型尿、尿游离血红蛋白明显增高、尿潜血阳性以及尿胆原强阳性。

五、诊断与鉴别诊断

依据我国已颁布的《职业性急性砷化氢中毒的诊断》（GBZ 44—2016）进行诊断。

（一）诊断原则

根据短期内吸入较高浓度砷化氢气体的职业接触史，出现以急性血管内溶血为主的临床表现，结合有关实验室、辅助检查结果，参考现场职业卫生学调查资料，综合分析，排除其他原因引起的类似疾病，方可诊断。

（二）接触反应

短期内吸入较高浓度砷化氢气体后，出现乏力、头晕、头痛、恶心等症状，无急性血管内溶血体征，实验室检查指标无异常，脱离接触后 48h 内症状明显减轻或消失。

（三）诊断分级

1. 轻度中毒

短期内吸入较高浓度砷化氢气体后，可出现畏寒、发热、乏力、头痛、头晕、恶心、呕吐、腰背酸痛等症状及巩膜皮肤黄染、茶色或酱油色尿等体征，具有外周血红细胞及血红蛋白降低、网织红细胞计数增高、血清间接胆红素增高和尿血红蛋白阳性等急性轻度血管内溶血的表现。

2. 中度中毒

短期内吸入较高浓度砷化氢气体后，出现急性轻度血管内溶血的表现，同时具备下列表现之一者：①急性轻度或中度中毒性肾病；②急性轻度或中度中毒性肝病。

3. 重度中毒

短期内吸入高浓度砷化氢气体后，具备下列表现之一者：①发病急剧，出现寒战、高热、巩膜深度黄染、重度贫血、尿血红蛋白强阳性等急性重度溶血性贫血表现；②在急性血管内溶血的基础上，出现急性重度中毒性肾病或急性重度中毒性肝病或中毒性多器官功能障碍综合征表现。

（四）鉴别诊断

应注意与上呼吸道感染、急性胃肠炎、尿路结石、泌尿系统感染、急性病毒性肝炎、胆囊炎、胆石症等疾病及烧伤、药物或其他毒物如苯的氨基硝基化合物等中毒、自身免疫性疾病、葡萄糖 –6– 磷酸脱氢酶缺乏等遗传性疾病所致的溶血性疾病相鉴别。

六、治疗

急性砷化氢中毒的临床治疗重点在于治疗急性血管内溶血、急性肾功能衰竭、水电解质平衡和各种并发症等。

（一）一般处理

迅速将患者移离现场、吸氧并立即住院治疗。

（二）急性血管内溶血的治疗

（1）早期、足量和短程使用糖皮质激素。

（2）可考虑给予还原型谷胱甘肽和低分子右旋糖酐。

（3）起病急骤、溶血程度极为严重，且起病不超过 48h 者，可行血液净化治疗。

（4）贫血时可考虑适当输新鲜全血，以改善贫血症状。

（三）急性肾功能衰竭的治疗

（1）维持正常血容量，保证肾脏有足够的血流灌注。

（2）避免使用肾毒性较大的药物。

（3）补充碱性液体以碱化尿液。

（4）轻度中毒出现尿少时，可用甘露醇利尿；重度中毒不宜用甘露醇，而用呋塞米等利尿药进行利尿，必要时可与多巴胺联用。

（5）危重病例应及早做血液净化疗法。

（四）对症和支持治疗

包括维持水与电解质平衡和适当营养，及时处理肺水肿、脑水肿、肝损害和感染等并发症。

（五）其他处理

轻度中毒治愈后可恢复原工作；出现急性肾功能衰竭的重度中毒者，按其恢复情况，考虑调离有害作业。

（黄春桃）

第七节　镉及其化合物中毒

镉（cadmium，Cd）为银白色金属，质软，延展性好，熔点320.9℃，沸点765℃，不溶于水，溶于氢氧化铵、硝酸和热硫酸。常见的镉化合物有氧化镉（CdO）、硫化镉（CdS）等。

一、接触机会

单纯的镉矿比较少见，镉主要和锌、铅及铜矿共生，在锌铅矿开采与冶炼、制造合金、电镀、工业颜料、镍镉电池等工业生产过程中接触镉是慢性镉中毒的主要职业接触来源。在通风不良环境中高温切割、焊接或冶炼含镉金属等加热处理镉过程中，短期内吸入大量高分散度的氧化镉烟雾可引起急性中毒。

二、致病机制

镉及其化合物可经呼吸道和胃肠道进入人体，经皮吸收很少。经呼吸道吸入的镉尘和镉烟因粒子大小和化学组成不同，有10%~50%经肺吸收。镉在胃肠的吸收率与其溶解度有关，在人体通常低于10%，当铁、钙和蛋白质等营养成分缺乏时，镉在胃肠的吸收增加，可高达20%。吸收入血的镉90%以上在红细胞内与含硫的低分子蛋白质及肽类、氨基酸结合；少量血浆中的镉可与血浆蛋白结合，经血液循环分布到全身组织器官。镉主要蓄积在肾脏和肝脏，主要通过尿液缓慢排出，在体内半衰期可长达8~35年。

镉中毒机制目前尚不十分清楚，可能与镉干扰各种必需元素的代谢、功能，与酶的活性基团（如巯基、氨基羧基、羟基等）结合而使酶失活等因素有关；也有可能与细胞自噬、凋亡、干扰细胞内信号转导通路、诱导氧化应激有关。

三、临床表现

（一）急性中毒

急性吸入高浓度镉烟数小时后，起初出现咽喉痛、头痛、肌肉酸痛、口内有金属味等类似金属烟热症状，继而出现咳嗽加剧、胸痛、发绀、呼吸困难等临床表现，重者可出现呼吸衰竭及多脏器功能障碍。查体双肺可闻及干、湿啰音；胸片或者肺部 CT 提示肺部有斑片状阴影。

（二）慢性中毒

慢性镉中毒主要靶器官损害为肾脏、骨骼。早期肾脏损害表现为近端肾小管重吸收功能障碍，尿液检查中可见 β_2- 微球蛋白、视黄醇结合蛋白、α_1 微球蛋白的漏出；随着病情进展出现蛋白尿、糖尿、氨基酸尿等；晚期部分患者可出现间质性肾炎表现；也可出现骨质疏松、骨软化等骨骼表现。

四、实验室检查

（一）尿镉

主要反映体内镉的负荷量，可作为长期接触镉的生物监测，也是诊断慢性镉中毒的重要指标。

（二）血镉

主要反映近期接触量。接触镉后血镉上升较快，停止接触镉后血镉下降较快。

（三）肾小管功能检查指标

接触镉的劳动者尿 β_2- 微球蛋白增高达 9.6μmol/molCr（1000μg/gCr）以上时，可考虑为慢性镉中毒所致的肾小管重吸收功能障碍；慢性镉中毒时尿视黄醇结合蛋白明显增高。

五、诊断与鉴别诊断

依据我国已颁布的《职业性镉中毒的诊断》（GBZ 17—2015）进行诊断。

（一）急性镉中毒

1. 诊断原则

根据短期内吸入高浓度氧化镉烟尘的职业接触史，出现以呼吸系统损害为主的临床表现，参考实验室结果，结合现场职业卫生学调查，进行综合分析，排除其他类似疾病后方可诊断。

2. 诊断分级

GBZ 17—2015 将急性镉中毒分为轻、中、重三级。

（1）轻度中毒。短时间内吸入高浓度氧化镉烟尘，在数小时或 1d 后出现咳嗽、咳痰、胸闷等，两肺呼吸音粗糙，或可有散在的干、湿啰音，胸部 X 射线表现为肺纹理增多、增粗、延伸，符合急性气管 - 支气管炎或急性支气管周围炎。

（2）中度中毒。指在轻度中毒的基础上，具有下列表现之一者：①急性肺炎；②急性间质性肺水肿。

（3）重度中毒。具有下列表现之一者：①急性肺泡性肺水肿；②急性呼吸窘迫综合征。

3. 鉴别诊断

急性镉中毒多见于在通风不良环境中进行高温切割、焊接金属或冶炼金属的劳动者，系短期内吸入大量高分散度的氧化镉烟雾所致。应与其他金属和刺激性气体所致的化学性气管炎、支气管炎、肺炎和肺水肿，以及上呼吸道感染、心源性肺水肿等相鉴别。

（二）慢性镉中毒

1. 诊断原则

根据一年以上接触镉及其化合物的职业史，出现以尿镉增高和肾脏损害为主的临床表现，参照实验室检测结果，结合现场职业卫生学调查，进行综合分析，排除其他原因引起的肾脏损害后，方可诊断。

2. 诊断分级

GBZ 17—2015 将慢性镉中毒分为轻、重两级。

（1）轻度中毒。有一年以上密切接触镉及其化合物的职业史，尿镉连续两次测定值高于 5μmol/mol 肌酐（5g/g 肌酐），可伴有头晕、乏力、腰背及肢体痛、嗅觉障碍等症状，实验室检查具备下列条件之一者：①尿 β_2- 微球蛋白含量在 9.6μmol/mol 肌酐（1000μg/g 肌酐）以上；②尿视黄醇结合蛋白含量在 5.1μmol/mol 肌酐（1000μg/g 肌酐）以上。

（2）重度中毒。除慢性轻度中毒的表现外，出现慢性肾功能不全，可伴有骨质疏松症、骨质软化症。

3. 鉴别诊断

慢性镉中毒需与汞、铅和铀等其他工业毒物和药物所致肾小管功能障碍，各种原因所致肾小管酸中毒、间质性肾炎和慢性肾功能衰竭，Wilson 病，特发性 Fanconi 综合征，营养不良性骨质疏松和骨软化，多发性骨髓瘤等相鉴别。在尿 β_2- 微球蛋白增高时，还应注意排除肝脏疾病、自身免疫性疾病及肿瘤等肾外因素的影响。

六、治疗

目前镉中毒无特效驱排剂，急性和慢性镉中毒均以对症支持治疗为主。

（一）急性镉中毒

急性吸入高浓度的氧化镉烟尘者，应立即脱离中毒现场，保持安静及休息，吸氧，止咳，并维持呼吸道通畅。重点防治化学性肺炎和肺水肿，宜早期给予大剂量糖皮质激素及对症支持处理。

（二）慢性镉中毒

应调离接触镉及其他有害作业，增加营养，补充蛋白质和含锌制剂，并服用维生素 D 和钙剂。

（黄春桃）

第八节　锰及其化合物中毒

锰（manganese，Mn）为浅灰色金属，密度 7.4g/cm^3，熔点 1246℃，其化合物超过 60 余种，在空气中易氧化，高温时遇氧气或空气可以燃烧，锰在自然界常与铁、镍、钴共生，是人类生命活动必需微量元素之一，但过量锰的暴露容易造成中毒。

一、接触机会

在生产过程中和锰有职业接触的作业包括锰矿的开采冶炼、冶金工业、电焊条的制造与使用等。

二、致病机制

职业性锰接触主要是通过粉尘及烟雾的吸入，经皮肤及消化道吸收很少。锰烟和粒子较小的锰尘可进入肺泡，被巨噬细胞吞噬或经淋巴管进入血液；红细胞中锰含量较血浆为高，其中少部分可形成锰卟啉；血浆中的锰多以二价形式与球蛋白结合。细胞内锰主要以三价形式生成磷酸盐蓄积于线粒体。锰对富有线粒体的细胞有亲和性，特别是神经细胞。锰人体吸收后，首先在苍白球沉积，随之在腺状体、松果体、嗅球沉积，损伤基底神经节，导致多巴胺释放异常，引起神经退行性病变。体内的锰多在肝内与胆红素或胆酸结合，随胆汁排入粪便中，是锰的主要排泄途径，小部分可为胃肠道再吸收，但经尿排出的锰不到总锰排出量的10%，极少量的锰也可由乳汁、汗液排出。

三、临床表现

职业性锰中毒多以慢性中毒为主，急性中毒少见。急性中毒多在吸收大量氧化锰烟雾后出现，表现出头痛、寒战、高热、咽痛咳嗽等“金属烟雾热”症状。慢性锰中毒起病缓慢，发病工龄一般5~10年，早期主要表现为神经衰弱综合征和自主神经功能紊乱，如头痛、头晕、乏力、萎靡、嗜睡，可继发健忘、失眠、易激动、多语、多汗、心悸、下肢沉重无力等。病情继续加重时可出现椎体外系症状，如四肢肌张力增高，下肢明显；查体可发现“齿轮样”肌张力增高，行走时双手摆动不协调，闭目难立试验阳性，轮替和连续动作困难，下蹲时易跌倒，举止缓慢，表情呆板，眼睑聚合不全等。到晚期可出现典型“震颤麻痹综合征”，常伴精神症状，表现为假面具样面容，表情呆板，瞬目减少，四肢张力明显增高，屈肌尤甚，走路时步态为“公鸡步态”。

四、实验室检查

（一）尿锰

由于肾脏不是锰的主要排出途径，且尿锰的高低与临床中毒无平行关系，故尿锰一般只作为反映机体近期吸收锰的情况，不作为诊断指标。

（二）发锰

有助于反映体内锰蓄积状况，但头发色泽及部位可影响检测结果。

五、诊断与鉴别诊断

依据我国已颁布的《职业性慢性锰中毒诊断标准》（GBZ 3—2006）进行诊断。

（一）诊断原则

根据密切的职业接触史和以锥体外系为主的临床表现，参考作业环境调查、现场空气中锰浓度测定等资料，进行综合分析，方可诊断。

（二）观察对象

GBZ 3—2006将具有头晕、头痛、易疲乏、睡眠障碍、健忘等类神经症症状以及食欲减退、流涎、多汗、心悸、性欲减退等自主神经功能紊乱表现，同时可有肢体疼痛、下肢无力和沉重感的患者列为“观察对象”，进行医学监护，但此类患者不属职业病范围。

（三）慢性锰中毒分级

GBZ 3—2006将慢性锰中毒分为以下三级。

1. 轻度中毒

在“观察对象”的临床表现基础上，出现不恒定肌张力增高，手指明显震颤，并有情绪低落、注意力涣散、对周围事物缺乏兴趣或易激动、多语、欣快感等精神情绪改变者。

2. 中度中毒

在轻度中毒基础上出现恒定的四肢张力增高，常伴静止性震颤。

3. 重度中毒

在中度中毒基础上出现下列情况之一者。

（1）明显的锥体外系损害：全身肌张力慢性增高，四肢出现粗大震颤（震颤可累及下颌、头颈部），步态明显异常等。

（2）严重精神障碍：有显著的精神情绪改变（如感情淡漠、反应迟钝、不自主哭笑、强迫观念、冲动行为、智力障碍等），可诊断为重度中毒。

（四）鉴别诊断

慢性锰中毒应注意与帕金森病、肝豆状核变性、精神疾患等其他疾病鉴别。

六、治疗

慢性中毒一经确诊应调离锰作业，并进行以下治疗。

（一）驱锰治疗

早期轻度患者可选用依地酸钙钠或二巯丁二钠络合剂进行驱锰治疗。

（二）对症支持治疗

包括使用谷维素、抗乙酰胆碱药物减轻震颤、多巴胺受体激动剂或者释放促进剂。

（黄春桃）

第九节　有机锡中毒

有机锡类（organic tins）是锡和碳元素直接结合所形成的金属有机化合物，多数为挥发性固体或油状液体，具有腐败青草气味，常见为二烃基锡（dialkyltin）、三烃基锡（trialkyltin），四烃基锡（tetraalkyltin）等化合物，可通过吸道、消化道、皮肤、黏膜吸收入人体。其所含烃基不同，毒性也有差异，以三烃基锡毒性最大。

一、接触机会

有机锡是锡深加工的重要产品。四烃基锡为制备其他有机锡化合物的中间体。三烷基锡化合物曾用作农业杀菌剂、种子消毒剂、合成橡胶稳定剂和阻氧化剂、木材和纺织材料的防腐剂、油漆防霉剂、水下防污剂、灭鼠药等。由于三烷基锡化合物毒性较大，目前已很少直接将其应用于工农业生产。近年来，无毒或低毒类二烷基锡化合物常用作聚氯乙烯塑料热稳定剂、液晶面板透明导电薄膜，在其制作过程中因工艺、技术等原因，成品中可含有三甲基锡等杂质，故在生产、使用中如防护不当、设备故障或违规操作，可引起三甲基锡及其化合物急性或亚急性中毒。

职业接触以经呼吸道和皮肤吸收为主。有机锡一般可经呼吸道吸收，经皮肤和胃肠吸收的程度因不同品种而异。三烷基锡一般可经皮肤吸收。由于不同有机锡品种的毒作用不尽相同，故必须确切了解所接触的品种，包括其所含的杂质。另外，需详细了解是否接触其他化学物，有助于鉴别病因。

二、致病机制

有机锡化合物有 4 种类型：四烃基锡化合物（R_4Sn）、三烃基锡化合物（R_3SnX）、二烃基锡化合物（R_2SnX_2）和一烃基锡化合物（$RSnX_3$），以上通式中 R 为烃基，可为烷基或芳香基等；X 为无机或有机酸根、氧或卤族元素等。

急性毒性及毒作用靶器官损害因有机锡化合物种类而异，故临床特征不尽相同。三烃基锡化合物多为神经毒物，靶器官是中枢神经系统，主要引起急性中毒性脑病，并可有迟发性毒作用。其中，三甲基锡的靶器官是边缘系统和小脑，主要引起神经元坏死；三乙基锡主要是髓鞘毒，引起髓鞘水肿，而致弥漫性脑白质水肿，可引起颅内压增高；三丁基锡化合物中毒的临床表现似急性三乙基锡中毒，但病情较轻；三苯基锡中毒的临床表现似三乙基锡中毒，口服中毒者肝、肾损害较明显。四烷基锡化合物（四乙基锡、四丁基锡）在肝内转化为三乙基锡，中毒发病可较慢，可参照急性三乙基锡中毒诊断标准。二烷基锡具有胆管和肝脏毒性。某些有机锡如二丁基锡化合物、三丁基锡化合物等对皮肤和黏膜有刺激作用，可引起眼、鼻和上呼吸道刺激症状或皮炎，局部刺激症状是否出现与中毒无相关性。

实验动物研究及以往临床资料显示急性三甲基锡中毒选择性损害边缘系统和小脑，可累及脑干、脊髓和背根神经节等，引起神经细胞变性、坏死，但水肿并不明显。但近年来有文献报道重症病例尚有脑白质广泛改变，是否为三甲基锡的直接毒作用尚需进一步研究。

三、临床表现

（一）急性三甲基锡中毒

急性三甲基锡中毒的临床表现以边缘系统和小脑功能障碍为主。

1. 潜伏期

急性三甲基锡中毒潜伏期与接触剂量有关，一般为数小时至 6d，早期症状可不明显，亦无特异性，但病情进展迅速，可突然出现明显的精神障碍甚至意识障碍。近年来，国内报道病例多为连续接触有机锡稳定剂数日至数周后发病，难以明确潜伏期，其特点是常见于高温、潮湿季节，群体发病多见，起病隐匿，临床表现与急性中毒相似。

2. 临床表现

轻度或早期中毒主要表现为轻度情感障碍，患者几乎均以明显乏力伴近事记忆下降起病，同时可伴有睡眠障碍、焦虑、视物模糊、注意力不集中、头痛、头晕等，构成了一组相对特异的症状。还可出现单纯部分性癫痫发作，如肢体部分强直性、阵挛性抽搐或某些部位针刺、麻木感等。在上述症状出现 2~6d 后可突然出现明显情感障碍，如情绪不稳、思维迟缓、忧郁、易激惹、性功能亢进等。部分患者出现复杂部分性癫痫发作，即有意识障碍的部分性癫痫发作，也可直接出现或由部分性发作发展至全身强直 – 阵挛性癫痫发作。严重者表现为暴怒、攻击行为、幻听、幻想、妄想、虚构、错构等精神病样症状，部分患者出现昏迷或昏迷、清醒、抽搐反复发作，甚至癫痫持续状态。重症患者常因并发多器官功能衰竭而死亡。

低钾血症发生率较高，低血钾常在早期全身症状出现时已发生，但少数患者可在发病 1 周后出现，部分患者可出现不同程度的肌力下降及早期低血钾心电图表现。血清钾降低的程度与病情严重程度并不平行，低血钾常为难治性的。

小脑损害表现为眼球震颤、四肢静止性震颤、肢体和躯干性共济失调等，均伴随在边缘系统损害症状出现后，未见单独小脑损害表现者。

有报道个别急性三甲基氯化锡中毒患者，尚可出现耳鸣、听力损失等症状，神经电生理检查显示其腓肠神经传导速度轻度减慢。

3. 预后

轻、中度中毒患者多在1~2周内症状缓解，实验室检查指标逐步恢复正常。少数重度中毒患者可遗有智能障碍、共济失调、运动失调性构音障碍、失明、近端肢体肌力下降等。

（二）急性三乙基锡中毒

急性三乙基锡中毒主要为脑水肿及颅内压增高的临床表现。

1. 潜伏期表现

潜伏期可因毒物种类、进入途径及剂量不同而长短不一。一般从停止接触毒物至出现明显脑病症状的时间多为1~2d，少数为5d。潜伏期中可无明显症状而迅速发病，也可有轻度头昏、头痛、乏力或皮肤、黏膜刺激症状。

2. 症状

（1）头痛常首先出现且最常见，早期可为持续性隐痛，陈旧性头痛加剧，后期持续性加剧，镇痛剂常无效，头痛发作时常伴有恶心、呕吐。

（2）头晕出现较早。

（3）乏力为早期明显症状，常感全身极度疲乏，有的下肢无力较明显。

（4）出汗在早期为面部、手心、足心及腋下多汗，严重时全身出汗。

（5）早期有恶心，可伴呕吐，进而明显食欲不振，频繁呕吐、常为非喷射性的。

（6）排尿障碍见于部分病例、后期有尿潴留。

（7）睡眠障碍早期为失眠，后嗜睡。

（8）早期为短暂轻度精神障碍，如多语、易激动、无故哭泣，病情进展可表现为定向障碍、幻觉、行为异常等。

（9）其他尚有视物模糊、畏光、复视、四肢麻木、明显消瘦等。

3. 体征

患者早期可无明显阳性体征。常见体征有精神萎靡、多汗、心动过缓、腹壁反射及提睾反射减弱或消失，严重者会出现昏迷、抽搐和引出锥体束征。患者常因中枢性呼吸衰竭而导致死亡。在发生脑疝时可突然昏迷或呼吸停止。

四、诊断与鉴别诊断

因不同种类的三烷基锡化合物损伤中枢神经系统的部位及病理改变不尽相同，其临床表现有所差异。国家发布的《职业性急性三烷基锡中毒诊断标准》（GBZ 26—2007）中，将急性三烷基锡化合物中毒分为急性三甲基锡中毒和急性三乙基锡中毒两大类，每类均按病情分为轻、中、重三级。该诊断标准适用于在职业活动中短期内接触较大量三烷基锡化合物后引起急性中毒的诊断及处理。接触四烷基锡化合物后引起的急性中毒，以及非职业性急性三烷基锡化合物中毒的诊断及处理也可参照执行。

三甲基锡主要影响边缘系统，严重者可累及小脑，其诊断分级主要依据精神障碍的发生和程度，并结合继发性癫痫发作、小脑损害的情况进行综合判定。三乙基锡则具髓鞘毒性病理特点为弥漫性脑水肿，其诊断分级主要依据脑水肿引起的意识障碍程度及颅内压增高情况进行综合判定。

（一）急性三甲基锡中毒

1. 轻度中毒

接触后经数小时至数日潜伏期出现较明显的全身乏力、头痛、头晕、睡眠障碍、精神萎靡，可伴有恶心、呕吐、食欲不振等症状，且具有下列情况之一者：①低钾血症；②轻度情感障碍，如近事记忆障碍、焦虑、注意力不集中等；③单纯部分性癫痫发作。

2. 中度中毒

除上述表现加重外，并具有下列情况之一者：①明显的情感障碍，如思维迟缓、淡漠、抑郁、烦躁、易激惹等；②复杂部分性或全身强直－阵挛性癫痫发作。

3. 重度中毒

具有下列情况之一者：①精神病样症状，如幻觉、妄想、暴怒、错构、虚构、行为异常等；②重度意识障碍；③癫痫持续状态；④小脑性共济失调。

（二）急性三乙基锡中毒

1. 轻度中毒

接触后经数小时至数日潜伏期出现下列情况之一者：①轻度意识障碍；②轻度颅内压增高表现，如头痛、恶心、呕吐，并可伴 Cushing 反应。

2. 中度中毒

除上述表现加重外，并具有下列情况之一者：①中度意识障碍；②中度颅内压增高表现，如剧烈头痛、频繁呕吐、视乳头水肿，可伴有锥体束征阳性、浅反射减弱或消失；③明显的情感障碍，如烦躁、易激惹、欣快感，可伴有一过性幻觉；④全身强直－阵挛性癫痫发作。

3. 重度中毒

具有下列情况之一者：①重度意识障碍；②重度颅内压增高表现，如视乳头高度水肿或出血、去大脑强直状态、脑疝等。

（三）鉴别诊断

急性（亚急性）三烷基锡中毒性脑病应与脑炎、脑膜炎、急性脑血管病、脑部占位病变、颅脑外伤、代谢障碍疾病、急性药物中毒、急性二氯乙烷中毒、精神分裂症、心因性或其他疾病所致的精神障碍等相鉴别。抽搐需与癔症发作、原发性癫痫或其他疾病引起的抽搐等相鉴别。

血清钾过低需排除其他因素，如肾上腺皮质功能亢进，长期使用肾上腺皮质激素，醛固酮增多症，严重呕吐、腹泻、不能进食而又未能及时足量补钾，长期使用强利尿剂，细胞外钾转入细胞内液静脉输入大量葡萄糖溶液，尤其加入胰岛素静滴等。但缺钾伴血液浓缩或酸中毒者血钾可不降低，值得注意。

五、治疗

（一）一般处理

中毒者应立即脱离事故现场，卧床休息；皮肤或眼受污染者，应立即用清水彻底冲洗。接触反应者需医学监护 5~7d，密切观察血清钾测定值，给予必要的检查及处理。

（二）对症支持治疗

尚无特效解毒剂，以对症支持治疗为主，应积极改善脑组织代谢。三甲基锡中毒时应注意控制精神症状及抽搐，对低钾血症患者，应早期足量补钾，以静脉补钾为主，配合口服。三乙基锡中毒应积极防治脑水肿，控制液体入量，并给予糖皮质激素、高渗脱水剂、利尿剂等。中、重度中毒患者可使用高压氧治疗。

（王多多）

第十节　磷及其化合物中毒

磷（phosphorus，P）是一种半金属物质，有四种同素异形体：黄（白）磷为白黄色蜡状固体，有剧毒；红（赤）磷毒性较小，紫磷和黑磷均十分少见，毒性很低。黄磷分子量 123.88，密度 1.82g/cm^3（20℃），熔点 44.1℃，沸点 280℃，燃点 34℃，蒸气密度 4.4mg/cm^3，化学性质活泼，易与金属、卤素、氢气等化合成磷化物；常温下可蒸发、自燃或摩擦起火；遇湿空气可氧化为次磷酸和磷酸。自然界中，磷不以游离状态存在，在空气中易氧化为三氧化二磷（P_2O_3）和五氧化二磷（P_2O_5），呈白色烟雾，黑暗中发出淡绿色荧光。不溶于水，难溶于乙醇、乙醚，易溶于二硫化碳、氯仿和苯。

一、接触机会

在自然界中，磷原子通过氧原子和别的原子或基团相联结，形成磷化物，如以磷酸钙的形式存在。磷是人体的重要元素，肝、脾、骨骼和牙齿都含有丰富的磷。磷是一种古老的工业原料，单质磷是由磷酸钙、石英砂和碳粉的混合物在电弧炉中熔烧或蒸馏尿液而制得。黄磷早期用于火柴制作，之后被广泛应用于制造红磷、磷化合物、磷酸、燃烧弹、烟雾弹、信号弹、火焰喷射器、烟花、爆竹等的原料，以及用作石油化工行业的缩合催化剂、表面活性剂、稳定剂和特殊干燥剂，还可用于制造药物电子工业、染料、有机磷农药、化肥、杀鼠剂；红磷是由黄磷转化生成，多用于制造农药、安全火柴、磁青铜、半导体合成材料。在生产使用黄磷及制品的过程中，均有接触其蒸气、粉尘、液体及固体的机会。

急性磷中毒多由生产事故时，短期内吸入高浓度黄磷蒸气和烟雾，或者黄磷灼伤皮肤后经创面吸收所致。

慢性磷中毒多由黄磷生产的精制工、炉前工、包装工，以及赤磷生产、热法磷酸生产及生产磷化合物企业的劳动者，长期吸入黄磷蒸气、烟雾或粉尘所致。以牙齿及下颌骨的损害为主，可伴有肝、肾损害。

二、致病机制

黄磷能够从呼吸道、皮肤及消化道进入机体，大部分以元素状态出现，少部分氧化成磷的低价氧化物循环于血液中；磷的靶器官主要是肝、肾及骨组织。黄磷是高度亲肝毒物，可导致肝细胞中线粒体脂质过氧化、钙离子稳态失衡、自由基大量释放，从而导致代谢发生障碍；近年报道黄磷还可引起胆汁淤积，使胆汁酸排泄受阻，继而导致胆红素升高。磷对肾的毒性作用主要是损伤肾小管，引起肾小管上皮细胞变性坏死，并可引起肾小球毛细血管扩张充血。磷酸可与细胞内的游离钙结合减低血小板内游离钙水平，抑制血小板聚集导致出血倾向。此外，溶于唾液中的磷对牙齿有溶解作用，并可经病牙侵入下颌骨引起骨质吸收和钙化，导致磷性下颌骨坏死；磷的长期慢性作用还可引起其他部位骨骼损害，导致骨小梁坏死、破坏、畸形，以及骨膜增厚、骨质疏松等，使病骨极易发生骨折。

三、临床表现

（一）急性磷中毒

急性磷中毒在吸入黄磷后数小时出现头昏、乏力、恶心，心动过缓或过速，血压偏低等。2~3d后上腹疼痛、肝肿大、黄疸，血清转氨酶升高及肝功能异常。严重者出现急性肝坏死、肝功能衰竭、肝性昏迷，可伴有肾损害，出现血尿、蛋白尿、管型尿、尿少、尿闭、尿素氮升高等肾功能异常或肾衰竭。除肝、肾损害外，亦可累及其他脏器。

黄磷灼伤后的创面有蒜样臭气烟雾，呈棕褐色或黑色，可深达骨骼，于暗处可见荧光。若创面处理不及时或方法不当，黄磷可经创面吸入人体，多于1~10d后引起中毒，血磷、尿磷可升高，以致发生急性肝、肾及心功能衰竭。

（二）慢性磷中毒

黄磷职业危害主要是慢性中毒，多由呼吸道长期吸入黄磷蒸气或粉尘所致。磷的无机化合物多为酸性毒物，对呼吸道黏膜有明显的刺激作用，可引起呼吸道黏膜慢性炎症。早期表现为鼻咽干燥、充血、咳嗽、咳痰等，可伴有口中蒜臭味、食欲不振、恶心及肝区不适等消化系统症状，继而出现牙周、牙体及下颌骨的进行性损伤，主要表现为牙酸痛、牙周萎缩、牙周袋加深、牙颈部楔状缺损、牙对颌面磨损、牙松动、脱落等；严重者出现下颌骨坏死、坏疽及畸形等（目前国内已很少见）症状，可伴有肝、肾损害。

四、诊断与鉴别诊断

依据我国已颁布的《职业性磷中毒诊断标准》（GBZ 81—2002）进行诊断。该诊断标准适用于各种职业接触黄磷引起急、慢性中毒的诊断和处理，不适用赤磷、紫磷、黑磷等引起的中毒。非职业活动中接触黄磷引起中毒的诊断和治疗，亦可参照使用该标准。

（一）急性磷中毒

1. 诊断要点

根据短时期内吸入大量黄磷蒸气或黄磷灼伤的职业史，有以急性肝、肾损害为主的临床表现，综合分析并排除其他病因所致的类似疾病，方可诊断为急性磷中毒。

2. 诊断分级

（1）轻毒中毒：吸入高浓度黄磷蒸气数小时后或黄磷灼伤后数天左右，出现全身不适及食欲缺乏、恶心、肝区疼痛、肝肿大压痛、肝功能试验异常等表现；可伴有血尿、蛋白尿、管型尿等表现者。

（2）中度中毒：上述症状加重，出现肝明显肿大压痛，肝功能明显异常；或有肾功能不全，如出现尿素氮及血浆肌酐升高者。

（3）重度中毒：在上述临床表现的基础上，出现急性肝功能衰竭，或急性肾功能衰竭者。

（二）慢性磷中毒

1. 诊断要点

根据长期密切接触黄磷蒸气或含黄磷粉尘的职业史，有以进行性牙周组织、牙体及下颌骨损害为主的临床表现，可有肝、肾损害，应结合现场职业卫生学资料综合分析，并排除其他病因所引起的类似疾病后，方可诊断为慢性磷中毒。

长期密切接触磷蒸气或含黄磷粉尘后出现牙周萎缩、牙周袋加深、牙松动等，下颌骨 X 射线检查见两侧齿槽嵴轻度水平状吸收；尚不够轻度慢性磷中毒诊断标准者，应给予密切观察，不使病情延误。

2. 诊断分级

（1）轻度中毒：临床动态观察 1 年以上，上述症状仍呈进行性加重，齿槽骨吸收超过根长 1/3，牙周膜间隙增宽、变窄或消失，骨硬板增厚，下颌骨出现骨纹理增粗或稀疏、排列紊乱为诊断之要点。

（2）中度中毒：在上述表现基础上，下颌骨后牙区出现对称性骨质致密影，周界不清为中度诊断之起点。

（3）重度中毒：在上述表现基础上，下颌骨出现坏死或有瘘管形成。

磷有四种同素异形体，即黄磷、赤磷、紫磷、黑磷，其中黄磷毒性最大，其余毒性很小，如制品不纯含有黄磷时，有引起磷中毒的可能，因此在诊断后应加括号将含有黄磷的同素异形体的名称注明，以区别纯黄磷引起的中毒。

（三）鉴别诊断

急性磷中毒根据短时间内接触大量黄磷史，以急性肝、肾损害为主的临床表现，参考肝、肾功能检查结果，排除其他病因所致的类似疾病，可以作出诊断。应与病毒性肝炎、药物性肝炎及其他毒物引起的急性中毒性肝病和肾病等相鉴别。

慢性磷中毒目前缺乏敏感、特异的诊断指标，因此不能仅凭 1 次检查作出诊断。必须进行动态观察与治疗，以提供接触黄磷后牙齿、颌骨及肝、肾逐年变化的临床动态观察资料；结合长期密切接触史，以牙齿、下颌骨损害为主的临床表现及颌骨 X 射线影像，可作出诊断。应与感染性口腔及颌骨疾病相鉴别。

五、治疗

（一）急性磷中毒

1. 病因治疗

（1）吸入高浓度黄磷蒸气后迅速离开现场，移至空气新鲜处。

（2）黄磷灼伤皮肤后立即用清水冲洗，灭磷火，彻底清除嵌入组织中的黄磷颗粒，阻止黄磷吸收。可参照《职业性化学性皮肤灼伤诊断标准》（GBZ 51—2009）进行治疗。

2. 对症及支持治疗

（1）可适当选择用肾上腺糖皮质激素、氧自由基清除剂、钙通道阻滞剂等。

（2）注意保持水、电解质及酸碱平衡。

（3）对中毒性肝病采用保肝及营养疗法和对症治疗等。

（4）对中毒性肾病注意防治血容量不足，改善肾脏微循环及对症治疗等，必要时可用血液净化疗法。

（二）慢性磷中毒

（1）注意患者口腔卫生，及时治疗各种口腔疾患，尽早修复牙体。

（2）患者对于下颌骨坏死或骨髓炎者，应及时给予手术治疗。

（3）注意保护患者肝、肾功能，给予对症治疗。

（王多多）

第十一节　其他中毒

一、钡及其化合物中毒

钡（barium，Ba），银白色或浅黄色固体，原子量137.34，化合价为+2价；密度3.5g/cm^3，熔点725℃，沸点1640℃，化学性质十分活泼，容易氧化，粉末与空气接触易自燃，燃烧会生成有毒烟雾，故需浸于矿物油中保存。钡化合物种类繁多，工业上常见的有氯化钡（$BaCl_2$）、氢氧化钡［$Ba(OH)_2$］、硝酸钡［$Ba(NO_3)_2$］、硫化钡（BaS）、硫酸钡（$BaSO_4$，亦称重晶石）、碳酸钡（$BaCO_3$，亦称毒重石）等，后两者是钡在自然界存在的主要形式。除硫酸钡和碳酸钡外，其余钡化合物多溶于水。

（一）接触机会

职业接触钡化合物主要见于钡矿开采、钡矿石冶炼，以及制备和使用钡化合物的过程。金属钡主要用作消气剂和制造合金，钡化合物则用途甚广，如氯化钡用于钢材淬火和制造其他钡化合物；硫酸钡用作白色颜料、胃肠造影剂，以及纺织品、橡胶、肥皂、水泥、塑料等填充剂；碳酸钡用作陶瓷、搪瓷、玻璃工业原料；氯酸钡、硝酸钡用于制造焰火和信号弹；各种钡盐还用作化学分析试剂等。

国家规定的工作场所空气中钡及其可溶性化合物（按Ba计）时间加权平均容许浓度（PC-TWA）为0.5mg/m^3，短时间接触容许浓度（PC-STEL）为1.5mg/m^3。

职业性急性钡中毒主要见于生产或使用过程中的意外事故，如维修碳酸钡烘干炉吸入大量钡化物，钢材淬火液爆溅灼伤皮肤，不慎掉进硫化钡或氯化钡溶液池内等。生活性中毒多由误食引起，如误将钡盐作为发酵粉、碱面、粉面、食盐、明矾等使用。

（二）致病机制

金属钡不溶于水，几乎无毒。钡化合物的毒性则与其溶解度有关，溶解度越高，毒性越大；碳酸钡虽难溶于水，但一旦进入胃内，因其可与胃酸生成氯化钡而被吸收，也可产生毒性。

可溶性钡化合物可经呼吸道、消化道和损伤的皮肤吸收，被吸收入血的钡离子可迅速（24h内）转移到肌肉和骨骼，小部分在血浆内形成不溶性磷酸钡；此后，肌肉中的钡含量逐渐减少，逐渐集中在骨骼内蓄积，其含量可占总吸收量的65%左右；经呼吸道吸入时，肺亦为其重要的贮存库。钡主要经粪便排出，部分经尿和唾液排出，母体中的钡尚可通过胎盘和乳汁进入胎儿或婴儿体内。

钡具有肌肉毒性，先对各种肌肉组织（包括骨骼肌、平滑肌、心肌）产生强烈的刺激和兴奋作用，最后转为抑制甚至麻痹，从而导致钡中毒的特征性表现，如全身性肌无力、异位心律、心室颤动或心脏停搏、肠麻痹等；钡还可刺激肾上腺髓质分泌儿茶酚胺，儿茶酚胺在产生兴奋作用时并无钙丢失，主要借助于钙的转移或转换，使钾得以大量进入细胞，导致血清钾降低，从而产生钡中毒的另一特征性表现——低钾血症。

成人氯化钡经口中毒量为0.2~0.5g，致死量为0.8~0.9g。

（三）临床表现

1. 急性钡中毒

急性钡中毒的潜伏期为十余分钟至两天，多数在数小时之内。早期表现为头晕、头痛、咽干、恶心、呕吐、腹痛、腹泻，唇、舌、颜面及肢体麻木，全身无力，心慌、胸闷；而后症状不断加重，可出现耳鸣、复视及进行性肌肉麻痹。肌肉麻痹起初从下肢开始，逐渐向上肢、躯干、颈部、面部肌肉及舌肌、膈肌、心肌发展，肌力和肌张力均明显减退，不能站立、无法持物。严重者进展为完全性弛缓性四肢瘫痪，头部和四肢都不能活动，语言障碍；呼吸肌麻痹时可出现发绀、呼吸困难、心律失常，血压先升高而后下降，最终可因呼吸肌麻痹和心律失常导致死亡。如抢救及时，可以痊愈，一般不留后遗症。

实验室检查可见血清钾降低，严重者呈进行性下降，达2mmol/L以下。心电图明显异常，可见ST段下移、T波低平或双相或倒置、QT间期延长、T–U融合或明显U波等低钾血症的表现；同时可见多种心律失常表现，如心率增快或减慢，频发室性、结性或多源性期前收缩，房颤或室颤，心房或心室扑动等；亦可见各种传导阻滞（房室、束支、室内等）。重症患者体温升至38~39℃，尿中出现蛋白、红细胞管型，血中白细胞增高，并可发生多器官功能衰竭。

2. 慢性钡中毒

慢性钡中毒多由长期接触钡及可溶性钡化合物的粉尘所致。主要表现为结膜及上呼吸道刺激症状，如口腔黏膜肿胀、糜烂，鼻炎、咽炎、结膜炎、气管及支气管炎症，还可出现全身乏力、钙代谢异常、副交感神经功能障碍等，部分劳动者尚可出现心脏传导功能障碍、高血压、脱发等。

长期服食含氯化钡的井盐可引起血钾降低、口周麻木、四肢无力；长期吸入不溶性钡粉尘者，则可引起钡粉尘肺沉着病（钡尘肺，barytosis），一般无自觉症状和明显呼吸功能损害，X射线胸片检查仅见两肺细小致密结节状阴影，中、下肺野多见，脱离接触后结节阴影可缩小变淡消退，但易并发慢性肺炎和支气管炎。

（四）诊断及鉴别诊断

依据我国已颁布的《职业性急性钡及其化合物中毒的诊断》（GBZ 63—2017）进行诊断。

1. 诊断原则

根据短期内吸入或经受损皮肤吸收大量可溶性钡化合物的职业接触史，出现胃肠道刺激症状、低钾血症、肌肉麻痹、心律失常为主的临床表现，结合心电图、血清钾的检查结果，参考工作场所职业卫生学资料，综合分析，排除其他原因所致类似疾病，方可诊断。

2. 接触反应

短期内吸入或经受损皮肤吸收大量可溶性钡化合物后出现头晕、头痛、咽干、恶心、乏力等症状，肌力、心电图、血清钾无异常发现，48h内症状明显减轻或消失。

3. 诊断分级

职业性急性钡及其化合物中毒分为如下三级。

（1）轻度中毒。头晕、头痛、咽干、恶心、乏力加重，出现呕吐、胸闷、心悸、腹痛、麻木等症状，3.0mmol/L ≤血清钾<3.5mmol/L，并具有下列表现之一者：①肌力4级（见GBZ 76—2024）；②低钾心电图改变；③阵发性室上性心动过速、单源频发室性期前收缩、莫氏I型房室传导阻滞等心律失常表现之一者（见GBZ 74—2009）。

（2）中度中毒。轻度中毒症状加重，可出现肢体运动无力等表现，并具有下列表现之一者：① 2.5mmol/L ≤血清钾<3.0mmol/L；②肌力 2~3 级（见 GBZ 76—2024）；③阵发性室性心动过速、多源室性期前收缩、心房颤动、心房扑动、成对室性期前收缩、R on T 型期前收缩、莫氏Ⅱ型房室传导阻滞等心律失常表现之一者（见 GBZ 74—2009）。

（3）重度中毒。中度中毒症状加重，可出现肢体瘫痪等表现，具有下列表现之一者：①血钾<2.5mmol/L；②肌力 0 级 ~1 级（见 GBZ 76—2024）；③呼吸肌麻痹；④心室颤动、心室停搏、Ⅲ度房室传导阻滞、尖端扭转型室性心动过速等心律失常表现之一者（见 GBZ 74—2009）；⑤猝死（见 GBZ 78—2010）。

4. 鉴别诊断

肌力下降应与低钾性周期性麻痹、肉毒毒素中毒、重症肌无力、进行性肌营养不良、周围神经病、急性多发性神经根炎等疾病相鉴别；恶心、呕吐、腹绞痛等胃肠道症状应与食物中毒鉴别；低钾血症应详细询问摄食、出汗情况、胃肠道症状、排尿及夜尿情况、利尿剂使用情况，并与代谢性碱中毒、家族性周期性麻痹、原发性醛固酮增多症等疾病鉴别；心律失常应与洋地黄中毒、器质性心脏病等疾病鉴别。

（五）治疗

（1）立即脱离中毒事故现场。经呼吸道吸入钡化合物粉尘者，粉尘沉积在咽部可吞咽入消化道，及时、反复漱口，并口服硫酸钠或硫酸镁 20~30g。

（2）及时、足量补钾，在心电图及血清钾严密的监护下进行，直至检测指标恢复正常，然后酌情减量，稳定后停药。

（3）出现呼吸肌麻痹，血气分析提示呼吸衰竭时，应及时行机械通气。

（4）中度、重度中毒患者，早期给予血液净化治疗。

（5）控制心律失常，治疗方法同内科心跳呼吸骤停，及时予以心肺复苏。

二、镍及其化合物中毒

镍（nickel，Ni）是银白色金属，原子量 58.71，密度 8.9g/cm^3，熔点 1453℃，沸点 2800℃。镍具有耐高温、抗腐蚀性能，加热到 700~800℃时，仍不被氧化，并能保持一定强度，但在潮湿环境中，表面可形成氧化膜阻止继续氧化；在酸、碱、盐的环境下也具抗腐蚀性；镍还有良好的机械强度和可塑性，加工性能好，在低温情况下也具有这种特性，因此是制备高温合金、不锈钢合金的重要原料。

常见的镍化合物有一氧化镍（NiO）、三氧化二镍（Ni_2O_3）、氢氧化镍［$Ni(OH)_2$］、氢氧化高镍［$Ni(OH)_3$］、硫酸镍（$NiSO_4$）、硫化镍（Ni_2S_3）、氯化镍（$NiCl_2$）、硝酸镍［$Ni(NO_3)_3$］、羰基镍［$Ni(CO)_4$］等。

（一）接触机会

职业性镍接触主要见于以下作业。

（1）镍冶炼：镍主要存在于硫化矿或氧化矿，如镍黄铁矿［$(Ni \cdot Fe)_9S_8$］、镍磁硫铁矿［$(Ni \cdot Fe)_xS_y$］、镍镁硅酸盐矿［$(Ni \cdot Mg)SiO_3 \cdot nH_2O$］等，经焙烧、熔炼成硫化镍，再经电解获金属镍。在此过程中可接触镍及其化合物的粉尘烟雾。

（2）制备合金：如不锈钢、软磁合金，以及镍铬、镍铜、镍铝、镍钴等非铁基合金。

（3）机械制造：如制造坩埚、器皿、精密工具、医疗器械、仪器仪表等。

（4）原子能工业：用于制作热中子的机械断续器等。

（5）其他：如镀镍、制造镍粉（化学催化剂）、生产镍镉电池。

（二）致病机制

镍是人体必需微量元素，广泛参与体内生理生化各个环节，在激素的作用机制、生物大分子结构稳定性的维持及机体新陈代谢的过程中都有镍的参与。镍的缺乏可引起糖尿病、贫血、肝硬化、尿毒症、肾衰竭、肝脂质和磷脂代谢异常等。

镍进入血液后，主要与白蛋白结合，但不在组织中蓄积，经口食入的镍，主要经粪便排出，约占摄入量的90%，其余10%则由尿液排出；而经静脉、皮下、腹腔注射以及呼吸道吸入的镍，则主要由尿液排出。

镍的毒性取决于镍化合物的溶解度、剂量，以及侵入途径等因素。可溶性镍盐由于吸收完全，其毒性明显大于金属镍；静脉、皮下注入镍盐的毒性明显大于口服及呼吸道吸入。总体而论，镍及其盐类的毒性不强，但由于它本身的生物化学活性能激活或抑制一系列酶类（如精氨酸酶、羧化酶、酸性磷酸酶、脱羧酶、脱氢酶等）而发挥毒性。

（三）临床表现

镍中毒主要表现为皮炎和呼吸道损害。可溶性镍化合物主要引起接触性皮炎和过敏性湿疹；接触高浓度镍气溶胶也可引起鼻炎、鼻窦炎、嗅觉缺失、鼻中隔穿孔；对镍及其化合物高度敏感者，可产生支气管哮喘或肺嗜酸性粒细胞浸润症；短期内吸入高浓度羰基镍主要引起急性呼吸系统和神经系统损害；镍精炼劳动者鼻和呼吸道肿瘤发病率较高。

（四）诊断与鉴别诊断

目前我国尚无镍中毒国家诊断标准，其诊断原则：具有确切的镍或其化合物接触史，明显的呼吸道刺激症状，胸部X射线检查证实有炎症性阴影，实验室检查提示有镍的过量接触，在除外其他原因的疾病后，可考虑为镍所致性中毒。人体生物材料中镍含量测定，可作为镍摄入的生物学监测指标，可以反映职业和环境污染状况及体内镍的摄入水平。

镍性皮炎可参照国家职业卫生标准《职业性皮肤病的诊断　总则》（GBZ 18—2013）、《职业性接触性皮炎的诊断》（GBZ 20—2019）等进行诊断。

慢性镍中毒缺乏特征性表现，确诊较为困难，尚需进一步积累经验。

（五）治疗

急性镍中毒时，如体内镍含量较高，可考虑驱镍治疗。镍的有效络合剂有$CaNa_2$-EDTA、$CaNa_3$-DTPA以及二乙基二硫代氨基甲酸钠等，可与体内的镍络合，形成无毒的络合物排出体外，后者效果似乎更好。

镍皮炎可按一般接触性皮炎处理。局部使用10%二乙基二硫代氨基甲酸钠软膏或10%依地酸软膏涂敷患处，有较好效果。

三、羰基镍中毒

羰基镍[nickel carbonyl，$Ni(CO)_4$]，是一种剧毒金属有机化合物，是由镍和一氧化碳（CO）在一定温度和压力下反应生成；常温下为无色透明状液体，受日光照射后可变成棕黄或草灰色，具有潮湿尘土味；分子量170.75，密度1.29g/cm^3（25℃），熔点-25℃，沸点43℃。羰基镍极易挥发，在室温下即可分解为氧化镍和CO，可爆易燃，60℃时即爆炸，蒸气能沿地面扩散，引起远处火种着火。羰基镍难溶于水（10℃时不超过 0.018g/100g），易溶于苯乙醇、氯仿等有机溶剂。

（一）接触机会

在制备羰基镍时，进行高压羰化、然后进行粗羰基镍精炼的过程中可接触到羰基镍；在使用提炼纯度极高的镍粉来制造高级钢时，将一氧化碳通入金属镍反应釜中起反应时可有羰基镍逸出；在合成丙烯酸盐的过程中，将氯化镍溶解于氨中，再用一氧化碳处理可生成羰基镍；另外，在有机合成、橡胶和石油工业中，羰基镍可用作催化剂；在电子工业和精密仪表工业，羰基镍还用于镍的喷涂。

（二）致病机制

羰基镍是在动物及人体内吸收最快、最完全的镍化合物，急性中毒主要是经呼吸道吸收引起，经皮吸收在急性中毒中的作用也不容忽视。羰基镍蒸气具有脂溶性，经呼吸道吸入可迅速穿过肺泡膜的磷脂层，通过肺毛细血管进入血液循环。在职业暴露人群中因吸入引起的羰基镍急性中毒最为常见，但一旦发生意外吞服，经胃肠途径的吸收就显得至关重要。羰基镍在体内无明显蓄积，除经尿排泄外，肺也是其主要的排泄器官。

（三）临床表现

1. 早发症状

短时间内大量吸入羰基镍可产生急性中毒。根据吸入浓度和量的大小不同，多数病例在 5~30min 内出现头晕、头痛、步态不稳、视物模糊、恶心、呕吐、眼刺痛、流泪、咽痛、干咳、胸闷等神经系统症状和黏膜刺激表现。轻者脱离中毒环境后上述症状逐渐好转，1 周左右可恢复正常。重者可出现晚发症状。

2. 晚发症状

部分患者早发症状缓解或减轻后，可出现 8~36h 不等的“好转”期，此期过后会出现咳嗽突然加重，气短、呼吸快而浅，心跳加速，咳出大量泡沫样血痰，发绀，端坐呼吸等症状。检查体温可正常或升至 38℃左右，两肺有大量干、湿啰音，心动过速，血压下降。重者可因脑缺氧产生抽搐、呼吸衰竭及昏迷。少数患者伴发心、肝、肾损害。

（四）诊断与鉴别诊断

依据我国已颁布的《职业性急性羰基镍中毒诊断标准》（GBZ 28—2010）进行诊断。

1. 诊断原则

根据短期内接触较大量羰基镍的职业史，出现以急性呼吸系统损害为主的临床表现及胸部 X 射线表现，结合血气分析，参考现场职业卫生学调查及血镍和（或）尿镍测定结果，综合分析，排除其他病因所致类似疾病，方可诊断。

2. 接触反应

该标准将接触羰基镍后出现一过性头晕、头痛、乏力、胸闷、咽干、恶心等症状，或发生一过性上呼吸道刺激症状，肺部无阳性体征，胸部 X 射线片无异常表现者列为“接触反应”。

3. 诊断分级

职业性急性羰基镍中毒可分为三级。

（1）轻度中毒。在接触反应表现基础上，出现咳嗽、咯痰、胸痛等症状；体检可见眼结膜和咽部充血，两肺出现散在干、湿啰音，胸部 X 射线检查示两肺纹理增多，符合急性气管－支气管炎。

（2）中度中毒。轻度中毒症状明显加重，出现发热、烦躁不安、咳嗽、痰多、呼吸增快，两肺出现广泛干啰音或湿啰音；胸部 X 射线检查显示肺门阴影增大，两肺纹理粗乱、模糊，出现点片状阴影或肺透亮度降低，呈磨玻璃样改变，符合急性支气管肺炎或急性间质性肺水肿。血气分析呈轻度至中度低氧血症。

（3）重度中毒。在中度中毒病情基础上，具有下列表现之一者：①咳大量白色或粉红色泡沫样痰，明显呼吸困难、发绀，两肺弥漫性湿啰音；胸部X射线检查示两肺野有大小不一、边缘模糊的大片状或云絮状阴影，符合肺泡性肺水肿。血气分析呈重度低氧血症；②急性呼吸窘迫综合征；③昏迷。

4. 鉴别诊断职业性急性羰基镍中毒

应注意与支气管或肺内感染、其他刺激性气体中毒、左心心力衰竭等疾病相鉴别。

（五）治疗

（1）立即脱离中毒现场，脱去污染的衣物，清洗污染的皮肤及毛发，静卧休息，严密观察并给予对症治疗。

（2）保持呼吸道畅通，合理给氧。

（3）防治肺水肿、脑水肿，早期、足量、短程使用肾上腺糖皮质激素。

（4）早期使用抗氧化剂，减轻呼吸道损伤，预防感染、防治并发症。

四、铬及其化合物中毒

铬是一种银灰色、抗腐蚀性强、硬而脆的黑色金属，比重7.2，熔点1890℃，沸点2482℃，溶于稀盐酸及硫酸，主要以金属铬、三价铬和六价铬三种形式出现。工业上常用的是六价铬和三价铬化合物，如氧化铬、三氧化铬、铬酸、氯化铬、铬酸钠、铬酸钾、重铬酸钾和重铬酸钠等。

（一）接触机会

铬在自然界中分布很广，在冶金和电镀工业中有着重要用途。其主要职业接触机会如下。

1. 铬铁矿生产

主要见于冶炼金属铬，矿渣可用于制造砌筑工业炉用的耐火材料，铬铁矿石加碱还可用于生产铬酸钠和重铬酸钠。

2. 冶炼工业

金属铬主要用于生产合金约占铬总消耗量的80%，其中不锈钢含铬约13%、铬铁含铬60%；铬与铁、镍、钼、钨等，还可制成各种特殊钢。

3. 电镀工业

主要使用铬酸镀铬，电镀时有大量铬酸雾逸出。

4. 颜料和感光工业

铬酸盐（铁、铅、锌、钙、钡）多用于制作颜料、油漆；铬酸铵用作照相感光剂。

5. 其他

重铬酸盐常作为强氧化剂用于鞣皮；用重铬酸钾配制的用于试验室、药厂清洗玻璃器皿的“洗液”被广泛使用；此外铬矾可用作皮毛的媒染剂、固色剂等。

以上生产和使用铬化合物的工业可接触到铬的烟尘、铬酸雾等，其接触水平为0.005~1mgCr/m^3。

（二）致病机制

所有铬的化合物都有毒性，三价铬是人体必需微量元素，毒性很小；六价铬毒性比三价铬高100倍，六价铬在人体内的代谢可产生五价铬中间体及多种氧自由基，通过和蛋白质及核酸紧密结合发挥毒性作用。铬酸盐可经呼吸道、消化道和皮肤吸收。

（三）临床表现

1. 急性中毒

接触高浓度铬酸或铬酸盐，可刺激眼、鼻、喉及呼吸道黏膜，引起灼伤、充血、鼻出血等。严重者因肾衰竭死亡。

2. 慢性中毒

病变部位主要在皮肤和鼻。皮炎表现为片块状红斑、疹典型的皮肤溃疡称铬疮，为不易愈合的侵蚀性溃疡，多发生在手指、手背易擦伤部位，溃疡边缘隆起而坚硬，中间凹陷，上覆黄褐色结痂，外观呈“鸡眼状”，可深达内膜，治愈后留有边界清楚的圆形疤痕。铬酐、铬酸、铬酸盐及重铬酸盐等六价铬化合物可引起以鼻黏膜糜烂、溃疡和鼻中隔穿孔为主的铬鼻病。另外铬化合物生产者肺癌发病率增高。

（四）诊断与鉴别诊断

职业性铬中毒尚无国家诊断标准，具有铬化合物确切的职业接触史，以呼吸道炎症、发绀、哮喘、肝肾损伤为主的临床表现，尿铬增高均对诊断有提示作用。

铬引起的哮喘可依照《职业性哮喘诊断标准》（GBZ 57—2019）进行诊断；铬性皮肤损害则可依照《职业性皮肤病的诊断　总则》（GBZ 18—2013）、《职业性接触性皮炎的诊断》（GBZ 20—2019）等标准诊断；铬鼻病可依照已有国家职业卫生标准《职业性铬鼻病的诊断》（GBZ 12—2019）进行诊断。

其呼吸道刺激症状应注意与刺激性气体中毒五氧化二钒中毒相鉴别；出现肝肾功能损害血液变化应与砷中毒相鉴别。

（五）治疗

1. 纠正中毒

（1）吸入大量铬酸或铬酸盐时，患者应迅速转移到空气新鲜处，保持呼吸道通畅，给氧；出现呼吸道症状可使用5%碳酸氢钠溶液雾化吸入、镇咳药；哮喘可用支气管扩张剂和肾上腺糖皮质激素类。

（2）口服中毒者应尽快洗胃，并用60mL的50%硫镁溶液导泻，服用牛奶和蛋清保护胃黏膜，并给予硫代硫酸钠、二巯丙磺钠或二巯丁二钠等，以促进铬的排出。呕吐严重者应输液，保持水和电解质平衡，防止休克；此外，还应注意保护肝、肾功能，早期实施补液利尿疗法，必要时应用血液净化疗法；出现高铁血红蛋白血症时，可使用小剂量亚甲蓝（1~2mg/kg）治疗。

（3）慢性中毒则以对症支持治疗为主。

2. 皮肤损害

参见职业性皮肤病处理原则（见GBZ 18—2013）。

3. 铬鼻病

局部可用10%维生素C溶液擦洗或涂5%硫代硫酸钠软膏，以促进溃疡愈合；已形成鼻中隔穿孔时可进行鼻中隔修补术。

五、铟及其化合物中毒

（一）接触机会

自然界无游离态的铟单质，铟主要以伴生矿的形式存在于闪锌矿、赤铁矿、方铅矿以及其他多金属硫化物矿石中。铟金属主要用于生产平板显示器所需的铟锡氧化物（ITO），占铟金属使用量的60%~70%，其他铟化合物尚有氧化铟、氢氧化铟、磷化铟、砷化铟、三氯化铟、硫酸铟等。铟及其化合物具有良好的延展性和传导性，因此被广泛应用于计算机、太阳能电池、电子、光电、国防军事、航天航空、核工业和现代信息产业等高科技领域。铟及其化合物的接触主要发生在冶炼、电子制造、核医学、航空部件生产以及日常使用高科技产品中，在这些领域工作或使用相关产品和服务的人群可能会发生暴露。

（二）致病机制

在职业生产生活中，呼吸道吸入是暴露铟及其化合物主要的危险途径之一，劳动者通过长期吸入可溶性和难溶性铟化合物粉尘或蒸气，可能会导致血液中铟浓度升高。此外，皮肤接触虽然不是主要途径，但也不能完全忽视，特别是在液体或溶液形式的可溶性铟盐接触时，可能会透过皮肤进入人体。经各种途径吸收入血的铟可与血浆蛋白（转铁蛋白、α- 球蛋白和白蛋白）结合，迅速转运到软组织及骨骼。

（三）临床表现

铟及其化合物中毒的临床表现主要取决于暴露途径、剂量和暴露时间，铟及其化合物中毒主要是由吸入高浓度的铟粉尘或烟雾导致的一系列病症，病变早期患者可能出现的临床症状包括呼吸道刺激、咳嗽、气喘、胸闷和呼吸困难等症状等，肺功能可能正常，随着病情进展，可能导致慢性支气管炎和肺纤维化，出现限制性通气功能障碍和弥散功能降低，胸片和 CT 检查提示毛玻璃和纤维化改变。慢性铟及其化合物中毒存在剂量效应关系。因此，作业场所铟及其化合物浓度检测超过职业接触限值或全血铟浓度明显增高有助于病因学诊断。通过消化道摄入铟及其化合物可能导致恶心、呕吐、腹痛、腹泻等消化系统症状，严重中毒可能导致肝肾功能损害。

（四）诊断与鉴别诊断

依据国家已颁布的《职业性铟及其化合物中毒的诊断》（GBZ 294—2017）进行诊断。

1. 诊断原则

根据 6 个月以上接触较高浓度铟及其化合物的职业史，出现以呼吸系统损害为主的临床表现，胸部影像学和病理检查符合肺泡蛋白沉积症或间质性肺疾病，结合职业卫生学调查和血铟的检测结果，参考职业健康监护资料，综合分析，排除其他原因所致类似肺部疾病，方可诊断。

2. 具体诊断方法

（1）肺泡蛋白沉积症。接触较高浓度铟及其化合物 6 个月以上。出现渐近性呼吸困难，可伴有咳嗽、咳痰、胸闷等症状，且同时满足以下两条：① X 射线胸片常表现为双肺对称的弥漫细小的羽毛或结节状浸润影，并可见支气管充气征，肺门旁浸润阴影多延伸至外带，呈“蝴蝶状”分布，双肋膈角常不受累及。胸部 CT 多表现为双肺多发磨玻璃结节影，呈“地图”样分布，小叶内和小叶间隔增厚，典型者呈“铺路石征”，部分可见散在片状模糊影及实变影、支气管充气征，晚期少数病例有肺间质纤维化的表现。②支气管肺泡灌洗液或肺组织病理见过碘酸雪染色（PAS）阳性颗粒状富磷脂蛋白样物质，且电镜下见嗜锇板层小体。

（2）间质性肺疾病。接触较高浓度铟及其化合物 2 年以上。出现咳嗽、咳痰、胸闷，可伴有呼吸困难等症状，体格检查双下肺常闻及吸气末爆裂音（Velcro 啰音），晚期可伴有杵状指（趾），且同时满足以下两条：① X 射线胸片早期显示双下肺野模糊阴影，密度增高如“磨玻璃样”，病情进展可出现双肺弥漫性网状或网状结节状浸润阴影。晚期有大小不等的囊状改变，呈蜂窝肺，肺体积缩小，膈肌上抬，叶间裂移位等。胸部 CT 常表现为两肺局部或广泛磨玻璃影，小叶中心结节、不规则线状影或网格状影，可见纤维化改变（蜂窝影、牵引性支气管扩张）和肺气肿。②病理检查符合间质性肺炎的改变，可见胆固醇结晶、胆固醇肉芽肿、巨噬细胞吞噬胆固醇晶体、巨噬细胞吞噬颗粒等。

3. 鉴别诊断

诊断时应与肺炎、肺水肿、肺癌及其他间质性肺疾病相鉴别。

（五）治疗

中毒患者均应调离铟及其化合物作业场所。目前尚无针对铟中毒的特效解毒药，多采用对症支持治疗。间质性肺疾病以肾上腺糖皮质激素减轻或阻止肺纤维化治疗为主；肺泡蛋白沉积症以全肺灌洗为主。建议对铟职业接触者每年进行 1~2 次体检，评估血清铟浓度和肺功能参数。

（王多多　余志林）

第十二节　案 例 分 析

一、铅及其化合物中毒案例

（一）职业史

患者男性，48 岁，2020 年 7 月至 2023 年 8 月在某科技股份有限公司主要从事铅酸蓄电池生产相关工作，工作中接触铅化合物。患者上岗前未进行职业健康检查。2022 年 3 月 16 日在岗期间职业健康检查示：血铅 444.4μg/L，8 月 30 日血铅 622μg/L；2023 年 7 月 6 日在岗体检血铅 508.2μg/L。该公司未进行现场环境检测。

（二）临床资料

患者主诉“反复腹部隐痛、腹泻 1 月余”，既往体健。

入院查体：生命体征正常，神清，无贫血貌，齿龈未见铅线；心肺查体未见异常；腹软，全腹无压痛、反跳痛及肌紧张，肝脾肋下未扪及肿大，肝肾区无叩击痛，肠鸣音正常，双下肢无水肿；四肢肌力、肌张力正常，双侧腕关节以下触、痛觉稍减退，双下肢触、痛觉正常，深感觉无明显障碍，腱反射正常，指鼻试验、闭目难立征、跟膝胫试验阴性，伸舌、伸手无震颤，生理反射存在，病理反射未引出。

辅助检查：血铅 508.2μg/L、622μg/L，尿铅 110μg/L，尿 δ–ALA 10860μg/L，ZPP19.6μg/gHb，试验性驱铅治疗后尿铅 1690μg/24h。血红蛋白 137g/L；神经 – 肌电图示右侧尺神经感觉神经、右侧腓浅神经感觉神经纤维损害电生理改变；心电图示 P 波增宽，经颅多普勒示右侧大脑中动脉血流速度减慢；腹部彩色 B 超显示肝胆脾肾未见异常；尿大常规、大便常规、心肌酶、血清电解质、血糖、肝功能、肾功能、脑电图、胸片结果正常。

治疗经过：入院后予以 $CaNa_2$–EDTA 连续静脉滴注 3d，随后予以静脉滴注多种微量元素 3d 为一个疗程，住院期间予以四个疗程驱铅治疗的同时，予以甲钴胺营养神经等对症支持治疗。出院时复查血铅：203ug/L。

（三）案例具体分析

根据《职业性慢性铅中毒的诊断》（GBZ 37—2015）、《职业性慢性化学物中毒性周围神经病的诊断》（GBZ/T 247—2013），该患者符合职业性慢性中度铅中毒、轻度中毒性周围神经病，依据如下。

（1）从事铅酸蓄电池相关工作，有明确的铅及其化合物接触史；

（2）发现血铅升高 1 年余，有反复腹部隐痛、腹泻等症状；

（3）实验室检查提示其血铅>600μg/L，驱铅试验后尿铅>1000μg/24h；神经－肌电图显示其右侧尺神经感觉神经、右侧腓浅神经感觉神经纤维损害电生理改变。

（4）未发现感染性、免疫性、寄生虫性等引起腹部隐痛和腹泻的类似疾病；未发现免疫性、血管炎性、感染性、代谢性、营养障碍性、副肿瘤性等引起中毒性周围神经病的类似疾病。

二、汞及其化合物中毒案例

（一）职业史

患者男性，50岁，在某私人炼金作坊从事汞齐法炼金工作。主要工艺流程为将汞合金用氧焊枪（氧气、煤气）在容器底部加热至2000℃进行炼汞，汞蒸发后得到金。患者工作期间间断佩戴普通口罩、橡胶手套，穿工作服，每日工作约6h，未进行过职业相关的上岗、在岗培训和职业相关健康检查等。炼汞的房间约10m^2，无汞蒸气回收装置，仅有一台排气扇通风，现场未对环境进行监测等。

（二）临床资料

患者主诉“头晕、发热、胸闷、气促、咳嗽2d”入院，既往体健。

入院查体：体温36.5℃，脉搏92次/min，呼吸30次/min，血压172/112mmHg，血氧饱和度94%。神志清楚，无皮疹，口唇无发绀，咽红，齿龈无“汞线”，双肺呼吸音低，可闻及广泛湿啰音，未闻及干啰音，其余心、腹及神经系统未见阳性体征。

辅助检查：血气分析（氧浓度45%）示pH值7.45、二氧化碳分压43.60mmHg、氧分压66.80mmHg、氧合指数148mmHg、血氧饱和度93%；血常规示白细胞10.42×10^9/L、中性粒细胞百分比84.2%、淋巴细胞百分比11.2%、中性粒细胞绝对数8.77×10^9/L；C反应蛋白74.20mg/L，降钙素原4.470ng/mL；尿常规正常；肾小管指标检查示尿α_1微量球蛋白16.80mg/L、尿β_2微球蛋白4835.9μg/g肌酐、尿URBP 2814.01μg/g肌酐；胸部CT示双肺弥漫性病变，考虑化学性肺炎改变，双侧胸腔少量积液；腹部彩超示脂肪肝，左肾结石；血汞135μg/L；尿汞3178.6μg/g肌酐。

治疗经过：入院后给予0.125g二巯丙磺钠静脉滴注，3次/d，治疗3d后改为2次/d，连续治疗7d。间隔3d后进行下1个疗程，给予0.125g二巯丙磺钠静脉滴注，1次/d，连续治疗3d为1个疗程，共3个疗程的驱汞治疗，同时给予经鼻高流量湿化氧疗、320~400mg糖皮质激素甲泼尼龙琥珀酸钠治疗7d并给予护胃、化痰等对症处理。出院时复查肺部CT提示双肺炎性改变吸收，血汞24.3μg/L，尿汞91μg/g肌酐，尿α_1微量球蛋白、尿β_2微球蛋白均正常。

（三）案例具体分析

根据当时的《职业性汞中毒诊断标准》和《职业性急性化学物中毒性呼吸系统疾病诊断标准》，该患者诊断为职业性急性重度汞中毒，依据如下。

（1）有明确的职业接触史：患者在私人炼金作坊工作，工作中接触汞蒸气。

（2）临床表现支持：接触汞蒸气后出现头晕、发热、胸闷、气促、咳嗽。血气分析结果提示患者有低氧血症；肾小管功能指标异常且血尿汞超标；实验室检查提示患者肺部有化学性肺炎、胸腔积液。

（3）排除了其他原因导致的呼吸衰竭以及肾小管损害疾病。

三、砷及其化合物中毒案例

（一）职业史

患者邓某，男，40岁，2018年7月至2019年5月在某冶炼厂从事鼓风炉工工作。主要工艺流程为将井下锑原矿石（含有砷、铅、金等重金属，具体含量不详）经过球磨、加热等工艺生产含锑的相关产品，工作过程中接触砷化合物。患者上岗前未进行体检，未进行现场职业卫生检测；在岗体检结果：2018 年 4 月职业性体检发现砷超标 23ug/g。

（二）临床资料

主诉“头晕、乏力、四肢麻木 3 月”入院，既往体健。

入院查体：全身皮肤、巩膜未见黄染，皮肤未见过度角化、疣状增生、色素沉着及色素脱失；双肺呼吸音清，未闻及干、湿啰音；心律齐，心音可；腹软，全腹无压痛，无反跳痛，肝脾肋下未及，肝区无叩痛；双腕关节以下皮肤触痛觉减退，位置觉、图形觉正常，指鼻试验、闭目难立征、跟膝胫腓试验阴性，无明显颅神经定位征，双膝反射、跟腱反射存在，病理反射未引出。

辅助检查：发砷（两次）为 21.3μg/g，14.1μg/g；尿砷＜0.02mg/L；神经 – 肌电图示双上肢周围神经源性损害电生理改变；乙肝表面抗原阴性；血常规、大小便常规、肝肾功能，电解质，心肌酶，血糖，凝血常规，甲胎蛋白、癌胚抗原正常；心电图示窦性心动过缓；腹部彩超示肝胆脾双肾未见明显异常声像；胸片未见明显异常。

（三）案例具体分析

根据《职业性砷中毒的诊断》（GBZ 83—2013）、《职业性慢性化学物中毒性周围神经病的诊断》（GBZ/T 247—2013），该患者符合职业性慢性轻度砷中毒、轻度中毒性周围神经病，依据如下：

（1）患者职业史明确，工作中接触砷化合物；在岗职业性体检发砷超标 23μg/g。

（2）临床表现支持：患者头晕、乏力、四肢麻木 3 月。查体示双腕关节以下皮肤触痛觉减退。在岗体检及入院后多次检查提示发砷＞5μg/g；神经 – 肌电图提示其双上肢周围神经源性损害电生理改变，且未发现免疫性、炎性、代谢性、营养障碍性、副肿瘤性等引起周围神经损伤的其他疾病。

四、砷化氢中毒案例

（一）职业史

患者伍某，女，46 岁，在某冶炼锌厂从事制液工作。该厂主要工艺流程为将含锌的矿石（含砷 0.11%~0.29%）加入 98% 硫酸，在密闭的反应桶中搅拌、加热（90℃），再加入 25~250kg 锌粉进行搅拌，进行压滤以及压滤机卸板。2021 年 9 月 10 日，在伍某工作时，反应桶内出现比平时多的气体喷出，可闻到特殊气味。此人既往未做职业体检。现场职业卫生检测显示硫酸生产单元和锌锭生产单元砷和镉检测结果符合职业接触限值，未检测砷化氢。其余年份未检测砷化氢、砷和镉。

（二）临床资料

主诉“皮肤黄染，腰痛伴酱油色尿 7d”，既往体健。

入院查体：神清合作；全身皮肤、巩膜中度黄染，贫血貌，眼睑苍白，双肺呼吸音清晰，未闻及明显干、湿啰音，心率 67 次 / 分，律齐；腹平软，腹部无压痛，无明显反跳痛，双肾区无明显叩痛，肠鸣音可；四肢肌力、肌张力正常，生理反射存在，病理反射未引出。

辅助检查：多次查肾功能示肌酐 120~983μmol/L、尿素 2.16~56.88mmol/ L；心肌酶检查示乳酸脱氢 398~1412M/L、肌酸激酶 12~548M/L、肌红蛋白 66.6~1202μg/mL；肝功能检查示直接胆红素 3.6~18.4μmol/L、间接胆红素 11~96.6μmol/L、总胆红素 13.36~115.3mol/L，谷草转氨酶 21~142U/L、谷丙转氨酶 10~50U/L；血常规示白细胞（3.5~12.07）$\times 10^9$/L、中性粒细胞绝对值（2.94~10.97）$\times 10^9$/L、红细胞（1.36~2.34）$\times 10^{12}$/L、血红蛋白 42~72g/L、血小板（104~123）$\times 10^9$/L；脑利钠肽前

体 1009~9309pg/mL；PCT 0.15~0.71ng/mL；CRP 10.4~63mg/L；全自动尿沉渣分析示蛋白质 +++、红细胞 17.7/HPF、红细胞总数 10000/mL、已溶血红细胞数量 52.5/u、隐血 +++；血砷 883.3ug/L；尿砷 0.3mg/L；血清总淀粉酶 252~587U/L；尿肌酐校正尿 β_2– 微球蛋白 2.33~3.98ug/g 肌酐、尿 α_1 微球蛋白 78~158mg/L。胸部 CT 平扫示双下肺感染，双下肺部分肺组织膨胀不全，双侧胸腔少量积液；胆囊及肠道高密度影，请结合临床；盆腔少量积液。胃管、导尿管、腹腔导管置入状态；心脏、腹部、血管彩超示心内结构大致正常，左室功能正常，后心包少量积液，三尖瓣轻度反流，胆囊壁毛糙，请结合临床，胆总管、主胰管扩张，双肾实质回声增强，考虑双肾实质弥漫性病变，腹腔少量积液。

（三）案例具体分析

根据《职业性急性砷化氢中毒的诊断》（GBZ 44—2016）、《职业性急性化学物中毒性血液系统疾病诊断标准》（GBZ 75—2010）、《职业性急性化学物中毒性多器官功能障碍综合征的诊断》（GBZ 77—2019），该患者诊断为“职业性急性重度砷化氢中毒”，依据如下。

（1）患者职业史明确：从事锌生产的制液工作，中性浸出桶中配 30% 低酸，添加次氧化锌，再配 98% 浓硫酸至酸度到 50%，锌原料中含砷、铅、锌、镉，可产生砷化氢挥发出来。

（2）临床表现支持：患者在工作中急性起病，出现酱油肉眼血尿、乏力、头晕、巩膜黄染等急性血管内溶血的临床表现；血液学检查示重度贫血（血红蛋白 42g/L）；血清胆红素明显增高（血清总胆红素 115.3μmol/L，血清间接胆红素 96.6μmol/L）；尿潜血强阳性；为急性重度中毒性溶血性贫血，且无其他导致溶血性贫血和急性肝功能衰竭的因素，无急性胃肠炎、尿路结石、急性病毒性肝炎、胆囊炎和胆石症等疾病。

五、镉及其化合物中毒案例

（一）职业史

患者朱某，男，50 岁。患者为某冶炼厂职工，于 2007 年 7 月至 2021 年 11 月从事炉前工，接触镉及其化合物。患者无岗前体检相关资料；2019 年至 2021 年在岗体检尿镉 9.5~36.01μg/g 肌酐；2018 年至 2020 年现场职业卫生检测均提示镉及其化合物短时间接触容许浓度检测超国家接触限值（PC–STEL：0.02mg/m^3），底吹炉料仓下料处 0.4970~0.632mg/m^3、底吹炉炉前出渣口 0.058~0.373mg/m^3、侧吹炉放渣处 0.025~0.030mg/m^3；且同工种工人 4 人因关节疼痛、乏力、肾小管功能指标异常已经诊断为职业性慢性轻度镉中毒。

（二）临床资料

主诉“头晕、乏力、四肢关节疼痛、麻木 6 年”，既往体健。

入院查体：神清合作，心肺腹部未见异常，四肢骨干及关节无红肿、压痛。四肢肌力、肌张力正常，双上肢腕关节以下皮肤触痛觉减退，生理反射存在，克氏征、布氏征、巴氏征阴性。

辅助检查：尿镉 37.3μg/g 肌酐、43.1μg/g 肌酐，2 次尿肌酐校正（MRBP）26150.79μg/gCr、28614.21μg/gCr，2 次尿 β_2– 微球蛋白 1065.2μg/gCr、1250.0μg/gCr；血常规示红细胞 2.98×10^{12}/L、血红蛋白 96g/L、红细胞体积分布宽度 46.1fL、红细胞比容 28.8%；肾功能检查示尿素 10.24mmol/L，肌酐 246μmol/L、250μmol/L，胱抑素 C 2.78mg/L；影像检查示双侧胫腓骨、双侧尺桡骨正侧位片未见明显异常，胸部正侧位 右下肺小结节，考虑良性病变；肝胆脾肾常规彩超检查示左肾实质回声稍增强、左肾囊肿、右肾实质强回声，怀疑有钙化灶或右肾结石。尿、大便常规、肝功能、血糖、血脂、电解质、凝血功能、心电图无明显异常。

（三）案例具体分析

根据《职业性镉中毒的诊断》（GBZ 17—2015），患者诊断为职业性慢性重度镉中毒，依据如下。

（1）职业史明确：患者接触镉及其化合物，2018 年至 2020 年现场职业卫生检测均提示镉及其化合物短时间接触容许浓度检测值超国家接触限值。

（2）临床表现支持：临床表现为头晕、乏力、四肢关节疼痛、麻木；连续两次尿镉＞5μg/g 肌酐尿 β_2- 微球蛋白以及血肌酐异常，未发现其他原因如高血压、糖尿病、药物及其他毒物引起的肾脏疾病。

（3）流行病学支持：同工种工人有多人已诊断职业性慢性轻度镉中毒。

六、锰及其化合物中毒案例

（一）职业史

患者，姜某，61 岁，患者为某解锰厂工人，主要从事纤维袋锰粉抖落清除。该企业主要生产金属锰，其生产的主要工艺流程是将含锰原矿石（具体含量不详）经球磨、打碎后装运至装有液态硫酸等酸性液体的加工桶中，加热到 100℃左右，再将该混合液体电解提炼后生产出金属锰。该患者一人负责全厂的纤维袋整理。患者无上岗、在岗以及现场环境检测相关资料。该厂房其他工种有另外 2 人出现类似症状，并已经诊断职业性慢性轻度锰中毒。

（二）临床资料

主诉“头晕、四肢疼痛、双下肢乏力、麻木 2 月余”，既往体健。

入院查体：患者神志清楚，语音、语态正常，书写基本正常，弓形步态，双侧瞳孔等大等圆，对光反射灵敏。眼睑、伸舌、伸手无震颤，角膜反射、腹部反射、肱二头肌反射、肱三头肌反射、跟腱反射正常，双膝腱反射正常。双上肢自肘关节以下、双下肢自膝关节以下触痛觉均减退，四肢肌张力增高恒定，闭目难立征、跟－膝－胫试验、指鼻试验、轮替试验阴性，病理征阴性。

辅助检查：发锰 10.1μg/g；头部 MRI 示左侧基底节区腔隙性脑梗塞；胸片正常；神经－肌电图示上、下肢周围神经源性损害；心电图示窦性心律、正常心电图；肝肾功能、电解质、血糖、血脂、免疫全套、心肌酶、二氧化碳结合率、输血四项、凝血功能、大便常规、尿锰未见异常。

（三）案例具体分析

根据《职业性慢性锰中毒诊断标准》（GBZ 3—2006），该患者符合职业性慢性轻度锰中毒成立，依据如下。

（1）患者职业史明确，工作中接触锰烟尘。

（2）临床表现支持：患者有头晕、四肢疼痛、双下肢乏力、麻木 2 个月余。弓形步态、四肢肌张力增高恒定。发锰 10.1ug/g、尿锰正常；神经－肌电图显示上、下肢周围神经源性损害。

（3）流行病学支持：同工种工人有 2 人已诊断职业性慢性轻度锰中毒。

七、有机锡中毒案例

（一）事件经过

凌某，58 岁，冶炼工，生产工艺流程如下：1t 四辛基锡（含锡 30%）边加水边破碎，随后进入浆化槽，加 8t 水搅拌形成泥浆状物料，输送至反应槽，反应槽中加水的同时，加双氧水（200kg/槽）和碱片（约 300kg/ 槽）进行中和，pH 值调配至 6~7，浆料和片碱、双氧水发生反应，生产出氧化锡，反应时槽内温度约 80℃，反应完全后通过压滤泵输送至压滤机中进行压滤，得到氧化锡产品

（锡含量约 60%），滤液返回浆化槽和反应槽，极少部分进入公司总废水处理系统。整个过程中无加热。患者每天工作 12h，总共工作 4d。工作中佩戴防酸性气体口罩，工作场所通风可，既往无体检资料。同工种工友有 3 人发病。否认其他毒物及相关药物接触史。现场职业卫生检测、上岗前、在岗体检结果均无。

（二）临床资料

患者头晕、乏力、嗜睡伴记忆力减退、幻听 3d 余入院。四肢强直性痉挛、抽搐，可自行缓解，反复发作。记忆力、计算力、定向力减退，言语思维反应迟钝，听理解、复述、书写减退。双肺呼吸音稍低，可闻及散在湿啰音；心律齐，心音正常；生理反射存在，克尼格征、布鲁金斯氏征、巴宾斯基征、龙贝格征、脑膜刺激征均为阴性。血锡 192.8μg/L，尿锡 1237μg/L，均异常升高。并有化学性肺炎、代谢性酸中毒、低钾血症、心肌酶异常。入院补钾治疗后依然血钾低。脑电图中度异常。

（三）案例具体分析

患者毒物接触史明确，接触有机锡；临床表现为头晕、乏力、嗜睡伴记忆力减退、幻听 3d 余入院。记忆力、计算力、定向力减退，言语思维反应迟钝，听理解、复述、书写减退，潜伏期内出现四肢强直性痉挛、抽搐反复发作，并有化学性肺炎、代谢性酸中毒、低钾血症、心肌酶异常。入院补钾治疗后依然血钾低，脑电图中度异常，血锡、尿锡、有机锡检测结果异常，对照当时的诊断标准《职业性急性化学物中毒的诊断　总则》（GBZ 71—2013）、《职业性急性化学物中毒性神经系统疾病诊断标准》（GBZ 76—2024）、《职业性急性三烷基锡中毒诊断标准》（GBZ 26—2007），诊断为“职业性急性中度有机锡中毒”。

八、钡及其化合物中毒案例

（一）事件经过

2013 年 3 月 20 日开始，某公司将装有 328t $BaCO_3$ 的 12 个集装箱由港口经水路转运至仓库。为尽快完成将 $BaCO_3$ 由汽车集装箱转至码头集装箱的任务，公司临时聘用 17 名民工分 3d 进行搬运工作。第一天工作 5h，由 4 人搬运 108t 货物，其中 1 名民工搬运 2h 后出现咳嗽、恶心、呕吐、头昏症状停止工作，自服感冒药好转后未再接触毒物。3 月 29 日进行第二次搬运，由 7 名民工工作 5h 搬运 108t 货物，其中 1 名民工夜间感觉身体不适，距作业结束 8h 后就医途中出现意识障碍、呼吸困难，严重低钾，经抢救，治疗无效死亡。3 月 30 日，由 6 名民工工作 8.5h 搬运 112t 货物，1 名民工完成搬运 1 后突发晕厥、呼吸困难，严重低钾，经抢救，治疗无效死亡。其余民工次日陆续就医，经 2~6d 治疗均痊愈出院。

（二）临床资料

该事故共导致 14 名民工出现急性中毒症状，其中有 12 例患者就医，均为男性，年龄 43~58 岁，发病潜伏期 0.5~4h 不等。1 例患者出现昏迷、呼吸肌麻痹，伴有严重低钾血症。心电图示 ST 段压低，窦律，完性右束支传导阻滞，左前分支传导阻滞。血钾 1.1mmol/L。考虑呼吸道吸入及消化道吸收 $BaCO_3$ 所致中毒。入院后立即予以洗胃、硫酸镁导泻，以 60mL10% KCl 注射液 +100m LN 稀释后经胃管注入，建立静脉双通道，一通道先以 20mL 5% 硫代硫酸钠静脉注射解毒后，再以 500mL 生理盐水 +1.5g KCl 静脉滴入；另一组通道以 60~80 滴 /min 给予 500mL 生理盐水 +1.5g KCl。入院 5min 后，患者突发呼吸心搏骤停，立即予以心肺复苏、电除颤、气管插管等治疗。因呼吸肌麻痹、呼吸循环衰竭，经抢救无效死亡。其余 11 例患者意识清晰，其中咳嗽、胸闷、心悸 4 例，腹痛、腹泻3例，头昏、头痛3例，肌肉疼痛2例，口干、口苦5例，流涎3例，低钾血症2例（血钾3~3.5mmol/L）；均留院观察，予以0.64g硫代硫酸钠静脉注射解毒，静脉及口服补钾、能量合剂支持、保护心肌、抑酸护胃等对症治疗；2~6d后病情趋于平稳，陆续离院。

（三）案例具体分析

本次事件发生的作业场所通风不良且相对密闭，多人同时在集装箱内从事搬运工作，由于作业人员缺乏防护意识，未佩戴口罩等个人防护用品，部分工人工间休息时未清洗双手及面部即饮水、吸烟，增加了$BaCO_3$粉末摄入风险。先后多人次发生类似中毒表现时，均未引起用人单位及工人重视，就诊时未及时向医院提供毒物接触史信息，延误诊治，造成2例死亡的严重后果。

根据患者工作中直接接触$BaCO_3$粉尘，结合临床表现和辅助检查资料，确定该事故为一起由$BaCO_3$粉尘吸入所致的急性群体性中毒，根据《职业性急性钡及其化合物中毒的诊断》（GBZ 63—2017），2例为急性重度$BaCO_3$中毒、3例为急性轻度中毒、9例为接触反应。

九、镍及其化合物中毒案例

（一）镍中毒案例

1. 事件经过

2016年8月11日下午3:00—5:00，某热力发电厂的工人在维修锅炉水冷壁时，使用超音速电弧喷涂技术喷涂镍并佩戴了防护装置，而相隔5m且处于下风密闭环境中进行耐火涂层的4名工人未佩戴防护装置。其中2名工人闻到异味后脱离工作现场（暴露约1h），另外2名工人未离开（暴露2h）。

2. 临床资料

患者均出现乏力、发热、咳嗽、胸闷症状。最早出现的症状为乏力、发热，体温分别为38.8℃、39.2℃、38.7℃、38.6℃，平均体温为38.8℃。呼吸系统症状均出现较迟，出现时间分别为56h、66h、68h、120h。入院时患者平均PaO_2为62.5mmHg（1mmHg=0.133kPa）。暴露时间越长，症状出现越早，入院时PaO_2越低。患者均出现白细胞总数增高，病情越重，白细胞总数越高；肝肾功能未见明显损伤。患者胸部CT主要表现为两肺弥漫性斑片影及磨玻璃样改变，肺部病灶大小与病情严重程度相关。患者肺功能检查显示为限制性通气功能障碍和弥散功能障碍。

3. 案例具体分析

吸入性金属镍中毒的损伤机制主要是对肺泡Ⅱ型上皮细胞的直接损伤。目前无吸入性金属镍中毒对其他系统造成损伤的报道。其临床表现主要为呼吸系统损伤的症状。本组病例的临床特点如下：早期症状不典型，呼吸道症状和肺部影像学改变分别出现于接触后56h、66h、68h、120h，此前表现为乏力、发热而无呼吸道症状，均误诊为感冒。

关于急性羰基镍中毒治疗的报道较多，而急性吸入性金属镍治疗目前无报道。本组病例以对症治疗为主，2例轻度中毒患者予鼻导管给氧，2例重度中毒患者予机械通气，按照ARDS的肺保护性通气策略行机械通气。本组病例根据病情轻重，选择糖皮质激素的剂量。4例患者治疗后均好转出院。

（二）羰基镍中毒案例

1. 事件经过

2012年12月7日，某化工厂在检修催化反应装置及更换镍基催化剂过程中，发生一起4人急性中毒事件。该厂为利用水煤气生产氢气最终合成苯胺的小型企业。氢气生产以水煤气为原料，使用镍基催化剂，在催化反应装置中生成氢气与一氧化碳。

其催化反应装置露天布置，四周无遮挡，主要由两侧 7 根竖立的圆柱形转化管构成，每根管直径 0.1m、高 14m；管内装填约 120kg 固态柱状带孔镍基催化剂。2012 年 12 月 6 日生产出现异常，检查发现有转化管破裂，随即停车检修。共 30 名工人参加此次检修工作，其中 3 人卸放催化剂，27 人在距离催化反应装置约 7m 的空地处挑选、回收形态完整的催化剂。12 月 7 日 14:00 开始放催化剂，3 位工人在卸放过程中嗅到炕洞土气味，操作约 30min 后 3 人感头昏、头痛、全身乏力、咽部不适，未引起重视，约 4h 后完成卸放工作；当晚 3 人出现胸闷、气短、干咳、畏寒、发热等症状；第 2d 仍坚持工作，其间咳嗽、乏力、呼吸困难进行性加重，晚上 1 人被急送当地医院救治；第 3d 清晨另 2 人到医院就诊。27 名挑选催化剂的工人在操作中未嗅到异常气味，第 2d 晚上有 1 人出现胸闷、胸痛、呼吸困难症状，于第 3d 就诊。4 例患者在当地医院急诊接受抗炎治疗症状减轻，均于第 4 天转院治疗。

2. 临床资料

4 例患者均为男性，年龄 30~41 岁，平均年龄 37 岁。中毒后第 4d 转院后入院检查，3 例体温 37.3~37.8℃，脉搏 113~125 次 /min，呼吸频率 25~30 次 /min，血压 89~138/60~78mmHg；4 例均口唇轻度发绀，双肺闻及湿啰音；辅助检查示 4 例白细胞（10.1~18.24）$\times 10^9$/L，中性粒细胞 0.88%~0.92%；血气分析（吸氧 3L/min）示 3 例 pH 值为 7.39~7.41，$PaCO_2$ 为 39.5~40.4mmHg，PaO_2 为 45~63mmHg，HCO_3^- 为 23.8~27mmol/L，碱剩余为 1，SaO_2 为 81%~92%，氧合指数为 130~191；心电图 3 例示窦性心动过速。胸部 CT 示 2 例双肺散在斑片状模糊阴影，2 例双肺弥漫毛玻璃状片状浸润阴影，且其中 1 例伴有少量胸腔积液。中毒后第 5d 查血镍 9.6~23.84μg/L（正常参考值 2.88~6.99μg/L），尿镍 158.2~587.6μg/L（正常参考值＜11μg/L）。立即予吸氧，卧床休息，甲强龙、呋塞米、抗生素等治疗肺水肿，防治感染，重症者加用无创呼吸机辅助呼吸，对症及支持治疗。住院 7d 后自觉症状均明显好转，血常规、血气分析恢复正常；1 例住院 10d 后症状消失，尿镍、血镍恢复正常，肺 CT 病灶吸收出院；3 例住院 17~20d 后症状消失，复查尿镍、血镍恢复正常，肺 CT 病灶基本吸收陆续出院。随访 1 年，未发生后遗症。

3. 案例具体分析

根据患者以急性呼吸系统为主的临床表现、胸部 X 射线改变、血气分析及血镍、尿镍超标，结合现场空气中检测出羰基镍，依据《职业性急性羰基镍中毒诊断标准》（GBZ 28—2010），经职业病诊断组诊断急性重度羰基镍中毒 3 例，急性中度羰基镍中毒 1 例。

催化反应装置在正常操作和开、停工时，生成羰基镍的可能性很小；但使用镍基催化剂，在有一氧化碳存在的情况下，装置在开、停工及卸放催化剂时易生成羰基镍。

本次事故的原因有以下几个方面：①检修时间由 4d 压缩成 3d，未能在降温过程中充分置换出循环管道中的一氧化碳，导致大量羰基镍生成；②本次检修更换了全部转化管，卸放催化剂的量较以往更大；③企业事前不清楚在检修过程中有可能接触羰基镍，未采用有效的防护措施，且当多名检修工人出现类似症状时，未意识到中毒可能并及时采取相应措施；④工人的自我保护意识薄弱，既往虽多次出现症状，但未引起重视并报告厂方；此次出现明显中毒症状后，仍继续工作，未及时就诊。

（黄春桃　王多多　赖　燕）

第七章　职业性刺激性气体中毒

07

第一节　概　　述

刺激性气体（irritangt gases）是指对眼、呼吸道黏膜和皮肤具有刺激作用，引起机体以急性炎症、肺水肿为主要病理改变的一类气态物质，包括在常温常压下的气体，以及常温常压下非气体，但可以通过蒸发、升华或挥发后形成蒸气或气体的液体或固体物质。刺激性气体种类很多，按化学结构和理化特性，可分为酸（无机酸、有机酸）、成酸氧化物、成酸氢化物、卤族元素、无机氯化物、卤烃类、酯类、醚类、醛类、酮类、氨胺类以及金属化合物等，常见刺激性气体有氯、氨、甲醛、光气、氮氧化物、二氧化硫、氟化氢、硫酸二甲酯等。

职业性刺激性气体中毒（irritative gases poisoning）是指劳动者在职业活动中因接触刺激性气体而产生的一系列病理生理改变及中毒表现，严重者出现呼吸衰竭，多脏器功能损害，甚至死亡。

一、接触机会

由于刺激性气体多具有腐蚀性，容易腐蚀生产设备、阀门或管道等而发生跑、冒、滴、漏，在化学工业生产中最为常见，在医药、冶金等行业也有可能接触。

二、致病机制

刺激性气体多通过呼吸道进入机体，通常以局部损害为主，其毒作用的共同特点是引起眼、呼吸道黏膜及皮肤不同程度的炎症病理反应，刺激作用过强时可引起喉头水肿、肺水肿以及全身反应。病变的部位与刺激性气体水溶性有关，病变程度主要取决于吸入的浓度和持续接触时间。

水溶性高的刺激性气体易溶解附着在湿润的眼和上呼吸道黏膜局部，立即产生刺激作用，出现流泪、流涕、咽痒、呛咳等症状，如氯化氢、氨。中等水溶性的刺激性气体作用部位与浓度有关，低浓度时只侵犯眼和上呼吸道，如氯、二氧化硫；高浓度时可侵犯全呼吸道。水溶性低的刺激性气体通过上呼吸道时溶解少，故对上呼吸道刺激性较小，如二氧化氮、光气，但易进入呼吸道深部，对肺组织产生刺激和腐蚀，常引起化学性肺炎或肺水肿。液态刺激性气体物质直接接触皮肤黏膜或溅入眼内可引起皮肤灼伤及眼角膜损伤。

三、临床表现

（一）急性中毒

1. 眼、上呼吸道的刺激症状

眼、上呼吸道的刺激症状主要表现为眼结膜充血、流泪、畏光、流涕及喷嚏、咽痛、咽部充血、发音嘶哑、呛咳等。

2. 喉痉挛（laryngospasm）或喉水肿（laryngeal edema）

喉痉挛或喉水肿主要因吸入高浓度刺激性气体引起。喉痉挛常突然发生，表现为呼吸急促和喉鸣，可因缺氧、窒息而导致发绀甚至猝死；喉水肿发生较缓慢，持续时间较长，不容忽视。

3. 化学性气管炎（chemical tracheitis）、支气管炎（bronchitis）及肺炎

急性中毒可引发化学性气管炎、支气管炎及肺炎，可表现为剧烈咳嗽、胸闷、胸痛、气促，肺部听诊为呼吸音粗糙、痰鸣音。若发生肺炎，患者肺部可闻及湿啰音，体温、白细胞均可升高。支气管黏膜损伤严重时，恢复期可因黏膜破溃、脱落而咳出坏死组织，有突发呼吸道阻塞，甚至窒息的风险。

4. 化学性肺水肿分期

化学性肺水肿临床上分为4期。

（1）刺激期（stimulation period）：吸入刺激性气体后迅速发生，主要表现为气管－支气管黏膜的急性炎症，出现呛咳、胸闷、气促、头晕、恶心等症状。

（2）潜伏期（latent period）：刺激期症状逐渐减轻或消失，病情相对稳定，但肺部潜在病理改变仍在继续发展，经过一段时间后进展为肺水肿。此期长短主要取决于毒物的溶解度和浓度，水溶性大、浓度高的刺激性气体潜伏期短。一般为4~24h，个别可超过36h，也有短至数10min者。另外，患者自身的心肺情况对潜伏期长短有很大影响，若有慢性心肺功能不全的基础，或合并感染、劳累、精神亢奋等，即使轻度中毒患者，仍可在48h后发生肺水肿。此期患者临床表现虽不突出，却是防治肺水肿极为珍贵的“先机”，是及时阻断病程进展、有效改善肺水肿预后的关键时期。

（3）肺水肿期（pneumonedema period）：经过一定潜伏期后，症状突然加重，表现为剧咳、气促、烦躁、呼吸困难、大量泡沫样痰，查体可见发绀，两肺闻及弥漫性湿啰音，因肺间质、肺泡腔内大量液体渗出，可出现通气/血流比例失调，发生严重低氧血症，甚至导致急性呼吸窘迫综合征（ARDS）。患者出现血压下降，血液浓缩，白细胞可达（20~30）$\times 10^9$/L，胸部X射线检查早期可见肺纹理增粗、边缘模糊不清，肺野透亮度降低，肺门增大；随肺水肿进展，可见散在分布的、大小不等的点片状模糊阴影，境界不清，有时可呈从肺门向两侧肺野放射的大片阴影——“蝶翼征”。

（4）恢复期（recovery period）：如无并发症，肺水肿多在2~3d内控制，胸部X射线检查异常多在1~2周后逐渐消失。

（二）慢性中毒

长期或反复接触超过刺激阈的刺激性气体，可致慢性支气管炎、结膜炎、鼻炎、咽炎，甚至引起持续性、进行性加重的、不完全可逆的气流阻塞，导致慢性阻塞性肺疾病（COPD）。

四、诊断及鉴别诊断

（一）急性刺激性气体中毒

参照《职业性急性化学物中毒的诊断　总则》（GBZ 71—2013）、《职业性急性化学物中毒性呼吸系统疾病诊断标准》（GBZ 73—2009）等职业病诊断标准，根据明确的刺激性气体吸入史、典型的呼吸道刺激症状和以急性呼吸系统损害为主的临床表现、体征，结合血气分析、胸部X射线影像学检查，进行综合分析，排除其他病因所致类似疾病后，可作出急性刺激性气体中毒的诊断。

需要指出的是，X射线影像学表现有一定的滞后性，动态观察影像学表现有助于诊断。应注意与上呼吸道感染、细菌性或病毒性肺炎、心源性肺水肿等疾病相鉴别。

（二）慢性刺激性气体中毒

参照《职业性慢性化学物中毒诊断标准　总则》（GBZ/T 329—2024）、《职业性刺激性化学物质所致慢性阻塞性肺疾病诊断标准》（GBZ 237—2024）等职业病诊断标准，根据长期或反复接触刺激性化学物的职业接触史，相应的呼吸道损害的临床表现和实验室检查结果，以及发病、病程与职业接触的关系，结合工作场所动态职业卫生学调查、有害因素检测资料等，综合分析，排除其他非职业因素的影响，可作出慢性刺激性气体中毒的诊断。

该类疾病多缺乏特异性的临床表现，诊断相对较困难。应注意与支气管哮喘、充血性心力衰竭、支气管扩张症、肺结核、闭塞性细支气管炎、弥漫性泛细支气管炎等疾病相鉴别。

五、治疗

治疗原则参考本书第三章第一节。

（一）病因治疗

应迅速使患者脱离现场，移至空气新鲜处，保持安静及保暖；眼部、皮肤受污染时，应立即用清水或生理盐水彻底冲洗，更换患者衣物，防止化学物进一步吸收；对有特效解毒剂或中和剂的毒物，合理应用解毒剂或中和剂以排出患者体内已吸收的化学物及代谢产物。部分重症患者需血液净化治疗。

（二）一般治疗

对于出现呼吸道刺激症状者，医学监护至少24h，重点观察血氧饱和度变化，观察时间视具体中毒气体而定，并尽早行胸部X射线检查、血气分析。观察期间应卧床休息，消除紧张烦躁情绪，必要时可给予镇静剂，并避免体力负荷、情绪激动等，适当限制静脉补液避免心脏负荷加大。

（三）对症支持治疗

应积极预防、治疗肺水肿，纠正缺氧，保持呼吸道通畅，维持水电解质平衡，改善微循环，预防感染及其他并发症。

1. 早期合理氧疗

刺激性气体中毒时，患者肺通气功能和换气功能均有损伤，血氧分压降低。给予合理氧疗方式，维持动脉氧分压80mmHg以上，动脉血氧饱和度>95%。常用的氧疗方式为鼻导管吸氧，氧流量可自2~3L/min逐渐升至5L/min，血氧不能维持者予以面罩吸氧。患者发生严重肺水肿或ARDS，低氧血症难以纠正时，应给予呼吸机辅助通气。呼吸机辅助通气为正压通气，可改善肺泡通气，阻止液体向肺泡腔渗出，促进水肿液回吸收，有助于提高肺顺应性，改善通气/血流比例，纠正缺氧。使用呼吸机辅助通气需要注意正压通气对循环的影响，正压通气影响静脉回流，可使回心血量减少，降低心脏前负荷，对充血性心力衰竭的患者有利，但心输出量会随之减少，因此血容量偏低时慎用。

2. 糖皮质激素

糖皮质激素的使用对预防和治疗急性肺水肿，防治 ARDS 及防止闭塞性支气管炎的发生都非常重要。糖皮质激素具有解毒、抗过敏、抗炎作用，早期应用可清除自由基，能降低肺毛细血管的通透性，减少渗出，缓解支气管痉挛，改善通气，稳定细胞溶酶体膜，减轻肺组织损害，促进肺泡Ⅱ型上皮细胞分泌表面活性物质，保持肺泡稳定性，并具有抑制脂质过氧化作用。应根据患者病情严重程度，早期、足量、短程应用糖皮质激素。中毒性肺水肿经积极治疗后一般预后较好。

3. 解痉、消泡剂

应保持患者呼吸道引流通畅。给予雾化或喷雾吸入支气管解痉剂，如沙丁胺醇雾化、博利康尼喷雾吸入等，帮助患者解除支气管痉挛、减轻黏膜水肿、湿化气道、稀释和促进痰液排出。患者因肺水肿而造成大量泡沫阻塞气道时可喷雾吸入二氧化硅油气雾剂（消泡净），间断使用至肺部湿啰音明显减少。对于有喉头水肿、声门痉挛或气道内有大片气道黏膜脱落出现窒息或严重肺部感染、脓痰不易咳出，或有难以改善的缺氧、高碳酸血症、肺性脑病者，必要时进行气管切开术。但由于大多数刺激性气体损伤气道，气管切开可加重损伤并有促使黏膜脱落阻塞气道的危险，需谨慎评估。

4. 利尿剂

应进行缓慢补液，小剂量利尿，维持水电解质平衡。其目的是降低血液粘稠度，减轻心脏负荷，增加有效循环血量，从而达到改善全身组织缺氧的状态。

5. 改善微循环

研究表明，肺内血流瘀滞，微血栓形成引起的循环功能障碍是导致 ARDS 发生低氧血症的关键。在上述增加有效循环血量的基础上，予以血管活性药物、抗凝治疗可改善肺循环，减轻急性肺损伤（ALI）或 ARDS 引起的低氧血症。

6. 预防并发症

要积极防治肺部感染，预防纵隔气肿及自发性气胸、肺不张的发生，避免进展为肺纤维化等。警惕重症缺氧引起的心、脑、肾等重要脏器功能的损害。

7. 其他

应注意关注患者心理健康问题，加强营养支持治疗，尽早积极进行呼吸康复治疗。

（何蔡为　赵娜娜）

第二节　氯 气 中 毒

氯气（chlorine，Cl_2），常温常压下为黄绿色、具有异臭和强烈刺激性的气体，易压缩，高压下可化为琥珀色的液体。氯气易溶于水和碱性溶液以及二硫化碳和四氯化碳等有机溶液，低温下遇水可生成次氯酸和盐酸，次氯酸再分解为氯化氢和新生态氯，成为强氧化剂和漂白剂；在高热条件下可与一氧化碳作用，生成毒性更大的光气；在日光下与易燃气体混合时会发生燃烧爆炸。

职业性氯气中毒，是指劳动者在职业活动中短期内吸入较大量氯气所致的以急性呼吸系统损害为主的全身性疾病。

一、接触机会

氯气是氯碱工业的主要产品之一，主要用于农药、漂白剂、消毒剂、塑料、合成纤维及各种含氯化合物（盐酸、光气、氯乙醇、氯乙烯等）的制造，广泛用于制药业、造纸业、印染业、皮革业、农业中的漂白，以及医院、游泳池、自来水的消毒等。氯气的制造、罐装、运输、储藏及使用过程中，如发生密闭不良、储罐泄漏、管道阀门破裂或意外爆炸等，均可造成氯气外逸，引起中毒。

二、致病机制

氯气主要作用于气管、支气管、细支气管，也可作用于肺泡。氯气由呼吸道侵入人体后，会在呼吸道黏膜表面与水作用生成盐酸和次氯酸，盐酸可使上呼吸道黏膜水肿、充血和坏死。由于生物体内不具备将次氯酸再分解的能力，次氯酸可迅速透过细胞膜，破坏膜的完整性、通透性以及肺泡壁的气 - 血、气 - 液屏障，从而引起眼、呼吸道黏膜充血、炎性水肿、坏死，高浓度接触时可致呼吸道深部病变形成肺水肿。次氯酸还可与含巯基的化合物反应，抑制多种酶活性。吸入高浓度氯气还可引起迷走神经反射性心搏骤停或喉痉挛，出现“电击样”死亡。

三、临床表现

（一）急性中毒

起病急，通常无潜伏期，其损伤部位、性质、严重程度与吸入量、吸入浓度、时间、患者自身状况及当时采取的防护措施等因素密切相关。

吸入少量低浓度氯气时，可出现一过性眼和上呼吸道黏膜刺激症状，表现为畏光、流泪、咽痛、呛咳，数小时内可自行缓解。

吸入量增大时，可出现眼黏膜炎和急性气管 - 支气管炎和支气管周围炎表现，如畏光、流泪、咽痛、呛咳等。

吸入较高浓度氯气时，可出现胸闷、气促、咳嗽、咳痰、胸骨后疼痛，以及恶心、呕吐、腹痛、头痛、烦躁、嗜睡等消化道和神经系统症状，为刺激期。经 1~2h 潜伏期进入肺水肿期，表现为呼吸困难、发绀、咳白色泡沫样痰甚至血痰，满肺可闻及干、湿啰音。少数患者潜伏期可达 12h。有患者出现支气管黏膜坏死脱落导致窒息死亡。胸部 X 射线检查显示肺纹理增多模糊，肺门阴影增宽境界不清，两肺散在点片状阴影和网状阴影，肺野透亮度减低，常可见水平裂增厚，有时可见支气管“袖口征”及克氏 B 线。血气分析呈现不同程度的低氧血症，早期可伴低碳酸血症，后转变为呼吸性酸中毒合并代谢性酸中毒。

吸入极高浓度氯气时，可刺激呼吸道黏膜内末梢感受器，致局部支气管平滑肌反射性挛缩加剧通气障碍，甚至喉头痉挛窒息死亡。还可兴奋迷走神经反射性心搏骤停，导致“电击样”死亡。部分患者易发生反应性气道功障碍综合征、阻塞性毛细支气管炎、喘息性支气管炎、哮喘等。少数重症患者可发生肺部感染、上消化道出血、气胸、纵隔气肿等并发症。

（二）慢性中毒

长期接触一定浓度的氯气可发生慢性结膜炎、上呼吸道炎、口腔炎、鼻黏膜溃疡、嗅觉减退、牙齿酸蚀、支气管炎、哮喘、肺气肿及慢性阻塞性肺疾病（COPD）；皮肤易发生痤疮样皮疹甚至疱疹，被称为“氯痤疮”。

四、诊断与鉴别诊断

（一）急性中毒

参照《职业性急性氯气中毒诊断标准》（GBZ 65—2002）进行诊断。

1. 诊断原则

根据短期内吸入较大量氯气后迅速发病，结合临床症状、体征、胸部X射线表现，参考现场劳动卫生学调查结果，综合分析，排除其他原因引起的呼吸系统疾病，可诊断为职业性急性氯气中毒。

急性氯气中毒应注意与其他刺激性气体中毒、呼吸道感染、细菌性或病毒性肺炎、心源性肺水肿等相鉴别。

出现一过性眼和上呼吸道黏膜刺激症状，肺部无阳性体征或偶有散在性干啰音，胸部X射线无异常表现，称为刺激反应，应进行医学观察。

2. 诊断分级

诊断标准中将职业性急性氯气中毒分为三级。

（1）轻度中毒。临床表现符合急性气管-支气管炎或支气管周围炎。如出现呛咳、可有少量痰、胸闷，两肺有散在性干、湿啰音或哮鸣音，胸部X射线表现可无异常或可见下肺野有肺纹理增多、增粗、延伸、边缘模糊。

（2）中度中毒。凡临床表现符合下列诊断之一者：①急性化学性支气管肺炎。如有呛咳、咯痰、气急、胸闷等，可伴有轻度紫绀；两肺有干、湿啰音；胸部X射线表现常见两肺下部内带沿肺纹理分布呈不规则点状或小斑片状边界模糊、部分密集或相互融合的致密阴影。②局限性肺泡性肺水肿。上述症状、体征外，胸部X射线显示单个或多个局限性轮廓清楚、密度较高的片状阴影。③间质性肺水肿。如胸闷、气急较明显；除肺部呼吸音略减低外，可无明显啰音；胸部X射线表现肺纹理增多模糊，肺门阴影增宽境界不清，两肺散在点状阴影和网状阴影，肺野透亮度减低，常可见水平裂增厚，有时可见支气管袖口征及克氏B线。④哮喘样发作。症状以哮喘为主，呼气尤为困难，有紫绀、胸闷；两肺弥漫性哮鸣音；胸部X射线可无异常发现。

（3）重度中毒。符合下列表现之一者：①弥漫性肺泡性肺水肿或中央性肺水肿；②急性呼吸窘迫综合征；③严重窒息；④出现气胸、纵隔气肿等严重并发症。

（二）慢性中毒

氯气所致慢性中毒的诊断，目前尚无国家统一标准，临床表现也缺乏特异性，诊断较为困难，大多仅对临床症状作出疾病诊断，但无法准确确定该疾病与氯气接触的直接关系。《职业性刺激性化学物质所致慢性阻塞性肺疾病诊断标准》（GBZ 237—2024）对于氯气所导致的慢性健康损害的诊断有一定的参考指导意义。

五、治疗

氯气无特效解毒剂，急性氯气中毒的治疗参见本章第一节概述中的治疗部分。

慢性氯气中毒主要是对症支持治疗，可行呼吸康复治疗。

（何蔡为　赵娜娜）

第三节　氨　中　毒

氨（Ammonia），分子式为 NH_3，在常温、常压条件下是无色气体，具有强烈的刺激性气味。氨的分子量 17.032，凝点 -77.77℃，沸点 -33.5℃。氨极易溶于水，被称为氨水，在常温、常压条件下，1 体积水可溶解 700 倍体积的氨。氨容易液化，在常压条件下冷却至 -33.5℃或在常温条件下加压至 700~800kPa 可发生液化，气态氨被液化成无色液体的同时会放出大量的热。液态氨气化时要吸收大量的热，使周围物质的温度急剧下降，因此常作为制冷剂使用。

氨对人体的眼、鼻、呼吸道和皮肤有刺激作用。人对氨的嗅觉阈值为 0.5~1mg/m^3，若在 700mg/m^3 浓度条件下接触 30min，接触者会出现剧烈咳嗽等呼吸道刺激症状；若在 1750~3500mg/m^3 浓度条件下接触 30min，能够危及接触者的生命。

一、接触机会

氨常用于生产氨水、氮肥（尿素、碳铵等）、铵盐、纯碱、磺胺药、聚氨酯、聚酰胺纤维和丁腈橡胶等人工合成物质，广泛应用于化工、轻工、化肥、制药、合成纤维、塑料、染料、制冷剂等生产领域，在上述职业活动中均可以接触到氨。

氨可以气态形式通过呼吸道进入人体，进入肺泡的氨部分会被 CO_2 中和；部分吸收进入血液；部分被吸收的氨随汗液、尿液和呼出气排出体外；部分被吸收的氨在肝脏解毒形成尿素。吸入大量氨后，血和尿中的尿素含量均可以升高。

由于氨具有明显的刺激、腐蚀作用，生产企业会采取密闭化、自动化操作的生产方式，此类作业人员接触剂量有限。导致急性中毒的氨接触，大多是由于氨容器泄漏、爆炸，液氨管路断裂或阀门失灵，运输过程交通事故等意外事件。吕淑秋报道的 323 例急性氨中毒，有 213 例系液氨钢瓶、液氨罐爆炸或高压液氨管道断裂、阀门破裂等引起中毒，其余 110 例中毒是因设备失修、跑冒滴漏等所致。

二、致病机制

氨易溶于水，属于碱性水溶性刺激性气体，腐蚀性强。氨与湿润黏膜表面的水分结合形成碱性化合物，使组织蛋白变性、脂肪皂化，进而破坏细胞膜结构，对皮肤、眼、呼吸道黏膜产生强烈刺激作用。急性氨中毒导致化学性肺水肿的机制主要是氨的直接刺激作用使呼吸道黏膜充血、水肿，产生大量分泌物；同时也促使肺毛细血管通透性增加，损伤肺泡表面活性物质，加之中毒后交感神经兴奋，使淋巴管痉挛引起淋巴回流障碍，导致肺水肿。高浓度氨可引起反射性呼吸、心搏停止，导致中毒者猝死。

三、临床表现

人体暴露于一定浓度的氨，可立即引起流泪、畏光、咽部疼痛、咳嗽、胸闷、气急等眼及呼吸道刺激症状。检查可见眼睑、球结膜充血、水肿，角膜上皮剥脱；口腔及咽部黏膜充血、水肿、糜烂、白色伪膜形成，乃至深部呼吸道损害。在临床上表现为喉头水肿、急性化学性支气管炎、化学性肺炎及肺水肿等，甚至发生 ARDS。急性氨中毒患者多表现有呛咳、胸闷、呼吸困难；病情严重者会出现口唇紫绀、两肺满布干、湿啰音，咯粉红色泡沫样痰，患者可以出现发热。高浓度氨吸入，还可反射性引起心跳、呼吸骤停。由于液氨泄漏直接污染人体，患者有可能出现暴露部位不同程度的皮肤化学灼伤及角膜灼伤。高浓度氨的吸入，可使支气管黏膜坏死，导致气管、支气管黏膜坏死脱落，致患者气道阻塞而窒息。

四、实验室检查及辅助检查

（一）血常规检查

急性氨中毒时，由于患者机体处于应激状态、呼吸道化学性损伤以及合并呼吸道感染等因素的影响，血常规检查可以见到白细胞计数和中性粒细胞比例的增高。

（二）X 射线胸片检查

对于氨接触反应者，其 X 射线胸片可无明显异常。在发生急性化学性支气管炎时，X 射线胸片表现为肺纹理增多、增粗、紊乱，可以延伸至外带，部分区域呈网格状改变；对于化学性肺炎患者，其 X 射线胸片表现有斑片状模糊阴影；对于发生肺水肿的患者，其 X 射线胸片表现有两肺门影增浓、模糊，肺野的片状、云雾状阴影，边缘模糊，并以下部肺野明显。典型肺水肿的主要 X 射线表现为双肺斑片状、云絮状阴影伴病灶融合影，不同程度氨中毒患者的 X 射线胸片征象有明显不同，因此胸部 X 射线片可作为诊断分级的主要指标之一。

（三）肺功能检查

急性氨中毒时的呼吸道黏膜充血、水肿、糜烂、分泌物增加、溃疡及瘢痕形成等因素，会导致气管、支气管管腔的狭窄；急性氨中毒时的肺部炎症及肺水肿，会直接影响到肺脏的顺应性及气体交换功能，进而导致肺功能损害。不同程度的急性氨中毒，以及中毒后肺功能检查的时间选择不同，会导致肺功能损害类型和程度的不同。

有研究观察了 14 例急性氨中毒患者的肺功能检查结果，其中，通气功能正常者 4 例，混合型通气功能障碍 7 例，限制型通气功能障碍 2 例，阻塞型通气功能障碍 1 例；在动态观察过程中，该研究报告除了 2 例存在严重并发症的患者肺功能检查依然呈重度混合型通气功能障碍外，其余患者在 20d 后复查肺功能检查均已恢复至大致正常水平；作者认为急性氨中毒的通气功能损害以反映支气管阻塞的 MVV 减退较明显。另有作者报道，在发病后 3 个月至 6 年内对 13 例急性氨中毒患者行肺功能检查，有 12 例检查结果存在异常，其中，4 例表现为轻度阻塞或混合性通气功能障碍（中度中毒 1 例，重度中毒 3 例），4 例为中 – 重度混合性通气功能障碍（轻、重度中毒各 2 例），2 例为重度混合性通气功能障碍（中、重度中毒各 1 例），2 例为轻 – 中度限制性通气功能障碍（均为中度中毒）。

（四）纤维支气管镜检查

有研究报道，对 23 例急性氨中毒者行纤维支气管镜检查，有 19 例患者出现异常改变，其中，多数出现气管、支气管黏膜轻度充血、水肿；部分出现气管、支气管黏膜弥漫充血肿胀、糜烂、散在假膜；个别出现支气管黏膜上皮散在扇面瘢痕，或出现主气管至第 3 级支气管黏膜粗糙不平，有大量白色瘢痕，3~4 级支气管开口轻度狭窄者。

五、诊断及鉴别诊断

（一）接触反应

短时间吸入氨气后，出现眼和上呼吸道刺激症状，如呛咳、流泪、流涕、咽干等，肺部无阳性体征，胸部X射线检查无异常发现，48h内症状明显减轻或消失。

（二）诊断分级

急性氨中毒的诊断，可以参照《职业性急性氨中毒诊断标准》（GBZ 14—2002），具体可分为以下三级。

1. 轻度中毒

接触氨后，具有下列表现之一者：①咳嗽、咳痰、咽痛、声音嘶哑、胸闷，肺部出现干啰音，胸部X射线检查显示肺纹理增强，符合急性气管－支气管炎表现；②一至二度喉阻塞。

2. 中度中毒

接触氨后，具有下列表现之一者：①剧烈咳嗽、呼吸频速、轻度发绀，肺部出现干、湿啰音；胸部X射线检查显示肺野内出现边缘模糊伴散在斑片状渗出浸润阴影，符合支气管肺炎表现；②咳嗽、气急、呼吸困难较严重，两肺呼吸音减低，胸部X射线检查显示肺门阴影增宽、两肺散在小点状阴影和网状阴影，肺野透明度减低，常可见水平裂增厚，有时可见支气管袖口征或克氏B线，符合间质性肺水肿表现；血气分析常呈轻度至中度低氧血症；③有坏死脱落的支气管黏膜咳出伴有呼吸困难、三凹征；④三度喉阻塞。

3. 重度中毒

接触氨后，具有下列表现之一者：①剧烈咳嗽、咯大量粉红色泡沫样痰伴明显呼吸困难、发绀，双肺广泛湿啰音，胸部X射线检查显示两肺野有大小不等边缘模糊的斑片状或云絮状阴影，有的可融合成大片状或蝶状阴影，符合肺泡性肺水肿表现；血气分析常呈重度低氧血症；② ARDS；③四度喉水肿；④并发较重气胸或纵隔气肿；⑤窒息。

眼或皮肤灼伤氨的轻、中、重度急性中毒均可伴有眼或皮肤灼伤，其诊断分级可以参照《职业性化学性皮肤灼伤诊断标准》（GBZ 51—2009）及《职业性化学性眼灼伤的诊断》（GBZ 54—2017）。

（三）鉴别诊断

在急性氨中毒的诊断过程中，需要根据短时间内吸入高浓度氨的接触史，以呼吸系统损害为主的临床表现，结合胸部X射线影像学改变、血气分析检查及现场劳动卫生学调查结果，综合判定；需要与其他刺激性气体中毒、上呼吸道感染、支气管哮喘、肺炎、心源性肺水肿等类似疾病相鉴别。

六、治疗

（一）尽快终止毒物吸收

迅速将患者移至氨泄漏的上风向及空气新鲜处，进行医学监护以维持呼吸、循环功能；有皮肤、黏膜污染者，须及早、彻底用清水冲洗被氨污染的体表部位。

（二）保持呼吸道通畅

对于中、重度急性氨中毒患者应考虑施行气管切开，进行呼吸道分泌物的引流，防止气管、支气管坏死黏膜脱落导致的气道梗阻。可给予支气管解痉剂、药物雾化吸入疗法，改善气道通气功能。

（三）预防和治疗肺水肿

对于急性氨中毒患者，要求卧床休息，密切观察24~48h。对于已经发生肺水肿的急性氨中毒患者，可以取半卧位，严密观察呼吸、心率、血压的变化，迅速建立静脉通路，严格控制液体入量，每日输液量根据患者体重控制在50~80mL/kg。有研究认为早期、足量应用糖皮质激素，不仅可以治疗肺水肿，亦可起到预防肺水肿的作用，并可以减轻和预防后期的肺部纤维化；建议的激素应用剂量是地塞米松70~90mg/d，连用5d，后逐渐减量。

（四）合理氧疗

急性氨中毒患者存在低氧血症或存在低氧血症风险者需要进行氧疗。一般采用鼻导管低流量吸氧，有明显低氧血症者应给予面罩给氧。高压氧治疗急性氨中毒的肺水肿尚有争议，不建议对此类患者进行高压氧治疗，应谨慎采取间歇正压呼吸和呼气末正压呼吸模式，减少发生自发性气胸等合并症。

（五）控制肺部感染

急性氨中毒时呼吸道的继发性感染于中毒早期即可发生，且病程长、易反复，可贯穿疾病全过程。严重者可致肺脓疡，是常见死因之一。急性氨中毒时肾上腺皮质激素的应用，也是肺部感染的常见诱因。因此，及时、合理应用抗生素，防治继发感染，对于控制病情，改善患者预后具有重要意义。在可能情况下，尽量进行细菌培养和药敏试验，提高抗感染治疗的针对性；避免因长时间使用广谱抗生素而引起耐药菌、真菌的二重感染。

（六）眼、皮肤灼伤治疗

皮肤灼伤者及早进行洗消，可予3%硼酸溶液湿敷；眼灼伤者用清水、维生素C溶液洗眼，维生素C球结膜下注射，阿托品扩瞳，抗生素眼药水滴眼等治疗。

氨气是刺激性气体，吸入后对呼吸道黏膜产生强烈的刺激作用。经过及时治疗，大多数患者能够获得痊愈。部分急性重度中毒患者，由于气道黏膜严重损伤可形成不同程度的瘢痕性气道狭窄，导致慢性支气管炎、支气管扩张、阻塞性肺气肿，重者可发展至肺心病。由于急性氨中毒损伤后的气道周围炎性细胞浸润，能释放多种炎症介质，导致气道反应性增高，诱发哮喘反复发作。急性氨中毒后气道免疫功能受损，防御功能降低，可以导致反复的肺部感染。

急性氨中毒可通过以下措施进行预防：①营造安全的生产环境，日常生产过程中，应当注意密闭要求，定期维护检修设备，防止跑冒滴漏现象；②降低工作场所有害因素浓度，将工作场所职业病危害因素浓度控制在国家职业卫生标准之内；③增强自我保护意识，在工作场所标识危害因素，配备必要的急救物品和洗消设施；④定期进行职业健康检查，患有慢性阻塞性肺部疾病、哮喘、活动性肺结核、急慢性角膜炎及器质性肝肾疾病者，不应从事氨作业。

（闫丽丽）

第四节　光 气 中 毒

光气（Phosgene，$COCl_2$）又名碳酰氯，是一种易挥发的酰氯。属高毒类，为刺激性气体，毒性比氯气大10倍；常温下系无色，有霉变干草味和腐烂水果样气味，高浓度时有辛辣味；加压低温时为黄绿色液体；可压缩成液体贮存；分子量98.92，沸点8.3℃，熔点–118℃。光气微溶于水，遇水缓慢水解成二氧化碳和氯化氢；易溶于醋酸、氯仿、苯和甲苯等有机溶剂。光气嗅阈 0.4~1.5PPm，刺激阈 3PPm。光气化学反应活性较高，能损伤许多生物组织，类似氧化剂。这种损伤至少是两种化学分解反应引起的酰化作用和水解作用。

光气在生产环境中的浓度达 5~20mg/m^3 时可引起人眼、上呼吸道刺激症状；在 5~10mg/m^3 浓度下较长时间的接触可引起肺严重损伤，出现肺水肿；在浓度＞40mg/m^3 时接触 1min，则会造成支气管黏膜和肌层的局部刺激作用，引起支气管痉挛，因此在肺水肿出现之前就可发生窒息；浓度为 20~50mg/m^3 时，可引起急性中毒；浓度为 100~300mg/m^3 时，接触 15~30s 可引起重度中毒，甚至死亡。

一、接触机会

光气由一氧化碳和氯气反应生成，其工业生产大都以活性炭为催化剂。光气是一种重要的化工原料，广泛应用高分子材料、农药、医药、香料、染料等领域，尤其是用于合成性能优良的工程塑料聚碳酯和聚氨酯原料。此外在金属冶炼以及四氯化碳、氯仿、氯化苦、三氯乙烯等脂肪族氯烃类燃烧或受热时也可产生光气。由于光气是剧毒气体，在使用、运输和贮存过程中存在极大的危险性，在输送管道或容器爆炸、设备故障或检修时均可接触到光气。光气是一种经典的化学战剂，曾是致死性化学武器中的重要战剂，也是化学恐怖威胁的毒剂之一。光气在空气中的最高允许浓度约为 0.5mg/m^3。

二、致病机制

长期以来，关于光气急性中毒的机制始终存在争论。目前中毒机制的研究进展主要集中在四个方面。

（一）酰化理论

酰化理论是光气急性中毒机制的主导学说。光气吸入致中毒性肺水肿是肺毛细血管通透性增强的结果，而后者的发生是与光气的酰化作用有密切关系。光气是酰氯类化合物，其活性基团是羰基（–C=O），化学性质非常活泼，容易与亲核物质如肺组织蛋白中的氨基、巯基、羟基等重要功能基团发生酰化反应生成盐酸，从而引起蛋白和脂类的破坏、膜结构的逐渐改变、酶和其他细胞功能的瓦解。肺酶系统的广泛抑制，导致细胞糖酵解和利用氧能力下降，从而影响细胞正常代谢及功能，造成肺上皮细胞、间质和内皮细胞内水分增多，使肺的气 – 血屏障受损，导致肺毛细血管通透性增高，引起肺水肿。

（二）肺泡Ⅱ型上皮细胞损伤机制

肺泡表面为上皮细胞，肺表面活性物质由肺泡Ⅱ型上皮细胞分泌。光气中毒后光气的活性基团 –C=O 能使Ⅱ型肺泡上皮细胞的磷脂类物质含量降低，使肺泡表面活性物质功能下降，从而导致肺泡内液体表面张力增大而造成肺泡萎陷，肺泡压明显降低，与其相抗衡的肺毛细血管流体静水压随之增高，液体由血管内大量外渗，最终导致肺水肿的产生。

（三）呼吸爆发 – 氧化应激损伤机制

大量实验研究表明，光气染毒早期烧伤作用会激发炎症反应，引发呼吸爆发，从而释放大量的炎性介质和自由基，造成机体氧化应激，促进肺泡和肺血管损伤，组织液大量渗出，是肺水肿发生的重要机制之一。

（四）酸直接烧伤机制

近来有研究表明，光气中毒的主要机制是光气中毒的酸直接烧伤作用，是致早期肺损伤主要机制之一。光气微溶于水，但是一旦溶解，即可迅速水解为 CO_2 和 HCl，其半衰期在 37℃条件下约为 0.026s。由于 HCl 具有刺激作用，可造成组织损伤，眼、鼻咽和呼吸道黏膜也有可能呈强酸性，pH 值可达到 1~2。此时可采用弱碱性缓冲液（$NaHCO_3$）进行雾化吸入或腹腔注射，二者均能显著降低中毒病死率。

三、临床表现

光气的主要毒作用是对呼吸系统的损害作用，急性光气中毒的临床表现可分为四期。

1. 刺激期

吸入光气初期可出现一过性眼及呼吸道的刺激症状，主要表现为畏光、流泪、咽干、咳嗽、胸闷、气急等，肺部无阳性体征，X 射线胸片无异常征象。吸入量不多时，经脱离接触及适当对症治疗后数日，症状即可消退。

2. 潜伏期

潜伏期指在吸入光气后至症状体征出现的时间，通常为 2~24h，也可短至 0.5h 或长至 48~72h。此时刺激期症状可减轻或消失。无明显阳性体征，X 射线胸片无异常征象，但肺部病变仍在进展，发生迟发性肺水肿是光气中毒重要的临床特征，主要表现为突然发生呼吸急促。潜伏期的长短与吸入光气的浓度、接触时间、现场处理是否及时及病情程度等因素有关。吸入光气的浓度越高、接触时间越长、现场处理越不及时，则患者的潜伏期越短，病情越重，预后越差。若此期中能及早给予必要的处置，如静卧休息、给予预见性治疗，对防治肺水肿的发生和发展十分有利。

3. 肺水肿期

患者在肺水肿期可出现严重胸闷气憋、频繁剧烈咳嗽、发热、恶心、头痛、心悸、声音嘶哑、呼吸困难、发绀；肺部满布干、湿啰音，可伴有哮鸣音，咯大量白色或粉红色泡沫样痰等。严重者可出现休克、昏迷、急性呼吸窘迫综合征及心、肺、脑、肾等多脏器功能障碍，甚至可在 24h 内死亡。少数患者可发生气胸、纵隔及皮下气肿等并发症。也有发生猝死的报道。

此外有资料显示，光气中毒患者可导致患者既往肺部、消化道等疾病的病情加重，如 4 例既往患胃炎者出现消化道出血；1 例慢支患者出现肺性脑病。

4. 恢复期

经急救治疗后，多数患者的肺水肿逐渐吸收，3~7d 可基本消退或完全康复，很少留有后遗症。少数重症者可在治愈后几月，甚至几年，仍持续存在咳嗽、胸闷、气促等主诉症状以及肺部有干鸣音和痰鸣音体征，或留有慢性支气管炎、支气管扩张或肺纤维化等后遗症。造成后遗症的原因常与患者的病情严重程度、吸烟习惯、心理障碍和原有的肺部疾患等因素有关。另有报道称 1 例既往曾 3 次发生急性光气中毒患者留有肺间质炎症；1 例患者中毒 1 年后复查仍见肺泡膜弥散功能减退。

四、实验室及辅助检查

（一）胸部 X 射线摄片

肺是光气中毒的靶器官，吸入高浓度光气后急性肺损伤早期就可在 X 射线胸片影像学上体现，在临床症状和体征等尚无表现之前，X 射线胸片即为临床提供唯一客观的肺部存在损伤的依据。在光气中毒中后期，X 射线胸片可为不同病情程度的患者体现出不同形态或不同特征性的 X 射线征象，表现如下：①病情轻度者的 X 射线胸片显示两肺纹理增多、增粗、边缘模糊或紊乱气管 - 支气管炎征象；②中度病情者的 X 射线胸片可显示中、下肺野点状或小斑片状浸润影，多沿支气管分布，两侧不对称符合化学性肺炎征象；③重度病情者的 X 射线胸片可见云絮状、蝶翼状、棉球样阴影，有时融合成大片状显示肺泡性肺水肿征象。

（二）动脉血气分析

吸入高浓度光气后可发生呼吸困难，并呈进行性加剧，伴有胸部紧束感或闭塞感等症状，应考虑早期肺水肿可能，此时除应早期进行胸部 X 射线摄片外，还须动态监测血气分析。监测项目主要有动脉氧分压（PaO_2）、氧饱和度（SaO_2）、氧合指数（PaO_2/FiO_2）及动脉血二氧化碳分压（$PaCO_2$）等，这些都是在光气中毒的诊断、处理和判断预后过程中重要的且易于获得的指标。对光气中毒者进行动脉血气分析，还可显示低氧血症、代谢性酸中毒等，尤其是氧合指数可明确区分 ARDS 和 ALI（ARDS：$PaO_2/FiO_2 \leqslant 26.7kPa$，200mmHg；ALI：$PaO_2/FiO_2 \leqslant 40kPa$，300mmHg），有利于临床及早采取干预措施，为挽救患者生命赢得时间。

光气中毒动脉血气分析通常显示中毒早期为氧分压下降伴呼吸性碱中毒，中毒后期伴二氧化碳潴留，并有呼吸性酸中毒或代谢性酸中毒或混合型。

（三）心电图检测

在急性中、重度光气中毒时，由于动脉血氧分压水平降低，可继发心肌缺氧。心肌损害大多发生在中、重度光气中毒者，甚至可出现广泛性心肌损害，具体表现有心动过速、ST 段下降、T 波低平等。心肌损害发生时间多在中毒后 1~7d，提示心肌损害发生率随中毒程度加重而增高，随中毒病情好转，心肌损害也逐渐恢复正常。

（四）周围血及生化检验

白细胞总数、中性粒细胞、红细胞、血红蛋白、红细胞压积及血清 LDHs 均可升高。

五、诊断与鉴别诊断

依据国家颁布的《职业性急性光气中毒的诊断》（GBZ 29—2011）进行诊断。

（一）诊断要点

根据明确的光气接触及相应的呼吸系统急性损害的症状、体征、胸部 X 射线征象，结合动脉血气分析等实验室检查结果，进行综合分析，急性光气中毒的诊断一般不困难。

（二）接触反应

短时间接触少量光气，出现一过性的眼和上呼吸道黏膜刺激症状，肺部无阳性体征和 X 射线胸片无异常改变。通常经 72h 医学观察，上述症状明显减轻或消失，不属中毒范畴。

（三）诊断分级

1. 轻度中毒

短时间吸入光气后出现急性气管 - 支气管炎病征。

2. 中度中毒

具有下列病征之一者：①急性支气管肺炎；②急性间质性肺水肿。

3. 重度中毒

具有下列病征之一者：①肺泡性肺水肿；②急性呼吸窘迫综合征；③休克。

（四）鉴别诊断

急性光气中毒应与一般上呼吸道感染、支气管炎、流行性感冒、肺炎等进行鉴别；肺水肿期需与其他刺激性气体所致的肺部疾病以及心源性肺水肿等相鉴别。

六、治疗

（一）现场救治

（1）凡吸入光气者均应迅速脱离光气事故现场到空气新鲜处，并立即脱去被污染的衣物，体表沾有液态光气的部位使用清水或肥皂水冲洗。

（2）中毒现场可用氨水喷雾来中和光气，净化空气。

（3）对有刺激反应者应给予安静卧床休息观察，或进行预防性对症治疗。

（二）潜伏期内医学监护

应高度重视光气中毒潜伏期内的医学监护。不论患者早期有无症状、体征，均应给予医学监护，加强观察注意脉搏、呼吸和肺部听诊等病情变化 24~72h，至少不小于 24h。

观察期内保持安静，绝对卧床，禁止沐浴、限制活动，注意保暖，以减少氧耗及肺水肿发生的可能。特别需注意因重视了重症患者抢救而忽视了轻症患者的管理，例如轻症患者因为协助救护他人而奔跑，或急于洗澡等而诱发病情转重，甚至死亡。

1. 保持呼吸道通畅，尽快纠正低氧血症

（1）合理氧疗的原则：根据具体情况，用最低的有效浓度氧，在最短时间内达到纠正低氧血症目的，使 PaO_2 达到 8KPa（60mmHg）以上，SaO_2 达到 90% 以上。在治疗过程中需进行动脉血气分析监护，随时结合病情加以调整。

早期光气常无刺激反应或反应轻微，但迟发性肺水肿肺部病变仍在进展，8h 后临床症状再次出现，为光气中毒重要的临床特征。另一临床特征休克发生率高，为发生光气导致的渗透性病变所致。一旦发生肺水肿，X 射线胸片通常呈弥漫性、浸润性阴影、白肺征多。由于光气腐蚀性小，若获及时正确救治则预后可良好，忽视则死亡率高。

常用氧疗方法一般多采用鼻导管低流量给氧，持续 4~6L/min，最高不超过 8L/min，不宜采用高压氧治疗。在发生严重肺水肿或急性呼吸窘迫综合征时，给予鼻面罩持续正压通气（CPAP）或呼气末正压通气（PEEP）疗法，光气中毒患者 PEEP 通常为 5cm H_2O，最高不宜超过 8cm H_2O。ARDS 的主要死因是顽固性低氧血症，一般氧疗难以纠正，此时提高 SaO_2，必须依靠机械通气加压给氧，当 $FiO_2>0.5$，$SaO_2<8.0$kPa，动脉血氧饱和度<90% 时，应予机械通气。临床常用的机械通气模式除上述 PEEP、CPAP 外，还有双水平正压通气（BiPAP）、高频通气（频率为 80~100 次 /min）等。

（2）维持呼吸道通畅还可采用支气管解痉剂和药物雾化吸入疗法等对症处理，必要时施行气管切开或气管插管。为避免气道黏膜脱落不宜采用气管插管。

2. 合理使用糖皮质激素

急性光气中毒救治无特效解毒剂，糖皮质激素是非特异性的辅助解毒剂。其应用原则是早期（吸入光气后即用）、足量（初期药量须足以达到有利于防治肺水肿高峰浓度）。主要根据患者的临床病情改善情况和胸部 X 射线征象是否吸收判断病程。糖皮质激素疗程基本为短程，但不强调短程。西地兰等强心药物往往不能奏效。

3. 控制水电解质平衡

控制液体入量，保持水、电解质平衡及酸碱平衡，慎用利尿剂，禁用脱水剂。

4. 胆碱能阻滞剂莨菪碱类药物的应用

莨菪碱类药物早期应用能解除血管痉挛及支气管痉挛，减少氧耗量及抑制呼吸道腺体分泌，从而改善微循环。常用药物为山莨菪碱。

5. 其他

对已出现 ARDS 者，必须严密动态监测动脉血气。

（闫丽丽）

第五节 氮氧化物中毒

氮氧化物是指由氮、氧两种元素组成的化合物。氮氧化物包括多种物质，如氧化亚氮（一氧化二氮 N_2O）、一氧化氮（NO）、二氧化氮（NO_2）、三氧化二氮（N_2O_3）、四氧化二氮（N_2O_4）、五氧化二氮（N_2O_5）等，除二氧化氮外，其他氮的氧化物均不稳定，因此在氮氧化物所引起的急性中毒中，主要的效应成分是二氧化氮。

一氧化氮分子量 30.01，熔点 –163.6℃，沸点 –151.5℃，溶于乙醇、二硫化碳，微溶于水和硫酸，水中溶解度为 4.7%（20℃），化学性质不稳定，在空气中容易氧化为二氧化氮。二氧化氮分子量 46.01，熔点 –11.2℃，沸点 21.2℃，溶于碱、二硫化碳，微溶于水。四氧化二氮是二氧化氮的二聚体，常与二氧化氮混合存在，构成一种平衡态混合物。一氧化氮的相对密度接近空气，一氧化二氮、二氧化氮的相对密度略高于空气。氮的氧化物系非可燃性物质，但均能助燃，如一氧化二氮、二氧化氮和五氧化二氮遇高温或可燃性物质均能引起爆炸。

氮氧化物在常温、常压条件下大都为气态物质，侵入途径均为经呼吸道吸入。急性氮氧化物中毒的原因是机体因吸入高浓度氮的氧化物气体而对肺组织产生的强烈刺激和腐蚀作用。二氧化氮是一种生物活性大、毒性很强的气体，其毒性是一氧化氮的 4~5 倍。由于二氧化氮在水中溶解度小，因此对上呼吸道和咽黏膜刺激作用小，但到达下呼吸道后，二氧化氮缓慢地溶解于肺泡表面的液体及含水蒸气的肺泡中，与水起反应，形成硝酸及亚硝酸，从而对肺组织细胞产生剧烈的刺激与腐蚀作用，使肺毛细血管的通透性增加，进一步导致肺水肿，严重者可导致 ARDS 而死亡。

一、接触机会

环境中的氮氧化物来源于自然界的氮循环过程和人类的活动。天然排放的氮氧化物主要来自土壤和海洋中有机物的氧化分解。人类生产、生活过程中排放的氮的氧化物，主要来源于化石燃料的燃烧过程，如交通工具发动机的尾气排放；也来源于生产、使用硝酸的过程，如氮肥厂、电镀酸洗、有色及黑色金属冶炼厂等。氮的氧化物对环境的危害作用显著，属于主要的环境污染物，它既是形成酸雨的主要因素之一，也是形成大气中光化学烟雾的重要物质和消耗臭氧的一个重要因子。

在多种生产过程中都可以接触到氮氧化物，如制造硝酸或使用硝酸清洗金属；制造硝基炸药、硝化纤维、苦味酸等硝基化合物；苯胺染料的重氮化过程以及有机物（如木屑、纸屑）接触浓硝酸时；硝基炸药的爆炸、含氮物质和硝酸燃烧；卫星发射时火箭推进所产生的气体也含有大量的氮氧化物气体。电焊、亚弧焊、气割及电弧发光时，产生的高温能使空气中氧和氮结合成氮氧化物；汽车发动机排出的尾气中也含有氮氧化物。另外，某些青饲料和谷物中含有硝酸钾，在通风不良、缺氧条件下发酵，可生成亚硝酸钾和氧，亚硝酸钾可以进一步衍变为亚硝酸，当仓内发酵温度增高时，亚硝酸分解成氮氧化物和水，可能导致“谷仓气体中毒”。

二、致病机制

（一）酸性产物的损害作用

氮氧化物由于在水中溶解度小，对上呼吸道和咽黏膜刺激作用较小，到达下呼吸道后能够缓慢地溶解于肺泡表面的液体及含水蒸气的肺泡中，进一步与水反应形成硝酸及亚硝酸，从而对下呼吸道和肺泡组织产生强烈的刺激与腐蚀作用，使肺毛细血管的通透性增加，导致化学性支气管炎、化学性肺炎和肺水肿，严重者可导致 ARDS 而死亡。

（二）损伤肺泡表面活性物质

吸入氮氧化物能够损伤肺泡表面活性物质，导致肺泡萎缩、肺泡顺应性受损、毛细血管流体静压升高，体液由血管内外渗，从而影响呼吸功能导致组织缺氧。

（三）细胞内环磷酸腺苷含量下降

氮氧化物能够使细胞内环磷酸腺苷含量下降，从而损害生物膜的功能。

（四）高铁血红蛋白血症

部分氮氧化物能够使血红蛋白衍变为高铁血红蛋白，出现高铁血红蛋白血症，当体内高铁血红蛋白含量达 15%以上时，患者出现紫绀，红细胞携带氧的功能受损，加重机体缺氧。

三、临床表现

氮氧化物急性中毒主要损害的靶器官是呼吸系统，不同的暴露浓度和暴露时间会导致不同程度的急性中毒，具备不同的临床表现。氮氧化物由于其水溶性较小，对上呼吸道和咽黏膜刺激作用较弱，部分患者可能出现迟发型肺水肿，给临床诊治带来困难。

（一）黏膜刺激症状

患者在接触氮的氧化物后的 0.5~1h 出现眼、鼻、咽喉刺激症状，如咽干、咽痛、流泪、流涕，甚至会由于痉挛性阵咳而引起呕吐，检查可见患者眼球结膜及鼻咽部充血。脱离接触后其症状可以逐渐缓解。

（二）潜伏期的相关临床表现

患者在脱离接触氮的氧化物后，其刺激症状缓解或消失。潜伏期通常为数小时，最长可达 24~48h。潜伏期内的多数患者具有轻微症状，部分患者有头昏、无力、烦躁、失眠、食欲减退等症状。

（三）化学性支气管炎

一般在接触氮氧化物后的数小时至 72h，患者会出现咳嗽、咳痰、气短、胸骨后疼痛等症状；体检可有发热，肺部可闻散在的干啰音；X 射线胸片表现有肺纹理增强、紊乱、模糊等急性支气管炎的相应表现。在呼吸空气条件下，患者动脉血气分析血氧分压可低于预计值 10~20mmHg。

（四）化学性肺炎

在接触氮氧化物后的数小时至 72h，患者会出现剧烈咳嗽、咳痰、呼吸困难；体检有发热、紫绀，肺部可闻干啰音或湿啰音；X射线胸片表现有肺纹理增强、紊乱、模糊呈网状阴影，或有局部点片状阴影，或相互融合成斑片状阴影，边缘模糊。

（五）间质性肺水肿

间质性肺水肿患者的临床表现与氮氧化物所致的化学性肺炎相似，听诊示呼吸音减低，X射线胸片表现为两肺散在点片状或网状阴影，伴有透光度减低。通常在吸低浓度氧（低于50%）的情况下，患者动脉血气分析的血氧分压才能够维持在60mmHg以上。

（六）肺泡性肺水肿

在接触氮氧化物后的数小时至72h，患者可突发严重呼吸困难，伴有胸痛、胸闷、咳嗽，咳大量白色或粉红色泡沫样痰；体检有发热、紫绀，肺部可闻大量干、湿啰音；X射线胸片表现有两肺满布密度较低、边缘模糊的斑片状阴影，或呈大小不等的云絮状阴影。通常在吸高浓度氧（高于50%）的情况下，患者动脉血气分析的血氧分压依然在60mmHg以下。

（七）高铁血红蛋白血症

部分氮氧化物能够使血红蛋白衍变为高铁血红蛋白，患者出现明显紫绀。

（八）迟发性阻塞性细支气管炎

氮氧化物急性中毒后期，部分患者可以发生迟发性阻塞性细支气管炎，主要表现为肺水肿基本恢复后2周左右，患者再次发生咳嗽、胸闷及进行性呼吸窘迫等症状，体征有明显发绀，两肺可闻及干啰音和（或）细湿啰音。胸部X线检查表现为两肺满布粟粒状阴影。

四、诊断与鉴别诊断

依据《职业性急性氮氧化物中毒诊断标准》（GBZ 15—2024）进行诊断。

（一）接触反应

短期内吸入较大量氮氧化物的职业病危害接触史，出现一过性眼部刺激症状和（或）胸闷、咳嗽等上呼吸道刺激症状，肺部无阳性体征且胸部X射线检查无异常征象，脱离接触后经过24~72h医学观察，上述症状明显减轻或消失。

（二）诊断原则

根据短期内吸入较大量的氮氧化物的职业病危害接触史，出现以急性呼吸系统损害为主的临床表现，结合胸部X射线征象检查结果，参考职业卫生调查资料，综合分析，排除其他原因所致类似疾病后，方可诊断。

（三）诊断分级

1. 轻度中毒

出现急性气管－支气管炎或呈哮喘样发作。

2. 中度中毒

出现急性支气管肺炎或急性间质性肺水肿。

3. 重度中毒

具有下列症状之一者：①肺泡性肺水肿；②急性呼吸窘迫综合征；③并发较重程度的气胸和（或）纵隔气肿；④窒息；⑤猝死。

（四）鉴别诊断

氮氧化物急性中毒需要与其他刺激性气体中毒、呼吸道感染、支气管哮喘、细菌性或病毒性肺炎、心源性肺水肿等类似疾病相鉴别。迟发性阻塞性细支气管炎需要与粟粒性肺结核、矽肺、含铁血黄素沉着症及其他原因引起的阻塞性细支气管炎相鉴别。

五、治疗

（一）立即终止接触毒物

应将中毒人员立即撤离现场，以快速有效切断毒物继续进入人体的途径。

（二）保持患者呼吸道通畅

使患者静卧休息，排除呼吸道分泌物，有呼吸困难者，可以给予鼻导管吸氧或面罩给氧。给予呼吸道 5% 碳酸氢钠溶液雾化吸入，可中和氮氧化物的酸性产物，以减轻其毒性作用，并可以起到湿化气道、稀释痰液的作用，可以配合雾化吸入消除气道炎症和支气管解痉药物。对于接触较高剂量（浓度）氮氧化物者，需要严密观察 48~72h，注意急性肺水肿的发生。

（三）急性化学性肺水肿治疗

对于发生急性化学性肺水肿的患者，取半卧位，严密观察呼吸、心率、血压的变化，迅速建立静脉通路，严格控制液体入量。有学者主张使用利尿剂，通常用呋塞米 20mg，每日 1~2 次，连续 2~3d；或用 20% 甘露醇液 250mL 静脉滴注，30min 内滴完。对于常规氧疗，氧饱和度不能维持在 90% 以上及气道分泌物较多的患者，应及早予以气管插管或气管切开，同时加强翻身拍背及吸痰等护理措施，以保证气道通畅，防止窒息。对存在呼吸衰竭及合并 ARDS 的患者尽早使用机械通气，以及适宜浓度的氧疗。

（四）糖皮质激素

糖皮质激素能改善毛细血管通透性，减少液体渗出，有助于预防、治疗肺水肿。对于氮氧化物急性中毒患者的糖皮质激素使用剂量及疗程，目前没有统一的治疗规范，长期大剂量使用有可能会诱发感染、内分泌紊乱及股骨头坏死等副作用。有报道 1 例急性氮氧化物中毒致呼吸窘迫综合征的患者，静脉注射甲泼尼龙 500~1000mg/d，用药第 10 日患者出现谵妄、狂躁等不良反应。有学者主张轻、中度中毒患者，甲泼尼龙 80~160mg/d，使用 3~5d。重度中毒者甲泼尼龙 320~480mg/d，分 2~3 次使用，并逐渐减少激素用量，直至症状缓解。

（五）对入院时有紫绀或血压偏低者的治疗

应当检测血氧饱和度及高铁血红蛋白定量。对于合并高铁血红蛋白血症者，给予小剂量亚甲蓝（1~2mg/kg 体重）及维生素 C 以缓解高铁血红蛋白血症。

（六）重度氮氧化物急性中毒患者的治疗

在疾病后期易发生迟发性阻塞性细支气管炎，早期的合理治疗，包括糖皮质激素的应用，能够减少合并迟发性阻塞性细支气管炎的概率。发生迟发性阻塞性细支气管炎后，使用糖皮质激素治疗可获痊愈。

（闫丽丽）

第六节　有机氟中毒

有机氟化合物是指分子结构中有氟碳键的化合物，品种繁多。包括饱和的氟烷烃类、卤代氟烷烃类，不饱和的氟烯烃类、卤氟烯烃类（如四氟乙烯、二氟一氯甲烷、三氟氯乙烯、六氟丙烯、八氟异丁烯等）以及它们的聚合物、热裂解产物。有机氟化合物是一组非可燃性、非爆炸性的化合物，在室温下大多呈液体和气体。有机氟聚合物化学性能稳定，生物活性低，基本无毒，但加温裂解，可产生多种有毒热解物。氟聚合物生产过程中产生的各种裂解气、裂解残液气和加工、成型、使用过程中产生的各种热裂解产物多为无色液体或气体，是有毒的混合有机氟单体。意外吸入有机氟单体、裂解气、残液气、热解气，均可引起急性有机氟中毒。

有机氟可以通过呼吸道、皮肤、消化道进入人体，工业上以呼吸道吸入为主。经肺泡吸收的有机氟类化合物由血液或淋巴液（小部分）转运，分布于肺、肝、肾。有机氟类化合物在肝内代谢，经呼吸道、泌尿道排泄。多氟（卤）烷烃类化合物大多属于低毒品种，不在体内代谢，以原形从肺或肾排出。

氟烯烃类的主要靶器官为呼吸系统，导致急性肺损伤。多氟烯烃类以四氟乙烯、六氟丙烯、八氟异丁烯和三氟氯乙烯等为代表，其化学性质活泼，毒性较多氟烷烃类高。氟烷烃类的主要靶器官为心血管系统，此类物质可提高心肌对肾上腺素或去甲肾上腺素的敏感性，使心肌应激性增强，诱发心律紊乱。而氟烯烃类对心脏也有相同的毒作用，考虑此为有机氟化合物及其代谢产物对心肌的直接损害所致。有机氟化合物对肝脏、肾脏及中枢神经系统都有一定损害，但均不严重。易挥发的氟代烃类化合物具有微弱的麻醉作用。

职业性急性有机氟中毒是指劳动者在职业活动中，短时间内吸入过量有机氟单体、裂解气、残液气或氟聚合物热解气引起的以呼吸系统损害为主的全身性疾病。

一、接触机会

有机氟类化合物用途广泛，主要用于制造氟塑料、氟橡胶单体、制冷剂、灭火剂、氟化剂、杀虫剂、杀菌剂、麻醉剂、利尿剂、脑血管造影剂等。在实际生产及加工过程中，有机氟一般以混合气体形式存在于空气中，在制造、使用有机氟类化合物单体、加工氟聚合物材料、处理氟聚合物裂解反应残液和采样分析时，均有可能接触有机氟类化合物。主要接触有机氟的行业有塑料制造业、合成橡胶制造业、合成纤维单（聚合）体制造业等。

在有机氟生产、加工过程中未做好个人防护，由于设备陈旧或操作不规范、残液处理不当而产生物料管道意外泄漏；有机氟制品加工时操作不当或温度控制失灵引起烧结温度过高，导致有机氟制品分解生成有毒热分解物；设备检修时违反操作规程高温切割、焊接含有有机氟余气余液的管道阀门导致设备、管道内残留有机氟分解。以上均可导致工作场所有毒有害物质浓度超标，造成急性中毒。

二、致病机制

有机氟中毒机制尚不甚明确，目前国内外研究认为主要有以下几种。

一是认为有机氟化合物的中间代谢产物氟乙酸是主要致毒因子。氟乙酸是高毒物，可与细胞线粒体中的辅酶A结合，再与草酰乙酸缩合生成氟柠檬酸。氟柠檬酸能抑制乌头酸酶，阻断三羧酸循环中柠檬酸氧化，三羧酸循环中止，致能量丧失，细胞功能丧失和死亡，导致各系统损害。

二是脂质过氧化作用，可破坏细胞膜分子结构，使毛细血管通透性增高，促使血浆渗入肺泡腔和肺泡壁，形成肺间质和肺泡性水肿；还可破坏肺泡Ⅱ型上皮细胞，使肺泡表面活性物质生成减少，进一步使通透性增加，加重肺间质和肺泡水肿。

三是肺间质化学性炎性反应，吞噬细胞、中性粒细胞和淋巴细胞等免疫细胞对肺泡壁及其间质的大量聚集和浸润，加上免疫球蛋白的反应从而加速了肺纤维化。此外，热裂解产生的混合物中的细小颗粒可引起聚合物烟热，生成的氟光气、氢氟酸有强烈的呼吸道刺激作用，引起肺损伤。

三、临床表现

目前我国发生的有机氟中毒主要是吸入中毒，主要组分有氟裂解气、裂解残液气、热分解物和不纯的有机氟吸入气。潜伏期多在0.5~48h（有时长达72h），早期中毒症状可以不明显，仅有头昏、头痛、胸闷和轻度上呼吸道刺激症状，如果不与接触史相联系容易导致误诊、漏诊。一旦延误，症状以急性肺水肿为主，呈“爆发性”加重，病情危重预后差，具有致死性。中毒症状出现的早晚及病情的严重程度与吸入气体种类、浓度和时间有关。

（一）急性肺损伤

患者早期肺部损伤以肺泡渗出、坏死病变为主。吸入后4~6h或更长时间患者出现胸闷、气短、咳嗽、乏力、体温升高，肺部听诊呼吸音粗糙或少量湿啰音。随着病情加重，患者出现胸部紧束感、呼吸困难，伴心悸、烦躁和轻度发绀。肺部局限性呼吸音减低，两肺有较多干啰音或湿啰音。重度中毒者唇、耳廓、指端等出现明显发绀，呼吸急促，咳粉红色泡沫样痰。在充分给氧的情况下，仍可出现进行性呼吸困难加重，极度烦躁不安，面色灰白，冷汗淋漓，两肺呼吸音明显降低、消失或弥漫性湿啰音。部分吸入有机氟化合物的患者在暴露后症状很不明显，未及时处理，可发生迟发性肺水肿，甚至ARDS，可表现为“爆发性”加重，后期可合并肺纤维化、皮下气肿等并发症。

（二）心血管系统损伤

患者可表现为胸闷、心悸、干咳等，查体发现心率加快、心律不齐、心音低钝、血压下降等。严重者可出现心搏骤停；在吸入毒物浓度极高时，患者中毒后几分钟内即可因反射性呼吸、心脏骤停而死亡。

（三）肝脏、肾脏损害

一般因隐匿而不被发现，但在进行实验室检查时，可见肝肾功能轻度异常，尿常规异常。

（四）中枢神经系统

临床上中毒性脑病多出现于有机氟农药口服途径中毒，有机氟吸入中毒患者中枢神经系统损害报道不多，多为头痛、头晕等非特异表现。

（五）氟聚合物烟尘热

吸入有机氟聚合物热解物后，出现畏寒、发热、寒战、肌肉酸痛等类似金属烟热样症状，可伴有咳嗽、胸部紧束感、头痛、恶心、呕吐等，氟聚合物烟尘热通常发生在聚四氟乙烯、聚全氟异丙烯热加工成型时，烧结温度在350~380℃，症状酷似金属烟热，属特殊的一种临床类型，一般给予解热镇痛对症处理，于24~48h内痊愈。但反复发病者，文献报道可致肺纤维化，故应给予抗肺纤维化治疗。

四、诊断与鉴别诊断

（一）急性中毒

参照《职业性急性有机氟中毒诊断标准》（GBZ 66—2002）进行诊断。

1. 诊断原则

根据有确切的短时过量有机氟气体吸入史，结合临床表现、胸部影像学、心电图、血气分析等辅助检查结果，参考现场劳动卫生学调查资料，综合分析，排除其他疾病后可诊断为职业性急性有机氟中毒。

需注意本病早期中毒症状可不典型，有机氟单体、裂解气、热解气（物）的职业接触史对诊断极为重要。

吸入有机氟气体后，出现一过性眼和上呼吸道黏膜刺激症状，但肺部无阳性体征或偶有散在性干啰音，胸部X射线无异常表现者，应进行密切医学观察，及时采取相应的预见性治疗措施。

2. 诊断分级

GBZ 66—2002将职业性急性有机氟中毒分为以下三级。

（1）轻度中毒。有头痛、头晕、咳嗽、咽痛、恶心、胸闷、乏力等症状，肺部有散在性干啰音或少量湿啰音。X射线胸片见两肺中、下肺野肺纹理增强，边缘模糊等征象，符合急性支气管炎、支气管周围炎临床征象。

（2）中度中毒。凡有下列情况之一者，可诊断为中度中毒：①轻度中毒的临床表现加重，出现胸部紧束感、胸痛、心悸、呼吸困难、烦躁及轻度发绀，肺部局限性呼吸音减低，两肺有较多的干啰音或湿啰音。X射线胸片见肺纹理增强，有广泛网状阴影，并有散在小点状阴影，使肺野透亮度降低，或见水平裂增宽、支气管袖口征，偶见Kerley氏B线，符合间质性肺水肿临床征象。②症状体征同前，X射线胸片显示两中、下肺野肺纹理增多，斑片状阴影沿肺纹理分布，多见于中、内带，广泛密集时可融合成片，符合支气管肺炎临床征象。

（3）重度中毒。凡有下列情况之一者，可诊断为重度中毒：①急性肺泡性肺水肿；②急性呼吸窘迫综合征（ARDS）；③中毒性心肌炎；④并发纵隔气肿，皮下气肿、气胸。

急性有机氟中毒时血、尿氟均可增高，以中毒后第一天浓度最高，在24h内由尿排出占摄氟量的50%~70%，之后血、尿氟均随时间推移逐渐降低，在早期血、尿氟可作为急性有机氟中毒诊断的接触指标。

3. 鉴别诊断

早期应注意与上呼吸道感染、肺炎、慢性支气管炎急性发作、肺源性心脏病、心力衰竭等疾病鉴别。

急性有机氟中毒如果及时诊断及时治疗，预后良好，病程后期大部分患者临床症状改善，对肺功能和劳动能力影响不大，但有机氟重度中毒后期可引起广泛性肺组织纤维化，对出现后遗症的患者的诊断治疗可参照《职业性急性化学物中毒后遗症诊断标准》（GBZ/T 228—2010）。

（二）氟聚合物烟尘热

吸入有机氟聚合物热解物后，出现畏寒、发热、寒战、肌肉酸痛等金属烟热样症状，可伴有咳嗽、胸部紧束感、头痛、恶心、呕吐等，一般在24~48h内消退。

五、治疗

急性有机氟中毒无特效解毒剂，其治疗参见本章第一节概述中的治疗部分。出现中毒性心脏病变及其他临床征象时，治疗原则一般与内科相同。

对于氟聚合物烟尘热，一般给予对症治疗。对反复发病者，应给予小剂量糖皮质激素防治肺纤维化治疗。

（张雪涛）

第七节　其他刺激性气体中毒

一、甲醛中毒

甲醛（formaldehyde，CH_2O）又名蚁醛，常温下为无色有辛辣刺激性气味的气体，易溶于水、醇和其他极性溶剂。37% 的甲醛水溶液俗称福尔马林。甲醛化学性质活泼，易与其他化学物反应，在空气中可氧化成甲酸。在自然状态下可以自行聚合，受热或遇酸时可很快解聚释放甲醛单体。

（一）接触机会

甲醛在工业上主要用于制造树脂、塑料和橡胶。也大量应用于建筑材料、木材防腐、皮革加工、造纸、染料、制药、农药、油漆、照相胶片、炸药和石油工业。在农林畜牧业、化妆品、洗涤和清洁剂生产、医药和食品工业中，甲醛被广泛用作消毒、防腐和熏蒸剂。

（二）致病机制

甲醛易经呼吸道和胃肠道吸收，经皮肤吸收微量。吸收的甲醛在体内很快被氧化成甲酸，大部分进一步氧化成二氧化碳后经呼吸道排出，少量以甲酸盐形式经肾脏由尿排出。甲醛的主要危害表现为对皮肤黏膜的刺激作用，其次为致敏作用及致突变作用。此外，甲醛在体内可被分解为甲醇，因此可能引起较弱的麻醉作用，而工业甲醛中存在甲醇等稳定剂，应注意同时甲醇的挥发及产生。

（三）临床表现

急性接触甲醛蒸气后，轻者可致结膜炎、角膜炎、上呼吸道炎和支气管炎，表现为眼部烧灼感、流泪、流涕、咽痛、咳嗽、气短，肺部听诊可闻呼吸音粗糙、干啰音，并可有头晕、头痛、乏力等全身症状。严重者发生喉痉挛、喉头水肿，少数出现肺炎，偶见肺水肿。吸入甲醛溶液可很快出现呼吸窘迫；皮肤接触甲醛可引起刺激性和（或）变应性接触性皮炎，表现为粟粒至米粒大红色丘疹，周围皮肤潮红或轻度红肿，瘙痒明显。接触浓溶液可引起皮肤凝固性坏死。

（四）诊断与鉴别诊断

职业性甲醛中毒的诊断可依据《职业性急性甲醛中毒诊断标准》（GBZ 33—2002），根据短期内接触较高浓度甲醛气体的职业史，眼和呼吸系统急性损害的临床表现及胸部 X 射线所见，参考现场职业卫生学调查结果，排除上呼吸道感染、感染性支气管炎、肺炎以及其他刺激性气体引起的眼和呼吸系统损害等其他病因所致的类似疾病，综合分析后得出诊断结论。

长期接触一定浓度的甲醛可出现眼和上呼吸道刺激症状、COPD，《职业性慢性化学物中毒诊断标准　总则》（GBZ/T 329—2024）、《职业性刺激性化学物所致慢性阻塞性肺疾病诊断标准》

（GBZ/T 237—2024）对于甲醛所导致的慢性健康损害的诊断有指导意义。个别劳动者在职业活动中较长时间接触甲醛，出现反复发作性喘息、气急、咳嗽等哮喘症状，参照《职业性哮喘的诊断》（GZB 57—2019）进行诊断处理。皮肤接触甲醛所致局部损害，可参照《职业性皮肤病的诊断　总则》（GBZ 18—2013）、《职业性接触性皮炎的诊断》（GBZ 20—2019）进行诊断处理。

（五）治疗

甲醛中毒无特殊解毒剂，主要为对症和支持治疗，可参见本章第一节概述章节中的治疗部分内容。对短期内吸入大量甲醛气体后，出现上呼吸道刺激症状，但胸片检查未见肺部异常者至少观察48h，患者应静卧保暖，避免活动后加重病情。过敏者可给予抗过敏药治疗。因工业级甲醛溶液中往往含有甲醇，要注意排除甲醇的毒性影响。

二、二氧化硫中毒

二氧化硫（sulfur dioxide，SO_2）又名亚硫酐，常温下为无色气体，具有强烈的辛辣刺激性气味；不能燃烧及助燃；溶于水、甲醇、乙醇、硫酸、醋酸、氯仿和乙醚；易与水混合，生成亚硫酸，随后转化为硫酸；在室温及392.266~490.3325kPa（4~5kg/cm^2）压强下为无色流动液体。

（一）接触机会

二氧化硫可用于制造硫酸、亚硫酸盐、硫酸盐，硫化橡胶，冷冻、漂白纸浆、羊毛、丝等；也可用于消毒、熏蒸杀虫、冶炼镁、石油精炼，燃烧含硫燃料，熔炼硫化矿石，烧制硫磺，化工原料制造，化学肥料制造，涂料及染料制造，化学助剂制造，合成药置换、加成、聚合、裂解，陶瓷烧成，磨料炼制，金属冶炼，食品饮料制造等，从事这些工作的作业人员和有关人员皆有可能接触二氧化硫。另外，二氧化硫还是常见的工业废气及大气污染的成分。

（二）致病机制

二氧化硫主要经上呼吸道吸收，鼻咽部可吸收吸入量的90%以上。故健康人经鼻吸入二氧化硫要比经口吸入同一浓度二氧化硫所引起的肺部症状更轻。二氧化硫亦可由眼结膜吸收，吸收后迅速进入血液与蛋白结合，主要分布在血浆，部分于红细胞中，随血流分布至全身各器官，以气管、肺、肺门淋巴结和食道中含量最高，其次为肝、肾、脾等。吸入的二氧化硫部分以原形从呼吸道排出，进入体内的部分生成亚硫酸盐，随后被肝、心、肾等组织中的亚硫酸氧化酶氧化成硫酸盐随尿排出。

二氧化硫易被眼结膜和呼吸道黏膜湿润表面所吸收生成亚硫酸，部分再氧化成硫酸，对眼及呼吸道黏膜产生强烈的刺激作用。既可引起眼结膜和支气管黏膜分泌增加及局部炎性反应，甚至腐蚀组织引起坏死；也可引起支气管和（或）喉头痉挛、肺血管反射性收缩，使气道阻力增加和通气/灌流比例失调，导致低氧血症。缺氧又可进一步引起毛细血管痉挛，毛细血管压力进一步升高，致肺水肿加速发展。此外有研究表明，氧化损伤亦是二氧化硫毒性作用的机制之一。进入血液的二氧化硫可与硫胺素结合而降低其活性，影响体内维生素C平衡，还能引起蛋白质和糖代谢紊乱，抑制肝、脑、肾和肌肉的氧化解毒过程，抑制氨基酸的氧化脱氨基作用和丙酮酸的氧化作用，从而引起脑、肝、脾等组织发生退行性病变。

（三）临床表现

接触二氧化硫后很快出现流泪，畏光，视物不清，鼻、咽、喉部烧灼感及疼痛，干咳等眼和上呼吸道刺激症状。较重者可有声音嘶哑、胸闷、胸骨后疼痛、剧烈咳嗽、咯血、心悸、气短、头痛、头晕、乏力、恶心、呕吐及上腹部疼痛等。体格检查可见眼结膜和鼻咽黏膜充血水肿，鼻中隔软骨部黏膜可见小块发白的灼伤，口唇紫绀，呼吸急促，两肺呼吸音粗糙，闻及干、湿啰音。患者大多于数日内症状消失。严重中毒者可在数小时内发生肺水肿、呼吸中枢麻痹，甚至可因合并细支气管痉挛而引起急性肺气肿。有的患者可能在广泛的化脓性细支气管炎好转后，经相当时间（十余天至数月）因细支气管周围纤维化而发生严重肺气肿，导致呼吸循环功能障碍。吸入极高浓度二氧化硫时可立即引起喉痉挛、喉水肿，迅速窒息死亡。胸部 X 射线检查可见肺纹理增强、增粗、增多、紊乱，双肺透光度降低或边缘模糊呈网状阴影，或散在斑片状、融合团块状高密度阴影，密度不均，呈毛玻璃样改变。部分患者可出现外周血白细胞计数升高，血清心肌酶谱及转氨酶增高，血气分析示动脉血氧分压下降。

长期接触二氧化硫的人员，鼻炎、咽炎、上呼吸道和眼部疾患明显增多，可导致 COPD 等。液态二氧化硫污染皮肤或溅入眼内，可造成皮肤灼伤和角膜上皮细胞坏死，形成白斑、瘢痕。个别中毒者有中毒性心肌炎或癔病样抽搐，或出现双基底节区变性坏死。

（四）诊断及鉴别诊断

职业性急性二氧化硫中毒的诊断可依据《职业性急性二氧化硫中毒的诊断》（GBZ 58—2014），根据短时间内接触高浓度二氧化硫的职业史及典型的临床表现，结合现场劳动卫生学调查，综合分析，并排除其他类似疾病即可诊断。需与呼吸系统感染、脑血管意外、急性胃肠炎、其他刺激性气体中毒、支气管哮喘等鉴别。

（五）治疗

二氧化硫中毒无特效解毒剂，急性二氧化硫中毒的治疗参见本章第一节概述中的治疗部分内容。

慢性二氧化硫中毒主要是对症支持治疗，可行呼吸康复治疗。

眼或皮肤接触者立即用生理盐水或清水彻底冲洗眼结膜囊及被液体二氧化硫污染的皮肤。结膜充血者冲洗后予以醋酸氢化可的松和抗生素眼药水交替滴眼。如有皮肤灼伤或角膜损伤，应由专科及早处理。

吸入高浓度二氧化硫后，虽无客观体征，但有明显刺激反应者，应密切观察不少于 48h，严格限制活动，卧床休息，保持安静，并对症治疗。

三、氟及其无机化合物中毒

自然界的氟常以无机化合物的形式存在。氟是人体的必需元素，各种组织及体液均含氟。氟及其化合物主要来源于萤石（CaF_2）、冰晶石（Na_3AlF_3）和磷灰石［$3Ca_3(PO_4)_2\cdot CaF_2$］。工业上常见元素氟（F）以及氟化氢（HF）、二氟化氧（OF_2）、三氟化氯（ClF_3）、三氟化氮（NF_3）、四氟化二氮（N_2F_4）、五氟化硫（SF_5）、六氟化硫（SF_6）、十氟化硫（SF_{10}）、氟化钠（NaF）、三氟化硼（BF_3）、四氟化硅（SiF_4）、氟硅酸（H_2SiF_6）、六氟化铀（UF_6）、氟化铝（AlF_3）、过氯酰氟、氟硅酸钠、四氟化铀、氟化铝钠（冰晶石）等无机氟化合物。

（一）接触机会

氟及其无机化合物在工业生产中应用广泛，在化学工业生产中用于制造药物、农药、灭菌剂、杀虫剂、冷冻剂、有机反应催化剂、木材防腐剂、氟塑料和氟橡胶等；轻工业中用于制造和腐蚀玻璃、搪瓷和釉料、建筑木材等；冶金工业中用于制造火箭系统的高能燃料；还用于提取磷和硅酸盐、燃料煤炭、焙烧水泥、砖瓦等，由于材料中含氟而生成氟化硅、氟化氢等；氟化氢又为制造无机氟化物和有机氟化物的原料，无水氟化氢可用作高辛烷汽油和有机合成催化剂、金属清洗剂。还用于提炼金属铍、铀及铝合金。

（二）致病机制

无机氟化合物主要以气态、蒸汽、酸雾或粉尘形态经呼吸道、皮肤或胃肠道侵入人体导致中毒。呼吸道吸收迅速而完全；吸收速度与氟化物的溶解度有关，水溶性大的氟化物在呼吸道吸收很快而完全，水溶性差的氟化物也能经呼吸道吸收。大多数氟化物不易经完整皮肤吸收，但经灼伤皮肤可被大量吸收。胃肠道摄入多见非职业性接触所致，在消化道中水溶性的氟化物几乎全被吸收。吸收后的氟约 75% 与血浆白蛋白结合，其余分布到各组织和器官，主要分布于骨骼，少量分布于心、肺、肝、肾等软组织，可透过胎盘屏障。吸入的氟主要随尿排出，汗液、乳汁、胆汁、唾液等也可排出微量。

急性无机氟化合物中毒是因接触较高浓度的无机氟化合物所致，其中引发急性无机氟化合物中毒最常见的是氟化氢及其液态溶液氢氟酸。常见的急性毒作用有吸入性肺损伤、低钙血症、干扰多种酶活性、皮肤灼伤等。其致病机制为元素氟及大多数无机氟化合物为原发性刺激剂，对皮肤、呼吸道和胃肠黏膜均有不同程度的刺激作用。氟化氢还具有高度弥散性，极易透过细胞膜而扩散至血流，大部分与白蛋白结合而运转，引起机体中毒。氟化氢吸入呼吸道后遇水迅速变成氢氟酸，后者具有更强烈的刺激性和腐蚀作用，可导致呼吸道黏膜充血、水肿、坏死。

氟离子进入血液可与钙、镁等离子结合为不溶性氟化钙、氟化镁引起低钙血症及低镁血症，发生四肢麻木，甚至抽搐。重者损害心肌，导致 QT 间期延长，ST–T 波改变及心律失常，甚至室颤，严重时危及生命。

氟进入血液可与血红蛋白结合形成氟血红素，并能抑制琥珀酸脱氢酶致氧合作用下降影响细胞呼吸功能。还可干扰体内烯醇化酶、酮戊二酸脱氢酶、乌头酸酶、骨磷酸化酶、脱氢辅酶Ⅰ、Ⅱ等多种酶活性，阻碍糖代谢和三羧酸循环，使能量代谢发生障碍，从而影响呼吸中枢，造成窒息死亡。有报道认为心脏毒性还可能因氟离子直接激活腺苷环化酶有关，由于增加了环腺苷酸的形成，从而导致心肌的应激，出现心电图 QT 间期延长及 ST–T 波变化。

（三）临床表现

急性氟及其无机化合物中毒的临床特点根据侵入途径不同有三种情况。

1. 单纯性呼吸道吸入性损伤

多因吸入氟化氢和氢氟酸酸雾所致。以呼吸系统急性损害为主，严重者出现急性肺水肿及喉水肿，甚至窒息猝死。少数也可有恶心、呕吐、腹胀、腹痛、腹泻等消化道症状及头昏、头痛、无力、烦躁、昏迷等中枢神经系统症状。单纯性吸入性损伤引起低钙血症的发生率低，低钙血症大多发生于重度吸入中毒者，常表现为突发性迟发性低钙血症，迟发时间最长可在伤后 64h。

2. 单纯性皮肤灼伤吸收中毒

其主要危害是低钙血症，最早于伤后 2h 即可血钙迅速下降，临床表现以神经兴奋性升高及心血管系统急性损害为主，出现四肢麻木、肌肉痉挛、抽搐，甚至癫痫样发作以及心律失常、心室颤动等。氢氟酸灼伤皮肤不同于一般酸灼伤，可因氟离子吸收导致急性氟中毒使病情恶化。下列几种情况必须高度警惕有发生吸收中毒的可能：①皮肤吸收伴吸入性损伤；②头面部灼伤；③吸入浓度＞ 40% 的氢氟酸或浓度大于 60% 的氢氟酸酸雾；④灼伤面积>10%；⑤灼伤面积<10% 的Ⅲ度灼伤。

3. 灼伤皮肤吸收合并吸入中毒

这种情况病情大多严重，预后差，多见于无水氟化氢及高浓度氢氟酸酸雾吸入或大面积灼伤，尤其是头面部及口鼻周围灼伤更易导致其吸收而引发中毒。

（四）实验室检查

急性氟及其无机化合物中毒患者可进行尿氟、血氟的检测。尿氟升高可表明体内含氟量增高。但尿氟值与中毒程度不成比例，不能作为诊断分级指标。血氟检测对无机氟中毒救治具有重要临床价值，血氟浓度变化比血钙浓度变化更敏感，更能早期反应急性无机氟中毒的病情严重程度。若在尚未出现明显低钙血症的高氟期，进行恰当的补钙及对创面进行合理处理，即可避免或减轻氟中毒引起的致死性低钙血症。

低钙血症是导致急性无机氟中毒病情加重的重要病因，是急性无机氟中毒的特异性指标。随着血钙进行性下降，病情也迅速变化，随着补钙后低钙的纠正，病情也很快好转，因此动态检测血钙是判断急性无机氟中毒病情的重要依据。需注意低钙血症的症状与血钙降低的程度不完全一致，而与血钙下降速度有关。临床常存在实验室检查虽有明显低钙，而无相应症状，即无症状性低钙血症。不同侵入途径的急性无机氟中毒低血钙发生率不同，以皮肤吸收合并吸入中毒者的低血钙发生率最高，此类患者往往病情严重，死亡率高。单纯性灼伤皮肤吸收中毒者的低血钙发生率次之，单纯性吸入中毒者的低血钙发生率最低，且低血钙大多发生于重度中毒。

急性无机氟中毒早期心肌就可受到损伤。心肌酶含量可反映致伤后心肌损害程度。心电图异常改变主要表现有 QT 间期延长、ST-T 波改变，严重者可出现心律失常，如室性心动过速、频发室性期前收缩，甚至心室颤动，突发心源性猝死。对急性无机氟中毒患者应早期监测心肌酶谱，同时监测动态心电图。

短期内吸入高浓度氟化氢或氢氟酸酸雾后胸部 X 射线可见两侧肺纹理增粗、增多、紊乱或边缘模糊呈网状阴影，或散在呈片状阴影，或大片状、云雾状、或相互融合成斑片状阴影分别符合气管 - 支气管炎、急性支气管肺炎、间质性肺水肿、肺泡性肺水肿征象。

（五）诊断与鉴别诊断

急性氟及其无机化合物中毒的诊断可根据短期内接触较高浓度氟及其无机化合物的职业史，以呼吸系统急性损害及症状性低钙血症为主的临床表现，结合实验室血（尿）氟及血钙等检查结果，参考作业现场职业卫生资料，排除其他原因所致类似疾病后，综合分析，方可诊断。对呼吸道急性损伤的中毒者，应与上呼吸道感染、慢性支气管炎急性发作、支气管肺炎、支气管哮喘和心源性肺水肿等加以鉴别。出现低钙血症者应与维生素 D 缺乏，甲状旁腺机能减退，急性胰腺炎等疾病加以鉴别。发生中毒性心肌炎或心源性猝死时，应与冠状动脉粥样硬化性心脏病、急性心肌炎、急性心肌梗死等疾病加以鉴别。

（六）治疗

急性氟及其无机化合物中毒无特效解毒剂，其治疗参见刺激性气体第一节概述治疗部分。及时足量补钙是救治低钙血症的关键措施，宜在高氟期补钙，补钙剂量依病情而定，在心电监护下早期、足量应用。对灼伤皮肤吸收中毒患者要及时清创，以预防皮肤吸收中毒及减轻皮肤被氢氟酸污染的深度。

四、硫酸二甲酯中毒

硫酸二甲酯（Dimethyl sulfate，DMS）为无色或微黄色油状液体，略有洋葱样气味。低温时微溶于水，易溶于氯仿、乙醇、乙醚、二氧六环、丙酮和芳香烃类等有机溶剂。属水溶性小的化学物，但因其水解性大遇水或湿气时水解，产生硫酸、硫酸氢甲酯和甲醇，在冷水中分解缓慢，随温度上升分解加快。在50℃时能生成硫酸二甲酯气雾并水解为硫酸和甲醇。

（一）接触机会

硫酸二甲酯应用广泛，在化工有机合成上作为甲基化原料，用于制药、农药制造、阳离子染料、活性染料合成、香料制造等产业；用于催化剂及各种化学助剂制造、塑料制造、日用化学产品制造、有机化工原料制造等；还可用作提取芳香烃类的溶剂。在上述生产和使用过程中，设备泄漏或爆炸，或在运输装卸过程中发生容器破损，或清洗、检修有硫酸二甲酯残液的设备等，都是接触过量硫酸二甲酯，导致发生急性中毒的主要原因。

（二）致病机制

硫酸二甲酯属高毒类，作用与芥子气相似，急性毒性类似光气，比氯气大15倍。硫酸二甲酯主要经呼吸道、皮肤进入机体，可在血浆中溶解。硫酸二甲酯具有强烈的刺激性和腐蚀性，并有迟发性生物效应。硫酸二甲酯中毒的作用机制尚不完全明确，多数学者认为其与机体某些重要的酶的甲基化作用有关。硫酸二甲酯在体内水解为甲醇、硫酸氢甲酯，其中，甲醇吸收进入循环系统，引起神经系统毒作用。硫酸氨甲酯进一步水解为硫酸，这些水解产物对眼及呼吸道黏膜产生强烈的刺激和腐蚀作用，与组织中的蛋白质反应，引起接触面的炎症和坏死。

（三）临床表现

接触硫酸二甲酯后发病较快，潜伏期一般为3h左右，亦有短至1h内，或长达12h发病者，潜伏期越短，症状越重。眼刺激症状是急性硫酸二甲酯中毒最早、最突出的症状。硫酸二甲酯经呼吸道吸入，对上呼吸道有强刺激作用和强腐蚀作用，流涕、咽痛、声嘶甚至失音等上呼吸道刺激症状明显。其腐蚀性可导致上呼吸道黏膜、支气管黏膜坏死脱落，排出不畅可引起窒息，还可引起纵隔或皮下气肿。急性硫酸二甲酯中毒的诊断主要依据呼吸系统损伤程度，轻度中毒表现为畏光、流泪、眼痛、咽痛、声音嘶哑、胸闷、呛咳、头昏，咽喉水肿，两肺可有干、湿啰音，肺部X射线符合支气管炎或支气管周围炎。中度中毒者表现为明显咳嗽、咳痰、气急，两肺可闻干啰音或哮鸣音，可伴散在湿啰音，胸部X射线符合支气管肺炎、间质性肺炎或局限性肺泡性肺水肿。严重者数小时后出现咳嗽加剧、咳痰，咯大量白色或粉红色泡沫样痰，呼吸困难、紫绀，伴有胸闷、心悸并烦躁，两肺广泛湿啰音，胸部X射线符合弥漫性肺泡性肺水肿，极严重者可导致呼吸窘迫综合征，或喉头严重水肿、大块坏死的支气管黏膜脱落致窒息，部分病例出现纵隔气肿、气胸、皮下气肿。可伴发心肝肾损害、溶血性黄疸、休克、昏迷。少数患者在中毒24~48h出现迟发性肺水肿。实验室检查可见外周血白细胞增高，动脉血气分析可见氧分压降低。喉水肿是急性硫酸二甲酯中毒的突出表现之一，其严重程度可直接反映病情轻重。

硫酸二甲酯腐蚀性极强，中毒大多发生于意外泄漏，故大多合并皮肤灼伤、眼灼伤。眼灼伤表现为眼结膜刺激、异物感、眼痛、流泪，继而畏光、视物模糊，检查发现结膜充血、水肿、眼睑痉挛，睑裂部角膜点状混浊。重度中毒者眼睑、球结膜、角膜均水肿，角膜上皮可见弥漫性点状浸润，甚至大片脱落，荧光素染色可发现角膜不同程度受损。应注意硫酸二甲酯具有迟发效应，接触后如早期不重视眼部冲洗，可于数小时甚至10h后才出现眼灼伤的表现。

皮肤接触硫酸二甲酯后可引起灼伤。由于硫酸二甲酯水解是一个渐进过程，皮肤接触后，早期可无明显不适，易被忽视。经一定的潜伏期（大多为3~4h），接触部位皮肤出现灼痛，创面初为点状或片状红斑，逐渐融合呈大片，局部进行性肿胀，继而水疱形成，邻近的水泡可融合为巨大水疱，疱液呈黄色，清亮，有时小泡中央区可破溃、糜烂、溃疡，创面局部皮肤温度明显升高。特别须注意一些隐蔽部位极容易出现皮肤灼伤，例如会阴部有时不直接接触也可能出现灼伤，这可能是因为会阴部透气差、多汗、阴囊皱褶多、潮湿，而导致毒物可在该处积存并逐渐水解。部分患者皮肤接触部位出现皮肤瘙痒、局部密集小水疱，周围红斑，表现为接触性皮炎。

（四）诊断与鉴别诊断

急性硫酸二甲酯中毒可根据短期内接触较高浓度硫酸二甲酯的职业史，出现以呼吸系统急性损害为主的临床表现，结合辅助检查结果，参考作业现场职业卫生资料，排除其他原因所致类似疾病，经综合分析后诊断。根据呼吸系统急性损害、喉水肿程度、X 射线胸片检查情况及严重并发症而分级诊断为轻度、中度及重度中毒。急性硫酸二甲酯中毒应注意与上呼吸道感染、支气管炎、肺部感染、慢性支气管炎急性发作、支气管哮喘和心源性肺水肿等相鉴别。

（五）治疗

硫酸二甲酯中毒无特效解毒剂，其治疗参见本章第一节概述中的治疗部分。预防和治疗喉水肿及肺水肿是处理本病的关键。患者常有较严重的眼和皮肤灼伤，应予相应的积极治疗。

（张雪涛）

第八节　案 例 分 析

一、氯气中毒案例

（一）事件经过

20×× 年 × 月 × 日，某市某化工厂 1 辆专运危险化学品的槽罐车在装载废液过程中，入口处突然冒出白色和黄色烟雾，废液池的 1 楼过道及槽罐车下风向沿线 14 名作业人员出现不同程度的咳嗽、胸痛、胸闷、呼吸困难等症状。

该化工厂安全部初步将其判定为“急性氯气中毒事件”，现场抢救人员立即将工人转移至空气新鲜处，并组织车辆将中毒患者送往离化工厂最近的医院，对患者实施清洗、吸氧等治疗。事发现场未发生其他人员死亡和中、重度中毒情况，14 例中毒患者经积极治疗住院 3~45d 均康复出院。

该市疾病预防控制中心组织专家对 14 名中毒患者进行职业病诊断会诊，确诊职业性急性氯气中毒（轻度）12 例，刺激反应 2 例。

（二）临床资料

14 名患者均为男性，年龄 30~54 岁，临床表现为刺激性呛咳者 13 例（92.86%）、胸闷 12 例（85.71%）、呼吸困难 2 例（14.29%）、咽部充血 2 例（14.29%）、咯血 2 例（14.29%）、双肺呼吸音粗 10 例（71.43%）、肺部啰音 2 例（14.29%）、X 射线胸片表现为双肺纹理增多者 9 例（64.29%）、可见散在点片状阴影者 6 例（42.86%）。治疗主要采取给氧，早期、足量、短程应用糖皮质激素，积极防治肺水肿、防治并发症等。

（三）案例具体分析

根据明确的职业病危害因素接触史及患者的临床表现和实验室检查结果，排除其他原因引起的呼吸系统疾病，依据《职业性急性氯气中毒诊断标准》（GBZ 65—2002）和《职业性急性化学物中毒诊断标准　总则》（GBZ 71—2013），确诊该起中毒事故为以氯气为主的职业性急性刺激性气体中毒。由于处置及时，治疗方案得当，患者均康复出院。

一般来说，发生液氯泄漏事故往往是多种原因造成的。本次事件较为特殊，槽罐车前后运输不同化学品，对残液清洗不彻底，在装载后一化学品时与之发生化学反应，导致急性职业中毒事故的发生，提示在槽罐车运输危险化学品过程中预防职业中毒的重要性。

二、氨中毒案例

（一）事件经过

1999 年 × 月 × 日，上海某食品公司一机修工在公司冷一车间检修螺旋式蒸发器控制阀门，在拆除阀门时，残余管道内的液氨气化逸出，该劳动者当时佩戴着防毒面具，但可能存在破损，当时即感双眼灼痛、气憋，随即从现场逃离，因照明不佳行走不利滑倒在地，持续吸入现场气体数分钟后才脱离现场。在同事帮助下，用自来水冲洗约 10min。该劳动者自觉胸闷、气急、伴有呛咳，被厂方送至附近医院急诊，予以激素治疗（地塞米松）、对症处理后转入职业病专科医院。

（二）临床资料

入院查体：体温 38.9℃，神志清楚，精神差，气急，声音嘶哑；双眼球结膜水肿、充血，角膜荧光染色（+），双眼角膜中央可见片状脱落，双眼对光反射存在；咽部充血，悬雍垂水肿，口腔黏膜可见破损，口唇无明显紫绀；双肺遍布湿啰音，呼吸频率约 25 次 /min，心率 108 次 /min，心律齐，未闻及杂音；腹部无压痛；双手及前臂可见片状棕褐色灼伤斑块，水肿，上有小水疱，部分水疱破损，有渗液。阴囊表皮红肿，有破损。

入院时查血气分析提示通气过度、呼吸性碱中毒、低氧血症（pH 值为 7.429，PCO_2 为 3.8，BE 为 –3.9，BB 为 44，HCO_3^- 为 18.1，PO_2 为 8.54，O_2sat 为 92.4%，TCO_2 为 18.9），FaO_2/FiO_2 为 197mmHg；血常规示白细胞总数升高（$18.6 \times 10^9/L$），尿常规大致正常；肝功能（除 AST 为 50.2 略高外）、肾功能、血电解质基本正常；胸片提示间质性肺水肿表现。

入院后予以纠正低氧血症，先予以 BiPAP 呼吸机辅助呼吸，后根据患者病情变化，予以气管切开，呼吸机辅助机械通气治疗；吸氧；激素治疗；抗感染；创面清创换药；对症支持治疗。

患者一度病情好转，肺水肿减轻，血氧含量回升，呼吸困难症状缓解。后呼吸道黏膜有反复脱落造成呼吸道损伤以致小气道阻塞并发纵隔气肿、气胸等情况，感染未控制，最终在起病约 1 月后死亡。

（三）案例具体分析

患者身为食品加工企业维修工，对厂内化学品危害认识不足，或厂内未对维修中可能出现的情况进行预估，并做出正确安全的维修操作处理，导致在维修过程中因操作不当，管道内残留液氨气化后被操作者短期大量吸入，导致严重后果。

诊断结果：急性重度氨中毒，呼吸衰竭，纵隔气肿；双上肢、面部液氨灼伤；双眼液氨灼伤。

三、光气中毒案例

（一）事件经过

某年某地某日上午，某药业公司 3 名劳动者在厂内进行管道焊接维修，工作中闻到烂草样味，询问后得知其作业点旁边是一正拆除的塑钢房，房内存放有未投料完的固体光气。3人随即离开，约10min后，有两人先后出现口吐白沫、头晕、呕吐、咳嗽等症状，后被同事送往当地医院治疗。另一人当时无症状，3d后出现胸闷、气短、气喘等症状，在附近卫生院抗炎治疗后，症状无好转，8d后症状加重且出现呼吸困难伴胸骨后烧灼感，后转院治疗 。

3人入院诊断为“光气中毒”，医院给予了相关检查，并予以持续吸氧，抗感染，改善肺水肿，维持水、电解质平衡，高压氧舱等治疗，症状逐渐好转，最终痊愈。出院诊断前2人为“职业性急性轻度光气中毒”，后1人为“职业性急性中度光气中毒”。

（二）临床资料

前2人胸片及CT均基本正常，后1人于事件发生8d后入院，CT检查示两肺符合有毒气体吸入后肺水肿改变；左肺下叶纤维灶。

（三）案例具体分析

固体光气为白色结晶固体，熔点75~81℃，沸点203~206℃，在常温下稳定，可在室温下密封保存。但在高温时易被分解为剧毒的光气，其初始分解温度为130℃。本次事件中3名劳动者从事焊接维修，在劳动过程中产生的高温可使存放的固体光气分解导致了人吸入而引发中毒。厂内人员显然对可能出现的情况未有充分认识，没有意识到可能有高温产生的焊接修理工作会面临的风险。

光气有霉变干草味或腐烂水果味，3名劳动者闻到可疑气味后，随即离开作业现场，其中2名劳动者因出现相关症状而迅速治疗。1人因当时无明显症状未予以早期干预治疗，后出现症状再予以治疗，有可能贻误了最佳干预治疗机会。光气没有特效解毒剂，早期予以足量糖皮质激素治疗仍是目前的主要治疗手段，治疗反应良好。

四、氮氧化物中毒案例

（一）事件经过

某年某天17时许，在某化工公司合成车间，1名操作工在无任何防护措施的情况下，往一个密闭的反应釜添加亚硝酰硫酸等原料，因操作不慎加量过多而导致输入管脱落，大量亚硝酰硫酸溢出溅落在地面，当时未予以处理。该工人在次日0点下夜班后，出现头晕、无力、咳嗽、头痛等不适。为了不让接班人员发现，该操作工又回到车间自行用自来水冲洗地面，此期间仍未戴防护用品，清理完回到工房休息。第二天上午9时，该操作工出现胸闷、气促、咳嗽加剧等症状，被送往当地医院就诊。

（二）临床资料

患者入院后，逐渐出现嗜睡症状，呼吸困难、咳粉红色泡沫样痰，发绀。查体发现对光反射迟钝、两肺闻及干、湿啰音。入院检查示白细胞高达29.17×10^9/L，并有电解质紊乱、代谢性酸中毒等，诊断为“呼吸窘迫综合征”。虽经大量药物抗炎、抗肺水肿、抗心衰、气管插管、呼吸机辅助呼吸等治疗，仍于当天20时许死亡。

（三）案例具体分析

根据职业史调查，患者身为化工公司操作工，在事故当天接触的亚硝酰硫酸、硝酸、硝基苯胺等原料在遇光、湿、热后产生大量含有氮氧化物的黄色烟气，患者未戴防护用品，在投料及后来清洗过程中，短期内吸入大量氮氧化物，出现以呼吸系统损害为主的全身性症状。根据《职业性急性氮氧化物中毒诊断标准》（GBZ 15—2024），诊断为职业性急性重度氮氧化物中毒。

五、有机氟中毒案例

（一）事件经过

20××年×月×日，某化工研究开发单位的职工胡某和李某于上午8时进行3，4–二氯六氟丁烯精馏提纯中试试验的进料，两人均佩戴防毒面具和防护手套。胡某将泵头从第一桶往第二桶转移时发生物料滴漏，岗位附近的可燃性气体报警器发出警报，此时李某位于距原料桶约1m处，随即两人撤离至10m外的实验室门口。警报解除后继续进行原操作，其间未有相关人员进行安全检测，二人也未更换防毒面具或滤毒盒。当天进料共持续4h，进料4桶，约470L。事发当时胡某曾有短暂口苦、不适感，随后缓解。次日上午8时出现咳嗽、胸闷，后症状加重于13时就医。

（二）临床资料

胡某，男，23岁，为科研辅助人员，以刺激性干咳、胸闷为主要症状，肺部听诊双肺呼吸音粗，未闻及明显干湿啰音及哮鸣音，肺部CT显示双肺上叶、下叶炎症，某综合性医院考虑肺部感染予抗炎平喘治疗，1周后胸部CT示病灶明显加重，动脉血气氧分压53mmHg，提示Ⅰ型呼吸衰竭。经补充询问职业接触史，考虑为吸入有机氟所致中毒，转入职业病专科医院治疗。给予气管插管机械辅助通气、糖皮质激素及对症支持治疗，患者氧合维持不佳且有纵隔气肿，遂启动体外膜氧合器（ECMO），事故发生1月后行ECMO辅助全麻下双侧同种异体肺移植术，生命体征平稳。

（三）案例具体分析

患者在转入职业病专科医院诊治后，根据患者的职业接触史、现场流行病学调查及临床表现，排除其他原因引起的疾病，依据《职业性急性有机氟中毒诊断标准》（GBZ 66—2002），诊断为职业性急性重度有机氟中毒。

患者胡某有短时间大量有机氟吸入史但未引起重视，未及时就医；就诊后未提供详细职业接触史，未能早期明确诊断、早期采取有效的针对性治疗，导致肺部出现严重损伤，应该引以为戒。患者在使用ECMO后，仍持续性的二氧化碳分压升高、氧分压降低，且肺泡动脉氧分压差为零，提示存在严重的换气功能障碍，为避免进一步的心肺功能衰竭，故行双侧肺移植术。

六、硫酸二甲酯中毒案例

（一）事件经过

20××年×月×日22时许，某快递公司分拣员周某、黄某在分货搬运一个重约25kg的塑料桶快件时，发现桶盖有液体渗漏，并滴落在腿上。当时感觉局部皮肤有灼热感，未引起注意，没有进行任何处理。约3h后，接触局部皮肤红肿，灼痛明显，伴大量淡黄色的水疱，于接触6h后就诊。同工作场所作业的工人闻及刺激性气味3~10h，先后出现双眼异物感、疼痛、流泪，继而畏光、视物模糊，并出现咳嗽、咽痛、声音嘶哑、胸闷。约13h后有14人就诊。中毒事件发生后，公安、消防、环保、安监等相关部门即启动相关应急预案开展应急处置。经固液分析仪测得桶内液体的成分为硫酸二甲酯、碘乙烷、高碘酸钾、氯化铬酰，其中硫酸二甲酯的浓度最高。

（二）临床资料

16名患者均为该快递公司快件分拣工，其中男性15人，女性1人，年龄19~57岁（43.31±11.61岁）。临床症状为流泪、流涕16例；咽痛、声嘶11例；胸闷3例；咳嗽、咳痰2例；头晕、头痛2例；呼吸困难1例。检查发现结膜充血14例；角膜损伤12例；悬雍垂肿大9例；呼吸音粗5例、呼吸音低1例；周某双下肢和会阴部皮肤红肿，散在较多大小不一的水疱，直径约1~5cm，阴茎头部、体部Ⅱ度灼伤，灼伤面积约17%。黄某右下肢皮肤片状红斑，散在大小不一的水疱，面积约2%。16例患者中胸片无明显异常者10例；肺纹理增粗5例（复查均无明显变化）、两肺纹理明显增粗紊乱4例，两肺纹理增多、增粗、边缘模糊1例，两肺散在小点状或网状阴影，左下肺边缘模糊的片状或云絮状阴影。部分患者血常规示白细胞升高。肝肾功能、心肌酶谱、心电图均正常。采取给氧，早期、足量、短程应用糖皮质激素，积极防治肺水肿、防治并发症等治疗。皮肤灼伤患者采取清创换药处理。眼部受伤患者采用抗菌消炎、预防感染及促进角膜修复等治疗措施。所有患者住院5~30d后痊愈或好转出院，半年后随访均痊愈，无后遗症。

（三）案例具体分析

16例患者为群体性发病，有明确的硫酸二甲酯职业暴露史，分别出现皮肤、眼及呼吸道损伤的临床表现，根据《职业性化学性皮肤灼伤诊断标准》（GBZ 51—2009）、《职业性化学性眼灼伤诊断标准》（GBZ 54—2002）（现已废止，被GBZ 54—2017代替）、《职业性急性硫酸二甲中毒酯诊断标准》（GBZ 40—2002）（现已废止，被GBZ 40—2024代替），结合临床表现、辅助检查结果、职业卫生学资料等，分别诊断为职业性中度化学性皮肤灼伤1例、职业性轻度化学性皮肤灼伤1例，职业性轻度化学性眼灼伤12例，化学性结膜角膜炎2例，职业性急性中度中毒1例，刺激反应13例。

本案例是因为快递公司非法运输危险化学品，而导致的劳动者硫酸二甲酯意外暴露事故，接触方式为皮肤直接接触和蒸气暴露。在皮肤接触后，早期可无明显不适，易被忽视，经一定的潜伏期，接触部位皮肤出现灼痛、点状或片状红斑，继而出现水疱。眼及呼吸系统症状也存在数小时的潜伏期，因此有明确硫酸二甲酯接触史者，即使无明显症状，也应观察24~48h，防止因喉水肿、肺水肿的发生而危及生命。本组病例上呼吸道损伤的表现明显，均出现严重咽喉痛和声音嘶哑，而下呼吸道损伤程度较轻。但其中1例患者因接触时间长且就医晚，出现咳嗽、咳痰、胸闷、呼吸困难，胸片示两肺纹理增多、散在点状或网状阴影，并出现左下肺片状或云絮状阴影等化学性肺炎表现，其余患者均为刺激反应患者，提示中毒严重程度与暴露剂量明显相关，及时、有效的救治亦对中毒的进展及预后有明显影响。

（张雪涛　闫丽丽）

第八章　职业性窒息性气体中毒

08

第一节　概　　述

窒息性气体（asphyxiating gases）是指那些以气态形式侵入机体，直接妨碍氧的供给摄取、运输和利用，从而造成机体缺氧的毒物。人体一分钟也不能停止呼吸，机体必须从吸入气体中不断获取氧气，并借助细胞内各种呼吸酶的作用，将从食物中摄取的糖、蛋白质、脂肪等养料转化为能量，以维持机体的生命活动。氧气的供给、摄取、运输和利用过程中任何一个环节发生障碍，都能引起机体缺氧（pypoxia）或称窒息（asphyxia）。

窒息性气体中毒一直是困扰全球的普遍问题，其最具代表性的化合物是一氧化碳（CO）、氰化氢（HCN）和硫化氢（H_2S）。一氧化碳中毒和死亡人数在全球急性中毒中仍高居首位，部分急性中毒患者经数日到数周“假愈期”后，还可能发生迟发性脑病（delayed encephalopathy，DEP），其病程长且治疗困难，给社会带来了很大负担。而中毒病死率则以硫化氢为最高，因此，窒息性气体中毒在职业医学中占重要地位。

一、接触机会

任何能造成吸入气中氧含量下降的环境，均可能引起缺氧性窒息，如枯井、储菜窖、谷仓、通风不良的矿井或地下坑道、密闭船舱等。

凡含碳物质的不完全燃烧均可产生一氧化碳，因此，在存在明火或有内燃机运作且通风不良的空间中工作的劳动人员，应高度警惕急性一氧化碳中毒可能。如冬季火炕取暖或烧水洗浴时、汽车或内燃机船舱甚至坦克车行进时，以及家禽孵育房、各种建筑材料焙烧窑、小矿井采掘爆破、土法烧制木炭等过程中均可产生大量一氧化碳。

此外，除石油钻探炼制、矿石冶炼和含硫化合物生产制造易发生硫化氢中毒外，任何有机物的处理、发酵、腐败过程，均有产生大量硫化氢的可能，如皮革脱毛、鞣制，制糖和造纸业的原料浸渍，鱼露、咸菜腌渍，清理粪池、阴沟、垃圾等。

二、致病机制

根据其毒性作用机制（见图 8-1），窒息性气体大致可分为三类。

（一）单纯窒息性气体

单纯窒息性气体主要指本身毒性很低或惰性的气体，当它们在空气中大量存在时，会明显降低氧气的相对含量，使机体难以从所吸入的空气中得到足够的氧气供应，导致缺氧性窒息，而并非真正“中毒”。正常情况下（760mmHg，1mmHg=0.1333kPa）空气中氧含量约20.96%，低于16%即可引起机体缺氧，一旦低于10%时可很快引起昏迷甚至死亡。属于这一类的气体有氮气、甲烷、乙烷、乙烯、惰性气体和水蒸气等。

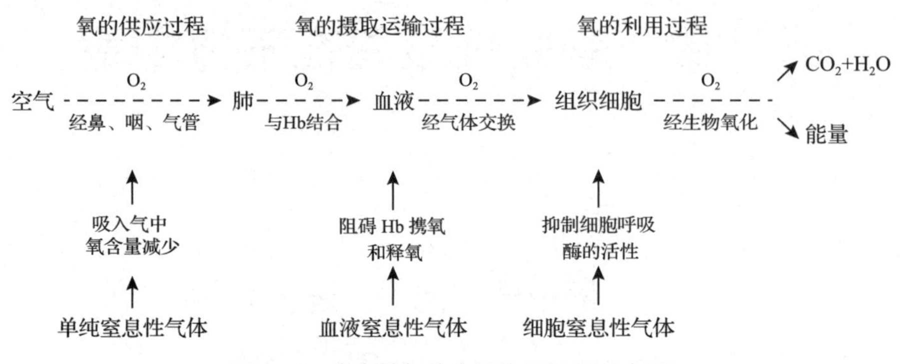

图8-1　窒息性气体主要作用机制示意图

（二）血液窒息性气体

血液以化学结合方式携带运输氧气，血液窒息性气体可阻碍血液（血红蛋白）与氧气的化学结合，并阻碍它向组织细胞释放携带的氧气，从而导致组织供氧障碍，引起窒息，故此类毒物被称为“血液窒息性气体”，也称为“化学窒息性气体”。常见的有一氧化碳、一氧化氮，以及苯胺、硝基苯等苯的氨基或硝基化合物蒸气等。

（三）细胞窒息性气体

细胞窒息性气体主要指通过抑制细胞呼吸酶活性，而阻碍细胞利用氧进行生物氧化的有害气体。此种缺氧是一种“细胞窒息”，也称“内窒息”，因此血氧并无明显降低。属于这一类的毒物主要为氰化物和硫化氢。

但不论哪类窒息性气体，其最终致病环节都是引起机体缺氧。脑是机体耗氧量最大的组织，尽管它只占体重的2%~3%，但耗氧量可占全身总耗氧量的20%~25%，对缺氧最为敏感，故窒息性气体中毒最突出的临床表现也是脑缺氧表现。研究表明，大部分神经细胞在缺氧时只发生功能性障碍，经适当治疗处理，多能恢复；若供氧受到进一步限制，损伤则变为不可恢复，甚至造成细胞死亡。以上所提到的供氧进一步受限主要由缺氧所引发的种种恶果引起，主要有以下方面：最严重的恶果是脑水肿。因缺氧可反射性引起脑血管扩张，还可导致脑肿胀，血管内液体进入细胞外间隙，还会造成细胞间隙水肿，影响脑白质功能；缺氧可引起脑细胞ATP生成障碍、离子泵不能运转、细胞内水钠潴留，导致脑细胞水肿；此外，脑内血管内皮细胞亦可因缺氧而发生明显肿胀，可造成局部血管阻塞，这些病理变化均可进一步减少脑组织的血液灌流量而加重组织缺氧。

近年来，有研究从分子层面进一步阐明了缺氧对机体的严重危害。从一方面来看，缺氧可使需要ATP供能的钙泵停止运转，使脑细胞内滞留大量Ca^{2+}；缺氧还同时诱使机体转入无氧代谢，全身乳酸水平增加，细胞内H^+浓度上升，相继激活H^+-Na^+交换和Na^+-Ca^{2+}交换机制，加重细胞内钙超载（cellular calcium overload）。过高浓度Ca^{2+}可激活磷酸酯酶A2，引起膜磷脂分解，生成大量花生四烯酸，导致脑内血栓素、白三烯等物质过量生成，引起局部血管收缩、广泛性微血栓形成，进一步加重局部缺血、缺氧。从另一方面来看，细胞内钙超载可诱使黄嘌呤脱氢酶变构为黄嘌呤氧化酶，使体内的嘌呤代谢过程产生大量氧自由基，引起脂质过氧化反应，损伤细胞膜成分。

研究还显示，脑缺氧时，由于血液中大量水分进入血管外间隙及脑细胞内，脑循环血液常呈浓缩状态，黏滞度增加，血流淤滞；缺氧导致的血管内皮损伤还会诱发微血栓形成，从而进一步加重脑循环障碍。上述研究结果可推动以往强“脱水”的脑水肿经典治疗原则向更加精细化的方向发展，即依据体液的出入量合理脱水，边脱水边缓慢输液，维持出入量大致平衡。

长期接触窒息性气体的危害或急性中毒后的远期影响目前仍无定论，但脑组织慢性缺血引起的脑白质损伤及其不良后果已在临床屡屡呈现，且日见突出，须引起重视。

三、临床表现

（一）急性中毒

急性中毒最主要的临床特点为全身缺氧表现，尤其以脑缺氧症状最为突出，故临床多根据脑缺氧程度进行严重度分级。轻度缺氧时，表现为注意力不集中、智力减退、定向力障碍等；随缺氧加重，可出现烦躁不安、头痛、头晕、乏力、耳鸣、呕吐、嗜睡甚至昏迷，并可引起病理反射；惊厥或抽搐则提示出现较严重的脑缺氧后果——脑水肿，亦即神经细胞和脑白质（神经纤维）损伤。

由于全身中毒反应的干扰，单从临床症状有时很难确定是否有脑水肿存在，但瞳孔变化（缩小、散大或双侧不等大）、呼吸浅慢而不规则或出现叹息样呼吸、脉搏减慢、血压升高等表现，则具有提示作用。视神经乳头水肿为颅内压升高的可靠体征，但缺氧性脑水肿由于并非以细胞外水肿为主，故在脑水肿早期视神经水肿常不明显，不可因此而排除脑水肿的可能。CT 及 MRI（尤其是后者），有助于早期检出脑水肿，是临床诊断的有力工具。

（二）慢性影响

长期接触窒息性气体可能造成机体，尤其是脑组织长期缺氧。除可引起脑细胞功能障碍外，由于脑实质血液供应远较脑皮质和其他实质器官为差，也有可能会发生慢性损伤。

四、诊断及鉴别诊断

职业性化学中毒的一般诊断原则可参见第二章有关内容。就窒息性气体中毒而言，下列两点对诊断具有重要提示意义，值得注意。

（一）明确患者的窒息性气体接触史

对于突发昏迷患者，明确其有无窒息性气体接触史对早期诊断尤具重要价值，除工业性中毒外，还要特别注意某些特殊接触情况（见本节“接触机会”），以避免误诊。

（二）根据毒性机制对临床症状进行综合分析

窒息性气体由于致病机制不同，可结合具体毒性，分析某些实验室指标，以获得一些具有鉴别意义的线索。

单纯窒息性气体主要引起缺氧性窒息，故临床可见缺氧的各种典型生理生化改变，如 PaO_2 和 SaO_2 明显下降、乳酸性酸中毒等。但这些改变缺乏特异性，故诊断还需依靠有害物质接触史，并需注意排除其他病因才能确定。

此外，单纯窒息性气体常会合并其他病因，使病情复杂化。枯井、储菜窖、谷仓等环境中，由于存在植物呼吸过程，故除消耗氧气外，尚会释出二氧化碳，可使机体在缺氧同时，亦发生二氧化碳中毒，若及时进行血气分析，可见 $PaCO_2$ 明显上升，以及类似呼吸性酸中毒的各种生理生化表现，且更严重。又如矿井采掘爆破时，若未及时通风即进入现场工作，则除缺氧外，尚存在一氧化碳、二氧化碳、氮氧化物等多种病因，应予冷静分析。

一氧化碳属血液窒息性气体，故中毒后 PaO_2 变化不大，但因碳氧血红蛋白（HbCO）不能携带氧气，故 SaO_2 含量明显下降亦具重要提示意义。其诊断的确证是血中检出大量 HbCO，且与中毒严重程度密切相关，如 HbCO>30% 即可引起较严重的中毒，HbCO>50% 可引起昏迷。要注意的是，检测必须及时，在未予吸氧的情况下，中毒后 4h 内取血的检测结果最具可信性，吸氧时应在 10min 内取血方具临床价值，否则易出现假阴性结果。中毒后迅速死亡的患者，其血中 HbCO 水平常保持不变，可作为法医鉴定的可靠指标。

硫化氢是细胞窒息性气体，其所致中毒的临床特点是患者呼出气和衣物具有特殊蒜臭味；其毒性十分迅速，严重者吸入一口即可致呼吸停止甚至猝死；中毒后如无呼吸抑制发生，其 PaO_2 和 SaO_2 可无明显异常；但由于细胞生物氧化过程受阻，动静脉血氧分压差亦见缩小；此外，尚可见血中硫化血红蛋白增高，血、尿中硫酸盐含量增加等，对诊断均有提示作用。

五、治疗

窒息性气体中毒无特殊解毒剂，治疗原则参考本书第三章第一节。除尽快脱离毒物接触外，防治脑水肿及其他缺氧性损伤是治疗窒息性气体中毒的关键。

（一）切断脑水肿的关键环节

可给予中毒患者适度低温冬眠治疗、大剂量糖皮质激素、ATP、能量合剂、促进脑代谢药物（脑复康、脑复新、胞二磷胆碱、肌苷等）等。鉴于脑缺氧时脑内血液浓缩、血液黏滞度增加、血流淤滞等病理生理异常，目前多主张依据液体出入量进行合理脱水，脱水同时可缓慢输液，维持液体出入量的大致平衡，不建议一味强调液体负平衡。

（二）合理氧疗

导致机体缺氧是所有窒息性气体的最终致病环节，而对缺氧最为敏感的脑组织并无任何氧储备，所有氧需求均来自持续不断的血液循环供应；完全停止供血供氧 4min，即可使脑细胞产生不可逆性损伤甚至死亡。因此，尽快提高血氧张力，改善缺氧状态是治疗窒息性气体中毒的关键所在。除鼻塞、面罩、活瓣气囊加压、机械呼吸器、高频正压通气、氧帐等方式外，有条件时可尽早给予高压氧治疗。

需要注意的是，窒息性气体在体内无蓄积性，停止接触后可很快从体内排出或被代谢，故其造成的机体缺氧状态多较短暂。因此，中毒早期应积极氧疗，尽快纠正低氧血症，阻滞缺氧所引发的病理过程；但在停止窒息性气体接触 2~3d 后，仍需持续进行氧疗，尤其是持续给予高浓度、高张力氧，则依据不足，“弊大于利”，因此时窒息性气体导致的缺氧已渐消失，而持续给予高浓度氧产生的氧化损伤作用将会彰显无遗。目前多主张高浓度或高张力给氧不应超过 5d，而后可不给氧或仅给低浓度（<60%）氧。

（三）克服脑内微循环障碍

具体如下：①维持充足的灌注压，关键是维持正常血容量和使用扩血管药物，防治低血压；②使用低分子右旋糖酐，每次 500mL，每 4~6h 可重复一次，24h 用量达 1000~1500mL 即可；③颈动脉直接快速灌注低温液体（生理盐水、脱水剂、低分子右旋糖酐等），达到降温、脱水、开通微循环的目的；④纠正“颅内盗血”现象，缺氧和代谢产物堆积可引起脑内局部小血管持续扩张，水分外渗、血循恶化，使该部分血液分流至缺氧影响较小处，此种分流被称为“脑内盗血”；通过使用机械过度通气，使动脉血 CO_2 分压降低，引起脑内受缺氧影响尚不严重的小血管收缩，其血液向缺氧区灌注，有助于改善局部供血。

（四）清除活性氧

缺氧可以诱发大量活性氧（包括氧自由基）生成；治疗中的给氧措施使全身组织迅速恢复供氧，极易诱发“缺血再灌注”效应，同样可产生大量自由基；而“过度”给氧治疗（如长时间给予高浓度氧或高张力氧），可迅速耗竭炎性细胞膜中的 β 胡萝卜素，激活膜上 Co Ⅱ氧化酶，诱使其大量摄氧，引起“呼吸爆发”，产生大量氧自由基。窒息性气体中毒最重要的分子机制是其能够诱使机体产生大量活性氧，引起脂质过氧化损伤，因此，以清除活性氧为主的抗氧化治疗，已成为近年窒息性气体中毒治疗进展的重要标志。

常用自由基清除剂包括巴比妥类、维生素 E、维生素 C、辅酶 Q10、氯丙嗪、异丙嗪、谷胱甘肽、糖皮质激素、依达拉奉等。值得注意的是，此项措施实质上并非真正的“治疗”，而是一种“早期干预”，旨在早期阻断窒息性气体的毒性进程，因此要尽早用药，晚期用药则失去使用价值，常会“劳而无功”或“事倍功半”。糖皮质激素是抗活性氧药物的典型——必须早期、足量使用方能奏效，且应用时间不可过长，一般不宜超过 5~7d，否则可能会产生副作用。

（五）防治脑细胞钙超载

研究表明，缺氧可引起严重的脑细胞内钙超载，进一步危害机体，故早期防治细胞内超载已成为窒息性气体中毒治疗领域的又一重要进展。常用的钙通道阻滞剂有维拉帕米、尼莫地平、利多氟嗪等；其应用原则与自由基清除剂相同，也需早期使用。

（关　里　李　晓）

第二节　一氧化碳中毒

一氧化碳（carbon monoxide）常温常压下为无色、无臭、无刺激性气体；分子式 CO，分子量 28.01，冰点 –207℃，熔点 –205.1℃，沸点 –191.5℃，密度 1.25g/L；微溶于水，易溶于氨水。一氧化碳既有还原性，又有氧化性，能发生氧化反应、歧化反应等。

一、接触机会

一氧化碳为最常见的窒息性气体。任何含碳物质的不完全燃烧均可产生一氧化碳，因此需高度警惕。主要行业包括如下。

（一）钢铁冶金行业

在钢铁生产过程中，高炉、转炉和焦炉会产生大量煤气。煤气除尘后，可作为各车间的燃料来源，有些则送到化工厂作原料使用。这种煤气含有大量一氧化碳（高炉煤气中含有 22%~30%，焦炉煤气中含有 5%~10%，转炉煤气中含有 68%~70%）。高炉煤气是钢铁冶金企业中应用范围最广的一种煤气。高炉煤气是冶金生产中的重要原料之一，经过精确计量后，混合到热风炉内，与燃烧的风口空气混合产生高温，然后与铁矿石发生化学反应，经过还原产生高品质的铁等金属。转炉煤气是炼钢过程中产生的一种煤气。在炼钢过程中，钢水需要进行退火、熔炼等处理，通过转炉煤气的注入，可以使钢水达到适宜的温度和质量，提高钢铁产品的质量和生产效率。除高炉煤气和转炉煤气外，煤气还可以应用于加热炉的加热，以及一些其他特殊的工艺过程中，例如立式加热炉、三段式加热炉等。

（二）煤化工工业

煤化工工业过程具有规模大、连续性强、反应速度快、工艺复杂、放热量大等特点，其中工艺介质主要为甲烷、一氧化碳、氢气、乙烯、丙烯等易燃易爆气体，并且反应需要在高压、高温或低温环境中进行，极容易引发介质泄漏，而导致爆炸、火灾、一氧化碳中毒事故。

（三）其他行业

碱产品、无机盐、其他基本化学原料、化学肥料、有机化工原料、染料、塑料、林产化学产品、日用化学产品、磨具磨料制造业，陶瓷、耐火材料、交通运输设备、电气机械及器材、电子及通信设备、石墨及碳素制品业，医药工业，重有色金属、稀有金属冶炼业，钢及有色金属压延加工业，金属表面处理及热处理业，机械工业等生产活动中，均有一氧化碳产生。

二、致病机制

一氧化碳主要经呼吸道侵入机体，透过肺泡迅速弥散入血。约 90% 一氧化碳在体内与血红蛋白（Hb）结合，生成碳氧血红蛋白（HbCO）。肺泡内一氧化碳分压越高，血中 HbCO 饱和度越大，到达饱和时间也越短。如空气中一氧化碳浓度为 115mg/m^3 时，接触 1h，血中 HbCO 仅为 3.6%；空气中一氧化碳浓度达 10% 时，则接触 1min 可使 60% Hb 转化为 HbCO。另有 10%~15% 一氧化碳在体内与含铁的蛋白结合。极少量（＜1%）可以溶解于血中。一氧化碳还可通过弥散作用透过胎盘进入胎儿体内。

一氧化碳在体内并不蓄积，仍以原形从呼出气排出，被氧化为二氧化碳者尚不到 1%。停止接触一氧化碳后，在吸入正常空气情况下，其在体内的半衰期为 4~5h，其与 HbCO 饱和度、吸入一氧化碳时间及浓度无关。提高吸入气的氧分压，可明显缩短一氧化碳的半减期，如吸入 1 个大气压的纯氧，可使体内一氧化碳平均半减期缩短为 80min；而吸入 3 个大气压的纯氧时，一氧化碳平均半减期可缩短为 24min。

血红蛋白中的 Fe^{2+} 与一氧化碳结合生成 HbCO 后，则失去携氧能力，由于一氧化碳与 Hb 的亲和力比氧大 240 倍，故少量一氧化碳即可与吸入的正常空气中的氧竞争；而 HbCO 的解离要比 HbO_2 慢 3600 倍，生成后在血中存留时间较长，故可严重影响机体供氧；此外，HbCO 还会阻碍 HbO_2 释氧，进一步加重机体的缺氧状态。因此，及时检测血中 HbCO 浓度有助于准确评估急性一氧化碳中毒的严重程度。

中枢神经系统对缺氧最为敏感，故一氧化碳中毒的主要致病环节在于引起脑细胞水肿、细胞间隙水肿，进而导致脑内微循环障碍。急性一氧化碳中毒死亡者，其皮肤、肌肉、内脏、血液等因含大量色泽鲜红的 HbCO，呈樱红色；各脏器明显充血甚至出血，大脑皮层可见坏死，常累及第二层细胞，白质亦出现坏死、脱髓鞘、轴索破坏，小脑及脑内其他部位也可见软化坏死灶，其中苍白球双侧对称性软化坏死可视为急性一氧化碳中毒之特征性病理表现；周围神经也可见脱髓鞘改变。新近研究表明，一氧化碳还会明显抑制凝血功能，故中毒患者血液多不易凝固；一旦体内的一氧化碳排出，此种抑制作用随即消失，血液凝固功能甚至呈现“反跳”现象。

重度急性一氧化碳中毒患者在昏迷苏醒后 2~30d，可再度出现各种神经－精神症状，临床上称为“急性一氧化碳中毒迟发性脑病（delayed encephalopathy by acute carbon monoxide poisoning,

DEACMP）"。但其具体机制尚未明了，目前尚无法进行早期诊断及有效防治。

三、临床表现

（一）急性一氧化碳中毒

急性一氧化碳中毒的严重程度与一氧化碳吸入浓度和时间有密切关系，临床上常以及时测定的血中 HbCO 浓度来判断中毒程度。研究表明，血中 HbCO 浓度超过 10% 时，即能引起一氧化碳中毒症状；HbCO 浓度超过 45%，可引起昏迷等严重缺氧反应；HbCO 浓度达到 90% 时，数分钟即可使人毙命。

轻度一氧化碳中毒时，主要是以脑缺氧为主的临床症状，如剧烈头痛、眩晕、耳鸣、心悸、恶心、呕吐、全身无力等，一般无阳性体征，此时脱离一氧化碳接触，吸入新鲜空气，可以很快恢复。若患者仍继续接触一氧化碳，则前述症状明显加重，全身疲软无力尤为突出，尽管患者意识依然清楚，但已难迈步，不能自救；继而很快出现嗜睡、意识模糊、全身麻木、大小便失禁，甚至昏迷。查体可查见皮肤、黏膜呈樱红色（面颊、前胸、大腿内侧尤为明显），呼吸、脉搏增快，腱反射、腹壁反射和提睾反射均减弱或消失，甚至出现血压下降、心律失常、全身抽搐等。

更为严重的一氧化碳中毒会引起重度脑水肿，可引起深度昏迷、去大脑强直及中枢性高热，并可合并呼吸循环衰竭、心肌损害、肺水肿、消化道出血、横纹肌溶解、筋膜间隙综合征、肌红蛋白尿、急性肾功能衰竭等严重并发症。此时，各种反射均消失，病理反射出现，肤色亦可因末梢循环不良而呈灰白或紫绀；呼吸脉搏由弱、快转为慢而不规则，甚至可随时停止；心音弱钝，心电图可见 ST 段降低、T 波低平或倒置；肺内可出现湿啰音；可有少尿、无尿、蛋白尿、血尿甚或尿毒症等表现。严重中毒患者常难获得完全康复，尤其容易遗留一些神经－精神方面的后遗症，如颅神经障碍、去大脑皮层状态、痴呆等。

（二）急性一氧化碳中毒迟发性脑病

DEACMP 是指急性一氧化碳中毒患者神志清醒后，经过一段假愈期，突然发生以痴呆、精神症状和锥体外系为主的神经系统疾病。一般发生在急性一氧化碳中毒后的 2~60d，大部分患者发生在急性一氧化碳中毒后的 1 个月内。

从急性期中毒症状改善到脑病发作（症状出现）之间有一段类似痊愈的时间，称为"假愈期"。许多患者及家属因患者一氧化碳急性中毒症状好转而轻视后续治疗，导致患者致残甚至致死。DEACMP 多数起病较急，症状以人格改变和定向力减退多见，如不认家门、乱走、语无伦次、行为怪异、性格改变等。脑病发作的严重程度与急性期中毒程度无密切相关，可能与继发脱髓鞘及脑血管病变有关。震颤麻痹是最常见的锥体外系症状。患者表情呆滞、面具脸、慌张步态，与帕金森病不同之处在于四肢肌张力增高比较显著而震颤不明显。部分患者也可见舞蹈症及手足徐动症，扭转痉挛不常见。精神症状包括行为怪异、哭笑无常、易激怒、狂躁、抑郁以及各种幻觉（如幻听、幻视）。智能障碍以痴呆为主，表现为不同程度的记忆力、计算力、理解力、定向力的减退或丧失。注意力涣散、思维障碍、语言和躯体活动减少、缄默不语，严重时可呈木僵状态。反应迟钝，不知饥饱，不会穿衣、袜，二便失禁，生活不能自理，不能行走。由于大脑白质损坏广泛和严重，可致大脑皮质神经元的冲动不能传出，大脑半球皮质处于广泛抑制状态，脑干神经冲动上行传递亦受阻。脑干功能正常但患者无意识。此外，还有局灶神经功能缺损，临床表现包括偏瘫、单瘫、四肢瘫、失语、感觉丧失、皮层盲、失听等。部分患者也可见周围神经病表现，如正中神经、尺神经、胫前神经等单神经炎或多发性神经病。

流行病学研究提示，患者年龄大、病情重（昏迷时间长）、既往有高血压等脑血管疾患病史、一氧化碳中毒后有精神刺激史等均为 DEACMP 发病危险因素。

（三）慢性一氧化碳中毒

有关慢性一氧化碳中毒问题目前仍有争议，因一氧化碳在体内并不蓄积，多认为长期接触低浓度一氧化碳出现的临床症状实际上可能是多次轻度急性中毒的结果，而非真正的“慢性中毒”。但目前观察到，低浓度一氧化碳（HbCO＜10%）对健康仍有一定影响，如引起脑衰弱综合征及心血管功能异常。还有研究显示，HbCO 水平超过 5% 时，血清心肌酶活性即普遍增高，提示有心肌损伤发生；而吸烟者血中 HbCO 浓度一旦超过 8%，其心肌梗死的猝死率也明显高于不吸烟者，值得进一步探讨。

四、诊断及鉴别诊断

（一）急性一氧化碳中毒

依据国家已发布的《职业性急性一氧化碳中毒诊断标准》（GBZ 23—2024）进行诊断。

1. 诊断原则

根据短时间内吸入较高浓度一氧化碳的职业史和急性中枢神经损害的症状和体征，参考现场职业卫生学调查、血中 HbCO 测定的结果综合分析，并排除其他病因后，方可诊断。

2. 诊断分级

GBZ 23—2024 将职业性急性一氧化碳中毒分为轻、中、重度三级。

（1）轻度中毒。出现剧烈的头痛、头昏、四肢无力、恶心、呕吐；可出现轻度意识障碍；多数在脱离中毒环境 8h 内可以检测到血液 HbCO 浓度高于 10%。

（2）中度中毒。除有上述症状外，意识障碍表现为中度意识障碍；多数在脱离中毒环境 8h 内可以检测到血液 HbCO 浓度高于 30%。

（3）重度中毒。患者出现重度意识障碍、猝死或患者有意识障碍且具备有下列任何一项表现者：①急性中毒性脑病，病理改变以脑水肿为主（见 GBZ 76—2024）；②休克或严重的心肌损害；③肺水肿；④呼吸衰竭；⑤上消化道出血；⑥脑局灶损害如锥体系或锥体外系损害等体征；多数在脱离中毒环境 8h 内可以检测到血液 HbCO 浓度高于 50%。

（二）急性一氧化碳中毒迟发性脑病

根据 GBZ 23—2024 急性一氧化碳中毒意识障碍恢复后，经 2~60d 的“假愈期”，又出现下列临床表现之一者，可诊断为急性一氧化碳中毒迟发性脑病：

（1）高级神经功能障碍，如认知障碍或精神、意识障碍，包括行为障碍、谵妄状态或去大脑皮质状态；

（2）锥体外系神经功能障碍，出现帕金森综合征的表现；

（3）锥体系神经功能障碍，如偏瘫、病理反射阳性或小便失禁等；

（4）大脑皮质局灶性功能障碍，如失语、失明、失聪、顶叶综合征（失认、失用、失写或失算）等，或出现继发性癫痫。

本病需注意与帕金森病、药物（吩噻嗪类、利血平、胃复安、α 甲基多巴等）或其他毒物（锰、锂、二硫化碳等）中毒、外伤性脑病、脑动脉硬化等相鉴别。

（三）慢性一氧化碳中毒

虽然《职业性慢性化学物中毒诊断标准　总则》（GBZ/T 329—2024）中规定了职业性慢性化学物中毒的诊断原则及归因诊断，但由于慢性一氧化碳中毒起病隐匿，且缺乏特异性指标，故诊断需十分慎重。对症状明显，一时无法确诊者，可暂时调离一氧化碳作业岗位，并予积极治疗，以利康复。

五、治疗

（一）急性一氧化碳中毒

1. 脱离接触

应立即救离中毒场所，至空气新鲜处治疗处理；轻度中毒患者多能很快好转；较重患者应尽早进行氧疗。

2. 氧疗

应给予积极氧疗以加速体内一氧化碳排出，同时达到解毒及对症治疗目的。可常规给氧，如面罩给氧、呼吸机给氧、高频正压通气等；有条件者尽快采用高压氧治疗，使用时间宜控制在 3~5d，以免诱发“过氧化反应”，加重脑损伤。

3. 其他治疗

需注意的是，脑组织除耗氧量巨大外，其耗能量同样巨大，而脑细胞也不储存能量，其能量主要来源是葡萄糖的氧化；急重情况下，脑细胞因应激反应代谢更为亢进，故治疗上除注意尽早给氧外，及时补充葡萄糖也是必需措施。

（二）急性一氧化碳中毒迟发性脑病

1. 重视预防

在一氧化碳中毒之初，即应高度重视预防 DEACMP 的发生。需避免和消除一切可能诱发 DEACMP 的因素，如过度脱水利尿、过度氧疗等，应注意避免“氧滥用”，高压氧治疗应控制在中毒后 3~5d 之内。

2. 早期抗活性氧

研究表明，活性氧引起的过氧化损伤是缺氧性损伤的分子基础。早期投用抗氧化药物，消除或减少脑内活性氧生成，可明显减轻脑损伤，有效阻遏 DEACMP 发生发展。常用药物有糖皮质激素、还原型谷 GSH、维生素 C、维生素 E、SOD、氯丙嗪、异丙嗪、巴比妥类、丹参、β 胡萝卜素、依达拉奉等。

3. 其他对症支持治疗

如给予个体化改善脑微循环、改善认知功能等治疗。

（关　里）

第三节　硫化氢中毒

硫化氢（hydrogen sulfide）分子式为 H_2S，分子量 34.08，熔点 –82.9℃，沸点 –61.8℃。常温常压下为具有强烈臭鸡蛋气味的无色气体，能溶于水生成氢硫酸（弱酸），也溶于醇类、汽油、煤油及石油溶剂。气体相对密度 1.19，较空气重，故流动并聚积在地势低洼处。化学性质不稳定，属于易燃危险化学品，与空气或氧气以适当比例（4.3%~46%）混合形成爆炸性混合物，遇明火、高热可引起燃烧爆炸。对铁等金属和某些塑料有很强的腐蚀性，易吸附于各类织物。

一、接触机会

硫化氢在自然界中广泛存在，未受工业污染大气中硫化氢浓度可在0.03~0.10μg/m³，火山喷发、温泉、天然气中常有硫化氢存在。人体内也有内生性硫化氢，在体内细菌作用下，脑和肌肉组织中含巯基氨基酸代谢产生一定量的硫化氢，作为神经信使物质发挥生理作用。自然界硫化氢一般来自某些化学反应或微生物作用，如煤中含硫有机质发生热化学分解会产生硫化氢，潴留的生活污水中的有机物在微生物作用下腐败也会生成硫化氢。

硫化氢在工业上很少用作原料，多是生产过程和日常生活中的废气。硫化氢中毒是一种严重的职业健康危害，据分析，在急性职业性化学中毒病例中，硫化氢中毒的发生率仅次于一氧化碳中毒，居第2位，病死率则为首位。职业性硫化氢中毒多见于生产设备损坏，输送硫化氢管道和阀门漏气，违反操作规程，含硫化氢的废气、废液排放不当，疏通阴沟、粪池等意外接触。接触硫化氢的职业有70余种，主要包括化学工业、石油工业、采矿冶炼工业、捕鱼业、发酵物制作或清理过程等。

二、致病机制

硫化氢是气态物质，主要由呼吸道进入人体，经消化道和皮肤吸收很少。进入血液的硫化氢主要分布在脑、肝、肾、胰和小肠中，约2/3以氢硫离子（HS^-）存在，1/3以分子状态存在，而后逐渐被氧化为无毒或低毒的硫酸盐、硫代硫酸盐或甲基化生成甲硫醇、甲硫醚等经肾脏排出，唾液、胃液、汗液也有少量排出，小部分游离的硫化氢还可经肺呼出。硫化氢代谢迅速，无蓄积作用；如短时间有大量硫化氢进入体内，超过机体代谢能力，则可在血中大量出现。硫化氢主要毒性机制如下。

（一）刺激作用

硫化氢水溶性较强，接触湿润的眼、呼吸道黏膜后解离形成HS^-、氢硫酸和硫化钠，具有强烈的刺激性及腐蚀性，可引起程度不等的结膜炎、角膜炎、呼吸道炎、肺炎，甚至引起角膜溃疡和肺水肿，对潮湿的皮肤也有刺激作用。硫化氢有强烈的腐蛋臭味，但随浓度升高恶臭感会下降，0.01mg/m³浓度为嗅觉阈，0.18~40mg/m³浓度范围内可以嗅到臭味，浓度达到70~150mg/m³时吸入2~15min即引起嗅觉疲劳和嗅神经麻痹。因此，职业环境中闻及腐蛋臭味需警惕硫化氢的存在，但臭味减弱或消失不代表硫化氢浓度降低或消失。

（二）细胞窒息作用

硫化氢具有很强的金属离子亲和性，易与氧化型细胞色素氧化酶辅基中的Fe^{3+}结合，使其失去传递电子的能力，造成细胞窒息及ATP合成障碍。硫化氢与高铁血红蛋白（含Fe^{3+}）结合生成硫化高铁血红蛋白，此蛋白呈蓝紫色，难以复原，无携氧能力，是产生发绀的主要原因之一。硫化氢还可以与体内蛋白质、酶和其他生物分子的二硫基发生氧化还原反应，如抑制过氧化氢酶、三磷酸腺苷酶、谷胱甘肽等的活性，加重组织缺氧。

（三）抑制单胺氧化酶

硫化氢可以抑制单胺氧化酶，使儿茶酚胺类物质含量增加，这可能是硫化氢中毒后呼吸功能丧失的重要机制之一。

（四）自由基损伤

急性硫化氢中毒时，由于缺氧、能量代谢障碍，会引起细胞内“钙超载”，启动黄嘌呤脱氢酶向黄嘌呤氧化酶的变构过程，诱发大量自由基产生。

（五）神经抑制作用

高浓度硫化氢可以刺激嗅神经、呼吸道黏膜的神经末梢及颈动脉窦和主动脉体的化学感受器，引起中枢神经系统超限抑制或直接抑制呼吸中枢。且硫化氢可直接作用于延髓的呼吸和血管运动中枢，引起呼吸麻痹和心搏骤停。因此，当患者吸入高浓度硫化氢时，会表现出如同电击一般立刻昏迷或呼吸麻痹的“闪电式猝死”。

（六）肺水肿

硫化氢对肺细胞的直接毒作用可引起细胞亚微结构和肺泡毛细血管损伤，肺泡、肺毛细血管通透性增加，肺泡表面活性物质受损，导致肺水肿，这也与活性氧生成并诱发脂质过氧化有关。

（七）心肌损害作用

硫化氢导致心肌细胞色素氧化酶失活、心肌线粒体受损、离子通道受损，从而导致心肌损害，甚或引起中毒性心肌炎。心肌缺氧会影响心脏功能，同时引起肺动脉压力增高，加重肺水肿。

三、临床表现

硫化氢通过呼吸系统吸入中毒最为常见，中毒事故多发生在生产过程中意外泄漏或狭窄密闭的空间及通风不良区域。硫化氢中毒的主要靶器官为中枢神经系统和呼吸系统，同时可引起多脏器损伤，临床表现与硫化氢浓度、接触时间及个体差异有关。

（一）急性中毒

1. 神经系统

接触较低浓度硫化氢（30~300mg/m^3）后数分钟至数小时，主要表现为头痛、头晕、全身乏力、烦躁等症状；接触浓度在 300mg/m^3 以上，神经系统症状更为突出，可有运动失调，短暂的意识障碍；接触浓度在 700mg/m^3 以上，则会出现烦躁不安、谵妄、抽搐、大小便失禁，并迅速进入昏迷状态。部分患者表现出神经运动端潜伏期和神经传导速度明显减慢的周围神经损害。硫化氢浓度极高时，接触数秒或数十秒即引起瞬间意识丧失、抽搐，呼吸心跳迅速停止，发生“闪电式猝死”。急性中毒者经及时救治，意识恢复后，部分患者可遗留较长时间头痛、注意力不集中、短期记忆力受损、失眠、自律神经失衡、性功能障碍、运动功能损害等症状，需要缓慢恢复。

2. 呼吸系统

呼吸系统症状是仅次于神经系统的第二大症状。接触低浓度硫化氢时仅表现为咽喉部烧灼感、咳嗽、胸闷。随接触浓度升高，发生急性支气管炎、支气管肺炎，表现为咳嗽、咳痰、胸闷、胸痛、气急。肺部闻及干、湿啰音，X 射线胸片显示双肺纹理增多增粗、模糊或片状阴影。当发展为肺水肿时，表现为呼吸困难、发绀、咳大量白色或粉红色稀薄样黏液痰、心率加快、双肺闻及弥散性湿啰音，X 射线胸片可见双肺大片均匀、密度增高阴影或大小和密度不一、边缘模糊的片状阴影。此时患者可伴有喉水肿、皮下和纵隔气肿、继发感染、ARDS。极少数患者中毒 2~3 个月后随访发现肺部出现纤维化改变。

3. 心肌损害

心肌损害通常较中枢神经系统及呼吸系统临床表现晚出现。心电图可见酷似心肌梗塞样改变，T 波倒置、ST 段抬高、QT 间期延长、心律失常，严重时会发生迟发性心源性猝死。中度和重度中毒患者心肌酶谱检查可见 CK、CK-MB、AST、LDH 浓度均有明显升高，全面观察血清心肌酶动态变化有助于估计中毒者的病情及预后。

4. 其他系统损害

眼部接触硫化氢后会出现流泪、畏光、眼刺痛、球结膜水肿、视物模糊等症状。部分患者会出现黄疸、ALT 及 AST 升高等肝损害表现。

（二）慢性影响

目前尚未见慢性中毒病例报告。长期接触低浓度硫化氢可引起眼及呼吸道慢性炎症，全身影响包括头晕、头痛、乏力、记忆力减退等神经衰弱综合征，以及多汗、手掌潮湿、皮肤划痕症阳性等自主神经功能紊乱，这些症状脱离作业后可以恢复。

四、诊断

（一）急性中毒

依据国家已发布的《职业性急性硫化氢中毒诊断标准》（GBZ 31—2002）进行诊断。

1. 诊断原则

根据明确的短期内吸入较大量硫化氢的职业接触史，出现中枢神经系统和呼吸系统损害为主的临床表现，结合现场劳动卫生学调查，综合分析，在排除其他病因引起的类似疾病后，方可诊断。

2. 接触反应

临床上将短期接触硫化氢后出现短暂性眼痛、畏光、流泪、结膜充血、咽部灼热感、咳嗽等眼和上呼吸道刺激表现，或有头痛、头晕、乏力、恶心等神经系统症状者列为“接触反应”予以密切观察，但不属于我国法定职业病范畴。

3. 诊断分级

GBZ 31—2002 将职业性急性硫化氢中毒分为三级。

（1）轻度中毒。具有下列情况之一者：①明显的头痛、头晕、乏力等症状并出现轻度至中度意识障碍；②急性气管 - 支气管炎或支气管周围炎。

（2）中度中毒。具有下列情况之一者：①意识障碍表现为浅至中度昏迷；②急性支气管肺炎。

（3）重度中毒。具有下列情况之一者：①意识障碍程度达深昏迷或呈植物状态；②肺水肿；③猝死；④多脏器衰竭。

4. 鉴别诊断

需要重点鉴别的疾病包括一氧化碳、氰和氰类化合物、二氧化碳、惰性气体引起的急性中毒、急性中枢神经系统感染性疾病和脑血管意外。血中硫化血红蛋白增高需排除磺胺、非那西丁等药物服用史；发绀明显、休克者应与急性氮氧化物中毒、亚硝酸盐中毒、苯的硝基或氨基化合物中毒及其他原因所致休克相鉴别。

（二）慢性中毒

硫化氢慢性中毒缺乏特异性指标，诊断较为困难。虽然《职业性慢性化学物中毒诊断标准　总则》（GBZ/T 329—2024）规定了职业性慢性化学物中毒的诊断原则及归因诊断，但目前尚未见慢性硫化氢中毒病例报告，故诊断时需十分慎重，需进一步积累资料并开展深入研究。

五、治疗

（一）急性中毒

目前尚无特效解毒剂，以积极对症支持治疗为主。

1. 迅速脱离中毒环境

将患者迅速脱离现场，转移至上风侧空气新鲜处，脱去被污染的衣物。救援人员也要做好自身防护，佩戴全面罩防毒面具，并保证面具中氧浓度≥ 18%，在相互监督下进入现场，以免发生自身中毒。

2. 氧疗

根据缺氧程度采取不同给氧手段，如鼻导管或面罩吸氧、单人简易呼吸球囊、无创呼吸及气管插管等。中度及重度中毒者在条件允许情况下应尽快给予高压氧治疗，以加速硫化氢排出和氧化解毒，防止缺氧引起的脏器损害。氧疗应根据病情和疗程合理使用，同时与支持对症治疗相结合。

3. 防治脑水肿、肺水肿和心肌缺血

早期、足量、短程使用糖皮质激素，同时可给予能量合剂、利尿剂和高渗脱水剂。心电监护提示心肌缺血表现时，应及时给予改善心肌微循环药物。换血和光量子疗法有助于减轻脑水肿、防止脑细胞损害，有条件者亦可使用。

4. 对症支持治疗

维持水、电解质平衡，纠正酸中毒，加强防治休克措施；预防感染，合并吸入性肺炎应积极清理呼吸道，及早给予抗生素等；维持心肺脑功能，防止并发症。可以给予自由基清除剂、钙通道阻滞剂、高铁血红蛋白形成剂减少硫化氢产生的损伤。

5. 治疗眼损伤

出现眼刺激症状时，立即用清水或生理盐水冲洗至少 15min，交替用抗生素眼药水和可的松眼药水滴眼，睡前涂以红霉素或金霉素眼膏，以达到预防感染、润滑、防止眼球粘连的作用。

6. 猝死抢救

立即进行人工心肺复苏，心室颤动者尽快电击除颤，直至呼吸、心跳恢复。呼吸停止者应尽量采用人工呼吸器，救助者应避免采用口对口人工呼吸以防自身中毒。抢救成功后尽快高压氧治疗，并积极对症支持治疗。

（二）慢性影响

长期接触低浓度硫化氢者无特殊临床表现，以对症支持治疗为主。

（陈章健）

第四节　氰化氢中毒

氰化氢（hydrogen cyanide，HCN）是一种无色气体，有微弱的苦杏仁味，分子量 27.03，易溶于水、乙醇和乙醚，在潮湿的空气中，易水解生成氢氰酸（hydrocyanic acid）而具有苦杏仁味。氰离子（CN^-）或氰基（–CN）中的碳原子和氮原子通过叁键相连接，有相当高的稳定性，在通常的化学反应中都以一个整体存在。氰化氢易燃，在空气中含量达 5.6%~12% 时，遇明火、高热能引起燃烧爆炸；氰化物盐类遇水或遇酸即易挥发出氰化氢。

一、接触机会

氰化物是一类常用的工业原料，主要应用于电镀业（镀铜、镀金、镀银）、采矿业、冶金业，是提取金银的一种重要试剂，同时还是医药、合成树脂、杀虫剂、化肥、农药等的重要原料。如制药行业合成甘氨酸、维生素 B_{12}，制造合成树脂单体如丙烯酸酯、甲基丙烯酸酯等；在其分子中引入一个氰基可生成有机氰化物即生成腈，例如纺织品腈纶即是其聚合物，化学名称是聚丙烯腈；腈通过水解可以生成羧酸，还原可生成胺等，还可衍生出其他许多官能团。在制备和使用氰化物的生产过程中，氰化物参与的化学反应过程可产生氰化氢气体，特别是在酸性条件下以及温度较高时，大量氰化氢可能逸散出来。国内报道的氰化物中毒意外事故主要发生在金矿、电镀厂及化工厂；造成中毒的氰化物种类主要是氰化氢（或氢氰酸）；事故的常见原因是现场通风不良、管道泄漏、劳动者违规操作及个体防护不良等。

火灾中，含氮、碳的天然物质燃烧，化学合成制品（如尼龙、塑料、聚丙烯腈等）的燃烧或热解都能释放出含氰化氢的烟雾；氰化氢和氯化氰作为化学战争毒剂曾被用于军事目的和制造恐怖事件。此外，多种植物和果仁中均含有氰苷，如木薯、桃仁、苦杏仁、枇杷仁、亚麻仁、银杏等，其与胃酸作用可生成氰氢酸。生活性急性氰化物中毒多数为经口摄入氰化物或服食过量的含氰苷的食品所致。

二、致病机制

氰化氢主要经呼吸道吸入，皮肤沾染氢氰酸或误服也可吸收。氰化氢属于高毒类物质，口服氢氰酸的致死剂量为 50~100mg。HCN 吸收进入血液后可迅速解离出 CN^-，大部分在肝脏由硫氰酸酶催化生成硫氰酸盐，经尿排出；一小部分可参与维生素 B_{12} 代谢，或与葡萄糖醛酸、半胱氨酸结合生成低毒化合物从尿排出；还可氧化分解生成 CO_2 和 NH_3，经肺呼出。氰化物的毒性主要由其在体内解离出的 CN^- 引起，最重要的毒性是抑制呼吸链的终端酶细胞色素氧化酶：CN^- 与细胞色素氧化酶中的 Fe^{3+} 结合，使酶的活性丧失，阻断了呼吸链的电子传递，导致细胞内呼吸中断，从根本上抑制了 ATP 的合成和氧化磷酸化过程，从而抑制了细胞氧的利用，造成细胞内窒息；虽然血液中含有充足的氧，但由于组织对氧的利用障碍，使需氧代谢迅速转化为无氧代谢，糖酵解作用增强、乳酸生成增多，最终导致代谢性酸中毒。中枢神经系统对缺氧最敏感，其他主要脏器如心、肺、肝、肾也都可能受到影响。

三、临床表现

（一）急性中毒

1. 临床表现

主要以中枢神经系统损害为主，同时可伴有呼吸系统、心血管系统等多系统受损表现，吸入中毒者还可伴有眼部及上呼吸道刺激症状，低浓度氰化氢（20~40mg/m³）暴露，患者可在接触数小时后才出现轻微症状；短时间内大量吸入高浓度的氰化氢或口服较大剂量氰化钠、氰化钾后，意识会迅速（数十秒内）丧失，2~3min 内呼吸停止死亡。非“猝死型”病程则进展稍缓，一般可表现为以下四个阶段。

（1）前驱期：流泪、口唇麻木，头晕、头痛、胸闷、气短、恶心、呕吐、心悸、不安、血压升高等。

（2）呼吸困难期：可见脉搏加快、呼吸急促困难、频率加快加深、冷汗淋漓、张口呼吸、胸部紧束、窒息性恐惧感等；部分患者可见皮肤黏膜呈鲜红色；患者呼吸气中常带有苦杏仁味。

（3）痉挛期：出现阵发性或强直性抽搐，意识丧失、血压下降、心动过缓、心律失常，同时可并发肺水肿、严重呼吸困难、发绀、肺内弥漫性湿啰音等。

（4）麻痹期：深昏迷，病情迅速进展，感觉和反射消失，呼吸浅慢、不规则甚或停止，血压明显下降，心脏停搏、死亡。

2. 实验室检查

（1）血浆或全血氰离子浓度：血浆氰离子正常值多<1μg/L（0.038μmol/L），急性中毒时明显升高，多>50μg/L（1.92μmol/L）。正常全血氰离子浓度多<200μg/L，急性中毒时可增高数倍，多>1mg/L，最好在中毒后4~8h内测定。

（2）血浆和尿中硫氰酸盐：其水平增高可作为过量接触氰化物依据，一般采用吡啶－巴比妥酸分光光度法检测或吡啶－对苯二胺法。血浆硫氰酸盐正常参考值<12mg/L（206.58μmol/L），急性中毒时多>50mg/L（861μmol/L），在中毒12h内可见增高；吸烟者尿液中的硫氰酸盐约为不吸烟者的两倍，建议采用尿肌酐校正，其正常参考值，吸烟者<258μmol/24h（<15mg/L），不吸烟者<172μmol/24h（<10mg/L），在急性中毒1~3d内可见数倍以上增高。

（3）动/静脉血血气分析：中毒早期同时作动脉血和静脉血血气分析可发现 PaO_2 正常，静脉血氧分压亦无明显降低，动－静脉血氧分压差及血氧含量差明显减小（仅为1%体积，正常为4%~5%体积），提示出现中毒患者静脉血动脉化特征；但当重度中毒者合并多器官功能衰竭或发生呼吸、心跳骤停者，动脉氧分压仍可明显下降。

（4）血浆乳酸浓度：急性氰化物中毒后可很快发生代谢性酸中毒，乳酸浓度急剧增高，血浆乳酸浓度检测对诊断急性氰化物中毒严重程度具有重要价值。在中毒后8h内检测血浆乳酸浓度及全血 CN^- 浓度，可见两者具有明显的正相关关系；血浆乳酸正常值为0.44~1.78mmol/L，其浓度大于4mmol/L时即可诊断为乳酸酸中毒；血中 CN^- 浓度大于1mg/L时皆可使血浆乳酸急剧升高，常高于8mmol/L（720mg/L）。

（二）慢性中毒

氢氰酸对人体的慢性影响表现为神经衰弱综合征，如头晕、头痛、乏力、胸部压迫感、肌肉疼痛、腹痛等，并可有眼和上呼吸道刺激反应，故此类人员慢性结膜炎、慢性鼻炎、慢性咽炎及嗅觉、味觉减退者患病率较高。皮肤长期接触后，可引起皮疹，表现为斑疹、丘疹，极痒。还有出现全身肌肉酸痛、肌肉强直、动作受限、甲状腺肿大的报告。

四、诊断

（一）急性中毒

依据我国已颁布的《职业性急性氰化物中毒诊断标准》（GBZ 209—2008）进行诊断。

1. 诊断原则

具有明确的短时间吸入或皮肤污染较大量氰化氢（氢氰酸）的职业史，迅速出现呼吸困难、不同程度意识障碍、乳酸性酸中毒等临床表现但 PaO_2 仍维持正常的临床特点，现场劳动卫生学调查结果支持前述氰化物接触史，综合分析并排除其他原因引起的类似疾病后，方可诊断。

2. 接触反应

临床常将短时间内接触氰化物后出现一过性轻度头晕、头痛、胸闷、气短、心悸者列为接触反应进行密切观察，但此期患者尚未列入法定职业病范畴。

3. 诊断分级

GBZ 209—2008 将急性氰化物中毒病情分为以下两级。

（1）轻度中毒。指短期接触氰化物后出现明显头痛、胸闷、心悸、恶心、呕吐、乏力、手足麻木，并有轻、中度意识障碍；或有呼吸困难，或动－静脉氧压差减小（正常为 50mmHg）或氧浓度差减小（$<4\%$），或血浆乳酸浓度$>$4mmol/L 者。

（2）重度中毒。具有下列情况之一者：重度意识障碍，或癫痫大发作样抽搐，或有肺水肿，或猝死者。

4. 鉴别诊断

急性氰化物中毒需与以下具有类似临床表现的疾病相鉴别：①其他有害气体吸入性中毒（如急性一氧化碳中毒、硫化氢气体中毒、氮气中毒、二氧化碳中毒等）；②农药中毒（如急性有机磷农药中毒、有机汞中毒、毒鼠强中毒等）；③对老年患者或既往有糖尿病、尿毒症等疾病的患者，要注意排除脑血管意外、糖尿病性昏迷、低血糖诱导的酸中毒和药物过敏。针对以上部分常见的临床症状相似的中毒类型，表 8-1 列举了急性氰化物中毒与几种化学物质中毒的鉴别要点。

表 8-1　急性氰化物中毒与几种化学物质中毒的鉴别要点

毒物名称	接触途径	临床表现	实验室检查
急性一氧化碳中毒	吸入	头晕、头痛、乏力、眼花、恶心、呕吐、心悸、胸痛、出汗等。皮肤黏膜呈现樱桃红色	血碳氧血红蛋白阳性，尿硫氰酸盐不高
硫化氢气体中毒	吸入	头痛、头晕、乏力、恶心、眼胀痛、畏光、眼结膜充血、咳嗽、胸闷，肺部可闻及干、湿啰音等。但中毒者常能闻到腐蛋臭味	血氰化物测定阴性
急性有机磷农药中毒	皮肤接触或口服	口腔及呼出气体有大蒜气味，头晕、头痛、多汗、流涎、流泪、痰多、胸闷、气短、呼吸困难、心率增快、血压升高、瞳孔针尖样缩小，皮肤黏膜苍白	血胆碱酯酶活力降低

（二）慢性中毒

慢性中毒诊断较为困难，因起病较为困难，且缺乏特异性指标，急性氰化物中毒的相关指标对慢性氰化物中毒的诊断并无特殊帮助；目前国家也无慢性氰化物中毒诊断标准，故诊断时需十分慎重；一时无法确诊者，可暂时调离氰化物作业岗位，并予积极治疗，以利康复。

五、治疗

（一）群体中毒的现场救援

一旦发生群体性氰化氢中毒，应立即向政府主管部门报告，并与当地的安全生产监督部门及疾病预防控制中心联合启动应急救援预案。现场救护、采样及排险人员在进入被氰化物污染的生产、储存、运输现场时，必须穿全封闭的防化服装及靴子，自给式呼吸器，以免引起接触中毒。应对多个患者进行呕吐物和血液等生物样品采集，空气样品应在中毒现场不同方位进行多次采集；空气中氰化氢和氰化物的检测采用异烟酸钠－巴比妥酸钠分光光度法，液体及生物样品中氰化物分析采用高效液相色谱质谱分析法。

（二）急性中毒的治疗原则

（1）迅速脱离现场，清洗污染皮肤、更换污染衣物；口服中毒者立即洗胃，洗液量不应少于10000mL，并灌服活性炭；严密观察，注意病情变化。

（2）尽速转运危重患者，昏迷患者因随时可能出现呼吸、心搏骤停，应在癫痫持续状态得到初步控制并有呼吸支持的情况下进行转运；所有负责转运的救护车辆必须有随车医生和护士，并配有镇静止痉药物等抢救用品；对呼吸或心搏骤停者，应立即进行心、肺、脑复苏术。

（3）迅速给予解毒治疗，轻度中毒者可静脉注射硫代硫酸钠，或联合使用亚硝酸盐－硫代硫酸钠；重度中毒者应立即将1~2支亚硝酸异戊酯包在手帕中压碎后吸入半分钟至一分钟，或3%亚硝酸钠溶液10mL缓慢推注5~10min（总剂量为300mg成人，儿童以0.33mL/kg体重计算取3%的该溶液缓慢静推注10~20min），继而缓慢静注15%硫代硫酸钠溶液100mL（或15g），若1h后症状持续存在可重复半量应用。儿童以1.65mL/kg体重计算取15%的硫代硫酸钠溶液缓慢静注超过10min，亦可根据病情重复应用。

无亚硝酸盐时可应用大剂量亚甲蓝5~10mg/kg体重替代。近年使用4－二甲基氨基苯酚（4-DMAP）2mL肌内注射，代替静脉亚硝酸钠比较；该药形成高铁血蛋白的速度快，不引起血压下降，对平滑肌没有扩张作用，给药比较方便，急性中毒时应立即肌内注射10%的4-DMAP 2mL。另外，也以1.5%依地酸二钴（葡萄糖配制）20mL静脉注射，或40%羟钴胺10mL缓慢静脉注射（0.5mL/min），再投用5%葡萄糖液配制的硫代硫酸钠（剂量与前相同）。轻型病例，单用上述剂量硫代硫酸钠亦有良好解毒效果。

（4）氧疗。急性氰化氢中毒患者出现缺氧的时间早，且程度严重，是死亡的主要原因。尽早提高氧分压是抢救成功的关键。保证气道通畅，必要时行气管插管用呼吸机辅助呼吸，可采用高流量吸氧治疗，注意高浓度氧疗持续时间不应超过24h，以免发生氧中毒。高压氧治疗1次/d，不仅可促进神经系统症状的恢复，还可有效减少神经系统后遗症和改善预后。

（5）针对致病环节的针对性措施：①自由基清除剂，如糖皮质激素、莨菪类药物、还原型谷胱甘肽、葡萄糖、维生素C、辅酶Q10等；②提供含硫化合物，以与CN^-结合成SCN^-，可用还原型GSH、胱氨酸、半胱氨酸等；③纳洛酮，为应激介质β－内啡肽的阻滞剂，可防治HCN中毒引起的β－内啡肽分泌增加，导致儿茶酚胺类活性受抑而致心搏出量下降、休克等不良反应。

（6）积极防治脑水肿、肺水肿。如早期足量应用糖皮质激素、抗氧化剂及脱水、利尿剂（如低分子右旋糖酐、甘露醇、呋噻米）等，越早使用，效果越佳；必要时可给予低温冬眠疗法。

（7）其他对症及支持治疗，如纠正酸中毒，维持水、电解质平衡及微循环、细胞内钙稳定等。

吸入反应及急性轻度中毒患者多可痊愈，愈后可从事原岗位工作。急性重度中毒患者，部分可遗留神经衰弱综合征，甚至可遗有中枢神经系统和周围神经损害表现，对此类患者可按《劳动能力鉴定　职工工伤与职业病致残等级》（GB/T 16180—2014）的有关规定处理。

（三）慢性中毒

由于对慢性氰化物中毒尚无确切诊断依据，难以区分哪些表现为慢性氰化物接触引起，故目前仍以对症支持治疗为主。

（李　晓）

第五节 案例分析

一、急性一氧化碳中毒案例

（一）事件经过

患者男，44 岁，某油页岩综合开发有限公司采掘工，2008 年 1 月至 2009 年 8 月从事采掘工作。2009 年 8 月 30 日井下 –98m 水平回风巷与 –125m 水平运输巷进行贯通爆破，爆破后该患者与同班工人一行 4 人进入爆破面开始采掘工作。走在最前面的工人走到工作面时栽倒，该患者见状立即跑上前去救助，随后晕倒。由于爆破后井下风流未作调整，采掘面工作场所无有效的通风排毒设施，致使爆破时产生的一氧化碳积聚。据单位及患者本人提供，事故发生时其未佩戴防毒口罩或面具。

（二）临床资料

现病史：该患者昏迷约 1h 后清醒，伴抽搐、呕吐，无大小便失禁。起病以来，患者睡眠差。

查体：四肢肌力、肌张力正常，指鼻试验稳准，四肢皮肤痛觉未见明显异常，双侧肱二头肌腱及膝腱反射对称活跃，巴宾斯基征阴性。

辅助检查：8 月 31 日胸片示支气管炎；心电图示 ST–T 异常（下壁）、窦性心动过缓；CK 337U/L。9 月 1 日血常规、尿常规、肝功能、肾功能均正常。10 月 19 日心电图、头部 CT 平扫正常，ALT 84.6U/L、AST 43.4U/L、γ – 谷氨酰转肽酶 57.0 U/7。10 月 27 日血清 ALT 45.4U/L、GGT 51.0U/L。10 月 30 日 24h 动态心电图示阵发性心动过速，过缓，偶发房性早搏，短阵房速，ST–T 改变。11 月 6 日神经 – 肌电图检查示上、下肢周围神经源性损害。

（三）案例具体分析

一氧化碳为无色、无味、无臭、无刺激性的窒息性气体，急性中毒以急性脑缺氧的症状与体征为主要表现。凡含碳的物质燃烧不完全时都可能产生一氧化碳。在生产场所中，应加强自然通风，保证新鲜空气的流通。有条件时，可用自动报警器。矿井放炮后，应严格遵守操作规程，必须通风 20min 后方可进入工作场所。进入一氧化碳浓度较高的环境内，须戴供氧式防毒面具。

二、硫化氢中毒案例

（一）事件经过

某化学有限公司合成二车间 1 名操作工，因操作失误致向硫酸桶中注入过量硫酸。硫酸溢出到地面后，流入盛装硫化钠的池中，随即发生化学反应，产生大量硫化氢气体。此操作工因吸入过量硫化氢而发生急性中毒，晕倒在工作现场。

10min 后，另 1 名工人发现有人晕倒，随即叫来 2 名保安进行救援。此 3 人未采取任何防护措施，进入现场将中毒者抬离事故现场，给予心肺复苏后将其送往当地医院治疗。该操作工入院时已昏迷，经医院抢救无效死亡。其他 3 人在现场救护中毒者过程中，均出现头晕、心悸、胸闷、气促、全身发麻等症状，被送入附近医院诊治。

（二）临床资料

死者工龄 20d。症状为意识模糊、口吐白沫、紫绀、全身抽搐。入院查体示：血压、脉搏测不出，呼吸音、心音消失；意识不清；双侧瞳孔散大，对光反射消失；颜面部青紫发绀，四肢指端发绀。入院后立即予心电监护、心肺复苏、气管插管等抢救，但抢救无效死亡。

其余 3 名中毒者均为男性，工龄 1 年 4 个月至 3 年不等。症状为不同程度的头晕、口干、心悸、胸闷、气促、全身发麻等。入院查体均未见阳性体征。入院后予吸氧，糖皮质激素防治脑水肿和肺水肿，抗生素防治肺部感染，及护肝、维持水盐电解质平衡等对症支持治疗，于 6~15d 后痊愈出院。

（三）案例具体分析

该事件为一起职业性急性硫化氢中毒事件。根据明确的短期内吸入较大量硫化氢的职业接触史，出现中枢神经系统和呼吸系统损害为主的临床表现，结合现场劳动卫生学调查综合分析，排除其他病因引起的类似疾病，依据《职业性急性硫化氢中毒诊断标准》（GBZ 31—2002），死者诊断为职业性急性重度硫化氢中毒，其余 3 名为职业性急性轻度硫化氢中毒。

本次事件为操作者操作失误所致；而救人者又缺乏自我防护意识，对中毒事故的急救知识了解不够全面，导致多人连续中毒。本事故提示化工企业应给作业人员定期发放有效的个人防护用品，并加强作业人员的专业操作、职业安全教育和急救知识培训，提高工人的自我保护意识。

三、职业性急性氰化物中毒案例

（一）事件经过

患者男，55 岁，黄金冶炼厂工人。该患者的工作是要进入高 4m，直径 1.8m 的密闭罐进行清理，其顶端有一直径约 50cm 的入口，侧面有一直径约 30cm 的排风口，内有少量污水及矿渣。经调查污水中含有黄金冶炼、提纯时未充分反应的氰化钠及硫酸，翻动时两者反应生成大量氰化氢，导致中毒发生。患者佩戴 3M 防毒口罩进入污水处理罐内进行清理作业，翻动第 1 铁锹矿物残渣时冒出一股白色烟雾并闻及刺激性气味，即感胸闷、憋气、头晕、全身乏力，在欲离开时突发昏迷。工友发现后迅速将患者拖出，当时患者双眼流泪，双上肢抽搐，厂医立即给予其亚硝酸异戊酯 5 支，吸入后送往医院。在当地医院经氧疗及对症治疗（具体不详）后转院治疗。

（二）临床资料

患者因吸入氰化氢后突发昏迷 3h，于 2015 年 3 月 3 日入院。

入院查体：体温 35.5℃，心率 130 次 / 分，呼吸 22 次 / 分，血压 158/108mmHg；昏迷状态，烦躁，GCS 评分 E2V2M2，呼吸急促；身体外露部位、口腔及眼内可见矿渣；口唇及皮肤发绀；双肺呼吸音低，双肺底可闻及湿啰音；律齐，各瓣膜听诊区未闻及杂音；腹软，无压痛、反跳痛，肝脾肋下未触及；四肢肌张力增高；患者既往体健。

辅助检查：白细胞 $17.44 \times 10^9/L$，中性粒细胞 $10.10 \times 10^9/L$，淋巴细胞 $6.18 \times 10^9/L$，C 反应蛋白 38mg/L，丙氨酸转氨酶 70U/L，天冬氨酸转氨酶 163μmol/l（参考值 0~38mmol/L），肾功能正常，心梗 3 项示血清肌红蛋白 1751ng/mL，肌酸激酶同工酶 2ng/mL，血清肌钙蛋白 T 0.007ng/mL；B 型钠尿肽前体 575pg/mL；动脉血气分析（吸氧浓度 50%）示 pH 7.1，氧分压 104.4mmHg，二氧化碳分压 30.6mmHg，氧饱和度 93%，血红蛋白总浓度 15.0g/dl；心电图示窦性心律、Ⅰ度房室传导阻滞、T 波倒置。颅脑 CT 未见明显异常。胸部 CT 示双肺纹理增粗、紊乱，双肺下叶及右肺上叶可见多发斑片状、线条状边缘模糊的密度增高影，符合肺水肿表现。

（三）案例具体分析

氰化氢是一种无色气体，属于高毒类物质，遇水或遇酸极易挥发，主要经呼吸道吸入引起中毒，皮肤沾染氢氰酸或误服也可吸收。氰化氢的毒性及毒作用取决于在体内可解离出 CN^- 的速度和数量。

CN^-能与细胞色素氧化酶结合，抑制细胞内氧的利用，造成细胞窒息。缺氧、能量代谢等障碍，导致中毒性肺水肿，中毒性肺水肿出现较早，其吸收快慢与中毒程度有关，且部分患者CT最终表现为肺间质纤维化。

本例患者因工作时翻动残渣，致使其中未充分反应的氰化钠和硫酸发生剧烈反应，短时大量生成氰化氢。患者吸入毒性气体后出现胸闷、气短及头痛、昏迷、抽搐等症状，血气示低氧血症、代谢性酸中毒，心电图示房室传导阻滞、T波倒置，胸部CT示肺水肿，提示吸入氰化氢浓度较高且对中枢神经系统和呼吸系统、心血管系统等均产生了损害。本病例的成功救治得益于早期及时应用解毒药物、积极的器官功能支持及并发症的防治，为氰化物中毒的预防及救治提供了参考。

（李　晓　陈章健　关　里）

第九章　职业性有机溶剂中毒

09

第一节　概　　述

有机溶剂（organic solvents）又称工业溶剂（industrial solvents），主要指可以溶解难溶于水的油脂、树脂、染料、蜡、烃类等有机化合物的液体。常温常压下呈液态的有机化合物90%以上可用作有机溶剂。

有机溶剂在常温常压下为液体，挥发性强，脂溶性强，不溶或微溶于水；常具有独特气味和一定刺激性；大多易燃易爆。按化学结构可分为芳香烃类、脂肪烃类、脂环烃类、卤代烃类、醇类、醚类、酯类、酮类、二醇类及其他类。常见有机溶剂有苯、汽油、正己烷、三氯甲烷、甲醇、二氯乙烷、三氯乙烯、二硫化碳、二甲基甲酰胺等。

一、接触机会

有机溶剂种类很多，用途广泛。目前常用于工业及科研领域的有机溶剂有500余种，主要用途包括：用作反应介质（各种有机溶剂均可能涉及），内燃机燃料（主要涉及石油制品、芳香烃），油漆原料及稀释剂、印刷油墨稀释剂（多使用芳香烃、脂烃、酯类、氯代烃等），清洁去污剂（使用氯代烃），其他还包括用作医药化工原料或添加剂、有机萃取剂、防腐剂、脱蜡剂、杀虫剂、黏结剂、精密钻头润滑剂等。在有机溶剂的生产和上述应用行业的劳动者，均可有职业接触。

二、致病机制

有机溶剂因挥发性强，在生产和使用过程中，主要以蒸气形态经呼吸道吸入，吸入量与接触时间、浓度及防护情况有关。同时，有机溶剂较强的脂溶性使其可通过皮肤吸收。消化道吸收能力虽强，但在职业化学性中毒中的意义不大。

良好的脂溶性使有机溶剂在血液中能迅速与各种脂蛋白、血细胞磷脂等结合，输往全身各组织。多数有机溶剂具有较强的麻醉作用，与其较多分布于富含脂质的组织，尤其是血液循环丰富的中枢神经系统有关。体内的有机溶剂很少游离存在，故很少以原形从尿中排出。有机溶剂多数经肝脏代谢，毒性作用亦多与代谢产物有关。

三、临床表现

由于有机溶剂种类、发病机制、个体接触浓度、接触方式和接触时间等不同，职业性有机溶剂中毒的临床表现多种多样。多数有机溶剂具有较强麻醉作用及刺激性；部分有机溶剂还具有特殊毒性，短期接触较大量或长期密切接触可导致急性或慢性中毒性脑病、中毒性周围神经病、中毒性肝病、中毒性肾病和/或心血管系统、血液系统损害等特殊表现（见表9-1）。不同靶器官系统损害的具体表现可参阅本书第一章有关内容。

值得注意的是，同一种有机溶剂中毒可表现为不同靶器官系统损害，同一种靶器官系统损害表现也可由不同的有机溶剂中毒引起，可谓是一因多病和一病多因（见表9-1）。例如，四氯化碳可引起中枢神经系统损害、中毒性肝病、中毒性肾病；正己烷和二硫化碳则均可引起中毒性周围神经病。

表9-1 常见致病有机溶剂的毒性表现

毒性表现	常见致病有机溶剂
刺激性	多数有机溶剂
麻醉性	多数有机溶剂
中枢神经毒性	1，2-二氯乙烷、汽油、苯、甲苯、二甲苯、二硫化碳、三氯乙烯、甲醇、乙醇、乙二醇、氯乙醇、甲硫醇、氯甲烷、碘甲烷、四氯乙烷、环氧乙烷、四氯化碳、四溴乙烷、乙酸丁酯等
周围神经毒性	正己烷、汽油、二硫化碳、甲基正丁基甲酮、溴丙烷、氯丙烯等
视神经病变	甲醇、乙酸甲酯、三氯乙烯、三氯甲烷、四氯化碳、二硫化碳等
肝毒性	卤代烃类（四氯化碳、三氯甲烷、二氯甲烷、二氯乙烷、三氯乙烷、四氯乙烷、三氯丙烷、氯乙烯、三氯乙烯、四氯乙烯、氯丁二烯、多氯联苯、氯萘、氟烷等）、二甲基甲酰胺、二甲基乙酰胺、苯、甲苯、二甲苯、甲醇、乙醇、丁醇、异丙醇、苯乙烯、乙醚等
肾毒性	卤代烃类（三氯甲烷、四氯化碳、二氯乙烷、三氯乙烷、三氯乙烯、溴甲烷、碘乙烷、三氟氯乙烯、四氟乙烯、氟丙烯等）、芳香烃类（苯、甲苯、二甲苯、三甲苯、乙苯、萘、芘、联苯等）、脂肪烃类（汽油、煤油、柴油等）、脂环烃类（润滑油、环己烷、萘烷、松节油等）、乙醚、丙酮、二甲基甲酰胺等
造血毒性	苯
心血管毒性	二硫化碳、三氯乙烯、甲苯、乙醇、氯乙烯、三氯甲烷等
药疹样皮炎	三氯乙烯

四、诊断及鉴别诊断

有机溶剂中毒的诊断原则与其他职业中毒相同。根据确切的接触史（短期接触较大量或长期密切接触有机溶剂的职业接触史）、相应靶器官系统损害的临床表现，结合实验室检查、现场职业卫生学调查资料和职业健康监护资料，综合分析，排除其他引起类似表现的疾病后，方可诊断。

国家已发布不少关于有机溶剂中毒的诊断标准，如《职业性急性1，2-二氯乙烷中毒的诊断》（GBZ 39—2016）、《职业性苯中毒诊断标准》（GBZ 68—2022）、《职业性慢性正己烷中毒的诊断》（GBZ 84—2017）等，可为诊断提供法定依据。但由于有机溶剂种类繁多，更多的有机溶剂国家尚无统一的诊断标准，诊断时需十分慎重，尤其是既往尚未见确切病例报道的有机溶剂中毒。

有机溶剂中毒的临床表现多无特异性，因而常无法根据临床表现确定病因或进行鉴别诊断。可靠的现场职业卫生学调查资料及工作场所职业病危害因素监测资料对明确诊断常具有重要提示意义。

五、治疗

目前大多数有机溶剂中毒无特异性解毒剂，主要采取对症支持治疗，治疗原则参考本书第三章第一节。值得一提的是，含硫化合物、谷胱甘肽、葡萄糖醛酸等化合物，有助于降低有机溶剂毒性，可用作非特异性解毒剂。

（夏丽华）

第二节　苯　中　毒

苯（benzene）属芳香烃类化合物，为无色透明、具有芳香味的油状液体。分子式 C_6H_6，分子量 78.11、沸点 80.1℃，易挥发和燃烧、爆炸。微溶于水，易溶于乙醇、乙醚、汽油、丙酮和二硫化碳等有机溶剂。苯环的结构较稳定，与其他化合物发生反应时，仅是苯环中的氢原子被其他基团所取代。

一、接触机会

苯主要通过煤焦油的分馏或石油裂解来生产，广泛应用于工农业生产中。苯是有机化学合成中常用的原料，如制造苯乙烯、苯酚、药物、农药、合成橡胶、塑料、染料、合成纤维等；作为溶剂、萃取剂和稀释剂，用于制药、印刷、树脂、人造革、粘胶和油等制造；用作燃料，如工业汽油。我国苯作业工作绝大多数同时接触苯及其同系物（如甲苯、二甲苯），多属混苯作业。

二、致病机制

苯属中等毒性，主要以蒸气形式经呼吸道进入人体，经皮肤吸收的量很少。苯可经消化道完全吸收，但在职业性中毒中意义不大。苯进入体内后，主要分布在含类脂质较多的组织和器官中，骨髓中含量最多。一次大量吸入高浓度的苯后，体内大脑、肾上腺与血液中的苯含量最高；若长期吸入中等量或少量苯，则在骨髓、脂肪和脑组织中含量较多。

苯急性毒作用主要表现为抑制中枢神经系统，慢性毒作用主要是影响骨髓造血功能。高浓度苯蒸气对眼、呼吸道黏膜及皮肤有刺激作用。空气中苯浓度达 2% 时，人吸入后在 5~10min 内致死。

苯致病机制仍未完全阐明，目前认为其血液毒性和遗传毒性主要是由其代谢产物引起，氢醌和苯醌在其中发挥较为重要的作用。具体为苯的代谢产物会干扰细胞因子对骨髓造血干细胞生长和分化的调节作用：①苯的代谢产物以骨髓为靶部位，能够降低造血正调控因子水平；②苯的代谢产物能够活化骨髓成熟白细胞，产生高水平的造血负调控因子；③氢醌与纺锤体纤维蛋白共价结合，抑制细胞增殖；④苯的活性代谢物与 DNA 共价结合形成加合物，或代谢产物氧化产生的活性氧对 DNA 造成氧化性损伤，诱发突变或染色体的损伤，引起再生障碍性贫血或因骨髓增生不良，最终导致白血病；⑤苯的代谢物也能激活原癌基因并抑制抑癌基因，促进细胞恶性转化。此外，慢性接触苯的健康危害程度还与个体遗传易感性（如毒物代谢酶基因多态、DNA 修复基因多态等）有关。

三、临床表现

（一）急性中毒

急性苯中毒是由短时间吸入大量苯蒸气引起，主要表现为中枢神经系统症状。轻者出现兴奋、欣快感、步态不稳，以及头晕、头痛、恶心、呕吐等；重者可出现剧烈头痛、复视、嗜睡、幻觉、肌肉痉挛、强直性抽搐、昏迷、心律失常、呼吸和循环衰竭；常伴有肝、肾损害和心电图异常。

（二）慢性中毒

长期接触低浓度苯可引起慢性中毒，其主要临床表现如下。

1. 神经系统损害

常表现为非特异性神经衰弱综合征，如头痛、头昏、失眠、记忆力减退等。有的出现自主神经系统功能紊乱，如心动过速或过缓，皮肤划痕试验阳性，个别出现肢体痛、触觉减退或麻木。

2. 造血系统损害

慢性苯中毒主要损害造血系统。部分轻度中毒者无自觉症状。重度中毒者常出现感染、出血，如有发热及相应部位感染表现，牙龈、鼻腔出血，皮肤黏膜见出血点、瘀点、瘀斑，眼底检查可见视网膜出血。最早和最常见的血象异常表现是持续性白细胞计数减少，主要是中性粒细胞减少，白细胞分类中淋巴细胞相对值可增加。外周血涂片可见白细胞有较多的毒性颗粒、空泡、破碎细胞等。中度中毒者可合并血小板计数减低。重度中毒者可出现全血细胞减少，甚至再生障碍性贫血、骨髓增生异常综合征（myelodysplastic syndrome，MDS），少数可转化为白血病（leukemia），以髓系白血病为主。

3. 其他表现

长期皮肤接触苯者，可有皮肤干燥、皲裂，有的出现过敏性湿疹、脱脂性皮炎。苯还可损害生殖系统，对青春期妇女影响明显，可引起女工月经血量增多、经期延长，自然流产胎儿畸形率增高。苯可影响免疫系统，接触工人出现血清 IgG、IgA 降低，IgM 增高。苯的劳动者可染色体畸变率可明显增高。

四、诊断及鉴别诊断

依据国家已发布的《职业性苯中毒诊断标准》（GBZ 68—2022）进行诊断。

（一）急性中毒

1. 诊断原则

根据短期内吸入大量苯蒸气的职业接触史，出现以意识障碍为主的临床表现，结合现场职业卫生学调查，参考实验室检测指标，进行综合分析，并排除其他疾病引起的中枢神经系统等损害，方可诊断。

工作场所空气中苯浓度或原材料苯含量测定可作为苯职业接触指标。我国规定工作场所空气中苯的短时间接触容许浓度（permissible concentration–short term exposure limit，PC–STEL）为 $6mg/m^3$。可疑患者还可检测尿中反 – 反式粘糠酸（t，t–muconic acid，tt–MA）、苯巯基尿酸（S–phenylmercapturic acid，S–PMA）作为苯接触依据，其职业接触限值分别为 2.4mmol/mol Cr（3.0mg/g Cr）和 47μmol/mol Cr（100μg/g Cr）。

2. 诊断分级

GBZ 68—2022 将职业性急性苯中毒分为两级。

（1）轻度中毒。短期内吸入大量苯蒸气后出现头晕、头痛、恶心、呕吐、黏膜刺激症状，伴有轻度意识障碍。

（2）重度中毒。短期内吸入大量苯蒸气后出现下列临床表现之一者：①中、重度意识障碍；②呼吸循环衰竭；③猝死。

3. 鉴别诊断

诊断时需与其他有机溶剂引起的急性中毒相鉴别，还需与引起昏迷的其他疾患如脑血管意外、癫痫、颅脑外伤、病毒性脑炎等相鉴别。通过询问病史、职业病危害因素接触史，以及头颅影像学检查一般不难鉴别。

（二）慢性中毒

1. 诊断原则

根据 3 个月及以上密切接触苯的职业史，出现以造血系统损害为主的临床表现，结合现场职业卫生学调查，参考实验室检测指标，进行综合分析，并排除其他病因引起的血象、骨髓象等改变，方可诊断。

工作场所空气中苯浓度或原材料苯含量测定，患者及同工种劳动者职业健康监护（血常规）资料、生物监测指标（尿中 tt-MA、S-PMA）结果，均有助于判断患者有无苯职业接触及接触程度。我国规定工作场所空气中苯的时间加权平均容许浓度（permissible concentration-time weighted average，PC-TWA）为 $3mg/m^3$。

2. 诊断分级

GBZ 68—2022 将职业性慢性苯中毒分为三级。

（1）轻度中毒。有 3 个月及以上密切接触苯的职业史，可伴有头晕、头痛、乏力、失眠、记忆力减退、反复感染等临床表现。在 3 个月内每 2 周复查一次外周血细胞分析，并具备下列条件之一者：①白细胞计数 4 次及以上低于 $3.5 \times 10^9/L$；②中性粒细胞计数 4 次及以上低于 $1.8 \times 10^9/L$；③血小板计数 4 次及以上低于 $80 \times 10^9/L$。

（2）中度中毒。多有慢性轻度中毒症状，可伴有反复感染和（或）出血的临床表现，并具备下列条件之一者：①白细胞计数低于 $3.5 \times 10^9/L$ 或中性粒细胞计数低于 $1.8 \times 10^9/L$，伴血小板计数低于 $80 \times 10^9/L$；②白细胞计数低于 $2.5 \times 10^9/L$ 或中性粒细胞计数低于 $1.3 \times 10^9/L$；③血小板计数低于 $60 \times 10^9/L$。

（3）重度中毒。多有慢性中度中毒症状，并具备下列条件之一者：①全血细胞减少症；②再生障碍性贫血；③骨髓增生异常综合征。

3. 鉴别诊断

诊断时需与原发性或药物、放射线、营养因素、感染等其他原因所致血液系统异常相鉴别。

值得注意的是，职业性苯所致白血病不属于职业性慢性苯中毒的范畴，在诊断时须执行《职业性肿瘤的诊断》（GBZ 94—2017）。符合下列情况之一者，方可诊断：（1）有慢性苯中毒病史者所患白血病，应诊断为苯所致白血病；（2）无慢性苯中毒病史者所患白血病，在诊断时应同时满足以下三个条件：白血病诊断明确；有明确的过量苯职业接触史，累计接触年限 6 个月以上（含 6 个月）；潜隐期 2 年以上（含 2 年）。

五、治疗

目前苯中毒无特效解毒药物，以对症支持治疗为主。

（一）急性中毒

迅速将中毒患者移至空气新鲜处，立即脱去患者被污染的衣物，清洗被污染的皮肤黏膜，注意保暖，保持呼吸道通畅，监测生命体征。急救原则与一般麻醉性气体中毒的急救相同。急性期卧床休息，可适当使用葡萄糖醛酸、谷胱甘肽、维生素C等药物；避免体力负荷及加重心肺负担，给予吸氧并维持呼吸道通畅，酌情使用呼吸兴奋剂，慎用β-肾上腺素能药物，注意及时处理心室纤颤；注意防治脑水肿并给予其他对症支持治疗。

（二）慢性中毒

（1）脱离苯接触。

（2）治疗原则与血液系统疾病中造血系统损害相同。白细胞减少可用升白细胞药物如维生素B_4、利血生、鲨肝醇等，白细胞/中性粒细胞水平较低时可使用重组人粒细胞集落刺激因子或重组人粒细胞-巨噬细胞集落刺激因子；血小板水平较低时可使用促血小板生成药物，如重组人血小板生成素、血小板生成素受体激动剂，血小板过低或有出血倾向时可进行血小板输注；贫血可用红细胞生成素及其他促进骨髓造血的药物，贫血较重时可输注红细胞；再生障碍性贫血、MDS治疗原则和方法与血液专科相同。

（3）其他对症治疗：如改善神经衰弱症状。合并感染则给予抗感染治疗。有出血倾向则根据出血或凝血指标给予止血，改善血管通透性，补充凝血因子等治疗。

（黄　明）

第三节　正己烷中毒

正己烷（n–hexane）为饱和脂肪烃类化合物，是己烷的五种同分异构体之一，毒性居同分异构体之首。分子式$CH_3(CH_2)_4CH_3$，分子量86.17，沸点68.74℃，自燃点225℃。常温常压下呈无色透明、易挥发、易燃和具轻微特殊气味的液体，不溶于水，但易溶于乙醚、丙酮等有机溶剂。工业正己烷可能混有其他烃类（如苯等）。

一、接触机会

正己烷工业用途十分广泛，主要用作印刷、五金、电子等行业的除污清洁剂，制鞋业、箱包业的黏合剂，油漆行业的稀释剂；还用于食品制造业的粗油浸出，日用化学品制造业的香剂萃取，塑料制造业的丙烯回收等；也可作为汽油添加剂以提高其辛烷值。此外，天然气、石油及汽油等均含正己烷，其开采、提炼与使用时均可有接触机会。

二、致病机制

正己烷主要以蒸气形式存在于作业环境，职业接触本品的途径主要为呼吸道吸入，其次为经皮吸收；非职业接触可经消化道误食进入人体。正己烷进入人体后主要分布于富含脂肪的器官组织，如神经系统、肝、肾、脾及睾丸等。体内 50%~60% 的正己烷以原形经肺呼出，其余经细胞色素 P450 和细胞色素 C 途径代谢为 2，5- 己二酮、3- 己醇和 2，5- 己二醇等。

正己烷属低毒类，但因具有高挥发性、高脂溶性和蓄积作用，职业卫生学仍将其列为高危毒物。高浓度接触正己烷可致急性中毒，主要引起中枢神经系统抑制及轻度皮肤黏膜刺激作用。长期过量接触正己烷可致慢性中毒，表现为中毒性周围神经病，其病理改变主要为周围神经节段性脱髓鞘、轴索变性和淋巴细胞浸润。

慢性正己烷中毒发病机制目前尚未完全阐明，多个假说均认为主要与其代谢产物 2，5- 己二酮有关。主要包括以下 3 个假说。

（1）轴索肿胀变性假说：2，5- 己二酮可与神经丝中的蛋白质形成吡咯类加合物或直接抑制神经细胞酶及神经纤维中糖酵解酶导致轴索退行性变；

（2）轴索萎缩假说：2，5- 己二酮可与神经纤维内线粒体的糖酵解酶结合，使其失去活性，引起神经纤维能量代谢障碍，从而导致轴索变性、脱髓鞘等；

（3）神经生长因子信号转导异常假说：2，5- 己二酮能降低内源性神经生长因子水平，造成内源性神经生长因子信号通道异常，周围神经轴索萎缩。

三、临床表现

（一）急性中毒

常因生产事故经呼吸道吸入高浓度正己烷蒸气导致，主要表现为中枢麻醉和黏膜刺激作用。患者可于数分钟出现黏膜刺激，如球结膜充血、咽部充血、胸闷等，可伴有头痛、头胀、恶心、四肢乏力、意识障碍等急性中毒性脑病表现，个别病例尚可出现一过性精神异常，严重时出现呼吸抑制、抽搐、昏迷等表现，部分病例恢复期可出现周围神经病。但目前所报道的经呼吸道吸入高浓度正己烷气体所引起的急性中毒病例均无明显下呼吸道或肺部炎症性改变。

经口中毒者，主要为恶心、呕吐等胃肠道刺激症状，重者可出现意识障碍、呼吸抑制等中枢神经系统症状。

实验室检查可见尿中 2,5- 己二酮含量明显升高。其含量与正己烷接触程度密切相关，但其从尿中排出较快，脱离正己烷接触 3~4d 后即可恢复正常，故仅宜用作正己烷的近期接触指标。我国规定尿中 2,5- 己二酮的职业接触生物限值为 35.0 μmol/L（4.0mg/L）。

（二）慢性中毒

慢性正己烷中毒多与职业接触有关，慢性中毒起病隐匿，一般于接触数月后发病，潜伏期通常为 3~10 个月，接触程度越高潜伏期越短。值得注意的是，有报道少数病例潜伏期可短至 1 个月，在发病时间上属于“亚急性”，但其临床表现与“慢性正己烷中毒”相似，这与通常“亚急性中毒与急性中毒临床表现接近”的普遍规律不符，但仍将其归类于慢性正己烷中毒。

多数患者到医院就诊时病情已达高峰，但约 1/4 病例在脱离正己烷接触 3~4 个月内病情仍可加重。

慢性正己烷中毒靶器官为周围神经系统，主要表现为缓慢发生的感觉和运动混合障碍型周围神经病。起病时病变自肢体远端始渐向近端波及，双侧损害基本对称，感觉障碍先于运动障碍出现；康复顺序则与发病时相反。初期症状以四肢末端感觉异常为主，表现为四肢远端麻木、发胀、蚁走感、刺痛感等，部分病例出现痛觉过敏，常伴有头昏、头痛、乏力、消瘦等症状，随病情进展逐渐出现四肢远端不同程度和范围不等的痛触觉减退，多在肘及膝关节以下，一般呈“手套 – 袜套”样分布，严重者可累及四肢近端。继而出现运动障碍，其部位常与感觉障碍一致，表现为四肢无力、久站易累、步行尤其上楼困难、下蹲后难以站起等症状，肌力减退呈进行性加重，下肢受损先于上肢，严重者可出现四肢肌肉萎缩，严重影响运动功能。部分患者可有肢体末端变冷、多汗或无汗等自主神经功能障碍表现。

查体可见四肢远端对称性的浅感觉减退或消失，呈“手套－袜套”样分布，肢端音叉振动觉减退，以下肢为重，但关节位置觉和图形觉均无异常。运动功能呈现下运动元受损表现，出现肌力减退（以下肢为甚，一般为2~4级，严重者为0~1级），肌张力一般正常，但有研究表明，正己烷还可引起帕金森病，累及锥体外系，此时肌张力则会明显升高，腱反射减弱或消失（跟腱反射异常出现最早，其次为膝反射）；严重时出现不同程度肌肉萎缩，上肢以骨间肌、蚓状肌、鱼际肌较明显，下肢则以胫前肌、腓骨肌明显。

双侧跟腱反射减弱或消失是慢性正己烷中毒时最早出现，但康复时为最后恢复正常的运动障碍体征，其对本病诊断和康复程度判断有重要意义；病情严重时膝反射甚至上肢肌腱反射亦可被累及。

神经－肌电图检查是周围神经病重要的诊断方法。慢性正己烷中毒的神经－肌电图特征为神经源性损害，轴索受损与脱髓鞘共存，两侧病变程度基本对称，属感觉和运动混合型损害，下肢运动神经传导损害常较上肢为重。神经－肌电图异常程度大致与临床病情严重程度相符，部分病例两者可不完全平行。神经－肌电图改变常先于临床症状体征出现，而消失于后，无明显症状体征的正己烷接触者亦可能有神经－肌电图异常。

四、诊断及鉴别诊断

（一）急性中毒

因目前尚无职业性急性正己烷中毒的诊断标准，故诊断主要参照《职业性急性化学物中毒的诊断 总则》（GBZ 71—2013）、《职业性急性化学物中毒性神经系统疾病诊断标准》（GBZ 76—2024）及《职业性急性化学物中毒性呼吸系统疾病诊断标准》（GBZ 73—2009）。

诊断原则是根据有明确的短时间内高浓度正己烷职业接触史，中枢神经系统抑制和上呼吸道黏膜刺激症状，结合现场职业卫生学和流行病学资料，并排除表现相似的中枢神经系统疾病（病毒性脑炎、脑血管意外等）或其他有机溶剂中毒（如甲醇、乙醇、苯、甲苯等）后，方可诊断。

原材料或工作场所空气中的正己烷、尿中2，5-己二酮测定均有助于正己烷接触的判定。我国规定工作场所空气中正己烷PC-STEL为180mg/m^3。

（二）慢性中毒

依据国家已发布的《职业性慢性正己烷中毒的诊断》（GBZ 84—2017）作为诊断依据。

1. 诊断原则

根据较长时间接触正己烷的职业史，出现以多发性周围神经损害为主的临床表现，结合神经－肌电图检查结果及工作场所职业卫生学资料，综合分析，排除其他原因所致类似疾病，方可诊断。病情分级诊断应以病情最严重时的症状体征和神经－肌电图改变作为根据。

原材料或工作场所空气中的正己烷、尿中2，5-己二酮测定均有助于正己烷职业接触的判定。我国规定工作场所空气中正己烷PC-TWA为100mg/m^3。

2. 诊断分级

GBZ 84—2017将职业性慢性正己烷中毒分为三级。

（1）轻度中毒。长期接触正己烷后，出现肢体远端麻木、疼痛，下肢沉重感，可伴有手足发凉多汗、食欲减退、体重减轻、头昏、头痛等，并具有以下一项者：①肢体远端出现对称性分布的痛觉、触觉或振动觉障碍，同时伴有跟腱反射减弱；②下肢肌力4级；③神经－肌电图显示轻度周围神经损害。

（2）中度中毒。在轻度中毒的基础上，具有以下一项者：①跟腱反射消失；②下肢肌力3级；③神经－肌电图显示周围神经损害明显，可有较多的自发性失神经电位。

（3）重度中毒。在中度中毒的基础上，具有以下一项者：①下肢肌力2级或以下；②四肢远端肌肉明显萎缩，并影响运动功能；③神经－肌电图显示周围神经损害严重。

3. 鉴别诊断

须注意与其他原因所引起的周围神经病相鉴别，如感染性疾病、营养障碍、代谢异常、药物中毒、其他化学物中毒（重金属、二硫化碳、氯丙烯、丙烯酰胺等）、吉兰－巴雷综合征、结缔组织疾病、遗传性疾病等。

五、治疗

（一）急性中毒

目前尚无特效解毒剂，主要采取对症支持治疗。

（1）吸入中毒者应迅速脱离现场；皮肤接触者立即脱去被污染的衣物，皮肤污染处用大量清水或肥皂水清洗。眼部污染可用清水冲洗；经口误服者尽快洗胃，灌服活性炭，必要时可用盐类泻剂导泻。

（2）昏迷者应保持呼吸道通畅，必要时行氧疗；急性期应卧床休息，注意保暖（正己烷从皮肤迅速挥发可致降温）；积极防治脑水肿和肺水肿，酌情应用肾上腺糖皮质激素。

（3）密切观察病情变化，及时发现和处理并发症。

（二）慢性中毒

脱离正己烷接触，按周围神经病治疗原则处理。如注意补充营养，给予足量B族维生素、血管扩张药物，以及活血化瘀和通络补肾的中药等。鼠源性神经生长因子对慢性正己烷中毒周围神经病有一定疗效，可视病情严重程度及恢复情况确定疗程。糖皮质激素无确切疗效，目前不主张应用。患者下肢无力时需注意防止跌倒受伤。在避免关节韧带损伤前提下，应及早开始四肢被动及/或主动运动锻炼和物理治疗，以促进萎缩肌肉康复（具体可参照康复治疗章节）。

（王艳艳）

第四节　二氯乙烷中毒

二氯乙烷（dichloroethane）为卤烃类化合物，有1，2-二氯乙烷（对称）及1，1-二氯乙烷（不对称）两种异构体。化学式$C_2H_4Cl_2$，分子量98.97。1，2-二氯乙烷密度1.252g/cm^3（20/4℃），熔点–35.3℃，沸点83.5℃；1，1-二氯乙烷密度1.174g/cm^3（20/4℃），熔点–96.7℃，沸点57.3℃。两者皆为无色、易挥发、具氯仿样气味的油状液体，难溶于水，可溶于乙醇、乙醚等有机溶剂，是脂肪、橡胶、树脂等的良好溶剂，过度加热分解可产生光气和氯化氢。

一、接触机会

二氯乙烷应用历史悠久，过去被用作麻醉剂，谷物、纺织品的熏蒸剂，目前则主要用作化学物（如氯乙烯、乙二胺、苯乙烯等）合成的原料，还被用作工业溶剂、黏合剂，还用作纺织、石油、电子工业的脱脂剂，以及金属部件的清洁剂、咖啡因萃取剂、汽油防爆剂等。1，2- 二氯乙烷配制的黏合剂（如 ABS 514 胶、3435 胶、快干胶等）具有黏性好、易干、防水等特性，广泛用于玩具、制鞋、电子、橡胶制品等行业。

二、致病机制

二氯乙烷可经呼吸道、消化道和皮肤吸收，职业接触主要经呼吸道吸入。二氯乙烷在人体血中半衰期仅约 88min，吸收后迅速分布至全身，以脂肪丰富的器官为主，主要分布在肝脏、肾脏、心脏、脊髓、延髓、小脑等器官。其代谢主要为经细胞色素 P450 系统介导的氧化代谢，代谢产物为 2- 氯乙醇、氯乙醛和乙醇酸等；小部分可与谷胱甘肽反应生成 S- 羟乙基半胱氨酸。

1，2- 二氯乙烷属高毒类，主要靶器官为神经系统、肝脏和肾脏，对中枢神经系统的麻醉和抑制作用突出，较四氯化碳、三氯甲烷深长，对肝功能损害则轻于四氯化碳。另外，1，2- 二氯乙烷对皮肤、黏膜有刺激作用，可引起鼻、眼刺激症状，接触性皮炎及肺水肿。研究显示，1，2- 二氯乙烷可通过钙离子超载、自由基损伤、抑制兴奋性氨基酸、损伤血脑屏障、影响细胞代谢、DNA 损伤及基因突变等多种途径或机制，引起以神经系统为主的损伤，并累及肝、肾和呼吸、循环、生殖、免疫等多个系统。目前认为 1，2- 二氯乙烷引起中毒性脑水肿的病理类型初为血管源性，继以混合性为主。

1，1- 二氯乙烷属低毒类，毒性仅是 1，2- 二氯乙烷的 1/10，吸入一定浓度可引起肾损害，反复吸入也可致肝损害。其毒作用机制尚不清楚。

三、临床表现

迄今未见 1，1- 二氯乙烷中毒的报道。目前的二氯乙烷中毒均为 1，2- 二氯乙烷引起，以呼吸道吸入为主；意外误服中毒偶见报道。皮肤接触需要较大剂量才能引起中毒，但不同侵入途径出现的临床表现基本相同。

（一）急性中毒

多因高浓度吸入或误服引起，潜伏期短，一般为数分钟至数十分钟，临床以中枢神经系统抑制为主，伴有黏膜刺激、肝肾损害症状。初期主要为头晕、头痛、烦躁不安、乏力、步态蹒跚、颜面潮红、意识模糊，可伴恶心、呕吐、腹痛及腹泻等胃肠道症状；重者可突发脑水肿，出现剧烈头痛、频繁呕吐、谵妄、抽搐、浅反射消失、病理反射阳性、昏迷，少数患者肌张力明显下降。1，2- 二氯乙烷中毒的死因多为脑水肿并发脑疝。患者病情可反复，昏迷清醒后可再度出现昏迷、抽搐甚至死亡，应引起重视；起病数天后出现肝、肾损伤。吸入中毒者还可伴有流泪、流涕、咳嗽等眼和上呼吸道黏膜刺激症状，严重者甚至出现肺水肿。

（二）亚急性中毒

亚急性中毒是 20 世纪 90 年代以来国内病例的主要发病形式，多由较长时间吸入较高浓度 1，2- 二氯乙烷引起。主要因车间通风不良、防护不足、长时间连续加班等因素，造成体内累积剂量较高而发病。其临床特点与急性中毒有所不同，表现为潜伏期较长（多为数天甚至几十天）；

很少在工作期间发病；常呈散发性发病；起病隐匿，病情可突然恶化；临床表现以中毒性脑病为主，颅内压增高症状可反复出现，但肝、肾损害及肺水肿极为少见。

突出症状为突发性头痛、头晕、乏力、恶心、呕吐、烦躁不安，伴反应迟钝、表情淡漠、步态蹒跚、共济失调、记忆力及计算力下降、震颤、抽搐和不同程度意识障碍；严重时可出现剧烈头痛、频繁呕吐、谵妄、癫痫大发作样抽搐、昏迷等，还可出现脑膜刺激征阳性，生理反射可消失，并可引起病理反射。智力受累一般较轻，部分患者可出现小脑功能障碍、肌阵挛或继发性癫痫。其中，小脑功能障碍和肌阵挛治疗困难，恢复较慢，对劳动者影响极大。亚急性中毒的死因主要为患者严重脑水肿造成颅内压增高进而所导致的脑疝。患者脑水肿可持续 2 周以上，严重病例可达数月；部分患者颅内压增高可反复或突然加重，即使已进入“恢复期”，仍可因脑疝形成而突然死亡，值得高度重视。

生物样品（包括血、尿、呼出气）中检出 1，2- 二氯乙烷，可作为其接触指标，但与中毒严重程度无明显相关。头颅 CT 或 MRI 表现有一定的特征性，脑水肿是其主要影像学特征，由于脑白质较脑灰质结构疏松，所以通常表现为脑白质弥漫性、对称性肿胀。CT 显示双侧脑白质对称性密度减低，MRI 显示双侧脑白质弥漫性异常信号（表现为 T1WI 呈低信号、T2WI 呈高信号），严重病例可出现灰质、白质界限完全消失，脑肿胀，脑沟变浅或消失，脑池变浅，脑室变窄等明显对称性脑水肿影像学改变。多数病例脑电图可见不同程度异常，各区分布散在短程慢活动，少数阵发短程慢活动，出现弥散性的 α 波、θ 波或 δ 波。脑脊液压力有不同程度增高，脑脊液常规及生化检查一般无明显异常，偶见蛋白轻度增高。

（三）慢性中毒

长期接触一定浓度的 1，2- 二氯乙烷可引起头痛、失眠、乏力、恶心、腹泻等，也可出现肝肾损害、肌肉震颤和眼球震颤。皮肤接触可引起干燥、脱屑和皲裂。

四、诊断及鉴别诊断

（一）急性中毒

依据国家已发布的《职业性急性 1，2- 二氯乙烷中毒的诊断》（GBZ 39—2016）作为急性 1，2- 二氯乙烷中毒的诊断依据，亚急性 1，2- 二氯乙烷中毒诊断亦可参照此标准。

1. 诊断原则

根据短期接触较大量 1，2- 二氯乙烷的职业史，出现以中枢神经系统损害为主的临床表现，结合颅脑 CT 和（或）MRI 检查结果，参考现场职业卫生学资料，排除其他病因所致的类似疾病，综合分析后，方可诊断。

原材料、工作场所空气、生物样品（包括血、尿、呼出气）中检出 1，2- 二氯乙烷，均可作为 1，2- 二氯乙烷职业接触指标。我国规定工作场所空气中 1，2- 二氯乙烷 PC-STEL 为 $15mg/m^3$。

2. 接触反应

短期接触较大量 1，2- 二氯乙烷后，出现头晕、头痛、乏力等中枢神经系统症状，可伴恶心、呕吐及上呼吸道刺激症状，脱离接触后症状在 72h 内消失或减轻者。

3. 诊断分级

GBZ 39—2016 将职业性急性 1，2- 二氯乙烷中毒分为三级。

（1）轻度中毒。出现头晕、头痛、乏力等中枢神经系统症状，并具有下列表现之一者：①表情淡漠、记忆力下降、行为异常，出现步态蹒跚；②轻度意识障碍；③颅脑 CT 显示双侧脑白质对称性密度减低，或 MRI 显示双侧脑白质弥漫性异常信号。

（2）中度中毒。在轻度中毒基础上，具有下列表现之一者：①中度意识障碍；②症状性癫痫（部分性发作）。

（3）重度中毒。在中度中毒基础上，具有下列表现之一者：①重度意识障碍；②症状性癫痫（全身性发作）；③脑局灶受损表现，如小脑性共济失调等。

4. 鉴别诊断

诊断上需注意排除中枢神经系统感染疾患（如流脑、乙脑等）、脑血管意外、原发性癫痫、脑外伤、脑肿瘤、糖尿病昏迷、食物或药物中毒等。1，2- 二氯乙烷中毒性脑病常累及两侧苍白球、豆状核、小脑齿状核、外囊前部、内囊根部、丘脑、脑桥脑干等部位，其影像学改变应与一氧化碳、海洛因等有毒物质引起的中毒性脑病以及其他脱髓鞘疾病进行鉴别。现场职业卫生学调查结果有助于鉴别诊断。

（二）慢性中毒

目前尚无统一的慢性二氯乙烷中毒诊断标准。虽然《职业性慢性化学物中毒诊断标准总则》（GBZ/T 329—2024）规定了职业性慢性化学物中毒的诊断原则及归因诊断，但目前尚无慢性二氯乙烷中毒的确切病例报道，其临床表现亦缺乏特异性，故诊断的难度较大。在无确切证据时，诊断需谨慎。

原材料或工作场所空气中 1，2- 二氯乙烷测定有助于 1，2- 二氯乙烷职业接触的判定。我国规定工作场所空气中 1，2- 二氯乙烷 PC-TWA 为 $7mg/m^3$。

五、治疗

1，2- 二氯乙烷中毒尚无特效解毒剂，以对症支持为主。

（一）急性和亚急性中毒

急性和亚急性中毒患者以防治脑水肿，降低颅内压为重点，强调“密切观察、早期发现、及时处理、防止反复”，且治疗和观察时间一般不应少于 2 周。

（1）现场处理。应迅速将中毒者脱离现场，移至新鲜空气处，更换被污染的衣物，冲洗污染皮肤，注意保暖，并严密观察，防止病情反复。

（2）接触反应者应密切观察 72h，并给予对症处理。

（3）以防治中毒性脑病为重点，积极治疗脑水肿，降低颅内压。可联合应用高渗脱水剂、白蛋白及利尿剂等，尽早、足量、足疗程应用糖皮质激素，并根据病情维持治疗，切勿过早停药。病情严重者可酌情予糖皮质激素冲击治疗，有条件者应尽早行高压氧治疗。尽早使用自由基清除剂，可有助于改善脑水肿。加强营养神经治疗，改善脑细胞代谢，促进脑复苏。

（4）恢复期忌饮酒和剧烈运动。

（二）慢性中毒

以对症支持治疗为主。

（王艳艳）

第五节　三氯甲烷中毒

三氯甲烷（trichloromethane）属卤代烃类，又名氯仿、三氯化甲酰，分子式 $CHCl_3$，分子量 119.39，熔点 –63.5℃，沸点 61.7℃，相对密度 1.4984（15℃/4℃）。常温下为无色、透明、易挥发液体，稍有甜味。微溶于水，与醇、醚、苯、石油醚等有机溶剂能以任何比例混溶，也可以与水和乙醚形成共沸物。难燃，但与高温表面或火焰接触可分解成有毒和腐蚀性烟雾，包括氯化氢、光气和氯气。与强碱、强氧化剂、某些金属（如铝、镁和锌）反应剧烈，有着火和爆炸危险。可浸蚀塑料、橡胶和涂层。

一、接触机会

三氯甲烷首次人工合成于 1837 年，早期主要用作吸入麻醉剂、农药和有机溶剂，后因其肝毒性及致癌性，已不再用作麻醉剂，目前主要作为有机溶剂和制冷剂合成原料，广泛用于化学工业和各种加工业。如作为溶剂用于氟利昂、脂类、树脂、橡胶、油漆、磷和碘制剂的生产；用于合成纤维、塑料、干洗剂、杀虫剂、地板蜡、氟代烃冷冻剂、氟代烃塑料等的制造；还用作有机玻璃黏合剂和有机物萃取剂。上述生产和使用过程中都有机会接触三氯甲烷。

人类通过环境、水和食品污染也可接触到三氯甲烷。三氯甲烷是饮用水氯化消毒的主要副产物，已被国家列入《有毒有害水污染物名录》。

二、致病机制

三氯甲烷可通过呼吸道、消化道和皮肤进入机体，职业接触多经呼吸道吸收。以蒸气形式经呼吸道吸入时，人体吸收率约为 66%，进入体内后主要贮存在脂肪组织，其次为肝、脑、肾和肌肉组织；经消化道吸收快而完全，大量分布于肝脏和肾脏。进入体内的三氯甲烷 60%~70% 以原形气态经肺呼出，其余在肝内经细胞色素 P450 途径最终代谢为二氯甲烷、一氯甲烷、甲醛、光气。

三氯甲烷属中等毒性，毒性主要源于基代谢产物光气。光气具有亲电性，能与某些组织细胞大分子的亲核基团反应，形成共价结合物，产生毒性反应，如麻醉作用、呼吸中枢抑制作用、血管运动中枢和心脏抑制作用等。高浓度三氯甲烷可使心肌对肾上腺素敏感性增强，导致心动过速、心室纤颤及心搏骤停。其肝毒性可能与光气所致细胞谷胱甘肽耗竭及脂质过氧化损伤有关。三氯甲烷对皮肤和眼睛具有刺激、脱脂作用。三氯甲烷具有致畸、致突变及致癌作用，国际癌症研究机构（IARC）已将其列为 2B 类致癌物。

三、临床表现

（一）急性中毒

吸入高浓度三氯甲烷或经皮肤大量吸收可造成急性中毒。主要表现为中枢神经系统麻醉，初期为颜面和体表灼热、兴奋、欣快感、头痛、头晕、恶心、呕吐、皮肤黏膜刺激症状；继而出现萎靡、嗜睡、精神紊乱、呼吸表浅、反射消失、昏迷等。重者可发生呼吸麻痹、心室颤动，甚至死亡。误服中毒时，患者有胃部烧灼感，伴恶心、呕吐、腹痛、腹泻，继而出现麻醉症状；数日后可出现肝、肾损害。

（二）慢性中毒

慢性中毒时主要引起肝脏损害。症状主要表现为呕吐、消化不良、食欲减退、乏力、头痛、失眠、抑郁等，体检可见黄疸、肝功能异常和脂肪肝。严重者颇似急性病毒性肝炎，患者出现明显黄疸，血清转氨酶、胆红素急剧升高，并可因大面积肝坏死导致死亡；病理可见肝细胞坏死、肝肾脂肪变性。有报道称，接触三氯甲烷 3 个月内即出现上述表现者，在接触时间上属“亚慢性”或“亚急性”。少数患者可出现肾损害。亦有中毒性视神经病的报告，表现为视野向心性缩小，视力下降。

（三）皮肤损害

皮肤接触高浓度三氯甲烷先有烧灼感，继而出现红斑、水肿、水泡，甚至冻伤。长期低浓度接触可引起皮肤干燥、皲裂。

四、诊断及鉴别诊断

（一）诊断

1. 急性中毒

因目前尚无职业性急性三氯甲烷中毒的诊断标准，故诊断主要参照《职业性急性化学物中毒的诊断　总则》（GBZ 71—2013）、《职业性急性化学物中毒性神经系统疾病诊断标准》（GBZ 76—2024）及《职业性中毒性肝病诊断标准》（GBZ 59—2024）。

诊断原则：根据明确的短时间高浓度三氯甲烷职业接触史，急性发生的中枢神经系统麻醉症状，结合肝、肾功能检查结果，参考现场职业卫生学调查资料，综合分析，并排除其他病因所致的类似疾病，方可诊断。

原材料或工作场所空气中三氯甲烷测定可用于三氯甲烷职业接触判定，但我国尚未规定工作场所空气中三氯甲烷的 PC–STEL。

2. 慢性中毒

因目前尚无职业性慢性三氯甲烷中毒的诊断标准，故诊断主要参照《职业性慢性化学物中毒诊断标准　总则》（GBZ/T 329—2024）及《职业性中毒性肝病诊断标准》（GBZ 59—2024）。

诊断原则：根据明确的长期密切接触三氯甲烷的职业史，以肝脏损害为主的临床表现，结合实验室检查及现场职业卫生学调查资料，综合分析，并排除其他病因所致的类似疾病，方可诊断。

原材料或工作场所空气中三氯甲烷测定有助于三氯甲烷职业接触的判定。我国规定工作场所空气中三氯甲烷 PC–TWA 为 $20mg/m^3$。

（二）鉴别诊断

无论急性或慢性三氯甲烷中毒，均需注意与病毒性肝炎、药物性肝病、酒精性肝病、自身免疫性肝病、其他病因引起的非酒精性脂肪肝或肝硬化、代谢性肝病、胆道疾病以及溶血性黄疸相鉴别。急性中毒还需注意与其他急性有机溶剂中毒、药物中毒相鉴别。

五、治疗

目前尚无特效解毒剂，主要采取对症支持治疗。

（一）急性中毒

（1）吸入中毒者迅速将其脱离现场至空气新鲜处，保持呼吸道通畅，给氧；呼吸停止者采用人工呼吸器救治，应避免口对口人工呼吸。皮肤接触者脱去污染衣物，用大量流动清水冲洗污染皮肤至少 15min。眼睛沾染者立即用大量流动清水或生理盐水彻底冲洗至少 15min。误服者先鼓励大量饮水，催吐，后送往医院充分洗胃，灌服活性炭。

（2）以对症和支持治疗为主，注意保护肝、肾、心功能。出现急性肝衰竭者，建议及早行人工肝治疗。

（3）密切观察病情变化，及时发现和处理其他并发症。

（二）慢性中毒

脱离接触，给予对症和支持治疗。重点是保护肝脏，防治肝衰竭。

（王艳艳）

第六节 三氯乙烯中毒

三氯乙烯（trichloroethylene，TCE）在常温常压下为无色、易挥发的不燃液体，具有氯仿样的微甜气味。分子结构为 $CHCl=CCl_2$，分子量 131.40，熔点 -73℃，沸点 86.7℃。难溶于水，可与醇、醚等有机溶剂和油类混溶。潮湿时遇光生成盐酸。不易燃烧。在有空气存在的条件下，当温度高于 400℃时，可分解生成光气、氯化氢和一氧化碳。

一、接触机会

三氯乙烯用途十分广泛。20 世纪 70 年代前，曾在医学上用作麻醉剂、止痛剂和消毒剂。目前则主要用作化工中间体生产氯乙酸、二氯乙酰氯、八氯二丙醚、六氯乙烷、氯氟烃等；还用于金属部件和电子元件清洗、萃取溶剂和织物干洗等领域。此外，还可用于配制印刷油墨、脱漆剂、润滑剂、油漆、杀虫剂、消毒剂、除臭剂、黏合剂、打字机修正液、防霉剂和防锈剂等。在三氯乙烯的生产和上述应用行业的劳动者，均可有职业接触。国外曾有报道称，一些人为了获得欣快感而嗜吸三氯乙烯。

二、致病机制

三氯乙烯属脂溶性毒物，为蓄积性麻醉剂，对中枢神经系统有强烈的抑制和麻醉作用，其麻醉作用仅次于氯仿。乙醇可加剧其毒性。成人口服致死量为 3~5mL/kg。目前认为其毒性作用主要由其活性代谢产物所致。其代谢产物可能会影响多巴胺在脑内的传递，从而导致中枢神经系统功能障碍。中间代谢产物水合氯醛及其生物转化后形成的三氯乙醇可对中枢神经产生抑制作用，水合氯醛还可引起心律失常和肝脏损害。而在接触浓度极高或长期持续接触三氯乙烯后，患者体内三氯乙烯代谢成三氯乙酸和三氯乙醇的途径可被饱和，从而导致经另一代谢途径产生的二氯乙酸浓度增高。二氯乙酸可致周围神经病，因此，长期接触三氯乙烯可导致周围神经损害，但此种情况又十分罕见。有研究认为三叉神经病变更有可能是由三氯乙烯代谢产物所致而非三氯乙烯本身。动物实验提示三氯乙烯和二氯乙酸可能通过影响多烯脂肪酸的水平对三叉神经产生毒性作用。二氯乙酸和三氯乙酸还可引起心律失常。三氯乙烯亦可提高心肌对儿茶酚胺的敏感性，从而引起心律失常。

三氯乙烯的长期暴露会对中枢神经系统产生抑制和麻醉作用，导致神经衰弱，并可致成瘾或精神依赖性。有研究发现三氯乙烯的慢性暴露增加帕金森病发生风险，其机制与线粒体损伤、黑质纹状体多巴胺能神经元丢失以及氧化应激等相关。

三、临床表现

（一）急性中毒

国内急性中毒多因生产事故造成高浓度的急性吸入，个别因误服三氯乙烯；国外多为麻醉意外或青少年嗜吸。急性中毒潜伏期一般为数十分钟至数小时。吸入极高浓度可迅速出现昏迷而无前驱症状。口服中毒发病亦较快，多在1h内。急性中毒主要表现为中枢神经系统的损害，肝、肾、心脏等亦可累及。

1. 中枢神经系统损害

早期主要表现为头晕、头痛、乏力、恶心、呕吐、欣快感、步态不稳、易激动、嗜睡等。症状加重时，可出现幻觉、谵妄、抽搐、昏迷，甚至很快发生呼吸抑制，最终因循环衰竭而死亡。

2. 脑神经损害

多见于国外报道。主要是三叉神经受累（一般累及感觉支），表现为角膜反射消失或减弱、面部呈三叉神经周围性或核性分布的感觉减退及咀嚼肌无力等。第Ⅰ、Ⅱ、Ⅲ、Ⅸ、Ⅹ、Ⅻ对脑神经亦可受累，表现为嗅觉减退、视力下降、视野缩小、复视、眼睑下垂、吞咽困难、声带麻痹及伸舌障碍等。

3. 肝、肾损害

肝脏受累时可有肝大、肝功能异常及黄疸等中毒性肝病表现。肾脏受累时可出现蛋白尿、血尿、管型尿及肾功能不全等。

4. 心脏损害

可有血清心肌酶增高、心律失常、心电图ST-T改变等，严重时可发生心室纤颤而猝死。

5. 其他表现

短时间接触高浓度三氯乙烯蒸气可有颜面潮红、眼及上呼吸道刺激症状。皮肤接触可出现皮肤刺激和烧灼感。溅入眼睛会引起疼痛，并可损伤角膜。口服中毒者还可有口咽烧灼感、恶心、呕吐、腹痛、腹泻等表现。

（二）慢性中毒

长期接触三氯乙烯的劳动者可能会出现疲劳、乏力、食欲不振、头痛、抑郁、记忆力减退、判断力下降、情绪不稳定、睡眠障碍、自主神经功能失调和共济失调。味觉亦可能会丧失。长时间接触中毒浓度水平的三氯乙烯可能会导致听力损伤。三氯乙烯长期暴露与多发性神经病的关系尚有争议。皮肤反复接触可导致皮肤干燥和皲裂。

四、诊断及鉴别诊断

（一）急性中毒

依据国家已发布的《职业性急性三氯乙烯中毒诊断标准》（GBZ 38—2006）进行诊断。

1. 诊断原则

根据短期内接触较大量的三氯乙烯职业史，以神经系统损害为主并可有肝、肾及心脏损害的临床表现，结合职业卫生学调查，参考尿三氯乙酸含量的测定，综合分析，并排除其他病因所致类似疾病，方可诊断。

我国以尿三氯乙酸浓度0.3mg/m^3（50mg/L）作为三氯乙烯职业接触限值。急性中毒时，尿三氯乙酸增高，为可靠的接触指标。但其从尿中排出较快，脱离三氯乙烯接触5d后其含量通常接近正常，故仅宜用作三氯乙烯的近期接触指标。

原材料或工作场所空气中三氯乙烯测定可用于三氯乙烯职业接触判定，但我国尚未规定工作场所空气中三氯乙烯的 PC-STEL。

2. 接触反应

临床上将短期内接触较高浓度三氯乙烯后出现头昏、头痛、乏力、颜面潮红、眼及上呼吸道刺激症状等表现，一般在脱离接触后 24h 内恢复正常者称为“接触反应”。

3. 诊断分级

GBZ 38—2006 将职业性急性三氯乙烯中毒分为三级。

（1）轻度中毒。除接触反应症状加重外，可有心悸、胸闷、恶心、呕吐、食欲减退等，并有下列表现之一者：①轻度意识障碍；②三叉神经损害；③急性轻度中毒性肝病或中毒性肾病。

（2）中度中毒。短期接触较大量三氯乙烯后，具备下列表现之一者：①中度意识障碍；②有两对以上脑神经损害；③急性中度中毒性肝病或中毒性肾病。

（3）重度中毒。符合下列表现之一者：①重度意识障碍；②急性重度中毒性肝病或中毒性肾病；③心源性猝死。

4. 鉴别诊断

应注意与职业性三氯乙烯药疹样皮炎及其他原因引起的意识障碍、脑神经损害和肝、肾、心脏疾病等相鉴别。

职业性急性三氯乙烯中毒与职业性三氯乙烯药疹样皮炎都是在职业活动中因接触三氯乙烯而导致的职业性损伤，但两者在发病机制、临床表现及治疗原则等方面有着本质区别。鉴别要点可参照表 9-2。

表 9-2 职业性急性三氯乙烯中毒与职业性三氯乙烯药疹样皮炎的鉴别

鉴别点	职业性三氯乙烯药疹样皮炎	职业性急性三氯乙烯中毒
剂量—反应关系	无，接触低浓度三氯乙烯亦可发病	有
发病概率	同工种、同样工作环境下个别人发病	同工种、同样工作环境下多数人发病
发病机制	变态反应	中毒
临床表现	皮肤急性炎症性反应，常伴发热和肝损害	以中枢神经系统抑制为主，可有心肝肾及脑神经损害
潜伏期	一般为 5~60d	一般为数十分钟至数小时
浅表淋巴结肿大	常有	无
皮肤斑贴试验	三氯乙烯或其代谢产物皮肤斑贴试验常呈阳性变态反应	/
尿中三氯乙酸	可正常	早期常增高
外周血嗜酸性粒细胞增多	常见	无
职业病诊断标准	《职业性三氯乙烯药疹样皮炎诊断标准》（GBZ 185—2024）	GBZ 38—2006
治疗原则	抗过敏及对症支持治疗，糖皮质激素是治疗关键	对症支持治疗，不强调糖皮质激素治疗
治愈后处理	不得再从事接触三氯乙烯工作	轻度中毒可恢复原工作

注：/ 表示不适用。

（二）慢性中毒

虽然《职业性慢性化学物中毒诊断标准总则》（GBZ/T 329—2024）规定了职业性慢性化学物中毒的诊断原则及归因诊断，但目前国内外尚未见三氯乙烯慢性中毒的确切病例报道，其临床表现亦缺乏特异性，诊断需谨慎。

原材料或工作场所空气中三氯乙烯、尿中三氯乙酸测定可有助于三氯乙烯接触的判定。我国规定工作场所空气中三氯乙烯 PC-TWA 为 $30mg/m^3$。

五、治疗

无特效解毒剂，以对症支持治疗为主。

（一）急性中毒

1. 脱离接触

迅速将中毒者救离现场至空气新鲜处，保持呼吸道通畅，静卧保暖。脱去污染衣物，用流动清水冲洗污染皮肤和眼，误服者予洗胃、导泻，密切观察病情至少 24h。给予吸氧。

2. 对症支持治疗

积极防治脑水肿和心、肝、肾损害，按内科治疗原则处理。可适当使用糖皮质激素，心跳呼吸停止者应迅速实施心肺复苏，慎用肾上腺素和其他拟肾上腺素药物，避免使用含乙醇的药物。

（二）慢性中毒

以对症支持治疗为主。

（夏丽华）

第七节　二硫化碳中毒

二硫化碳（carbon disulfde，CS_2）纯品为无色透明、有芳香甜味的液体；工业品因混有其他硫化物（如羰基硫等）而呈微黄色，且有烂萝卜味。分子量 76.14，密度 $1.2632g/cm^3$（20℃），熔点 -140.9℃，沸点 46.5℃。室温下易挥发，蒸气比重为空气的 2.62 倍。二硫化碳为易燃易爆化学品，130~140℃时可自燃。微溶于水，可溶于乙醇、苯、乙醚等多数有机溶剂，腐蚀性强。

一、接触机会

二硫化碳应用广泛，是生产粘胶纤维、四氯化碳、农药、杀虫剂、橡胶助剂的原料；是生产油脂、蜡、树脂、橡胶和硫磺等产品的优良溶剂；亦可用作羊毛去脂剂、衣服去渍剂、油和清漆的脱膜剂、设备及管道的除蜡、石油钻井过程的油井清洗等。二硫化碳还可作为矿石浮选剂、航空加速剂、航空煤油添加剂等。上述生产和使用过程中都有机会接触二硫化碳。

二、致病机制

职业接触二硫化碳主要经呼吸道吸收，也可经皮肤吸收。意外口服时可经消化道吸收。二硫化碳亲脂性较高，故在周围神经、脑和肝中含量最高。2- 硫代噻唑烷 -4- 羧酸（2-Thiothiazolidine-4-carboxylic acid，TTCA）为二硫化碳的主要代谢产物，尿中 TTCA 与接触二硫化碳浓度有良好的相关性，可作为职业接触二硫化碳的生物监测指标，反映近期暴露情况。我国规定尿中 TTCA 的职业接触生物限值为 1.5mmol/mol 肌酐（2.2mg/g 肌酐）。

二硫化碳对机体的损害与接触浓度、方式及时间等因素有关，主要靶器官为神经系统，也可影响脂质代谢，引起动脉硬化，继发心血管病变，还可以影响生殖系统。

二硫化碳致病机制至今尚未完全阐明，可能与以下几点有关：①二硫化碳在体内氧化脱硫反应中生成的氧硫化碳（COS），可进一步释出高活性的硫原子，对靶细胞具有氧化应激效应。②二硫化碳可抑制体内许多重要代谢酶的活性，进而产生多种毒作用。可通过与铜、锌、钴等离子进行络合反应，抑制多巴胺－β－羟化酶活性，使体内多巴胺增加，去甲肾上腺素减少，出现儿茶酚胺代谢紊乱，进而导致锥体外系的损害。③二硫化碳能直接与轴索中的骨架蛋白作用，导致神经丝蛋白分子内和分子间的交叉连接，从而破坏轴索的骨架结构，引起神经元轴索肿胀变性，破坏细胞能量代谢，导致轴浆运输障碍。④二硫化碳可抑制单胺氧化酶活性，引起脑中 5- 羟色胺堆积，这可能是其引起精神行为障碍的机制。⑤二硫化碳可干扰维生素 B_6 的代谢，进而影响维生素 B_6 依赖酶的活性，这与多发性神经病、自主神经功能失调、精神症状及神经轴索脱髓鞘改变有关联。⑥二硫化碳还可能通过损伤垂体促性腺激素细胞以及睾丸和卵巢的结构、功能等，导致生殖毒性；亦可能通过影响体内脂质代谢平衡状态，尤其是干扰脂质的清除等，促进全身小动脉硬化的形成。

三、临床表现

（一）急性中毒

急性中毒多于突发性生产事故中短时间接触高浓度二硫化碳，或是一次或多次高浓度接触二硫化碳后发生，一般发病急，最短 3~5min 可发病，临床表现以中枢神经系统损害为主。

轻者表现为头痛、头晕、恶心、呕吐、乏力、失眠多梦或四肢麻木、疼痛等症状，可伴有轻度意识障碍或步态蹒跚、醉酒样改变。重者可出现脑水肿、颅内压升高表现，表现为谵妄、抽搐、昏迷，甚至呈植物状态，可出现明显的精神症状，如躁狂、易激怒、幻觉、妄想等。精神失常症状是急性中毒特征性表现。急性中毒也可出现中毒性周围神经病和心脏损害。心脏损害主要表现为心电图 ST–T 改变、Q–T 间期延长、心律失常、血清心肌酶谱和肌钙蛋白升高等异常。皮肤接触者可出现局部皮肤红肿或灼伤样改变。

（二）慢性中毒

长期接触低浓度或间有短暂的接触较高浓度的二硫化碳，可发生慢性中毒，表现为以神经系统为主的多器官多系统的损害。

1. 神经系统损害

神经系统损害包括中枢和周围神经损伤，其毒作用表现多样。中枢神经系统损伤轻者表现为易疲劳、嗜睡、记忆力减退，严重者出现神经精神障碍。周围神经病变以感觉运动功能障碍为主，常由远及近、由外至内进行性发展，表现为感觉缺失、肌张力减退、行走困难、肌肉萎缩等。中枢与周围神经病变常同时存在。头颅 CT 或 MRI 检查可显示有局部和弥漫性脑萎缩表现。神经－肌电图检查可见外周神经病变，神经传导速度减慢。神经行为测试可见警觉力、智力活动、情绪控制能力、运动速度及运动功能方面的障碍。

2. 心血管系统损害

有研究显示，长期接触二硫化碳者，其高血压、高血脂、心电图异常发生率高于对照组，循环系统疾病病死率高于对照组，提示二硫化碳对心血管系统有损伤作用。亦有研究表明长期接触二硫化碳作业人员心血管功能无明显影响。

3. 视觉系统损害

可出现视神经萎缩、球后视神经炎、中心性视网膜炎、微血管动脉瘤等；色觉、暗适应、视敏度以及眼睑、眼球能动性等均可有改变。眼部病变可作为慢性二硫化碳毒作用早期检测指标。

4. 生殖系统损害

女性主要表现为月经周期异常，出现经期延长、周期紊乱、排卵功能障碍、流产或先兆流产等；对男性可能造成器质性或功能性损害。

四、诊断及鉴别诊断

依据国家已发布的《职业性二硫化碳中毒诊断标准》（GBZ 4—2022）进行诊断。

（一）急性中毒

1. 诊断原则

根据短期接触较高浓度二硫化碳的职业史，出现以中枢神经系统损害为主的临床表现，结合辅助检查结果及工作场所职业卫生学调查资料，综合分析，排除其他病因引起的类似疾病后，方可诊断。

原材料或工作场所空气中二硫化碳、尿中 TTCA 测定均有助于二硫化碳职业接触的判定。我国规定工作场所空气中二硫化碳 PC-STEL 为 $10mg/m^3$。

2. 诊断分级

GBZ 4—2022 将职业性急性二硫化碳中毒分为三级。

（1）轻度中毒。短期接触较高浓度二硫化碳后，出现头痛、头晕、恶心、呕吐、乏力、失眠多梦、易激惹或四肢麻木、疼痛等症状，可伴有晕厥或肢体抽搐等表现，同时具有下列表现之一者：①轻度意识障碍，如意识模糊、嗜睡状态等；②步态蹒跚、醉酒样改变。

（2）中度中毒。在轻度中毒基础上，具有下列表现之一者：①中度意识障碍，如谵妄状态、混浊状态；②癫痫大发作样抽搐。

（3）重度中毒。在中度中毒基础上，具有下列表现之一者：①重度意识障碍，如浅昏迷、中度昏迷、深昏迷、植物状态；②癫痫持续状态；③出现明显的精神症状，如定向障碍、幻觉、妄想等；④脑局灶损害。

3. 鉴别诊断

诊断时需注意与中枢神经系统感染、脑血管意外、代谢障碍疾病、脑外伤及精神疾病等相鉴别。

（二）慢性中毒

1. 诊断原则

根据密切接触二硫化碳 1 年及以上的职业史，出现多发性周围神经损害和中枢神经系统损害为主的临床表现，结合神经 - 肌电图检查结果及工作场所职业卫生学调查资料，综合分析，排除其他病因引起的类似疾病后，方可诊断。

原材料或工作场所空气中二硫化碳、尿中 TTCA 测定均有助于二硫化碳职业接触的判定。我国规定工作场所空气中二硫化碳 PC-TWA 为 $5mg/m^3$。

2. 诊断分级

GBZ 4—2022 将职业性慢性二硫化碳中毒分为三级。

（1）轻度中毒。密切接触二硫化碳 1 年及以上后，出现头痛、头晕、乏力、失眠多梦、易激惹、记忆力减退或四肢无力、麻木、疼痛等症状，同时具有下列表现之一者：①四肢远端对称性手套、袜套样分布的痛觉、触觉障碍或音叉振动觉减退，同时伴有跟腱反射减弱；②四肢受累肌肉肌力减退至 4 级；③神经－肌电图检查提示轻度周围神经损害。

（2）中度中毒。在轻度中毒基础上，具有下列表现之一者：①四肢痛觉、触觉障碍水平达肘、膝以上，跟腱反射消失，或深感觉明显障碍伴感觉性共济失调；②四肢受累肌肉肌力减退至 3 级，可伴有四肢远端肌肉萎缩；③神经－肌电图检查提示明显周围神经损害。

（3）重度中毒。在中度中毒基础上，具有下列表现之一者：①四肢受累肌肉肌力减退至 2 级及以下；②神经－肌电图检查提示严重周围神经损害；③中毒性脑病；④中毒性精神障碍。

3. 鉴别诊断

以周围神经损害为主的慢性二硫化碳中毒，诊断时需排除其他职业性、药源性、环境源性等原因引起的周围神经病，如磷酸三邻甲苯酯、甲基正丁基酮、正己烷、铊、铅及其化合物、砷及其氧化物、氯丙烯、丙烯酰胺、1- 溴丙烷、环氧化合物、呋喃类、异烟肼等中毒，以及糖尿病、感染性多发性神经炎、慢性酒精中毒、B 族维生素缺乏等表现为周围神经损害的疾病。神经－肌电图检查对慢性中毒诊断有重要意义。慢性二硫化碳中毒以周围神经轴索损害为主，可伴脱髓鞘病变，因此应重点检查四肢远端肌肉的肌电图及四肢感觉、运动神经传导（速度与波幅）。

慢性二硫化碳重度中毒时出现中毒性脑病，诊断上需与脑退行性疾病、血管性痴呆及其他原因所致的脑局灶损害或精神障碍相鉴别。

五、治疗

目前尚无特效解毒药物，以对症支持治疗为主。

（一）急性中毒

1. 阻止毒物进一步吸收和加速排出

吸入中毒者应迅速脱离现场。皮肤接触者立即脱去被污染的衣物，用大量流动清水冲洗被污染的皮肤。眼睛污染时应提起眼睑，用流动清水或生理盐水反复冲洗。经口误服者尽快洗胃，予泻药促排泄。

2. 对症支持治疗

保持呼吸道通畅，必要时行氧疗。呼吸停止时立即行人工呼吸。急性期应注意卧床休息，积极防治脑水肿，控制精神症状。

（二）慢性中毒

应脱离二硫化碳接触，以对症支持治疗为主。可用 B 族维生素、能量合剂、神经生长因子等促进神经损伤修复，辅以体疗、理疗及其他对症治疗（具体可参照本书第三章、第四章）。

（王艳艳）

第八节 甲 醇 中 毒

甲醇（methanol）又称木醇或木精，为无色透明液体，易挥发、易燃，有酒精气味。分子式CH_3OH，分子量32.04，沸点64.7℃，熔点-97.8℃。密度0.7915g/cm^3（20/4℃），蒸气密度1.11g/L，蒸气压12.3kPa（20℃）。自燃温度240℃。可与水、乙醇、酮、醚、酯、卤代烃和苯混溶。

一、接触机会

甲醇常被用作有机溶剂或添加剂，应用于防冻液、汽车挡风玻璃清洁剂及油漆稀释剂等。在医药及化工行业，甲醇常用于制造甲醛、甲胺、异丁烯酸酯、纤维素、摄影胶片、汽车燃料和树脂等产品。

二、致病机制

甲醇易经呼吸道、消化道和皮肤吸收。在职业活动中，呼吸道是主要吸收途径。吸入甲醇浓度达32.75g/m^{3}时可危及生命，经口摄入0.3~1g/kg体重可致死。吸收后的甲醇迅速分布到机体各器官和组织内，分布量与器官和组织中含水量有关。肝、肾和胃肠中含量最高，眼玻璃体和视神经中含量也较高，脑、肌肉和脂肪组织中含量较低。甲醇在人体中主要经肝脏代谢。肝内醇脱氢酶将甲醇氧化为甲醛，然后在甲醛脱氢酶作用下很快氧化成甲酸，甲酸经依赖叶酸盐的途径氧化成二氧化碳和水。甲醇在体内清除半减期与剂量有关。摄入高剂量（$>$1g/kg）时，清除半减期在24h以上；而低剂量（$<$0.1g/kg）时，则为3h左右。吸收的甲醇90%~95%经代谢后从呼出气和尿排出，2%~5%以原形经肾脏由尿排出，以原形从呼出气的排出量与进入途径有关。甲醇毒性与其原形及代谢产物的蓄积量有关。

甲醇本身具有麻醉作用，可抑制中枢神经系统，但其作用较乙醇弱。甲醇中毒引起的代谢性酸中毒和眼部损害则主要与其代谢产物甲酸的含量有关。甲酸盐可通过抑制细胞色素氧化酶引起轴浆运输障碍，导致中毒性视神经病。由甲酸盐诱导的线粒体呼吸抑制和组织缺氧，可产生乳酸盐。此外，甲醇氧化可促进厌氧微生物的糖酵解，并产生乳酸。甲酸和乳酸及其他有机酸的堆积，可引起酸中毒。由于乙醇与醇脱氢酶结合力大于甲醇，因此，同时接触乙醇可使甲醇中毒潜伏期延长、初始症状不明显。但中毒前长期接触乙醇（如嗜酒者），可造成体内叶酸盐缺乏，影响甲醇代谢。目前认为，甲醇毒性除与接触量有关外，还与是否同时接触乙醇及体内叶酸盐含量有关。

三、临床表现

（一）急性中毒

临床上以中枢神经系统损害、眼部损害和代谢性酸中毒的表现为主。无论何种接触途径引起的中毒，常有12~24h的潜伏期，少数可长达2~3d。口服纯甲醇中毒症状出现较快，最短者仅40min。如同时饮酒或摄入乙醇，潜伏期可延长。

1. 中枢神经系统损害

轻者表现为头痛、眩晕、乏力、嗜睡和意识混浊等，但很少产生乙醇中毒时的欣快感。重者出现昏迷和癫痫样抽搐。少数严重口服中毒者，在急性期或恢复期可有锥体外系损害或帕金森综合征表现，有的有发音和吞咽困难及锥体束症状。严重中毒者头颅 CT 检查可见白质和基底节密度减低。豆状核对称性密度减低提示豆状核梗死软化病灶，最早可在病后 3d 出现。少数重度中毒患者急性期后可遗留持久的帕金森综合征。

2. 眼部损害

眼部损害常在饮入甲醇 48h 内开始出现。最初表现为眼前黑影、飞雪感、闪光感、视物模糊、眼球疼痛、畏光、幻视等。重者视力急剧下降，甚至失明。眼科检查可见瞳孔扩大，对光反射减弱或消失，少数患者瞳孔缩小。眼底早期可见视乳头充血和视网膜水肿。视神经损害严重者，1~2 个月可出现视神经萎缩。视野早期改变为致密的旁中心暗点或中心暗点，晚期则为周边视野缩小。此外，尚可见到纤维束状缺损及生理盲点扩大。个别患者有色觉障碍。严重眼部损害者约有 1/4 可遗留视力障碍，少数失明。

3. 代谢性酸中毒

代谢性酸中毒为急性甲醇中毒特征性临床表现之一。轻度代谢性酸中毒临床表现不明显或仅出现乏力、呼吸稍促、食欲不佳等。随着酸中毒程度加重，临床上可见呼吸加快加深（Kussmaul 呼吸），血压下降、心律失常等循环功能明显障碍以及意识障碍等表现。甲酸和乳酸导致急性甲醇中毒时的阴离子间隙增加，为高阴离子间隙正常血氯性代谢性酸中毒。

动脉血气分析对于代谢性酸中毒的诊断具有重要意义。当动脉血气分析 pH 值介于 7.25~7.32，HCO_3^- 浓度介于 15~20mmol/L 时，为轻度代谢性酸中毒；动脉血气分析 pH 值介于 7.15~7.24，HCO_3^- 浓度介于 10~14mmol/L 时，为中度代谢性酸中毒；动脉血气分析 pH 值＜7.15，HCO_3^- 浓度＜10mmol/L 时，为重度代谢性酸中毒。

4. 其他表现

吸入高浓度甲醇也可引起眼和上呼吸道轻度刺激症状。口服中毒者恶心、呕吐和上腹部疼痛等胃肠症状较明显，并发急性胰腺炎的比例较高。少数还可伴有心、肝、肾损害，表现为心电图 S-T 段和 T 波改变、室性期前收缩，甚至心搏骤停，肝脏肿大、肝功能异常和急性肾功能不全等。

（二）慢性中毒

目前尚未见甲醇引起慢性中毒确切的病例报道。长期接触甲醇者头痛、头晕、多梦、眼痛、视物模糊、鼻部刺激症状、咽痛、皮肤瘙痒等自觉症状较多见。皮肤反复接触甲醇溶液可引起局部脱脂和皮炎。

四、诊断及鉴别诊断

依据国家已发布的《职业性急性甲醇中毒的诊断》（GBZ 53—2017）进行诊断。

（一）急性中毒

1. 诊断原则

根据短期内较大剂量甲醇的职业接触史，以中枢神经系统、代谢性酸中毒和视神经与视网膜急性损害为主的临床表现，结合实验室检查结果和现场职业卫生学调查资料，综合分析，排除其他原因所致类似疾病，方可诊断。

值得注意的是，部分职业性甲醇中毒患者在接触甲醇数日至数十日后出现亚急性甲醇中毒的临床表现，其发病机制、病理生理改变与急性甲醇中毒相似。当其出现与急性甲醇中毒相似的临床表现时，可参照标准 GBZ 53—2017。

血液甲醇和甲酸测定有助于明确诊断。正常人血液甲醇浓度多＜0.016mmol/L（0.5mg/L），甲酸浓度多为0.07~0.4mmol/L（3~19mg/L）。血液甲醇浓度＞6.20mmol/L（200mg/L），即可引起中枢神经系统症状；浓度＞31.0mmol/L（1000mg/L）时，可引起眼部症状；未经治疗死亡患者血液甲醇浓度常高达46.5~62.0mmol/L（1500~2000mg/L）。血液甲酸浓度＞4.34mmol/L（200mg/L）时，多有眼损害和酸中毒。因采血时间不同、个体差异及同时摄入乙醇影响，上述剂量－效应关系仅供诊断时参考。

尿中甲醇和甲酸测定主要用于甲醇接触工人的生物监测，亦可用作中毒诊断的参考指标。美国政府工业卫生学家会议（American Conference of Industrial Hygienists，ACGIH）建议将工作班末尿中甲醇浓度0.47mmol/L（15mg/L）作为甲醇作业工人的生物接触限值。

原材料或工作场所空气中甲醇测定亦可作为甲醇职业接触的指标。我国规定工作场所空气中甲醇PC-STEL为50mg/m^3。

2. 接触反应

临床上将接触甲醇后，出现头痛、头晕、乏力、视物模糊等症状和眼、上呼吸道黏膜刺激表现，并于脱离接触后72h内恢复者称为接触反应。

3. 诊断分级

GBZ 53—2017将职业性急性甲醇中毒分为两级。

（1）轻度中毒。出现头痛、头晕、视物模糊等症状，且具备以下任何一项者：①轻、中度意识障碍；②轻度代谢性酸中毒；③视乳头及视网膜充血、水肿，视网膜静脉充盈；或视野检查有中心或旁中心暗点；或图形视觉诱发电位（P-VEP）异常。

（2）重度中毒。出现下列表现之一者：①重度意识障碍；②中度、重度代谢性酸中毒；③视乳头及视网膜充血、水肿并有视力急剧下降，或伴有闪光视觉诱发电位（F-VEP）异常。

4. 鉴别诊断

根据短期内较大剂量甲醇的职业接触史，以及神经精神症状、视神经炎、代谢性酸中毒等典型临床表现，职业性急性甲醇中毒诊断一般不难。必要时可做生物样本（如血、尿）中甲醇或甲酸、原材料或工作场所空气中甲醇测定。

在甲醇中毒早期，易误诊为上呼吸道感染或急性胃肠炎等。诊断时除需与饮酒过度产生的症状相鉴别，还需与急性氯甲烷中毒、急性乙二醇中毒、糖尿病酮症酸中毒、急性胰腺炎、脑膜炎和蛛网膜下腔出血等疾病相鉴别。急性氯甲烷和乙二醇中毒可与甲醇中毒相似，但氯甲烷中毒仅有一时性眼损害；而乙二醇中毒有严重酸中毒和肾脏损害，尿中无甲醇而有草酸，诊断上可资鉴别。

（二）慢性中毒

虽然《职业性慢性化学物中毒诊断标准总则》（GBZ/T 329—2024）规定了职业性慢性化学物中毒的诊断原则及归因诊断，但目前国内外尚未见甲醇慢性中毒的确切病例报道，诊断需谨慎。

目前慢性中毒缺乏特异检查方法，尿、工作场所空气或原材料中甲醇测定可辅助诊断。我国规定工作场所空气中甲醇PC-TWA为25mg/m^3。

五、治疗

急性中毒治疗必须迅速及时。高度怀疑甲醇中毒时，即使实验室结果尚未报告，也应立即开始抢救。

1. 清除已吸收的甲醇，促进排出

立即脱离工作现场，脱去受污染的衣服，皮肤污染者立即彻底洗消。眼睛接触者立即提起眼睑，用大量流动清水或生理盐水彻底冲洗至少 15min。经口中毒者，如意识清醒，可用 1% 碳酸氢钠溶液洗胃，催吐，硫酸钠导泻。

血液透析能够清除已吸收的甲醇及其代谢产物甲酸，是急性甲醇中毒重要治疗手段。血液透析指征为有下列任一情况者：①血液甲醇浓度＞15.6mmol/L 或甲酸浓度＞4.34mmol/L；②中、重度代谢性酸中毒或伴有阴离子间隙增高的轻度代谢性酸中毒；③视乳头视网膜水肿或视力障碍；④意识障碍；⑤多脏器功能损伤。

2. 纠正酸中毒

根据血气分析或二氧化碳结合力测定及临床表现，及早给予输注 2%~5% 碳酸氢钠溶液。

3. 使用解毒剂

（1）乙醇：乙醇可口服或将其混溶于 5% 葡萄糖溶液中，配成 10% 浓度静脉滴注。如同时进行血液透析治疗，则维持量要加大。在应用中，要经常测定血液中乙醇浓度，以调整乙醇剂量和滴注速度。当临床表现消失、动脉血 pH 恢复正常和血液甲醇浓度＜6.24mmol/L 时，可停用乙醇。在无条件做透析时，乙醇治疗一般需维持数天。

（2）叶酸类：一般优选亚叶酸（甲酰四氢叶酸），剂量为 1mg/kg 体重，加入 5% 葡萄糖溶液中缓慢静脉滴注（30~60min），每 4~6h 一次，连用数天。如无亚叶酸，也可用叶酸 50mg 静脉注射，每 4h 一次，连用数天。

（3）4- 甲吡唑（4-methylpyrazole，fomepizol）：4- 甲吡唑可抑制醇脱氢酶，从而延迟和阻止甲醇代谢成甲酸。首剂 15mg/kg 体重，加入 100mL 以上生理盐水或 5% 葡萄糖溶液中缓慢静脉滴注（＞30min）；以后每 12h 给予 10mg/kg 体重，连用 4 次后，改为每 12h 给予 15mg/kg 体重，直至临床表现消失、动脉血 pH 恢复正常和血液甲醇浓度＜6.24mmol/L。该药未见明显副作用。

4. 对症和支持治疗

（1）严密观察呼吸和循环功能，保持呼吸道通畅。危重患者床旁应置呼吸器，以备突发呼吸骤停时使用。

（2）积极防治脑水肿。

（3）有意识模糊、朦胧状态或嗜睡等轻度意识障碍者，可给予纳洛酮；有癫痫发作者可用苯妥英钠。

（4）纠正水与电解质平衡失调。

（5）适当增加营养，补充多种维生素。

（6）用纱布和眼罩遮盖双眼，避免光线直接刺激。患者即使无视力改变，也应事先用软纱布遮盖双目以防光刺激。

（黄　明）

第九节　汽 油 中 毒

汽油为无色或淡黄色，易挥发和易燃液体，具有特殊臭味。汽油的主要成分为 C4~C11 烷烃、烯烃、环烃和芳香烃等，添加剂主要有有机金属化合物、醚类、酸酯类及醇类等。沸点 40~100℃，蒸气密度为 3.0~3.5g/m^3，自燃点 415~530℃。易溶于苯、二硫化碳和醇，极易溶于脂肪，不溶于水。

一、接触机会

汽油是由原油在炼油厂经蒸馏所得的直馏汽油组分和二次加工汽油组分按适当比例调和而成。汽油按用途可分为交通用汽油和溶剂汽油。交通用汽油有航空汽油、车用汽油。车用汽油和航空汽油为交通运输工具的动力燃料，在油船、油槽车、油库、加油站的装卸，以及使用、清洗过程中均可接触。溶剂汽油主要用作油漆溶剂（或稀释剂）、干洗溶剂以及金属零部件的清洗剂，主要接触行业有橡胶、制革、制鞋、橡胶制品、轮胎、清洗机械零件、炼油和油库等。

二、致病机制

汽油主要以蒸气形态经呼吸道吸收；汽油液体可误服经消化道吸收，也可误吸入肺内，经皮肤吸收较少。汽油蒸气在血液中的溶解度甚低，首先在供血良好的器官如大脑中贮存，待这些组织饱和后再进入血液供应较差的组织如脂肪、骨及肌肉。汽油主要以原形经肺排出，一部分氧化后与葡萄糖醛酸结合经肾排出。

汽油毒性因其成分或品种不同而有差异，如不饱和烃、芳香烃、硫化物含量增多、气温升高使挥发性增大，或其蒸气与一氧化碳同时存在，或汽油中添加了甲醇或乙醇成分，毒性均增大。

目前其致病机制尚未完全明了。汽油对神经系统具有麻醉作用，其脱脂作用可使中枢神经系统细胞内类脂质平衡障碍，早期大脑皮层抑制功能失常，后发生麻醉作用。汽油引起的周围神经病，认为可能与所含正己烷成分有关。

汽油的肾脏毒性见于国外报道。动物实验表明，长期慢性接触汽油可致肾脏近曲小管透明小体形成明显增加，可能为汽油代谢产物 2，2，4- 三甲基戊烷（TMP）所致。但国内未见长期接触汽油导致肾功能损害的确切报道。

汽油对造血系统的慢性作用，取决于芳香烃的含量，其中毒机制与慢性苯中毒相似。

汽油对上呼吸道黏膜和眼结膜的刺激作用与其脱脂作用有关。

三、临床表现

（一）急性中毒

1. 中枢神经系统损害

汽油蒸气经呼吸道吸入后，轻者表现为头晕、头痛、四肢无力、恶心、呕吐；神志恍惚、步态不稳、兴奋、视物模糊、复视、震颤、心悸；脸色苍白，四肢湿冷。可伴有精神症状，如不自主哭泣、傻笑、唱歌、说话絮叨及抑郁等；呈癔症样发作，发作过后精神萎靡。上述精神症状可在急性期过后出现。重者出现突然晕倒，意识丧失，昏迷或谵妄，四肢抽搐、强直或发作性痉挛；血压升高，缓脉，呼吸慢而深，瞳孔不等大；视乳头边缘模糊、水肿、隆起，脑脊液压力增高；头颅 CT 检查显示脑白质密度减低，或两侧大脑半球轻度弥散性密度降低或脑室周围特别是侧脑室前角周围脑密度降低，显示中毒性脑病和脑水肿。

2. 呼吸系统损害

呼吸系统损害主要是由汽油液体吸入呼吸道所致，表现为剧烈呛咳、胸痛、痰中带血或铁锈色痰、呼吸困难、乏力、发热。体征为肺部实变体征，如叩诊浊音，语颤增强；呼吸音降低，可有少许干、湿啰音。实验室检查可见外周血白细胞和中性粒细胞计数明显增高。X射线胸片显示云片状或结节状模糊阴影，从肺门向外扩散，以右侧中下肺区多见，可局限于一叶，也可呈多叶扩散，提示吸入性肺炎。少数患者可并发渗出性胸膜炎。高浓度汽油蒸气吸入亦可引起化学性肺炎或肺水肿，极高浓度汽油蒸气吸入可引起反射性呼吸停止。

3. 消化系统损害

汽油液体进入消化道后，表现为恶心、频繁呕吐。呕吐物除食物和汽油外可带新鲜血液，并伴有口腔、咽、胸骨后灼热感，腹痛、腹泻，肝脏肿大及压痛，血清ALT升高。

4. 皮肤黏膜刺激表现

皮肤浸泡或浸渍于汽油时间较长后，受浸皮肤可出现水疱，表皮破碎脱落，呈浅Ⅱ度灼伤。个别敏感者可发生急性皮炎，出现红斑、水疱及瘙痒。汽油溅入眼内可引起角膜溃疡、穿孔，甚至失明。

（二）慢性中毒

1. 类神经症及自主神经功能紊乱

表现为头痛、头晕、记忆力减退、失眠、多梦、手颤、肢体麻木、乏力、多汗、心悸。

2. 多发性周围神经病

表现为四肢远端麻木、感觉异常及无力，出现手套、袜套样分布的痛觉、触觉减退，伴跟腱反射减弱。进一步发展为肌力减退、腱反射消失及肌肉萎缩，严重者可致足下垂及肢体瘫痪，神经–肌电图检查提示神经源性损害。

3. 中毒性脑病

表现为表情淡漠，反应迟钝，记忆力及计算力丧失。

4. 中毒性精神疾病

表现为类精神分裂症状。

5. 皮肤损害

可见皮肤干燥、皲裂、角化、毛囊炎、慢性湿疹、指甲变厚和凹陷，严重者可引起剥脱性皮炎。

6. 血液系统影响

可引起外周血白细胞、红细胞、血小板等减少。

7. 其他

长期接触汽油可引起高脂血症、脂肪肝，还可能影响生殖功能。

四、诊断及鉴别诊断

将国家已发布的《职业性汽油中毒诊断标准》（GBZ 27—2024）作为诊断依据。

（一）急性中毒

1. 诊断原则

根据短期内吸入高浓度汽油蒸气或液体汽油及皮肤接触汽油的职业病危害接触史，出现以中枢神经系统、呼吸系统损害为主的临床表现，结合辅助检查结果，参考职业卫生调查资料，综合分析，排除其他原因所致类似疾病后，方可诊断。

2. 诊断分级

GBZ 27—2024将职业性急性汽油中毒分为三级。

（1）轻度中毒。出现头痛、头晕、恶心、呕吐、步态不稳、视物模糊等症状，并具有下列表现之一者：①出现情绪反应，哭笑无常及兴奋不安等表现；②轻度意识障碍；③急性气管－支气管炎。

（2）中度中毒。具有下列表现之一者：①中度意识障碍；②强直阵挛性发作；③急性吸入性肺炎。

（3）重度中毒。具有下列表现之一者：①重度意识障碍；②明显的精神症状，如定向障碍、幻觉、妄想、精神运动性兴奋或攻击行为；③癫痫持续状态；④脑疝；⑤肺水肿；⑥猝死。

3. 鉴别诊断

急性中毒根据短时间高浓度汽油接触史、神经系统症状一般较易诊断。以中枢神经系统功能障碍为主要表现的，需要与急性苯中毒、急性有机锡中毒、急性脑血管病、中枢神经系统感染、药物中毒、代谢性脑病、颅脑外伤、癫痫等鉴别；以精神障碍为主要表现的，需要与遗传和心因性精神障碍鉴别。

（二）慢性中毒

1. 诊断原则

根据3个月及以上吸入汽油蒸气及皮肤接触汽油的职业病危害接触史，出现以周围神经、中枢神经系统损害为主的临床表现，结合辅助检查结果，参考职业卫生调查资料，综合分析，排除其他原因所致类似疾病后，方可诊断。

2. 诊断分级

GBZ 27—2024将职业性慢性汽油中毒分为三级。

（1）轻度中毒。3个月及以上密切接触汽油后，出现头痛、头晕、睡眠障碍、乏力、记忆力减退，肢体远端为主的肌肉无力，肢体麻木或烧灼样、蚁走样、切割样等感觉异常，可伴有四肢湿冷、无汗或多汗等，并具有下列表现之一者：①肢体远端手套、袜套样分布的痛触觉减退或痛觉过敏，同时伴有振动觉障碍或跟腱反射减弱；②肢体受累肌肉肌力减退至4级；③神经－肌电图检查提示轻度周围神经损害。

（2）中度中毒。在轻度中毒基础上，具有下列表现之一者：①跟腱反射消失，或深感觉明显障碍伴感觉性共济失调；②肢体受累肌肉肌力减退至3级，可伴有肌肉萎缩；③神经－肌电图检查提示周围神经损害明显，如神经传导速度中度减慢，或感觉和运动动作电位波幅中度降低。

（3）重度中毒。在中度中毒基础上，具有下列表现之一者：①慢性中毒性脑病；②肢体受累肌肉肌力减退至2级及以下；③神经－肌电图检查提示周围神经损害严重，如神经传导速度重度减慢，或感觉和运动动作电位波幅重度降低。

3. 鉴别诊断

慢性汽油中毒表现为周围神经损害的，需要排除可导致周围神经损伤的其他化学物如铊、砷及其氧化物、二硫化碳、甲基正丁基酮、丙烯酰胺、溴丙烷、环氧乙烷、正己烷等中毒；排除具有周围神经毒性作用的药物中毒，如抗结核药异烟肼、链霉素等中毒，其他抗菌药氟喹诺酮类、硝基呋喃类等中毒，抗肿瘤药顺铂、长春碱等中毒，心血管药胺碘酮、普萘洛尔等中毒；排除糖尿病多发性周围神经病、感染性多发性神经炎、慢性酒精中毒、B族维生素缺乏等表现为周围神经损伤的疾病。

五、治疗

（一）急性中毒

（1）迅速将患者脱离现场，脱去被污染衣物，清除皮肤污染。

（2）对呼吸停止者应即刻进行心肺复苏，必要时果断采用气管插管或使用面罩，机械辅助呼吸，以改善通气和保证有效给氧。可酌情使用呼吸兴奋剂，如尼可刹米、洛贝林。

（3）出现中枢神经系统症状与体征者，按照急性中毒性脑病的治疗方法处理。如出现意识障碍及昏迷，可进行高压氧治疗。

（4）吸入性肺炎患者应卧床休息，保持呼吸道通畅，吸氧。可采用糖皮质激素治疗；积极控制感染；解痉剂如氨茶碱以解除支气管平滑肌痉挛；化痰药如氨溴索、溴己新等对症治疗。

（5）误服汽油者应饮牛奶或用植物油洗胃并灌肠。注意保护肝、肾功能。

（6）溅入眼内即刻用大量流动清水或生理盐水冲洗至少 15min。

（二）慢性中毒

（1）及时脱离汽油作业环境。

（2）中毒性周围神经病可参照职业性周围神经病的对症治疗进行处理，促进神经修复、再生，给予 B 族维生素等神经营养药物，鼠神经生长因子有一定疗效。

（3）出现精神症状如妄想及幻觉者按精神科处理。

（4）给予对症支持、功能锻炼及物理治疗。

（黄 明）

第十节 二甲基甲酰胺中毒

二甲基甲酰胺（N，N-dimethylformamide，DMF）是一种无色透明液体，纯品无气味，但工业级或变质的二甲基甲酰胺因含有二甲基胺的不纯物而有鱼腥味。分子量 73.10，相对密度 0.9445（25℃），熔点 -61℃，沸点 152.8℃，蒸气密度 2.51，蒸气压 0.49kPa（25℃），自燃点 445℃。遇明火、高热可引起燃烧爆炸，能和水及大部分有机溶剂混溶，与石油醚混合分层，能与浓硫酸、发烟硝酸剧烈反应甚至发生爆炸，与碱接触可生成二甲胺。

一、接触机会

二甲基甲酰胺在工业上用途广泛，是重要的化工原料及性能优良的溶剂，主要应用于有机合成、制药、石油提炼、皮革、树脂、农药、染料、电子等行业。凡从事上述作业人员均有可能接触本品。

二、致病机制

二甲基甲酰胺可以蒸气形式扩散，经呼吸道吸收，也可经完整皮肤及消化道吸收。侵入机体后，主要经肝脏代谢，少部分以原形从尿和呼气中排出。

二甲基甲酰胺属低毒类。主要靶器官为肝脏，对眼、皮肤和呼吸道有刺激作用。急性中毒表现为食欲减退、步态蹒跚、四肢震颤性抽搐，随后侧卧，转入抑制状态；皮肤接触可见局部皮肤发红，并出现灼伤现象。尸检主要显示肝、肾细胞肿胀变性和坏死，胃黏膜有腐蚀性病变，肺淤血和灶性出血，动物实验显示二甲基甲酰胺还可损害细胞免疫功能。人在 16.1mg/m^3（最高达 62.1mg/m^3）浓度下工作 10d，可有上呼吸道刺激症状、神经衰弱综合征，少数有血压偏低倾向。

二甲基甲酰胺毒性作用机制尚未完全明确，目前认为与其代谢产物有关，主要是其代谢产物甲基甲酰胺（NMF）所致。二甲基甲酰胺代谢过程中的活性中间产物异氰酸甲酯（MIC）具有亲电性，可与蛋白质、DNA、RNA 等细胞大分子的亲核中心共价结合，造成肝、肾损害。二甲基甲酰胺所致肝脏元素改变也可能是其肝损伤的作用机制之一；二甲基甲酰胺可通过干扰琥珀酸脱氢酶的活性抑制肾脏线粒体、微粒体对 45Ca 的主动摄取能力，干扰肾细胞的钙稳态，从而导致肾损害。二甲基甲酰胺对人体的损害存在明显个体差异，可能与人细胞色素 P450、谷胱甘肽 –S– 转移酶（GST）等基因多态性有关。

三、临床表现

（一）急性及亚急性中毒

经呼吸道吸入较高浓度的二甲基甲酰胺或严重皮肤污染，可引起急性或亚急性中毒。经呼吸道吸入者，首发症状多为头晕、恶心、眼和上呼吸道刺激表现。皮肤接触者，除可引起局部皮炎外，亦可致全身中毒，此途径引起的二甲基甲酰胺中毒占 13%~36%。潜伏期因接触途径和浓度不同而异，呼吸道吸入者潜伏期一般为 6~24h；皮肤接触者潜伏期则相对较长。临床上以亚急性二甲基甲酰胺中毒较为常见，多在接触后 2~4 周发病，起病隐匿，临床表现与急性中毒相似，主要为乏力、食欲减退、肝功能异常等。

1. 眼及上呼吸道刺激症状

二甲基甲酰胺蒸气可引起眼灼痛、流泪、结膜充血等表现，严重者可引起角膜坏死；并可出现咽痛、咳嗽等上呼吸道刺激症状。

2. 消化系统损害

急性中毒常以肝脏损害为主，可有明显乏力、食欲不振、恶心、呕吐、腹部不适、右上腹胀痛甚或绞痛、便秘等症状，查体可见巩膜皮肤黄疸，肝脏肿大、肝区压痛。实验室检查可见血清 ALT、AST、LDH、TBIL、DBIL 等升高，凝血酶原时间可延长。腹部超声检查可见肝肿大、肝内光点增粗、脾肿大等。患者肝脏损害一般不严重，经积极治疗可逐步减轻，数周内可完全恢复；但严重者可伴脾肿大、腹水、肝硬化，表现为重症中毒性肝病，甚至致死。

中毒患者可出现明显胃肠道症状。60% 以上患者出现食欲减退、恶心、呕吐、腹部不适、中上腹痛等，其中腹痛症状尤为突出，重者表现为腹部剧烈灼痛或绞痛，多在上腹部及脐周，亦可遍及全腹部。上腹及脐周有压痛，但无反跳痛和肌紧张。严重者可有黑便、呕血，粪便潜血试验阳性。胃十二指肠内窥镜检查，轻者表现为弥漫性或局限性的黏膜充血、水肿，可伴糜烂，重者出现点状或簇状出血。

3. 其他器官损害

少数患者出现肾功能损害，表现为血清尿素氮、肌酐增高，蛋白尿以及尿 β_2– 微球蛋白升高等肾小管功能损害表现，可出现头痛、头晕等神经系统症状。少数患者也可出现胸闷、心肌酶 CK–MB 升高，窦性心动过缓及传导阻滞等心律失常、一过性血压改变等，但持续时间多较短，预后良好。有报道称中毒患者可见外周血白细胞计数升高、中性粒白细胞百分比降低、血红蛋白和血小板计数降低等，甚至出现三系增生减低，但多为一过性，预后良好。

4. 皮肤损害

皮肤接触二甲基甲酰胺可致轻重不等的灼伤，出现局部灼痛、麻木、起皱、变白等，严重者可致剧烈灼痛，局部肿胀、皮疹。皮肤污染严重、未及时彻底清除者，应警惕发生肝脏损害等全身中毒症状。

（二）慢性中毒

目前尚未见慢性中毒病例报道。曾有报告称长期接触低浓度二甲基甲酰胺蒸气后，出现皮肤、黏膜刺激症状，以及头痛、头晕、睡眠障碍、记忆力减退、恶心、呕吐、食欲减退、胃痛、便秘、肝大、黄疸等神经衰弱及消化系统症状，甚至出现肝功能异常、尿胆原和尿胆红素增高、尿蛋白阳性等实验室检查异常表现。也有报道称长期接触二甲基甲酰胺的作业工人心电图异常率明显增高，高浓度接触者尿中 β_2– 微球蛋白异常检出率较高，男工精子异常、活力降低，女工月经周期及经量异常的发生率高于对照组等。

尿二甲基甲酰胺、NMF、N– 乙酰 –S–N– 甲基氨基甲酰半胱氨酸（AMCC）及 N– 甲基氨甲酰加合物等可作为二甲基甲酰胺接触的参考指标。此外，二甲基甲酰胺体内代谢产物 MIC 可与血红蛋白相互作用形成 N– 甲基氨甲酰加合物，在较长时间内维持相对稳定的水平，因此可用作二甲基甲酰胺慢性职业接触生物标志物。我国规定接触二甲基甲酰胺的生物监测指标为血中 N– 甲基氨甲酰血红蛋白加合物（NMHb），职业接触生物限值为 135nmol/gHb，采样时间为持续接触 4 个月后任意时间。

四、诊断及鉴别诊断

（一）急性中毒

依据国家已发布的《职业性急性二甲基甲酰胺中毒的诊断》（GBZ 85—2014）进行诊断。

1. 诊断原则

根据短期内较大量二甲基甲酰胺的职业史，以肝脏损害为主的临床表现及有关实验室检查结果为主要依据，结合现场职业卫生学调查资料，综合分析，在排除其他原因引起的类似疾病后，方可诊断。

2. 接触反应

临床上将短期内接触较大量二甲基甲酰胺后出现下列表现之一，并一般在脱离接触后 48h 内症状减轻或消失者，称为接触反应：①恶心、食欲不振、头晕等症状，腹部无阳性体征，肝功能检查无异常；②皮肤、黏膜出现灼痛、胀痛、麻木等刺激症状。

3. 诊断分级

GBZ 85—2014 将职业性急性二甲基甲酰胺中毒分为三级。

（1）轻度中毒。短期内接触较大量二甲基甲酰胺后，出现头晕、恶心、呕吐、食欲不振、腹痛等症状，并具有急性轻度中毒性肝病。

（2）中度中毒。在轻度中毒的基础上，具有下列一项者：①急性中度中毒性肝病；②急性轻度中毒性肝病伴急性糜烂性胃炎或急性出血性胃肠炎。

（3）重度中毒。在中度中毒的基础上，具有下列一项者：①急性重度中毒性肝病；②急性中度中毒性肝病伴发急性糜烂性胃炎或急性出血性胃肠炎。

值得注意的是，GBZ 85—2014 中所指急性糜烂性胃炎，强调是指短期内接触较大量二甲基甲酰胺后出现的恶心、呕吐、腹胀、腹痛等症状，其中腹痛尤为突出，上消化道内窥镜镜下表现为弥漫性或局限性的黏膜充血、水肿、糜烂。急性出血性胃肠炎是指短期内接触较大量二甲基甲酰胺后出现的腹部剧烈灼痛或绞痛，多在上腹及脐周，亦可遍及全腹部，上腹及脐周有压痛，无反跳痛和肌紧张。实验室检查可见粪便潜血试验阳性，上消化道内窥镜或肠镜镜下表现点状或簇状出血。因此，临床上此类患者建议做急诊消化道内窥镜检查，以便诊断和鉴别诊断。

4. 鉴别诊断

二甲基甲酰胺所致肝脏损害主要需与急性病毒性肝炎、药物性肝病、脂肪肝、免疫性肝病、酒精性肝病等疾病相鉴别。可通过仔细询问毒物接触史、药物使用史、饮酒史，了解同工种劳动者发病情况，检查血脂、病毒性肝炎血清学标志物、免疫学指标、腹部超声等，并动态观察病情进展和治疗情况等，进行鉴别诊断。

恶心、呕吐、腹痛等消化系统表现可为二甲基甲酰胺中毒时较突出的表现，需注意与其他消化系统疾病如急性胃肠炎、急性胰腺炎、急性胆囊炎、肠梗阻、急性阑尾炎等相鉴别。

（二）慢性中毒

虽然《职业性慢性化学物中毒诊断标准总则》（GBZ/T 329—2024）规定了职业性慢性化学物中毒的诊断原则及归因诊断，但目前国内外尚未见慢性二甲基甲酰胺中毒病例报道，且其表现常缺乏特异性，诊断需谨慎。

我国规定工作场所空气中二甲基甲酰胺 PC-TWA 为 20mg/m^3。对怀疑慢性中毒患者，应仔细了解其职业接触及同工种人员患病情况，再结合临床症状、体征和实验室检查结果进行综合分析，再予诊断。如证据仍不充分，可调离二甲基甲酰胺接触，给予积极治疗。

五、治疗

目前尚无特效解毒药物，以对症支持治疗为主。

（一）急性中毒

主要通过保护肝脏、胃黏膜及解痉止痛等措施进行对症及支持治疗。

（1）迅速脱离现场，减少毒物接触。接触反应者应观察 48h。

（2）皮肤污染时应及时清除毒物，用大量流动清水彻底冲洗污染的皮肤和创面；不能用碱性液冲洗，以免产生甲胺。皮肤灼伤按化学性皮肤灼伤原则处理，浅Ⅱ度灼伤可常规换药治疗，深Ⅱ度及深Ⅲ度灼伤时常需及时手术植皮。二甲基甲酰胺可经皮肤吸收，在导致皮肤灼伤同时常可导致肝脏或多脏器损伤，故在早期即应严密观察有无迟发性肝病的发生。眼污染时需用清水彻底冲洗，必要时行眼科检查及对症处理。口服中毒者需彻底洗胃。

（3）中毒性肝病患者应注意休息，给予清淡易消化饮食；常规补液、使用还原型谷胱甘肽等护肝药物，以及 B 族维生素、维生素 C 等治疗。中、重度中毒患者可短期给予糖皮质激素，以迅速减轻肝、肾毒性作用，但需注意预防其副作用，尤其是胃肠道出血，必要时可给予制酸剂、胃黏膜保护剂等药物。

（4）有腹痛等胃肠道症状者，可给予 H_2 受体拮抗剂、质子泵抑制剂等抑酸、保护胃黏膜；还可给予阿托品、山莨菪碱解痉剂治疗；必要时可应用止血剂治疗。

（5）根据具体情况给予其他对症、支持治疗。

（二）慢性中毒

长期接触者，如有明显神经衰弱综合征或肝病表现，可调离二甲基甲酰胺接触，予对症支持治疗。

（黄　明）

第十一节 案例分析

一、职业性慢性苯中毒案例

（一）事件经过

患者男性，34 岁，在某金属制品公司从事喷漆工作 1 年 3 个月，工作中接触“二甲苯”“油漆”等有机溶剂。事发后对患者工作场所职业病危害因素进行检测，结果显示：3 个采样点空气中苯的时间加权平均接触浓度（CTWA）为 26.2~105.3mg/m^3；“底漆”“二甲苯”挥发性有机组分中苯相对百分含量分别为 42.64%、52.03%~53.91%。对同工种 26 名工人进行应急健康检查，7 人外周血白细胞计数低于 3.5×10^9/L。同工种工人另有 1 人已因“慢性再生障碍性贫血、脑出血”死亡，后被诊断为职业性慢性重度苯中毒（再生障碍性贫血）。

（二）临床资料

患者主诉“反复头晕、头痛、恶心半年余”入院。入院查体显示：生命体征正常，轻度贫血貌；胸骨中下段压痛，心肺听诊正常；腹平软，全腹轻度压痛，肝脾肋下未扪及肿大。辅助检查显示：血常规示 WBC 2.29~2.93×10^9/L、RBC 2.11~2.27×10^{12}/L、Hb 73~79g/L、PLT 40~50×10^9/L。网织红细胞计数 1.6%~1.8%。贫血三项示：铁蛋白 513.66ng/mL。骨髓细胞学检查示：骨髓增生活跃，红系增生为主，血小板少见。骨髓活检示：造血组织明显减少，脂肪组织显著增多，仅见个别巨核细胞，呈骨髓增生欠活跃象。

治疗上主要给予雄激素促进造血，及升白细胞、防止出血等对症支持治疗。半年后复查血常规示：WBC 3.63×10^9/L、RBC 3.26×10^{12}/L、Hb 107g/L、PLT 100×10^9/L。

（三）案例具体分析

根据《职业性苯中毒诊断标准》（GBZ 68—2022），该患者诊断为职业性慢性重度苯中毒（再生障碍性贫血）。依据如下。

（1）有明确的苯职业接触史：患者工作场所 3 个采样点空气中苯 CTWA 均超过职业接触限值（我国规定 PC-TWA 为 3mg/m^3），最高超标 35.1 倍；“底漆”“二甲苯”均检出高浓度苯，挥发性有机组分中苯相对百分含量＞40%。

（2）临床表现支持：患者有头晕、头痛等症状，查体示贫血貌，血常规检查示全血细胞减少，骨髓活检提示再生障碍性贫血。

（3）流行病学支持：同工种工人有多人出现类似造血系统损害表现。

（4）鉴别诊断：排除了原发性或药物、放射线、营养因素、感染等其他原因所致的血象、骨髓象改变。

二、职业性慢性正己烷中毒案例

（一）事件经过

患者男性，37 岁，在某电子科技公司从事擦手机屏幕工作 13 个月，工作中接触“洗面水”、“洗网水”、酒精等，工作中未佩戴防护口罩及防护手套。每天工作 10~13h。车间面积约 15m^2，仅有 1 台排气扇。当地职防院对“洗面水”、酒精进行挥发性有机组分分析，结果示：正己烷相对百分含量分别为6.70%、1.64%。同工种40余名工人同时出现类似症状。

（二）临床资料

患者主诉“四肢麻木、乏力2月余，加重10d”入院。患者于入院前2个月出现双下肢麻木，逐渐扩展至双上肢；渐出现四肢乏力，呈进行性加重，伴纳差；入院前10d已无法独自站立及自行行走。

入院查体显示：生命体征正常，神志清，对答切题；颅神经查体未见异常；双侧肘关节、膝关节以下痛触觉减退，尤以足部明显；双上肢远端肌力4级，下肢肌力3级；肌张力正常；双上肢腱反射减弱，双侧膝反射、跟腱反射未引出，病理征未引出；四肢无明显肌肉萎缩。辅助检查显示：尿2，5–己二酮3.15mg/L。神经–肌电图示左、右胫前肌无随意运动单位，呈重度神经源性损害。

治疗主要给予B族维生素等药物营养神经、改善血液循环、针灸理疗、功能锻炼及对症支持治疗。住院期间，患者突发左下肢肌肉疼痛，呈进行加重，伴有明显肿胀。下肢血管彩超检查示：左侧股、腘、胫后、腓静脉血栓形成。患者共住院2年6个月，出院时四肢肌力5级，但仍有双侧踝关节以下痛、触觉减退，复查神经–肌电图示轻度神经源性损害。出院诊断为职业性慢性重度正己烷中毒。

（三）案例具体分析

依据职业病危害因素接触史、流行病学资料、多发性周围神经病的临床表现，结合神经–肌电图检查结果，在排除其他原因引起的周围神经病后，该例患者的诊断并不难。患者临床表现较典型，周围神经损害呈双侧对称性，从下肢远端向近端发展，且感觉障碍先于运动障碍。治疗过程中，患者症状、体征恢复程度与神经–肌电图不完全平行。

该例患者在治疗期出现下肢静脉血栓，值得引起重视。慢性正己烷中毒患者肌力明显下降时，常活动受限，应主张早期做四肢被动及主动运动，并做好静脉血栓栓塞症的规范预防，做到早发现、早诊断、早治疗。

三、职业性急性1，2–二氯乙烷中毒案例

（一）事件经过

患者男性，16岁，在某鞋厂从事扪鞋工作2个月，工作中接触“天那水”（一种由多种有机溶剂混合而成的溶液）。每天工作12h，无任何个人防护措施，车间为自然通风。

（二）临床资料

患者主诉“头痛伴呕吐10d”入院。患者10d前无明显诱因出现头痛、恶心、喷射性呕吐，伴懒言，无抽搐。在某市人民医院行腰穿示脑脊液压力305mmH_2O。脑脊液常规及生化检查均未见明显异常，未找到隐球菌。脑电图示中度异常。考虑“中枢神经系统感染”，予抗病毒、糖皮质激素及对症支持治疗。复查脑脊液压力300mmH_2O；头颅MRI示：双侧基底节、丘脑、放射冠区及小脑齿状核异常信号影。因治疗效果欠佳，转上级医院进一步诊治。转院前1d患者曾出现双侧瞳孔不等大（左侧稍大），经甘露醇脱水后瞳孔恢复等大。

入院查体显示：生命体征正常，神清，对答切题；左侧瞳孔直径约3mm，对光反射灵敏；右侧瞳孔直径约4mm，对光反射迟钝；鼻唇沟对称，伸舌居中；颈稍抵抗；四肢肌力及肌张力正常；双侧巴宾斯基征阳性，余病理征未引出。

入院后予降颅压、营养脑神经等治疗。入院第2d下午，患者突然出现意识丧失、呼之不应，无抽搐。查体：深昏迷，双侧瞳孔直径约4mm，对光反射消失；颈抵抗、颌下2横指；四肢肌张力

正常，双侧深、浅反射未引出，双侧巴宾斯基征阳性。考虑脑疝发作，立即予加强脱水治疗，患者神志逐渐转清，双侧瞳孔等圆等大，对光反射可引出。继续予甘露醇、糖皮质激素降颅压，保护脑细胞及对症支持治疗，患者病情逐渐好转，住院 39d 后出院。

（三）案例具体分析

青年男性，急性起病；鞋厂工作 60d，工作中接触“天那水”，工作时间长，工作环境通风差；临床主要以颅高压症状为主，并进行性加重；头颅影像学检查示大脑半球、基底节区、小脑齿状核对称性病变；外院按病毒性脑炎治疗无明显好转。综合分析患者临床表现及职业史特点，依据《职业性急性 1，2- 二氯乙烷中毒的诊断》（GBZ 39—2016），快速诊断为“疑似职业性急性重度 1，2- 二氯乙烷中毒”，同时向职业病诊断部门申请进一步现场调查，补充完善工作场所职业病危害因素检测与评价资料。省职业病防治院在患者入院后 2d，组织开展现场职业卫生调查，并对患者使用的“天那水”进行挥发性有机组分分析，结果示 1，2- 二氯乙烷相对百分含量为 36.90%。

急性 1，2- 二氯乙烷中毒的主要死因为脑水肿并发脑疝。其脑水肿持续时间长，常有反复或突然加重，患者可突然出现昏迷、抽搐甚至死亡，应引起重视。

快速诊断是救治的关键环节之一。本例患者入院时虽无工作场所职业病危害因素检测与评价资料，但根据患者短期接触有机溶剂的职业史，出现颅内压增高为主的临床表现，结合既往鞋厂类似发病情况及患者头颅 MRI 的表现，做出“疑似职业性急性重度 1，2- 二氯乙烷中毒”快速诊断，为患者争取到黄金救治时间。

四、职业性急性三氯甲烷中毒案例

（一）事件经过

患者女性，17 岁，6 月 23 日至 8 月 6 日在某电子产品有限公司从事装键盘工作，每天工作 10~13h，工作中使用溶剂“哥罗芳”。工作中无个人防护用品，车间无机械通风设施。8 月 7 日当地疾病预防控制中心对“哥罗芳”进行挥发性有机组分分析，结果示三氯甲烷含量占 73.57%；患者工作场所空气中检出三氯甲烷 CTWA 为 69.3~363.6mg/m^3（我国规定 PC-TWA 为 20mg/m^3）。8 月 12 日至 13 日对同工种工人 357 人进行应急健康检查，其中 112 人（占 31.4%）肝功能异常。

（二）临床资料

患者于 8 月 1 日起小便呈浓茶样，8 月 6 日出现明显黄疸、腹胀、纳差。8 月 9 日在当地某医院查血清甲胎蛋白 620.8g/L，凝血酶原时间活动度 43%，血清丙氨酸氨基转移酶（ALT）367U/L、天冬氨酸氨基转移酶（AST）174U/L、血清白蛋白（ALB）31.3g/L、总胆红素（TBIL）214.3 μmol/L、直接胆红素（DBIL）151.7 μmol/L。腹部 B 超示：肝质增粗，腹腔少至中量积液。X 射线胸片示：双下肺野外带方状影，考虑双下肺炎；左侧胸腔少量积液。诊断为“急性黄疸型肝炎”，予护肝、降酶、退黄、抗感染及利尿等治疗，患者病情未见明显好转，遂于 8 月 13 日转上级医院进一步诊治。患者既往身体健康，无烟酒嗜好。

入院查体显示：神清，精神疲倦，全身皮肤、巩膜重度黄染，未见肝掌、蜘蛛痣；腹稍膨隆，质地软，全腹压痛明显，轻微反跳痛，肝、脾肋下未触及，肝区轻叩击痛，移动性浊音（–）；双足稍浮肿。

辅助检查显示：ALT 176U/L、AST 64U/L、TBIL 277.6 μmol/L、DBIL 249.2 μmol/L。三大常规、病毒性肝炎标志物、血氨、血脂、血清心肌酶、肾功能、凝血指标、心电图、腹部 B 超结果均正常。

治疗以内科常规护肝、降酶、退黄及支持治疗为主，并予血液灌流和血浆置换治疗。出院时诊断为职业性急性重度中毒性肝病（急性三氯甲烷中毒）。

（三）案例具体分析

本例患者为年轻女性，工作中接触三氯甲烷38d后急性发病，临床表现主要为黄疸、纳差、腹胀，血清转氨酶及胆红素明显增高，伴低蛋白血症。同工种30%以上工人出现类似肝功能异常。根据明确的三氯甲烷职业接触史、流行病学资料、肝损害为主的临床表现及实验室检查结果，既往身体健康，无烟酒嗜好，发病前无用药史，排除了病毒性肝炎、药物性肝损害、酒精性肝病等类似疾病，参考《职业性急性化学物中毒的诊断　总则》（GBZ 71—2013）及《职业性中毒性肝病诊断标准》（GBZ 59—2024），诊断为职业性急性重度中毒性肝病（急性三氯甲烷中毒）。

三氯甲烷属中等毒性，急性中毒主要表现为中枢神经系统麻醉症状、急性肝肾损害及皮肤黏膜刺激症状。本例患者突出表现为肝功能受损，但中枢神经麻醉症状及皮肤黏膜刺激症状不明显，考虑可能与接触的三氯甲烷浓度、剂量不同有关。目前治疗三氯甲烷中毒尚无特效解毒剂，一旦患者出现急性肝衰竭，病死率极高。本例患者在内科常规护肝、降酶治疗的同时，联合使用人工肝治疗，取得满意疗效。

五、职业性急性甲醇中毒案例

（一）事件经过

患者男性，29岁，6月15日至7月8日在某工艺品公司生产部从事圣诞树制作的过胶、喷粉、拌粉工作，工作中接触“酒精胶”及颜料粉末，每天工作12h，工作中无任何个人防护措施。车间为自然通风，无机械式通风设备。7月14日当地职业病防治院对“酒精胶”进行挥发性有机组分分析，结果示甲醇含量占79.3%。同工种6人中，2人出现头晕、视物模糊、视力下降表现，另外4人仅诉有头晕。

（二）临床资料

患者主诉“头晕、恶心、呕吐、四肢乏力1d，双目失明6d”入院。患者平时无饮酒嗜好。7月8日上午上班2h后，患者出现头晕、恶心，呕吐2次胃内容物，为非喷射状，伴四肢乏力，自行回宿舍休息。中午时出现视力下降，视物模糊，伴眼睛刺痛、干涩感；至当天晚上双目完全失明。曾在区人民医院诊治，效果欠佳。7月10日入住市人民医院，考虑工业酒精中毒，予糖皮质激素、神经生长因子及对症治疗。7月14日患者眼前开始有光感，为进一步明确诊断，遂转入当地职业病防治院。患者诉平时工作时有眼睛干涩、辣痛感，用清水洗眼后症状好转。

入院查体显示：生命体征稳定，心肺腹及神经系统查体未见明显异常。眼科检查显示眼前5cm可感觉物体移动；双侧结膜无明显充血，角膜清；双侧瞳孔等大等圆，直径5mm，对光反射迟钝；右晶体未见明显浑浊，左晶体皮质密度稍高；黄斑中心光反射存在，稍暗，双视盘边界尚清，乳头色淡，后极部视网膜色淡红，水肿。

辅助检查显示：血常规示WBC 15.85×10^9/L。血气分析示pH值7.38，PO_2 60mmHg，TCO_2 20mmol/L，PCO_2 31.6mmHg，HCO_3^- 18.7mmol/L，BE-6mmol/L。血生化示AST 58IU/L、ALT 75IU/L。心电图示窦性心动过缓，左心室高电压。胸片示双下肺纹理增粗、增多、模糊。胸部CT示双肺间质增生表现。尿常规、粪便常规、血甲醇和甲酸含量、肺功能、头颅CT、腹部B超检查结果均未见异常。

治疗上主要给予甲基强的松龙及抗感染、清除自由基、营养神经、改善微循环、化痰、护肝等治疗。经2个半月治疗后出院。出院时患者仍有视物模糊，在阳光下较长时间会出现眼痛、头晕，无头痛、恶心、呕吐。眼科复查示：右眼视力 4.9，左眼视力 4.8；红绿色盲；双眼底乳头边界清，色稍淡，视网膜未见出血及渗出，黄斑中心光反射存在。胸片示：双肺纹理增多增粗。三大常规、血气分析、血生化、心电图结果均正常。

（三）案例具体分析

患者有短期内接触较大剂量甲醇的职业接触史，急性起病，临床出现头晕、恶心、呕吐、四肢乏力等症状，双眼视力急剧下降，且同工种工人有类似发病。虽然无意识障碍，血气分析仅提示轻度代谢性酸中毒，但根据眼科检查情况，患者可诊断为职业性急性重度甲醇中毒。

该案例提示，虽然急性甲醇中毒临床上以中枢神经系统损害、眼部损害和代谢性酸中毒的表现为主，但三者严重程度间不一定完全平行。及时进行血气分析及眼科检查，对明确诊断分级及指导治疗十分重要。患者入院后检测血液甲醇、甲酸含量均正常，考虑与采血时间有关，当时其已脱离甲醇接触约 1 周。

六、职业性急性二甲基甲酰胺中毒案例

（一）事件经过

患者男性，19 岁，7 月 26 日至 8 月 28 日在某小制衣厂从事处理、运送染色布料工作，工作中无任何个人防护措施。工作场所狭小，无机械性通风设施。同工种 15 名工人中，6 人出现类似表现。9 月 3 日当地职业病防治院职业卫生调查资料显示，该批布料在染色环节有用到含二甲基甲酰胺溶剂，因赶工期，布料未经“散发气味”环节，就被送到该制衣厂用于制衣。

（二）临床资料

患者主诉“腹痛、恶心 5d”入院。既往体健，无烟酒嗜好。患者 5d 前无明显诱因出现恶心、腹痛，以脐上明显，餐后及行走时明显，无腹泻、反酸、嗳气、呕吐、便秘，近 3d 自觉尿色较黄。

入院查体显示生命体征正常，痛苦面容，口腔黏膜无溃烂，咽后壁轻度充血，心肺听诊正常，腹平软，脐上轻压痛，无反跳痛，肝、脾肋下未扪及肿大。辅助检查显示：肝功能示 AST 159U/L、GGT 66U/L、TBA 19.7μmol/L。尿中甲基甲酰胺 7.8mg/L。心电图示窦性心动过缓及不齐。三大常规、肾功能、血清心肌酶、血脂、血糖、乙肝两对半、腹部 B 超及胸片均未见异常。

治疗上主要给予护肝、解痉等对症支持治疗，患者症状消失，肝功能恢复正常后出院。

（三）案例具体分析

患者有明确的二甲基甲酰胺职业接触史，尿中检出二甲基甲酰胺，出现腹痛、恶心、脐周压痛等消化系统表现，及肝功能检查结果异常，同工种工人有类似发病，临床上排除了病毒性肝炎、药物性肝病、脂肪肝、酒精性肝病等疾病，诊断并不困难。该患者在接触 4 周后发病，应属于亚急性二甲基甲酰胺中毒。临床表现与急性中毒相似，其诊断与处理可参照 GBZ 85—2024 执行。

（夏丽华　王艳艳　黄　明）

10 第十章　职业性苯的氨基、硝基化合物中毒

第一节　概　　述

苯及其同系物（甲苯、二甲苯、酚）苯环上的氢原子被一个或几个氨基（$-NH_2$）或硝基（$-NO_2$）取代后（亦可同时为卤素或烷基取代）形成的多种衍生物称为苯的氨基和硝基化合物。苯胺和硝基苯是这类化合物的最基本的代表性物质。本类化合物在常温下多为固体或液体，大多数属于高沸点，挥发性低，难溶或不溶于水，易溶于脂肪和醇、醚、氯仿等有机溶剂。

一、接触机会

此类化合物主要应用于染料、药品、油墨、橡胶、炸药、农药、涂料、鞋油、香料及塑料等制造行业。在生产条件下，主要以蒸气或粉尘形式存在于空气中，直接或间接污染皮肤是引起中毒的主要原因，经呼吸道吸入也可引起中毒。液态化合物以皮肤吸收为主，因生产过程中热料喷洒在身上，或在分装、搬运及装卸过程中，外溢的液体浸湿衣服、鞋袜，也可经皮肤吸收引起中毒。亦可经消化道吸收导致中毒，主要见于误服污染的食物而引起。

二、致病机制

此类化合物主要引起血液系统和肝、肾损害，因其衍生物的结构不同，其毒性也不尽相同。例如，苯胺形成高铁血红蛋白（MetHb）较迅速，硝基苯对神经系统作用明显，三硝基甲苯对肝和眼晶状体有明显损害，领甲苯胺引起血尿，联苯胺和萘胺可致膀胱癌等。一般来说，在芳香族苯环上，其毒性与结构的关系为对位>间位>邻位；在基团取代上，氨基、硝基取代的数目越多，毒性越大，带卤族元素的基团毒性增大，如在苯胺和硝基苯分子中，含有氯时对血液的毒性更大。

（一）血液毒性

是苯的氨基、硝基化合物最基本的毒性。主要表现在两方面：一是将血红蛋白（Hb）氧化为MetHb，使之失去携氧的性能；二是溶血作用，即对红细胞的破坏作用。苯的氨基、硝基化合物的溶血作用与高铁血红蛋白的形成关系很密切，但又不完全平行。硝基苯、邻硝基氯苯、对硝基氯苯、邻硝基甲苯等形成高铁血红蛋白的作用较强，而间二硝基苯、间硝基苯胺、对硝基苯胺形成变性珠蛋白小体（Heinz 小体）的作用较强，更易发生溶血。

（二）肝毒性

苯的硝基化合物［如硝基苯、硝基苯胺、二硝基苯、三硝基甲苯（TNT）等］所致的职业性肝损害是最常见的，主要累及肝实质，引起中毒性肝病及肝脂肪变性。肝脏损害的异常率与中毒程度有关，中毒程度越重，肝功能异常率越高。

（三）肾和膀胱毒性

此类毒物及代谢产物可直接引起肾小管上皮细胞变性、坏死；也可因大量溶血，使血管内游离血红蛋白升高，在肾小管内沉积堵塞管腔而导致继发性肾损害，此外，还可造成急性溶血性贫血和肾血流量减少，致使肾脏缺氧，进一步加重肾小管损害，最终发生少尿、无尿或急性肾功能衰竭。部分化合物（如 3- 氯 -2- 甲基苯胺）还可引起化学性膀胱炎导致血尿，甚至引起严重的出血性膀胱炎（如邻甲苯胺、对甲苯胺和 5- 氯邻甲苯胺等）。

（四）皮肤损害及致敏作用

本类某些化合物如对苯二胺、二硝基氯苯、对亚硝基二甲基苯胺对皮肤有较明显刺激和致敏作用，可引起接触性皮炎及过敏性皮炎，表现为丘疹、疱疹、皮肤色素减退或黑变、角化等；个别过敏体质者，接触对苯二胺和二硝基氯苯后还可发生支气管哮喘。

（五）致癌作用

目前公认能引起职业性膀胱癌的主要毒物为联苯胺、β 萘胺，发病工龄一般在 15 年以上，最长者可达数十年。动物实验还证实，4- 氨基联苯能致肝和膀胱肿瘤，金胺可致肝癌等。

（六）其他

本类化合物易溶于脂肪，进入机体后易与含大量类脂质的神经细胞发生作用，影响神经系统，有二硝基氯苯、对硝基苯中毒致脑萎缩，间二硝基苯中毒致周围神经病的报道。部分中毒者出现心肌损害，表现为心肌酶升高，心电图异常，严重者出现心肌梗死或猝死。二硝基酚、二硝基邻甲酚和三硝基甲苯可引起迟发性白内障，苯胺可引起眼化学损伤等。

三、临床表现

（一）急性中毒

发病潜伏期多为 30min~14h，大部分在 1~5h。临床主要表现为高铁血红蛋白血症、血管内溶血、肝损害、肾损害。轻者以头晕、乏力、恶心、呕吐、心悸为主，口唇、指（趾）末端出现发绀。重者出现胸闷、嗜睡及不同程度意识障碍，全身皮肤黏膜明显发绀，并有重度溶血性贫血，伴肝、肾损害，可见酱油色尿，部分患者有尿频、尿痛、血尿等膀胱刺激症状，少数患者出现皮肤瘙痒、肢体麻木、皮疹等。血中 MetHb 增高，并可检出 Heinz 小体。

一般苯的氨基化合物中毒发绀出现早，而硝基化合物中毒时神经系统表现更为突出，初期即有血压升高、瞳孔扩大等自主神经紊乱症状，严重者可有高热、多汗、脉缓。

（二）慢性中毒

轻度中毒者可见明显及持续的神经衰弱综合征表现，以及心动过速或过缓、多汗等自主神经功能障碍，伴食欲减退、恶心、腹胀、肝大、肝功能异常等；可有轻度贫血、网织红细胞增加，可检出 Heinz 小体。

重症患者除上述症状外，有明显贫血、肝功能异常，有些毒物可引起肝萎缩，联苯胺可引起膀胱肿瘤。

（三）实验室检查

1. 血、尿常规及生化检查

溶血时可见血红细胞数、Hb降低，尿潜血阳性，尿血红蛋白阳性具有重要提示作用。

2. 尿对氨基酚及对硝基酚检测

苯的氨基、硝基化合物经氧化或还原后，分别生成对氨基酚或对硝基酚经尿排出，因此可将尿液中的对氨基酚及对硝基酚作为此类化合物接触的生物标志物。急性中毒后及时留取尿液进行检测有助于明确诊断，长期接触者可在班后或班末留取尿样进行检测。其检测结果与毒物吸收量有较好的相关性，与MetHb水平也有较好的平行性，有助于可靠反映苯的氨基、硝基化合物的接触程度。尿中原形化合物测定也可作为接触的生物标志物。

3. 高铁血红蛋白（MetHb）测定

为急性中毒的较特异性指标，多在中毒后0.5~3h出现，少数在中毒后4~5h才出现，正常人体内MetHb不超过1%，一般超过10%有诊断意义，但由于MetHb不稳定，故应在采血后及时检测。

4. Heinz小体

此物是红细胞氧化损伤的标志，主要见于苯胺或硝基类化合物中毒，多在中毒后7~24h出现，24~72h达高峰，在血中可持续存在3~4d。正常人RBC内无或偶见几个（＜1%）Heinz小体，Heinz小体出现的时间与中毒的种类及中毒的程度有关，其出现越早、越多，提示病情越严重，可作为临床中毒程度的辅助指标。

5. 血红蛋白加合物

血红蛋白加合物由苯的氨基或硝基化合物原形或代谢产物与Hb共价结合形成，可存在至Hb生命期终止，代表近4个月的累积剂量，是反映苯的氨基或硝基化合物长期低剂量接触水平的较好指标。苯的硝基化合物形成Hb加合物的能力较苯的氨基化合物强，能更好反映作业人员的实际接触水平。

四、诊断及鉴别诊断

（一）诊断

1. 急性中毒

我国已颁布《职业性急性苯的氨基、硝基化合物中毒的诊断》（GBZ 30—2015），其诊断原则：根据短期内接触较大量苯的氨基、硝基化合物的职业史，以高铁血红蛋白血症、血管内溶血及肝脏、肾脏损害为主要临床表现，结合现场职业卫生学调查和实验室检查结果，进行综合分析，排除其他原因所引起的类似疾病后，方可诊断。

短期内接触较大量苯的氨基、硝基化合物后，出现轻微头晕、头痛、乏力、胸闷症状，高铁血红蛋白低于10%，脱离接触后48h内可恢复，称为接触反应，进行医学观察，尚未纳入法定职业病范畴。诊断标准将此类化合物急性中毒分为三级。

（1）轻度中毒：口唇、耳廓、指（趾）端轻微发绀，可伴有头晕、头痛、乏力、胸闷等轻度缺氧症状，血中高铁血红蛋白浓度≥10%。

（2）中度中毒：皮肤、黏膜明显发绀，出现心悸、气短、恶心、呕吐、反应迟钝、嗜睡等明显缺氧症状，血中高铁血红蛋白浓度≥10%，且伴有以下任何一项者：①轻度溶血性贫血，Heinz小体可升高；②急性轻－中度中毒性肝病；③轻－中度中毒性肾病；④化学性膀胱炎。

（3）重度中毒：皮肤黏膜重度发绀，可伴意识障碍，血中高铁血红蛋白浓度≥10%，且伴有以下任何一项者：①重度溶血性贫血；②急性重度中毒性肝病；③重度中毒性肾病。

2. 慢性中毒

尚无统一诊断标准，其所表现出的神经衰弱综合征、轻度贫血或肝大、肝功能异常等症状多缺乏特异性，故诊断难度较大，应十分谨慎。对出现上述症状者，按职业禁忌证调离作业岗位，给予对症治疗，促进其康复。

（二）鉴别诊断

本病需与能够导致高铁血红蛋白血症的其他疾病相鉴别，如肠源性发绀、某些药物中毒等。常见的可导致高铁血红蛋白的药物或其他化学品有扑疟喹、亚硝酸盐、亚硝酸乙酯、伯氨喹啉、氯酸钾、次硝酸铋、磺胺类、非那西丁、苯丙砜、多黏菌素B、醚类、氮氧化物、硝基甲烷等。急性亚硝酸盐中毒导致的高铁血红蛋白血症通常不伴有溶血性贫血及中毒性肝损害，应结合病史排除。硫化物中毒产生硫化血红蛋白，与高铁血红蛋白血症临床表现相似，应注意鉴别。Heinz小体的出现亦可由其他疾病引起，如不稳定血红蛋白病、6－磷酸葡萄糖脱氢酶缺乏症等。

五、治疗

（一）急性中毒

尽早使高铁血红蛋白还原，控制溶血的发生和发展，保护肝肾功能。

1. 现场处置

迅速脱离现场，立即脱去污染衣物，彻底清洗污染皮肤。用5%醋酸溶液清洗皮肤上污染的毒物，再用大量肥皂水或清水彻底冲洗。眼部受污染，用大量生理盐水冲洗，然后滴用可的松眼药水、抗生素眼药水或眼膏。误服者应立即洗胃，并灌服活性炭30g。

2. 维持呼吸、循环功能

建立呼吸通路进行合理氧疗，必要时予以机械通气。

3. 高铁血红蛋白血症的治疗

亚甲蓝是治疗高铁血红蛋白血症的特效解毒剂，小剂量时（1~2mg/kg）为还原作用，可治疗高铁血红蛋白血症。一般先用1~2mg/kg亚甲蓝加20~40mL25%~50%的葡萄糖液缓慢静脉注射（10~15min）。30min内发绀即可明显减轻或消失，缺氧症状迅速缓解，意识转清。若1h内发绀和缺氧症状未见明显改善，可再重复使用常规量或半量亚甲蓝，直至发绀基本消退，高铁血红蛋白降至15%以下。同时辅以3~5g维生素C加于500mL的5%葡萄糖液中静滴，轻度中毒可仅用葡萄糖、维生素C及对症支持治疗。应用亚甲蓝时应注意，注射过快或一次应用剂量过大易产生恶心、呕吐、腹痛，甚至抽搐、惊厥等。患有6－磷酸葡萄糖脱氢酶缺乏症者，不宜采用亚甲蓝治疗。

4. 溶血性贫血的治疗

早期使用糖皮质激素有助于缓解症状和防治中毒性溶血反应，可静脉滴注地塞米松20~60mg/d，一般应用3~5d，主要是稳定红细胞溶酶体，避免红细胞破坏。同时给予100~250mL的5%碳酸氢钠溶液，以碱化尿液，防止血红蛋白在肾小管内沉积。若已发生明显溶血者，当血红蛋白低于60g/L时，可输注红细胞悬液或洗涤红细胞。如发生急性肾功能衰竭者，可行血液净化疗法。

5. 化学性膀胱炎的治疗

宜多饮水，每天2000~3000mL，或给予3000mL的5%葡萄糖盐水和5%葡萄糖溶液静脉滴注，以利冲洗膀胱。碱化尿液，适量给予糖皮质激素，防治继发感染。如为出血性膀胱炎者，可给予止血剂。

6. 对症支持治疗

若已出现缺氧性脑水肿和昏迷者，在应用亚甲蓝后可用高压氧治疗，可改善缺氧状态，有效控制肺、脑水肿，有利于肝、肾、心功能恢复，并可增加红细胞的弹性；予以还原性谷胱甘肽、葡醛内酯等保肝，注意防治感染、保持水和电解质平衡。

（二）慢性中毒

应适当休息或暂时调离原工作岗位。慢性中毒时不需要使用亚甲蓝，必要时可给予高渗葡萄糖及维生素 C；贫血者给予维生素 B_{12}、铁剂或叶酸等；明显神经衰弱者可给予安神补脑、镇静安定药物治疗。

（何蔡为　王会宁）

第二节　苯 胺 中 毒

苯胺（aminobenzene，aniline），分子式 $C_6H_5NH_2$，为褐色油状液体，有特殊气味，不易挥发，微溶于水，易溶于乙醇、乙醚、苯、氯仿等有机溶剂，呈碱性，能与盐酸和硫酸化合成盐酸盐或硫酸盐，遇明火或高热可燃。

一、接触机会

苯胺是以硝基苯为原料制成的，主要用于制造染料及染料中间体、橡胶促进剂和抗氧化剂、光学白涂剂、照相显影剂、药物合成、香料、塑料及树脂等工业。

二、致病机制

苯胺的衍生物（如硝基苯、甲苯胺等）毒性较强，其中硝基苯的毒性比苯胺大 50 倍。苯胺及其衍生物均具有脂溶性及挥发性，因此易通过皮肤和呼吸道黏膜进入人体，在工作运输中直接或者间接污染皮肤是引起中毒的主要原因，并与浓度和湿度有关。夏日皮肤多汗或以热水清洁染毒皮肤均可加速吸收中毒。苯胺蒸气也可经呼吸道吸收，而液态苯胺经皮肤吸收率要比蒸气约大 1000 倍。

苯胺的主要毒性为血液毒性，将血液中的血红蛋白氧化成高铁血红蛋白，导致组织缺氧，且苯胺在体内生物转化过程中，形成 Heinz 小体，损害细胞膜的正常功能，使其脆性增加，容易出现溶血性贫血，并出现中毒性肝病、急性肾功能衰竭等严重并发症。

三、临床表现

（一）急性中毒

主要表现为高铁血红蛋白症引起的缺氧和发绀，皮肤接触苯胺液体或吸入大量苯胺蒸气时，可很快出现。早期 1~3d 可有尿路及膀胱刺激症状，中毒后 4d 左右出现溶血性贫血，中毒后 2~7d 发生肝、肾、心脏损害及中枢神经系统症状。查体可见皮肤、黏膜发绀，口唇、耳廓、指（趾）端呈深蓝色，严重时呈铅灰色，溶血时皮肤、巩膜黄染，可有肝、肾区叩痛阳性，乃至肝脾肿大等。

（二）慢性中毒

多见于长期在苯胺超过国家容许浓度的环境中作业，或经常发生苯胺污染皮肤者；此外，反复多次的急性中毒也有引起慢性中毒的可能性，主要表现为头痛、头晕、失眠、多梦等神经衰弱症状，以及心动过速或过缓、多汗等自主神经功能紊乱的症状，以及溶血性贫血、湿疹、皮炎等。

（三）实验室检查

1. 高铁血红蛋白（MetHb）

MetHb 为早期诊断指标，其含量超过血红蛋白总量的 10% 有临床意义。

2. Heinz 小体

轻度中毒者血中 Heinz 小体可达 20%，重度中毒者血中 Heinz 小体常高达 50%。

3. 溶血指标

因所引起的溶血属于急性血管内溶血，故可见血中血红蛋白迅速降低、红细胞数减少，网织红细胞数增高，总胆红素和间接胆红素明显增高等。

4. 生化指标

肝功能、肾功能及心肌酶学生化指标异常。

5. 心电图

可见窦性心动过速或过缓，室性早搏、房性期前收缩、ST-T 改变等，并有心肌梗死样表现。

6. 苯胺代谢产物的检测

尿液中的对氨基酚是苯胺在体内代谢的终末产物，其含量增高与苯胺吸收量密切相关，可估计吸收量及病情严重程度。但其在体内不蓄积，排泄量只反映当时的接触程度，与中毒程度也不完全一致。

四、诊断及鉴别诊断

（一）急性中毒

我国已颁布《职业性急性苯的氨基、硝基化合物中毒的诊断》（GBZ 30—2015），可作为诊断依据。详见本章第一节概述。

（二）慢性中毒

慢性苯胺中毒尚无统一诊断标准，其所表现出的神经衰弱综合征、轻度贫血或肝大、肝功能异常等症状也缺乏特异性，亦无肯定的慢性中毒病例报告，临床诊断宜谨慎。

本病需与能够导致高铁血红蛋白血症的其他疾病相鉴别，详见本章第一节概述。

五、治疗

详见本章第一节概述。

（何蔡为 王会宁）

第三节 三硝基甲苯中毒

三硝基甲苯（trinitrotoluene，TNT），分子式 $CH_3C_6H_2(NO_2)_3$，有 6 种异构体，通常指的是 a 异构体，即 2,4,6- 三硝基甲苯（2,4,6-trinitrotoluene TNT）。本品为浅黄色结晶体，不溶于水，易溶于油脂、乙醇、苯、丙酮及各种有机溶剂。受热、受压、接触明火可发生爆炸，但对摩擦、振动不敏感，即使受到枪击也不容易爆炸，为十分安全的炸药成分。

一、接触机会

主要用于制造黄色炸药，应用于国防、采矿、筑路、隧道开凿、建筑物爆破等行业。民用的硝胺炸药只含 10% 的 TNT。在生产制造 TNT 时，如粉碎、球磨、过筛、配料、装药等过程中，都可接触本品的粉尘和蒸气，在运输、保管及使用过程中也可接触到 TNT 粉尘。

二、致病机制

由于 TNT 具有脂溶性和吸湿性，职业接触情况下，TNT 主要经皮肤吸收，也可经呼吸道和眼结膜吸收，特别是夏季，气温高、湿度大，劳动者暴露的皮肤面积大，更易经皮肤吸收。本品在体内形成高铁血红蛋白的能力远较苯胺小，主要危害是长期接触引起的慢性中毒，以肝和晶状体的损害为主，也可引起血液和神经系统损害，此外亦有致畸、致癌、致突变作用。

眼晶状体是 TNT 毒性作用最早，也是最敏感的器官，是慢性损害主要靶器官之一，可引起 TNT 白内障。其致病机制如下，一方面，TNT 可以被眼结膜、角膜吸收或通过血流进入晶状体，在晶状体上皮细胞硝基还原酶作用下，可生成硝基阴离子自由基，进而生成各种活性氧，导致白内障发生，并使睫状体虹膜血管扩张，晶体囊通透性增加，导致晶状体皮质亦受损。TNT 进入晶状体后，因为角膜和晶状体自身无血管，所以 TNT 排出缓慢，使 TNT 有较长时间与晶状体作用，从而损伤血 – 房水屏障。另一方面，TNT 也是高铁血红蛋白形成剂，可导致血氧饱和度下降、晶状体代谢异常、乳酸积聚，从而损伤晶状体。TNT 与晶状体蛋白加合物的形成与白内障有密切关系，加合物 TNT–Hb 在眼内使晶状体皮质及核透明变性引起晶状体受损。有研究表明，紫外光可促进 TNT 致晶状体损伤作用，其损伤作用与 TNT 在晶状体内发生光化学反应所产生的光化学产物在晶状体局部的沉积有关。

TNT 对肝脏损害的急性病理改变主要是肝细胞坏死和脂肪变性，慢性改变主要是肝细胞再生和纤维增生。其致病机制可能如下：①高铁血红蛋白血症和溶血作用，血红蛋白及分解产物沉积于肝脏，损伤肝组织；②自由基及脂质过氧化作用，活性氧还可使细胞内重要的还原物质如谷胱甘肽含量降低，加重膜结构的损伤；③ TNT 在线粒体内还原活化还会导致线粒体对钙的摄取下降、Ca^{2+}–ATP 酶活性下降，从而造成细胞液游离钙浓度上升，导致钙超载，引起细胞代谢紊乱甚至死亡；④ TNT 加合物的损伤作用，TNT–Hb 可使体内血氧饱和度下降，组织器官代谢异常，乳酸积聚而损伤机体。TNT–Hb、TNT–DNA 等这些大分子共价结合物能较长时间存留在体内，影响酶、蛋白质的结构和功能，甚至可以影响遗传信息的稳定性。

三、临床表现

（一）急性中毒

短期接触高浓度 TNT 粉尘及蒸气可引起急性或亚急性中毒，出现头晕、头痛、恶心、无力、上腹痛、食欲减退，以及发绀、胸闷、呼吸困难等高铁血红蛋白血症表现，实验室检查可见红细胞不同程度出现 Heinz 小体，高铁血红蛋白含量增加。严重者上述表现加重，出现意识不清、呼吸表浅、频速、瞳孔散大，对光反射、角膜反射和腱反射消失，大小便失禁，甚至发生呼吸麻痹、死亡。

（二）慢性中毒

职业性 TNT 中毒以慢性中毒多见，主要损害肝、眼晶状体、血液等。

1. 中毒性肝损害

中毒性肝损害的主要症状为乏力、食欲减退、恶心、厌油、便秘、肝区胀痛，查体可见肝肿大，可伴压痛及叩痛，慢性肝损伤指标异常；随着病情进展，肝脏质地由软变韧，可出现脾肿大，甚至发展为肝硬化。TNT中毒性肝损害尚无特异性检验指标，因其不具特异性，肝损害程度能很好地反映中毒的程度和预后，但仍无法提供病因线索。早期肝损害在脱离接触，护肝治疗及休息后，可以治愈。

2. 中毒性白内障

中毒性白内障是慢性TNT中毒的特征性改变，因此，双眼晶状体混浊可作为TNT中毒的提示性指标。其具有如下特点：最初仅在晶状体周边部出现点状混浊，而后逐渐融合成环，并向晶状体中心发展，构成多个楔形浑浊斑，楔尖指向中心，色泽也由棕黄色逐渐变为棕色，最后晶状体全部变混，形成白内障。但此损伤与肝损伤状况并不平行，因而尚无法根据TNT白内障进展情况判断TNT中毒的严重程度。

3. 血液系统损害

长时间密切接触TNT可引起贫血，其起病隐匿，初期仅见血红蛋白和红细胞数下降、网织红细胞及有核红细胞增多，红细胞大小不等，并出现Heinz小体，严重者出现白细胞、血小板减少，甚至全血细胞减少，导致再生障碍性贫血。骨髓检查，早期呈正常或增生性骨髓象，严重时可进展为骨髓造血功能衰竭。在目前的职业卫生条件下，TNT血液系统损害在我国已极少发生。

4. 其他

长期接触三硝基甲苯的劳动者，其神经衰弱综合征发生率较高，并可伴自主神经功能紊乱，有的尚可出现心悸、气短、第一心音减弱、心动过缓或过速、低血压等改变，心电图示肢体导联低电压、QT间期延长、ST–T改变、窦性心律不齐或束支传导阻滞等；部分出现肾功能损害。不少劳动者出现“TNT面容”，表现为面色苍白、口唇和耳廓青紫，裸露部位皮肤黄染及出现皮炎，严重时呈鳞状脱屑。

（三）实验室检查

（1）尿中2，6–二硝基–4–氨基甲苯含量和血中TNT–Hb加合物检测，可作为TNT的接触指标。

（2）裂隙灯显微镜（slit lamp microscope）晶体检查，有助于早期发现TNT中毒性白内障。

四、诊断及鉴别诊断

（一）诊断

1. 急性中毒

我国已颁布《职业性急性苯的氨基、硝基化合物中毒的诊断》（GBZ 30—2015），可作为诊断依据。详见本章第一节概述。

2. 慢性中毒

可依据我国已颁布的《职业性慢性三硝基甲苯中毒的诊断》（GBZ 69—2011）进行诊断。

（1）诊断原则：根据长期三硝基甲苯职业接触史，出现肝脏、血液及神经等器官或者系统功能损害的临床表现，结合职业卫生学调查资料和实验室检查结果，综合分析，排除其他病因所致的类似疾病，方可诊断。

（2）诊断标准：（GBZ 69—2011）将其分为以下三级。

①轻度中毒。有乏力、食欲减退、恶心、厌油、肝区痛等症状持续3个月以上，伴有至少一项肝功能生化指标异常，并具有下列表现之一者：A. 肝肿大，质软，有压痛或叩痛；B. 肝功能试验轻度异常；C. 腹部超声图像提示慢性肝病改变；D. 神经衰弱样症状伴肝功能指标任意2项异常改变。

②中度中毒。在轻度中毒的基础上，具有下列表现之一者：A. 肝功能试验中度异常；B. 腹部超声图像提示肝硬化改变；C. 脾肿大；D. 出现肝硬化并发症食管－胃底静脉曲张；E. 溶血性贫血。

③重度中毒。在中度中毒的基础上，具有下列表现之一者：A. 肝功能试验重度异常；B. 腹部超声图像提示肝硬化伴大量腹水；C. 出现肝硬化并发症食管－胃底静脉曲张破裂、肝性脑病、自发性细菌性腹膜炎中一项者。

（二）鉴别诊断

本病除注意与其他病因引起的中毒性肝病（如卤代烃、苯的其他氨基、硝基化合物、砷、磷、乙醇、药物等）相鉴别外，还应注意与病毒性肝炎相鉴别，尤其要考虑两种病因交叉的可能，结合职业史，综合观察病情，全面分析方能得出结论。酒精性肝病、非酒精性脂肪性肝病也是常见需要与之相鉴别的肝损害因素。

三硝基甲苯性白内障可与全身疾病不平行，应通过了解职业接触史、晶状体混浊起始部位、进展过程、作业环境调查情况，排除其他非职业性因素所致白内障后，作出结论，注意与早期老年性白内障、先天性白内障鉴别，可参考《职业性三硝基甲苯白内障诊断标准》（GBZ 45—2010）。

五、治疗

（一）急性中毒

急性TNT中毒无特殊解毒剂，主要是对症支持治疗。中毒者应脱离接触，脱除污染衣物，清洗污染皮肤，静卧休息，必要时吸氧。可给予维生素C静脉滴注，出现皮肤黏膜发绀者可给予小剂量亚甲蓝静脉注射。可参考本章第一节概述。

（二）慢性中毒

（1）宜进食清淡而富有营养的食物，禁酒、禁用或慎用可引起肝损害的药物。

（2）保肝治疗，可应用还原性谷胱甘肽、甘草酸二铵、葡醛内酯、维生素C等。

（3）针对TNT白内障的治疗，目前无特效药物。如患者晶状体大部或完全混浊，可施行白内障摘除、人工晶状体植入术。

（4）中医中药及对症支持治疗。

（何蔡为　王会宁）

第四节　案例分析

职业性苯胺中毒案例

（一）事件经过

2000年×月×日14时，某市某化工厂检修合成车间的4只高压反应釜，5名职工在拆卸第4只高压反应釜时，由于使用电焊致电焊火花溅入已被打开密封盖的高压反应釜，使釜内残液（苯胺、乙醇、三氯氧磷混合物）发生爆炸，大量有毒气体及残液冲出釜外，4 名工人吸入喷出的大量气体，眼睛、皮肤同时被污染，其中离反应釜最近的职工童某，全身均被残液溅湿。当时 4 名工人眼睛灼痛，胸闷、乏力，入院后症状加重。现场对 4 名工人皮肤污染用清水冲洗，于 14 时 40 分送当地医院救治。

（二）临床资料

4 名患者入院后，自觉症状：头晕、胸闷、全身乏力、眼睛灼痛。查体：4 名患者球结膜水肿，口唇、四肢末梢紫绀，全身皮肤呈灰土色，余无殊。诊断为急性苯胺中毒。处理：给予吸氧，观察生命体征，眼睛局部冲洗消炎，每人用 250mL 的 5% GNS 溶液 +20mg 亚甲蓝静脉滴注，其中 3 名患者紫绀明显减退，病情好转。患者童某于入院 2h 后病情恶化，紫绀严重，步态不稳，神志清，伴恶心，呕吐 1 次，尿少，呕吐物与尿均为棕褐色。体温 37.4℃、脉搏 86 次 /min、呼吸频率 20 次 /min，血压 119/62mmHg，心肺（–），腹软，病理反射未引出。血气分析示 PaO_2 42.6mmHg、SaO_2 75%。治疗：100 mL 的 25% GS + 40mg 亚甲蓝静脉滴注，每 8h 进行 1 次，并给予头孢哌酮抗感染，FDP（冷冻干燥血浆）营养心肌，激素、能量、维生素 C、补液治疗 4d，效果不佳。中毒后 5d 患者体温升高 38℃，精神软，第 6 日全身皮肤黄疸，严重贫血，血红蛋白尿，有溶血倾向，转院治疗。

（三）案例具体分析

该厂为新建企业，未经职业病危害“三同时”评价。厂内职工 40 人，其中生产工人 14 人，下设合成、蒸馏两大车间。该工厂使用原料为苯胺、乙醇，添加剂为三氯氧磷，产品为 N– 乙基苯胺。生产工艺流程：原料 – 高温合成 – 蒸馏 – 产品。合成车间内安装 4 只高压反应釜，现已拆除。车间内未安装防毒通风设施，以自然通风为主。该厂现处于试产阶段，工人在拆除反应釜时采用电焊且未使用个人防护用品。当时事故现场气温高达 35℃。事发后第 2 日上午 9 时，市卫生防疫站接到事故报告电话，即赴现场采样。根据 GB/T 16100—1995 车间空气中苯胺的盐酸萘乙二胺分光光度测定方法，测得合成车间空气中苯胺浓度为 6mg/m^3。超过国家卫生标准（5mg/m^3）0.2 倍。空气采样时隔事发后近 20h，现场遭破坏，已无法测定事发当时苯胺的实际浓度。

此次中毒事故的原因分析如下：

（1）工人在无个人防护措施并违反易燃易爆化学品安全操作规程情况下进行操作是造成本次事故的直接原因。

（2）工人缺乏安全卫生知识和抢救知识，用清水冲洗被污染的皮肤，从而加快苯胺经皮吸收速度，增加吸收率，加重中毒程度。

（3）企业职业安全管理措施不完善。未实行职业病危害“三同时”评价、职业病防护设施及应急救援实施缺乏。

因此，企业必须建立健全劳动安全操作规程，加强安全管理，加强上岗前安全卫生知识和抢救知识教育培训，提高职工自我保护意识和处理事故的应急能力，采取有效的安全防护措施，预防类似事故重演。同时，应加强职业病报告制度，本次事故发生后，该厂及首诊急救医院未按程序及时向卫生监督部门报告，延误了现场有毒气体实际浓度的监测。

（何蔡为　王会宁）

11 第十一章　农药中毒

第一节　概　　述

农药（pesticides）是指用于消灭和防止、控制病、虫、鼠、草害的一类物质，也包括调节、控制、影响农作物代谢、生长、发育的物质。《中华人民共和国农药管理条例》（2017 修订）中对农药的定义是指用于预防、控制危害农业、林业的病、虫、草、鼠和其他有害生物，以及有目的地调节植物、昆虫生长的化学合成或者来源于生物、其他天然物质的一种物质或者几种物质的混合物及其制剂。

一、农药分类

农药的种类繁多，根据其所作用的靶生物划分，是目前较为普遍的方式，可分为：①杀虫剂，包括有机磷酸酯类、氨基甲酸酯类、拟除虫菊酯类、沙蚕毒素类、有机氯类等；②杀菌剂，包括有机硫类、有机砷（胂）类、有机磷类、取代苯类、有机杂环类及抗菌素类等；③除草剂，包括季铵类、苯氧羧酸类、三氮苯类、二苯醚类、苯胺类、酰胺类、氨基甲酸酯类、取代脲类等化合物；④杀鼠剂，包括抗凝血类和其他杀鼠剂等；⑤杀螨剂；⑥杀螺剂，如五氯酚钠；⑦杀卵剂；⑧杀线虫剂；⑨植物生长调节剂；⑩脱叶剂；⑪增效剂等。

根据其化学成分，农药可分为有机磷类、氨基甲酸酯类、菊酯类、氮杂环类、酯类、硫脲类、茚满二酮类、羟基香豆素类、无机化合物等。

根据其作用方式，农药可分为触杀剂、胃毒剂、熏蒸剂、内吸毒剂等。

多数农药是化学合成的，农药由原药和制剂两部分组成，原药是指产生生物活性的有效成分，制剂指除活性成分外的溶剂、助剂以及颜料、催吐剂、杂质等其他成分。含一种原药的称农药单剂，两种以上农药原药混合配制或混合使用则称为农药混剂。少数农药来源于天然物质。

在现行应用的农药中对人类健康威胁较大的主要是杀虫剂、杀鼠剂，其次是除草剂和杀菌剂，我国农药中毒发病率最高的依然是有机磷农药及其与氨基甲酸酯类、菊酯类的混配制剂。近年来除草剂、杀菌剂中毒比率增高。各类鼠药中毒（包括禁用速杀鼠药）不断有发生。

二、接触机会

农药是一类特别的化学品，人类在生产农药后，会有目的地将其投放到环境中去，以达到需要的目的。农药常被用于以下不同目的及各类场所：①预防、控制危害农业、林业的病、虫（包括昆虫、蜱、螨）、草、鼠、软体动物和其他有害生物；②预防、控制仓储以及加工场所的病、虫、鼠和其他有害生物；③调节植物、昆虫生长；④农业、林业产品防腐或者保鲜；⑤预防、控制蚊、蝇、蜚蠊、鼠和其他有害生物；⑥预防、控制危害河流堤坝、铁路、码头、机场、建筑物和其他场所的有害生物。需要强调的是，卫生杀虫剂的活性成分也是农药的有效成分，因此，卫生杀虫剂的管理目前在我国也属农药范畴。

农药的接触非常广泛，既有大量的从事生产、分装、运输、保存、使用的职业接触人群，也有通过污染的产品、水体、土壤等环境接触的整个社会人群。在农村，由于容易获得，农药已经是自杀性中毒的主要工具。与其他工业品明显不同，职业接触人群中有广泛的使用者是其一个主要特征。农药中毒的常见原因如下。

（一）职业性中毒（生产性农药中毒）

在农药的生产、罐装或分装、包装、运输、配药、喷洒使用等环节，应用防护不当，均可导致中毒，主要是呼吸道和皮肤吸收中毒。我国现阶段生产的农药除了原料药外，多数产品是混配农药，所以发生中毒时应注意多种混配农药成分的毒性，还应注意助剂（溶剂、乳化剂等）的影响。生产性农药中毒具有季节性，企业多为季节生产。夏季虫害严重，农药使用普遍，中毒高发。

（二）非职业性中毒

（1）污染中毒：由空气、水源、食品、生活用品等受到农药污染而导致的中毒。

（2）误服误用：由农药储存、保管不当而导致的中毒。

（3）自杀或投毒：利用各种农药口服自杀或投毒犯罪事件不断，涉及禁用的高毒、剧毒农药中毒，病例往往中毒程度严重，应引起高度警惕。

三、毒性作用

农药对人体的慢性或长期健康危害问题比较复杂。已有报告，一些农药可以引起致癌、生殖发育和免疫功能损伤等危害，如被IARC认定为2A类的草甘膦；有的农药的活性成分毒性不大，但所用的溶剂或助剂的毒性应引起重视，如家庭卫生杀虫剂常用八氯二丙醚（octachlorodipropyl ether，S2或S421）增效剂被列为可疑致癌物和持久性有机污染物，其两步合成中间体和分解产物为二氯甲醚，二氯甲醚已列入已知人类致癌物。此外，还要注意农药生产过程中使用的原料、中间体的毒性及其可能对生产工人健康的影响

（一）共同毒性

1. 皮肤、黏膜刺激性

百草枯、有机氯、有机磷、有机汞、氨基甲酸酯、杀虫脒、卤代烃类、酚类、有机锡、有机硫等均有不同程度刺激性或腐蚀性，可引起接触部位瘙痒、红肿、皮疹、糜烂、起水疱；敌敌畏可引起大疱样接触性皮肤损害。

2. 神经毒性

农药中毒可致中毒性脑病、脊髓病、周围神经损害。杀虫剂脂溶性强，主要靶器官是神经系统。严重的有机磷、有机氯、有机汞、氨基甲酸酯、卤代烃类、有机锡中毒可致中毒性脑病、中毒性脊髓病及迟发周围神经损害，急性中毒性脑病、脑水肿是急性中毒极期死亡的主要原因。

3. 呼吸毒性

呼吸系统是多类农药的主要靶器官，可致化学性肺炎、肺水肿、弥漫性间质改变，严重者可发生急性呼吸窘迫综合征（acute respiratory distress syndrome，ARDS），病死率极高。急性有机磷中毒可发生中间期肌无力综合征（intermediate myasthenia syndrome，IMS），呼吸肌麻痹致呼吸衰竭。百草枯

等可致弥漫性肺纤维化。

4. 心脏毒性

心肌直接损伤，或缺氧等致心脏间接损伤。在有机磷、有机氯、有机氟、氨基甲酸酯、菊酯类、卤代烃类、有机汞、除草剂中毒常见，可致心率、心律、ST–T、Q–T间期改变，是恢复期猝死的主要原因，应注意心电监护。

5. 肝脏毒性

多数农药经过肝脏解毒、代谢，农药或代谢产物可造成不同程度肝脏损伤，多数为一过性，个别可致严重肝损伤，如卤代烃类。

6. 消化道损伤

特别是通过消化道吸收中毒者。可致化学性胃肠炎、应激性溃疡，严重者可发生消化道出血、腐蚀性胃肠穿孔、急性胰腺炎等严重并发症。

（二）特殊毒性

1. 血液毒性

茚满二酮类、羟基香豆素类杀鼠剂可导致凝血功能障碍，引起各器官出血现象；杀虫脒、敌蜱、除草醚、甲酰苯肼等农药可致高氧血红蛋白血症，引起溶血。

2. 肾毒性

农药代谢、排泄产物可致肾脏损伤，个别农药对肾脏有直接毒性。可引起急性肾小管坏死、肾病综合征等，杀虫脒等可致出血性膀胱炎。

3. 生殖内分泌毒性

某些农药能够干扰生物体的内分泌系统，影响生殖激素的合成、分泌和作用，进而导致生殖功能紊乱。

4. 其他

五氯酚钠、酚类、杀螨剂等可引起代谢异常、大汗、惊厥、昏迷等；有机氯可致中枢性高热；酚类可导致视神经毒性等。

农药的毒性相差悬殊，我国依据农药动物急性毒性大小，将农药分为剧毒、高毒、中等毒、低毒和微毒五类。国家根据农药生产、使用状况，正在逐步限制高毒类农药的登记、使用，以低毒类农药逐步取代高毒类农药，从根本上杜绝接触高毒类农药，确保人民健康。农药的毒性常用半数致死量（Half lethal dose，LD_{50}）或半数致死浓度（medium lethal concentration，LC_{50}）来表示，指实验动物在给定时间内半数死亡时的剂量或浓度。根据给药途径不同，又可分为经口、经皮、吸入 LD_{50} /LC_{50}。LD_{50} /LC_{50} 越小，农药毒性越大。但 LD_{50} /LC_{50} 仅能反映对人体危害性的一个方面，有的农药尽管急性毒性不大，但具有很强的蓄积性或有致癌性、致畸性、致突变性或生育毒性，其对人体的危害依然严重。LD_{50} /LC_{50} 是动物实验结果，和人的毒性效应不完全一致。所以应从急性毒性、慢性毒性、特殊毒性以及理化特性等多方面综合评价农药对人体的危险性。

四、诊断及治疗

（一）诊断

农药中毒的诊断原则：根据农药的接触史，经过一定时间潜伏期后出现的相应接触器官、靶器官特殊临床表现，实验室毒物或代谢产物、毒效应指标、靶器官功能损伤指标检查结果，排除其他表现相似的疾病，方可诊断。

农药毒性越大，接触剂量越大，潜伏期越短，有的接触后即刻发病如高毒以上有机磷农药；有的数日发病，如抗凝血类鼠药中毒。职业性意外暴露、环境泄漏、食物污染中毒常致群体发病。隐匿性中毒可先行经验性治疗，以免贻误抢救时机，同时进行现场调查并采集可疑环境样本和生物样本，进一步明确中毒原因。

（二）治疗

农药中毒的治疗要点如下。

（1）尽快脱离接触，清除毒物，如尽快脱离污染现场，清洗眼睛、皮肤，保持呼吸道通畅；经口中毒者，尽快催吐、洗胃、胃肠道吸附、导泻。

（2）尽快给予特殊解毒、排毒药物，如有机磷农药中毒，给予阿托品、长托宁、复能剂（氯解磷定、碘解磷定等）；有机氟农药中毒给予乙酰胺；抗凝血类杀鼠剂给予维生素 K_1 等治疗；有条件者尽早给予不同的血液净化治疗措施。

（3）针对主要毒效应的治疗：如有机磷农药中毒针对肺水肿、脑水肿、IMS、OPIDP、心肌损害的治疗。

（4）对症支持治疗：维持生命体征及重要脏器功能，维持水、电解质平衡，预防治疗各种并发症、合并症，营养支持，心理治疗，恢复期功能康复治疗等。

五、预防及管理措施

（一）预防

农药中毒的预防措施如下。

（1）改进农药生产工艺，提高机械化、自动化、密闭化生产水平。

（2）改进农药罐装、分装、旋盖、包装等工艺，减少农药及产品的跑、冒、滴、漏，减少生产工人的直接接触，加强生产环境的通风排毒、喷淋清洗设施。

（3）加强农药生产、使用过程的呼吸、皮肤个人防护。

（4）加强基层安全、合理使用农药，规范销售、储存农药的培训宣传教育，预防农村农药中毒。

（5）严打违法违规生产、销售禁止生产使用的农药。预防农药中毒的关键是加强管理和普及安全用药知识。

（二）农药的管理措施

我国是农药生产和使用大国。截至 2023 年 12 月 31 日，我国在有效登记状态的农药有效成分 735 个（不包括仅限出口的 30 个新农药，下同），登记产品 45659 个，其中，杀虫剂、除草剂、杀菌剂为我国的三大类农药。近年来，我国生物农药登记的比例越来越高，主要包括生物化学农药、微生物农药和植物源农药三类（见图 11-1）。我国的新型农药特点表现为高毒农药严格限制，微毒 / 低毒农药持续增加，剂型优化趋势明显，生物农药增长显著。由于农药的接触途径广泛，针对农药的管理也有特别的要求。我国实行农药登记制度，农药生产许可制度，农药经营管理制度，并对农药的使用范围进行限制。《农药标签和说明书管理办法》要求农药全部使用通用名称，为中毒源的识别带来便利。2021 年发布了团体标准《农药田间最低有效剂量测定》（T/CCPIA 110—2021）及 57 个杀虫剂、杀菌剂和除草剂产品的施用限量标准，“最低有效剂量”的应用，标志着农药向科学精准用药的迈进。

农药的限制使用是国家实施的一项重要的保护人民健康的措施。每一种农药都有一定的限制使用条件，这些条件包括使用的作物、防治对象、施用量、方法、时期以及土壤、气候、条件等。每种农药的限用条件要详细阅读标签和说明书。国已禁用的农药如下：①氟乙酰胺及毒鼠强（四亚甲基二砜甲胺），因对人畜剧毒，且可导致二次中毒，严禁作为杀鼠剂应用；②有机汞类及有机锡类杀菌剂，高毒，误食后可引起严重的中毒性神经系统损害；③二溴氯丙烷（DBCP），对动物有致突变和致癌作用，并可引起男性不孕症等。

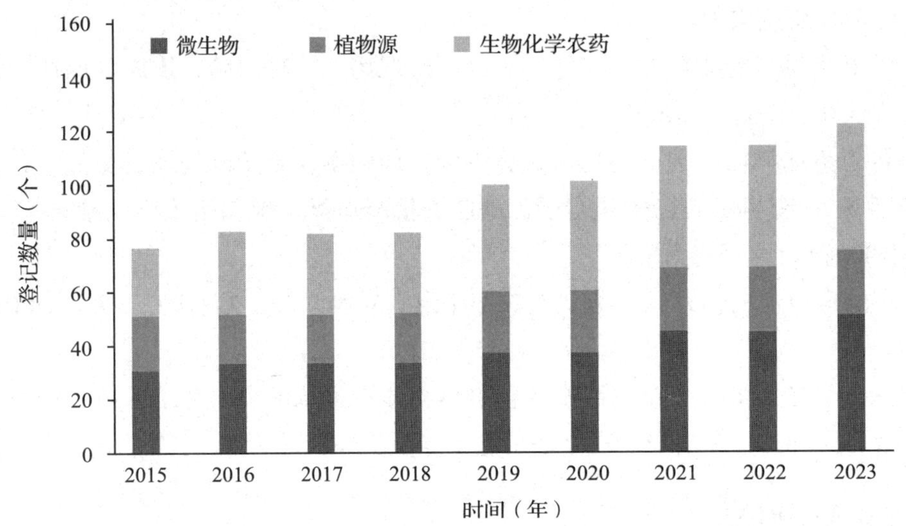

图 11-1　2015—2023 年我国生物农药有效成分登记情况

（闫永建）

第二节　有机磷类农药中毒

有机磷酸酯类农药（organophosphorus pesticides）是我国目前生产和使用最多的一类农药，除单剂外，也是许多多元混剂的主要成分。有机磷农药纯品一般为白色结晶，工业品为淡黄色或棕色油状液体，除敌敌畏等少数品种有不太难闻的气味外，大多有类似大蒜或韭菜的特殊臭味，一般难溶于水，易溶于芳烃、乙醇、丙酮、氯仿等有机溶剂，而石油醚和脂肪烃类则较难溶。

大部分有机磷农药是一些磷酸酯或酰胺，容易在水中发生水解而分解为无毒化合物，但磷酰胺类有机磷则较难水解。多数有机磷在碱性条件下分解，但敌百虫在碱性条件下可变成毒性更大的敌敌畏。很多有机磷农药在氧化剂作用或生物酶催化作用下容易被氧化。有机磷农药一般不耐热，其化学结构不稳定，加热 200℃以下即发生分解。

一、接触机会

我国生产的有机磷农药绝大多数是杀虫剂，少数品种还用于杀菌剂、杀鼠剂、除草剂和植物生长调节剂，个别还可以用作战争毒剂。有机磷生产的主要原料有三氯化磷、冰醋酸、甲醇、乙醇、苯等，生产过程中的中间体主要有亚磷酸三甲酯、甲基氯化物等，均有不同毒性。

职业接触主要发生在以下情况：

（1）在农药生产过程中，特别是以分装、混配为主的小型企业，由于设备自动化、密闭化程度低，经常发生农药跑、冒、滴、漏现象。此外，在生产设备故障或停产检维修过程中，在采样、检验检测过程中，在人工分装、旋盖、贴标签、包装等过程中，均可因防护不当而造成呼吸道、皮肤直接接触，从而导致职业性中毒。

（2）在农药的运输、销售、储存过程中发生泄漏，可发生中毒和环境污染。

（3）在农药的勾兑、喷洒使用过程中，使用方法和防护不当，可引起中毒，例如任意加大勾兑浓度、喷药器故障、逆风向喷药、高温时节长时间喷药、不穿防护服等容易造成中毒。

生活中毒的接触机会，包括购买未超过农药安全期的蔬菜水果，误食被农药污染的水或食物、死亡家禽畜肉，家里滥用农药灭昆虫、鼠类，储存不当导致老人、儿童误服、误用、自杀等。

二、致病机制

有机磷农药可经胃肠道、呼吸道以及完好的皮肤、黏膜吸收。经呼吸道或胃肠道进入人体时，吸收较为迅速且完全。皮肤吸收是急性职业性中毒的主要途径。被吸收后的有机磷迅速随血液及淋巴循环而分布到全身各器官组织，其中肝脏含量最高，肾、肺、脾次之，可通过血脑屏障进入脑组织，具有氟、氰等基团的有机磷，其穿透血脑屏障的能力较强。有的还能通过胎盘屏障到达胎儿体内。脂溶性高的有机磷农药能储存于脂肪组织中延期释放。

有机磷农药在体内的代谢途径及代谢速率因种属而异，并且取决于联结在其基本结构上的替代化学基团的种类。生物转化一般需经过氧化、水解两相反应，一般氧化产物的毒性增强，水解产物的毒性降低。参与体内有机磷代谢的酶主要有 P450 系统和酯酶，酯酶包括硫酯酶、磷酸酶和羧基酯酶等，可分为 A 酯酶和 B 酯酶两类，A 酯酶能水解有机磷酸酯（如对氧磷酶），B 酯酶能被有机磷酸酯抑制（如羧酸酯酶和胆碱酯酶）。但目前研究发现，B 酯酶也可以参与有机磷酸酯代谢，并可以被诱导。有机磷在体内经代谢转化后排泄较快，一般数日内代谢完，主要通过肾脏排泄，少部分随粪便排出。常见有机磷农药相应的代谢产物如表 11–1 所示。

表 11–1　尿中可检测的有机磷农药代谢产物

有机磷农药	代谢产物
敌敌畏、敌百虫、速灭磷、马拉氧磷、乐果、皮蝇磷	二甲基磷酸酯 Dimethylphosphate（DMP）
特普、对氧磷、内吸氧磷、二嗪氧磷，除现磷	二乙基磷酸酯 Diethylphosphate（DEP）
杀螟硫磷、皮蝇磷、马拉硫磷、乐果	二甲基硫代磷酸酯 Dimethylthiophosphate（DMTP）
二嗪农、内吸磷、对硫磷、皮蝇磷	二乙基硫代磷酸酯 Diethylthiophosphate（DETP）
马拉硫磷、乐果、谷硫磷	二甲基二硫代磷酸酯 Dimethyldithiophosphate（DMDTP）
乙拌磷、甲拌磷	二乙基二硫代磷酸酯 Diethyldithiophosphate（DEDTP）

各种有机磷农药的毒性高低不一，与其化学结构中取代基团有关。例如，结构式中 R 基团为乙氧基时的毒性大于甲氧基，因为后者容易分解；X 基团为强酸根时的毒性大于弱酸根，因为前者能使磷原子的趋电性增强，从而使该化合物对胆碱酯酶亲和力增高。

有机磷农药急性毒作用的主要机制是抑制胆碱酯酶（ChE）的活性。胆碱酯酶的功能主要是在体内水解乙酰胆碱（Ach），在正常生理条件下，当胆碱能神经受刺激时，其末梢部位立即释放乙酰胆碱，将神经冲动向次一级神经元或效应器传递。同时，乙酰胆碱迅速被突触间隙处的胆碱酯酶分解失效而解除冲动，以保证神经生理功能的正常活动。如图 11-2 所示，有机磷化合物进入体内后，可迅速与体内胆碱酯酶结合，形成磷酰化胆碱酯酶，因而使之失去分解乙酰胆碱的能力，导致乙酰胆碱在体内的聚集，而产生相应的功能紊乱。

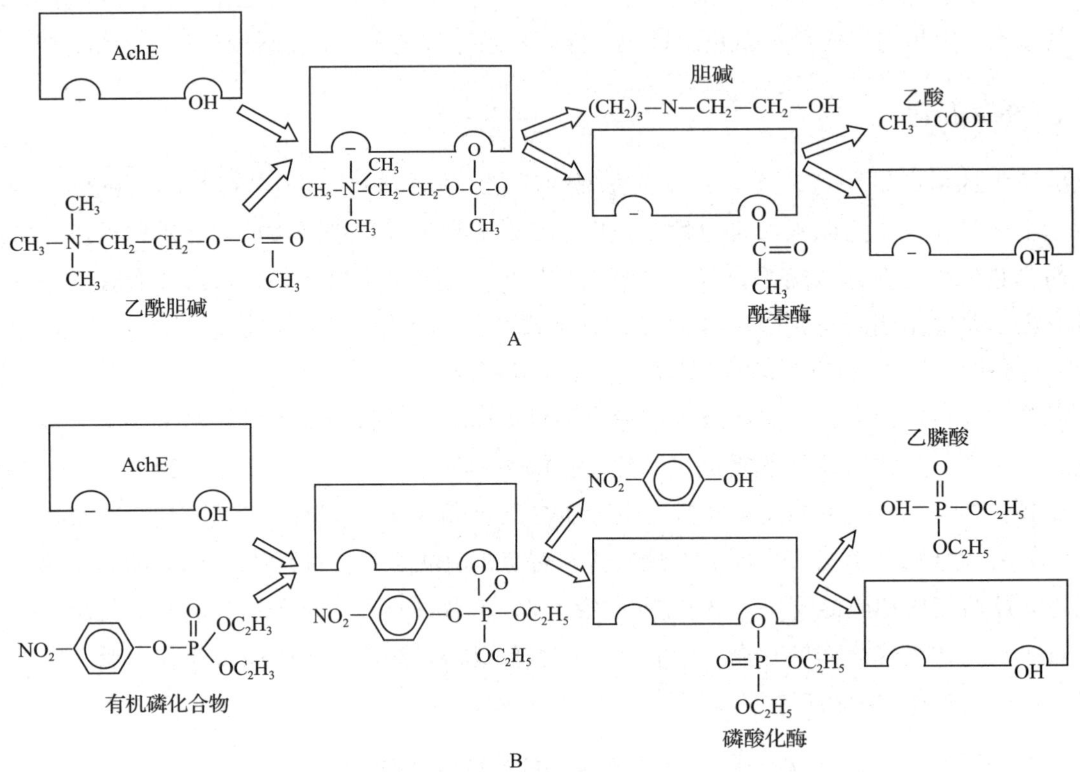

图 11-2　乙酰胆碱酯酶生理活性及农药的抑制作用示意图

A. 生理底物被乙酰胆碱水解；B. 与对氧磷的反应，形成磷酰化胆碱酯酶

人体体内有两类胆碱酯酶，一类称为乙酰胆碱酯酶（AchE）主要分布于神经系统及红细胞表面（由神经细胞及幼稚红细胞合成）。具有水解乙酰胆碱的特殊功能。亦称真性胆碱酯酶。另一类称为丁酰胆碱酯酶（BuChE），存在于血清、唾液腺及肝脏中（在肝脏中合成），它分解丁酰胆碱的作用较强，也能分解丙酰胆碱及乙酰胆碱，但此种作用较弱。因此其生理功能还不太清楚，也称假性胆碱酯酶。对神经传导起作用的是 AchE。有机磷中毒时，两类胆碱酯酶都可被抑制，神经系统或红细胞 AchE 水平与中毒表现平行。乙酰胆碱酯酶具有两个活性中心，即阴离子部位和酶解部位。阴离子部位能与乙酰胆碱中带有正电荷的氮结合。同时酶解部位与乙酰胆碱中的乙酰基中的碳原子（C）结合形成复合物，进而形成胆碱和乙酰化胆碱酯酶。最后，乙酰化胆碱酯酶在乙酰水解酶的作用下，在千分之几秒内被迅速水解，使乙酰基形成醋酸，而胆碱酯酶恢复原来状态。

乙酰胆碱是胆碱能神经的化学递质，存在于中枢神经内神经细胞之间的突触联系中，大部分属于胆碱能纤维。胆碱能神经包括大部分中枢神经纤维、交感与副交感神经的节前纤维、全部副交感神经的节后纤维、运动神经、小部分交感神经节后纤维，如汗腺分泌神经及横纹肌血管舒张神经等。

胆碱能神经有以下两类受体，且各自的作用不同。

（1）毒蕈碱样作用（M样作用）：过量乙酰胆碱聚积兴奋乙酰胆碱M受体，其效应与刺激副交感神经节后纤维所产生的作用类似。如心血管抑制，腺体分泌增加，平滑肌痉挛，瞳孔缩小，膀胱及子宫收缩及肛门括约肌松弛等。

（2）烟碱样作用（N样作用）：分布在自主神经节、肾上腺髓质和横纹肌的运动终板上，乙酰胆碱的N受体过度兴奋，作用与烟碱相似，可见肌肉抽搐等，大剂量则抑制、麻痹。

有机磷化合物抑制胆碱酯酶的速度，与其化学结构有关。磷酸酯类如对氧磷、敌敌畏等，在体内能直接抑制胆碱酯酶；而硫代磷酸酯类如对硫磷、乐果、马拉硫磷等，必须在体内经过活化（如氧化）作用后才能抑制胆碱酯酶（间接抑制剂），故其对胆碱酯酶的抑制作用较慢，持续时间相对较长。

随着中毒时间延长，磷酰化胆碱酯酶可失去重活化的能力，而称为“老化酶”。老化是有机磷酸酯类化学物抑制乙酰胆碱酯酶后的一种变化，是指中毒酶从可以重活化状态到不能重活化状态，其实质是一种自动催化的脱烷基反应（dealkylation）。此时即使用复能剂，亦难以恢复其活性，恢复主要靠再生。红细胞乙酰胆碱酯酶的恢复每天约1%，相当于红细胞的再生速度；血浆胆碱酯酶恢复较快，仅需1个月左右。

胆碱酯酶活性抑制是有机磷农药毒作用的主要机制，但不是唯一机制。有机磷农药可以直接作用于胆碱能受体，可以抑制其他的酯酶，也可以直接作用于心肌细胞造成心肌损伤。一些农药，如敌百虫、敌敌畏、马拉硫磷、甲胺磷、对溴磷、三甲苯磷、丙硫磷等，还可以引起迟发性神经病变（organophosphate-induced delayed polyneuropath，OPIDN）。OPIDN主要病变为周围神经及脊髓长束的轴索变性，轴索内聚集管囊样物继发脱髓鞘改变。长而粗的轴索最易受损害，且以远端为重，符合中枢－周围远端型轴索病。OPIDN的发病机制尚未完全明了，目前认为与神经病靶酯酶（neuropathy target esterase，NTE）抑制以及靶神经轴索内的钙离子／钙调蛋白激酶B受干扰，造成神经轴突内钙稳态失调，骨架蛋白分解，从而导致轴突变性有关。还有一些农药，如乐果、氧乐果、敌敌畏、甲胺磷、倍硫磷等中毒后，中毒患者发生中间肌无力综合征，主要表现是以肢体近端肌肉、颅神经支配的肌肉以及呼吸肌的无力为特征，其发病机制迄今尚未阐明，目前的主要假设有神经－肌接头传导阻滞、横纹肌坏死、乙酰胆碱酯酶持续抑制、血清钾离子水平下降、氧自由基损伤等。

三、临床表现

（一）急性中毒

其潜伏期长短与接触有机磷农药的品种、剂量、侵入途径及人体健康状况等因素有关。经皮吸收中毒者潜伏期较长，可在12h内发病，但多在2~6h开始出现症状。呼吸道吸收中毒时潜伏期较短，但往往是在连续工作下逐渐发病。通常发病越快，病情越重。口服中毒者发病较快，可在数分钟至2小时内发病。临床表现如下。

1. 毒蕈碱样表现

早期即可出现，主要表现如下。

（1）腺体分泌亢进：出现大汗，口腔、鼻、气管、支气管、消化道等分泌物增多、肺水肿等。

（2）平滑肌痉挛：气管、支气管、消化道及膀胱逼尿肌痉挛，表现为呼吸困难、恶心、呕吐、腹痛、腹泻及大小便失禁等。

（3）瞳孔缩小：由于动眼神经末梢 ACh 堆积引起虹膜括约肌收缩，从而使瞳孔缩小，重者瞳孔小如针尖。

（4）心血管抑制或心肌损伤表现：出现心悸、胸前区疼痛等，心电图可见心动过缓或加速、心律失常、ST–T 改变，严重者可呈“心肌梗死样”表现，心肌酶、肌钙蛋白增高，低血压、休克。

2. 烟碱样表现

可出现血压升高及心动过速，通常会掩盖毒蕈碱样作用下的血压偏低及心动过缓。运动神经兴奋时，表现为肌束震颤、肌肉痉挛，进而由兴奋转为抑制，出现肌无力、肌肉麻痹等。

3. 中枢神经系统表现

轻者出现头晕、头痛、倦怠、乏力等；较重者可出现烦躁不安、言语不清及不同程度的意识障碍；严重者可发生脑水肿、癫痫样大抽搐、脑疝、呼吸中枢麻痹等。

4. 其他表现

严重者可出现许多并发症，如中毒性肝病、中毒性肾病、急性坏死性胰腺炎等。一些重症患者可出现中毒性心肌损害，出现第一心音低钝，心律失常或呈奔马律，心电图可显示 ST–T 改变、QT 间期延长、束支传导阻滞、异位节律，甚至出现扭转性室速或室颤，危及生命。少数患者在胆碱能危象症状消失后，出现中间期肌无力综合征，出现时间主要在中毒后 2~7d。部分患者在急性中毒恢复期出现迟发性周围神经病变。

（二）慢性中毒

慢性中毒多见于农药厂工人，症状一般较轻，可有类神经症样症状或植物神经功能紊乱，部分出现毒蕈碱样症状，或有肌束颤动、瞳孔变化、神经肌电图和脑电图变化。接触工人全血胆碱酯酶可有下降，但与症状不平行。长期低浓度接触对健康的影响，特别是远期影响，尚不完全明了。近年有报道观察到有机磷类农药可能对免疫功能、生殖功能产生不良作用。

（三）致敏作用和皮肤损害

农药及原料、中间体，多有刺激性甚至腐蚀性，可引起接触性皮炎，有些具有致敏作用，可致过敏性皮炎、支气管哮喘等。

四、诊断及鉴别诊断

根据《职业性急性有机磷杀虫剂中毒诊断标准》（GBZ 8—2002）进行诊断和分级。

（一）诊断原则

根据短时间接触较大量有机磷杀虫剂的职业史，以自主神经、中枢神经和周围神经系统症状为主的临床表现，结合血液胆碱酯酶活性的测定，参考作业环境的劳动卫生学调查资料，进行综合分析，排除其他类似疾病后，方可诊断。

具有下列表现之一者可诊断为接触反应：①全血或红细胞胆碱酯酶活性在 70% 以下，尚无明显中毒的临床表现。②有轻度的毒蕈碱样自主神经症状和（或）中枢神经系统症状，而全血或红细胞胆碱酯酶活性在 70% 以上。

（二）诊断与分级

1. 急性中毒

（1）轻度中毒。短时间内接触较大量有机磷杀虫剂后，在 24 h 内出现较明显的毒蕈碱样自主神经和中枢神经系统症状，如头晕、头痛、乏力、恶心、呕吐、多汗、胸闷、视物模糊、瞳孔缩小等。

全血或红细胞胆碱酯酶活性一般在 50%~70%。

（2）中度中毒。在轻度中毒基础上，出现肌束震颤等烟碱样表现。全血或红细胞胆碱酯酶活性一般在 30%~50%。

（3）重度中毒。除上述胆碱能兴奋或危象的表现外，具有下列表现之一者，可诊断为重度中毒：①肺水肿；②昏迷；③呼吸衰竭；④脑水肿。全血或红细胞胆碱酯酶活性一般在 30% 以下。

2. 中间期肌无力综合征

在急性中毒后 1~4d，胆碱能危象基本消失且意识清晰，出现肌无力为主的临床表现者。

（1）轻型中间期肌无力综合征。具有下列肌无力表现之一者：①屈颈肌和四肢近端肌肉无力，腱反射可减弱；②部分脑神经支配的肌肉无力。

（2）重型中间期肌无力综合征。在轻型中间期肌无力综合征基础上或直接出现下列表现之一者：①呼吸肌麻痹；②双侧第Ⅸ对及第Ⅹ对脑神经支配的肌肉麻痹造成上气道通气障碍者；③高频重复刺激周围神经的肌电图检查，可引出肌诱发电位波幅呈进行性递减。全血或红细胞胆碱酯酶活性多在 30% 以下。

3. 迟发性多发性神经病

在急性重度和中度中毒后 2~4 周，胆碱能症状消失，出现感觉、运动型多发性神经病。神经 – 肌电图检查显示神经源性损害。全血或红细胞胆碱酯酶活性可正常。

五、治疗

（一）迅速清除毒物

立即将患者移离中毒现场，脱去污染衣服，用肥皂水或清水彻底清洗污染的皮肤、头发、指（趾）甲；眼部受污染时，迅速用清水或 2% 碳酸氢钠溶液清洗；经消化道吸收中毒者，尽快给予洗胃，可用 2%~3% 碳酸氢钠溶液（敌百虫除外）或生理盐水，300~500mL/ 次，反复洗胃。有报道显示，曾有中毒患者在服用有机磷 11d 后，尸检时胃肠腔仍有明显药味。故国内主张，凡口服中毒者，均应洗胃。洗胃时注意患者取头部侧斜身体左侧卧位，插胃管后先把胃内容物抽干净后再灌洗胃液，水温一般在 30~38℃，每次入量为 300~500mL 为宜，然后把注入的灌洗液全部抽净，切不可 1 次入太多，以避免因急性胃扩张而加快毒物吸收，应洗至胃液澄清，无大蒜味为止。洗胃过程中应严密监测患者的生命体征变化，如患者出现腹痛或流出血性液体，应立即停止洗胃。洗胃后应给予导泻剂、吸附剂（活性炭等）促进毒物排泄。

（二）血液净化疗法

血液净化疗法是对吸收入血的有机磷的有效清除疗方法，主要采用血液灌流（Hemoperfusion，HP）或 HP 并血液透析（hemodialysis，HD）治疗。近年来国内应用渐趋成熟，已经证明 HP 可有效清除血浆中的有机磷，缩短患者苏醒时间、住院时间，减少阿托品用量，控制并发症，大大提高了重度有机磷中毒患者的治愈率。国外有报道显示，对患者予以 HP 血流量为 100~150mL/min，灌流 2h，对有机磷的清除率可达 88mL/min。血液净化疗法宜早期应用，在中毒 12h 内应用，一次灌流 1.5~2h 最佳，但不能代替胆碱酯酶复能剂和阿托品的药理作用。

（三）特效解毒剂

急性有机磷中毒的特效解毒药物包括两大类。

1. 抗胆碱药

抗胆碱药具有阻断乙酰胆碱受体的作用，能够缓解毒蕈碱样症状和呼吸中枢抑制，解除平滑肌痉挛，抑制腺体分泌，保持呼吸道通畅，但对烟碱样症状和恢复胆碱酯酶活力没有作用。其代表药物有阿托品（atropine，At）、盐酸戊乙奎醚（penehyclidine，长托宁）等。

（1）阿托品：阿托品起效快、代谢快，需反复用药。阿托品推荐剂量：轻度患者首剂1~2mg，不需要阿托品化；中度患者首剂2~3mg；重度患者首剂3~5mg，首剂用药后用阿托品泵给药，应根据病情调整个体化用量。急性期应尽快达到阿托品化，但应特别注意避免发生阿托品中毒。传统用药方法阿托品用量大，常出现阿托品中毒，具有较高的病死率。新的规范治疗方案大大减少了阿托品用量，更加强调复能剂的应用。“阿托品化”的主要指征为临床出现瞳孔较前扩大、口干、皮肤干燥、颜面潮红、肺部湿啰音消失及心率加快，“阿托品化”后即应减少用药剂量，维持治疗。如果出现瞳孔扩大、神志模糊、烦躁不安、抽搐、高热和尿潴留等，提示阿托品过量。

（2）长托宁：长托宁为具有选择性作用的新型抗胆碱药，对M2受体无明显作用，对M1、M3、N1、N2受体均有作用，故能较全面地对抗有机磷农药中毒导致的胆碱能功能亢进，改善毒蕈碱样、烟碱样和中枢神经系统症状，避免了阿托品缺乏M受体亚型选择性所致的心动过速与阻断突触前膜M2受体调节功能。长托宁具有作用迅速、药效长、用药量小、副作用小、应用方便等优点。推荐剂量：轻度患者1~2mg；中度患者2~4mg；重度患者4~6mg，一般肌注给药，2min即可在血液中检出，20~30min达高峰，半衰期为10.34h。

2. 胆碱酯酶复能剂

肟类化合物能使被抑制的胆碱酯酶恢复活性，其原理是肟类化合物吡啶环中的季胺氮带正电荷，能被磷酰化胆碱酯酶的阴离子部位所吸引；而其肟基与磷原子有较强的亲和力，因而可以与磷酰化胆碱酯酶中的磷形成结合物，使其与胆碱酯酶的酯解部位分离，使AChE游离使得尚未老化的中毒酶重活化（一般为中毒后48h），从而恢复AChE的活力。研究证明肟类复能剂除能复活磷酰化酶外，还可直接对抗神经肌肉接头的阻断，保护呼吸肌，尚有拟胆碱酯酶的活性，直接水解突触间隙过量的乙酰胆碱，恢复正常的神经肌肉传导。胆碱酯酶复能剂与阿托品联合用药，可迅速缓解胆碱能危象呼吸功能障碍，降低阿托品用量，也可预防IMS发生。胆碱酯酶复能剂的用药原则是尽早、足量、联合、重复应用。常用药物有氯解磷定、碘解磷定和双复磷等。碘解磷定必须静脉给药，氯解磷定肌内或静脉注射均可，用药方便，疗效好，推荐首选。常用首次剂量：轻度0.25~0.50g，中度0.50~0.75g，重度患者8~10g/d，24h不超过12g为宜，标准治疗时间为5~7d。

（四）对症和支持治疗

包括保暖，镇静，清除分泌物，保持呼吸道通畅，维持水、电解质及酸碱平衡，密切监护心、脑、肺、肝、肾、胰等重要脏器功能，防治肺水肿、脑水肿和呼吸中枢衰竭，积极预防感染和并发症。中度和重度中毒患者急性胆碱能危象临床表现消失后仍应继续观察数天，并避免过早活动，防止病情“反跳”。“反跳”的原因可能是药物减量过快导致的病情反复，或是心脏等并发症、中间期肌无力综合征（IMS）、迟发性周围神经病（OPIDN）等。

IMS多发生于重度中毒及早期胆碱酯酶复能剂用量不足的患者，重新使用复能剂、及时行人工机械通气是抢救成功的关键。可给予苯二氮䓬类药物，如地西泮10~20mg im。

针对OPIDN，可给予中、西医对症和支持治疗及运动功能的康复锻炼；还可给予神经生长因子，维生素B_1、B_{12}，以及能够扩张血管、改善循环等药物治疗；可配合针灸、推拿、理疗及运动康复治疗。

（五）其他处理

对于存在有机磷类农药接触反应者，应暂时调离有机磷作业1~2周并复查全血或红细胞胆碱酯酶活性。急性轻度、中度中毒以及轻型中间期肌无力综合征治愈后，1~2个月内不宜接触有机磷杀虫剂；重度中毒和重型中间期肌无力综合征治愈后，3个月内不宜接触有机磷杀虫剂。迟发性多发性神经病，应调离有机磷作业。之后再根据其恢复情况，安排工作或休息。如需进行致残鉴定，按《劳动能力鉴定　职工工伤与职业病致残等级》（GB/7 16180—2014）处理。

（闫永建　范晓丽）

第三节　氨基甲酸酯类农药中毒

氨基甲酸酯类（carbamates）是20世纪50年代后研发的一类合成农药，用作杀虫剂、除草剂、杀菌剂等。作为杀虫剂时，具有速效、内吸、触杀、残留期短及对人畜毒性较有机磷低等优点，已被广泛用于杀灭农业及卫生害虫。氨基甲酸酯类大多数为结晶状的固体，无特殊气味。其在水中的溶解度低，易溶于甲醇、乙醇、丙酮等有机溶剂，碱性溶液中易水解，酸性溶液中较稳定。温度升高时，降解速度加快。常用的氨基甲酸酯类农药有呋喃丹、西维因、速灭威、混灭威、叶蝉散、涕灭威、灭多威、残杀威、兹克威、异索威、猛杀威、虫草灵等。近年来由于昆虫耐药性的产生，此类农药产品多为其与有机磷或菊酯类的混配农药。

一、接触机会

同有机磷类农药，在氨基甲酸酯类农药生产、分装、成品包装、运输、销售、储存、配制和使用过程中，由于过量接触、防护不当均可导致中毒，多数为轻中度中毒。早年该类农药中呋喃丹、灭多威的中毒病例报道较多，目前单纯该类农药中毒病例较少，多为其与有机磷的混配中毒农药。

二、致病机制

氨基甲酸酯类除个别品种（如呋喃丹）属于高毒类外，大部分品种经口吸收，属中等毒类；部分品种经皮吸收，属低毒类。可通过呼吸道和胃肠道吸收，多数品种经皮吸收缓慢、吸收量低。

氨基甲酸酯类农药进入机体后，很快分布到全身组织和脏器中，如肝、肾、脑、脂肪和肌肉等。氨基甲酸酯类代谢迅速，一般在体内无蓄积，经水解、氧化和结合反应产生的代谢产物主要从尿中排出，少量经肠道排出体外，24h一般可排出摄入量的70%~80%。呋喃丹的代谢主要在肝内进行，其水解反应的主要产物是酚类，氧化代谢产物主要是三羟基呋喃丹，其水解速率比氧化代谢速率快3倍，结合反应则主要是其水解产物酚类进一步与葡萄糖醛酸或硫酸结合成酯。呋喃丹的水解与结合反应具有解毒作用，而经氧化反应生成的三羟基呋喃丹与呋喃丹的毒性相当。

氨基甲酸酯类农药的急性毒作用机制同样是抑制乙酰胆碱酯酶。与有机磷类农药不同的是，氨基甲酸酯类农药大多不需经代谢转化，能够直接抑制胆碱酯酶，与酶形成疏松复合体。氨基甲酸酯类农药以整个分子与胆碱酯酶的阴离子点和酶点形成可逆性的氨基甲酰化胆碱酯酶复合物，主要作用是抑制胆碱酯酶活性，使其酶活性中心丝氨酸的羟基被氨基甲酰化，因而失去酶对乙酰胆碱的水解能力，引起乙酰胆碱蓄积，从而发生胆碱能神经兴奋的临床表现。由于这个结合是可逆的，氨基甲酰化胆碱酯酶可再水解释放出游离的有活性的酶，也可进一步形成氨基甲酰化胆碱酯酶和脱离基团（酚、苯酚等）。

有些动物实验报道，西维因具有麻醉作用、生殖毒作用、致畸作用和肾脏损害。

三、临床表现

急性氨基甲酸酯类农药中毒的临床表现与有机磷农药中毒相似，具有以下特点。

（1）发病迅速，潜伏期短，一般在接触后2~4h发病，口服中毒潜伏期更短，可在10~30min出现中毒症状。

（2）一般病情较轻，以毒蕈碱样症状为主；可伴有肌束震颤等烟碱样症状；重症患者可出现肺水肿、脑水肿、昏迷及呼吸抑制等危及生命。经及时治疗恢复快，预后较有机磷中毒好。

（3）血液胆碱酯酶活性轻度下降，恢复迅速。口服氨基甲酸酯类农药中毒后，患者血胆碱酯酶活力会迅速下降，在15min内下降至最低水平，而在30~40min后可恢复到50%~60%，60~120min基本恢复正常。故大多数氨基甲酸酯类农药中毒患者（除服毒量大者及服毒时间短者）的血胆碱酯酶活力并未降低。

（4）不发生迟发性周围神经病。有些品种可引起接触性皮炎，如残杀威。

四、诊断及鉴别诊断

依据《职业性急性氨基甲酸酯杀虫剂中毒诊断标准》（GBZ 52—2002），方可诊断。

（一）诊断原则

根据短时间内接触大量氨基甲酸酯杀虫剂的职业史，迅速出现相应的临床表现，结合全血胆碱酯酶活性的及时测定结果，参考现场劳动卫生学调查资料，进行综合分析，在排除其他病因后，方可诊断。

（二）诊断分级

1. 轻度中毒

短期密切接触氨基甲酸酯后，出现较轻的毒蕈碱样和中枢神经系统症状，如头晕、头痛、乏力、视物模糊、恶心、呕吐、流涎、多汗、瞳孔缩小等，有的可伴有肌束震颤等烟碱样症状，一般在24h以内恢复正常。全血胆碱酯酶活性往往在70%以下。

2. 重度中毒

除上述症状加重外，并具备以下任何一项者，可诊断为重度中毒：（1）肺水肿；（2）昏迷或脑水肿。全血胆碱酯酶活性一般在30%以下。

对可疑混配农药接触中毒者，要详细询问病史或查阅农药说明书，以明确其成分。必要时行农药或生物样本的毒物检测分析。遇到不典型病例，或病情较重者，应考虑与高毒有机磷农药复配农药的可能性。

（三）鉴别诊断

非职业性中毒可根据患者自服或误服氨基甲酸酯类农药病史；毒蕈碱样、烟碱样和中枢神经系统症状等中毒表现；相应实验室检查及全血胆碱酯酶活力降低，参考《职业性急性氨基甲酸酯杀虫剂中毒诊断标准》（CBZ 52—2002）进行诊断。同时需要注意与高温中暑、急性胃肠炎等鉴别。

五、治疗

（一）一般处理

中毒患者应立即脱离污染现场，脱去污染衣物，用肥皂水反复彻底清洗污染的衣服、头发、指甲或伤口。眼部受污染者，应迅速用清水、生理盐水或1%~2%的碳酸氢钠溶液冲洗。口服中毒者，要及时彻底洗胃、导泻、胃肠吸附治疗。

（二）特效解毒剂

阿托品或长托宁是治疗的首选药物（参见有机磷类农药中毒章节）。但要注意，轻度中毒不必阿托品化；重度中毒者，开始最好静脉注射阿托品，并尽快达阿托品化，但总剂量远小于有机磷中毒时的用量。

一般认为单纯氨基甲酸酯杀虫剂中毒不需要用肟类复能剂（异索威中毒例外）。但因其与有机磷的混配农药较多，如不确定农药成分中是否含有机磷，可试着加用肟类复能剂，并根据疗效及时调整用量。在确定为氨基甲酸酯和有机磷的混配农药中毒时，则应按照急性有机磷中毒的治疗原则处理。例如，“呋喃丹颗粒剂”即为呋喃丹与一定比例久效磷的混配品种，此农药中毒时可加用氯解磷定或解磷定进行治疗，但剂量应酌情减少。

（三）其他治疗

呋喃丹中毒者因其在体内可水解产生氰化物，可加用维生素 C、亚甲蓝和硫代硫酸钠治疗，以对抗高铁血红蛋白形成，保护细胞色素氧化酶，改善组织缺氧。

（四）对症支持治疗

参见有机磷类农药中毒章节。

（闫永建　樊琳琳）

第四节　拟除虫菊酯类农药中毒

拟除虫菊酯（pyrethroid）类农药是人工合成的结构上类似天然除虫菊素（pyrethrin）的一类高效广谱杀虫剂，其分子由菊酸和醇两部分组成，具有杀虫活性高、用量少、残留量低、毒性小等特点，被广泛用于农业杀虫和卫生杀虫领域。根据其结构中是否含有氰基可分为两型：Ⅰ型不含氰基，毒性较低，常用的有氯菊酯、丙烯菊酯、苯醚菊酯、苄呋菊酯、苄氯菊酯等；Ⅱ型含有氰基，多为中等毒性，常用的有溴氰菊酯、氯氰菊酯、氰戊菊酯、氟氯氰菊酯等。用于杀虫的拟除虫菊酯类农药多为Ⅱ型，卫生杀虫剂则多为Ⅰ型，常配制成气雾或电烤杀蚊剂。

拟除虫菊酯类农药大多数为黏稠状液体，呈黄色或黄褐色，少数为白色结晶如溴氰菊酯，一般配成乳油制剂使用。多数品种难溶于水，易溶于甲苯、二甲苯、丙酮等有机溶剂中。常温下大多不易挥发，在酸性条件下稳定，遇碱易分解。

一、接触机会

从事拟除虫菊酯杀虫剂的生产、分装、运输、销售，或在施药过程中进行配药、喷洒、修理或清洗药械，以及手洗污染的工作服时，均有可能通过呼吸道、皮肤接触此类农药。

职业性急性拟除虫菊酯中毒多由生产过程的意外事故、手工灌装或半机械化作业人工旋盖、田间施药时违反安全操作规程等原因造成，如徒手配药、徒手修理药械、不注意防护、施药时器械溢漏、逆风喷洒、皮肤污染农药后未及时清洗等。生活性拟除虫菊酯中毒多为误服或口服自杀。

二、致病机制

拟除虫菊酯类农药可经呼吸道、皮肤及消化道等各种途径吸收。职业接触中，经皮肤吸收尤为重要。此类药物被吸收后迅速分布到神经系统、肝、肾等脏器，由于其本身本类具有较高脂溶性，因此易通过血脑屏障。此类药物在体内分解代谢迅速，代谢产物主要经肾脏排泄，少数随粪便排出。尿中排出物为酯类、酚类代谢物及其原形。

拟除虫菊酯类农药的生物降解主要通过酯的水解和在芳基及反式甲基上发生羟化两个主要途径。反式异构体的代谢主要靠水解反应，顺式异构体的解毒则主要靠氧化反应。一般反式异构体的水解及排泄较快，因此比顺式异构体的毒性要小些。一些拟除虫菊酯类化合物本身有多个异构体，其水解后的代谢物甚为复杂。排出的代谢物中如为酯类，一般皆以游离的形式排出；若是酸类如环丙烷羧酸或由芳基形成的苯氧基苯甲酸，则以结合物的形式（主要与葡萄糖醛酸结合）排出。粪便中会还排出一些还原型化学物。拟除虫菊酯在人体内代谢与排泄甚快，尿中原形化合物在接触后 24h 内可检出，部分代谢物在 3~5d 内可测到。1d 内可排泄 50% 以上，8d 内几乎排出全部，仅有微量残存于脂肪及肝脏中。拟除虫菊酯类化合物的水解反应可被有机磷杀虫剂在体内或体外抑制，因此先后或同用这两种杀虫剂能协同增强杀虫的效果及急性毒性。近年来国内生产的产品多数是有机磷和拟除虫菊酯类的混配农药，对人畜的毒性也相应增加。

拟除虫菊酯类农药多为中等毒类（Ⅱ型）和低毒类（Ⅰ型），属于神经毒物，毒作用机制未完全阐明。两型拟除虫菊酯都选择性地作用于神经细胞膜的钠离子通道，使去极化后的钠离子通道 m 闸门关闭延缓，钠通道开放延长，从而产生一系列兴奋症状。一般而言，Ⅰ型拟除虫菊酯类的神经中毒表现主要为兴奋不安，无肌肉阵挛和抽搐，称为 T 症候群；Ⅱ型中毒则表现为大量流涎、舞蹈与手足徐动（chorea-achetosis）、易激惹、肌肉阵挛和阵发强直性抽搐，类似癫痫大发作，称为 C 症候群。皮肤接触后，出现烧灼、痛痒等异常感觉，可能因感觉神经去极化重复放电所致，也可产生局部刺激作用和过敏反应。拟除虫菊酯类农药对血胆碱酯酶无明显影响，其醇组成部分可兴奋 M 样受体和 N 样受体，对心血管的作用多为先抑制后兴奋。另外，拟除虫菊酯类还可直接作用于神经末梢和肾上腺髓质，使血糖、乳酸和肾上腺素增高，从而引起血管收缩，心律失常等表现。近年来，研究者更多关注长期低剂量暴露下的潜在毒性，包括内分泌干扰、免疫毒性、神经毒性、发育毒性等。

三、临床表现

急性职业性中毒多为经皮和 / 或经呼吸道吸收引起，症状一般较轻。特征性表现为神经系统异常兴奋症状和皮肤异常表现。首发症状多在接触 4~6h 出现，多为面部皮肤灼痒感或头昏，如污染眼内者可立即引起眼痛、畏光、流泪、眼睑红肿及球结合膜充血水肿。全身症状最迟 48h 后出现。中毒者约半数出现面部异常感觉，自述为烧灼感、针刺感或发麻、蚁走感，常于出汗或热水洗脸后加重，停止接触数小时或 10 余小时后即可消失。少数患者出现低热，皮肤出现红色丘疹伴痒感、大疱。部分患者口腔分泌物增多。

全身症状轻度中毒者可有头痛、头晕、乏力、恶心、呕吐、食欲不振、精神萎靡或肌束震颤等。口服者则主要为上腹部灼痛、恶心或呕吐等。我国已报道数千例急性拟除虫菊酯（或含菊酯的混配农药）中毒，其中 70% 为口服中毒者，口服者呕吐等胃肠症状颇为突出，可发生糜烂性胃炎。口服剂量大者，15~20min 内即可出现意识障碍。严重者常频繁性阵发抽搐，抽搐时上肢屈曲痉挛、下肢挺直、角弓反张、意识丧失，持续 30~120s，抽搐频繁者每日发作多达 10~30 次，各种镇静解痉剂疗效均不佳。重症患者还可出现肺水肿。但这些患者被救治后多能完全恢复，死亡率低，预后较好。拟除虫菊酯类与有机磷混配农药中毒者，可出现瞳孔缩小，肌束震颤或肺水肿等。因两者的协同作用，患者症状会更严重。

有个别文献报道拟除虫菊酯可引起哮喘发作，尤其既往有哮喘病史者可出现严重过敏反应而死亡，应引起注意。溴氰菊酯可以引起类枯草热症状，也可诱发过敏性哮喘。

目前暂无此农药慢性中毒病例报道，亦无致癌的证据。

四、诊断及鉴别诊断

根据《职业性急性拟除虫菊酯中毒诊断标准及处理原则》（GBZ 43—2002），方可诊断。

（一）诊断原则

根据短期内密切接触较大量拟除虫菊酯的历史，出现以神经系统兴奋性异常为主的临床表现，结合现场调查，进行综合分析，在排除其他有类似临床表现的疾病后，可以作出诊断。接触后 1~2d 尿中检出拟除虫菊酯原型或代谢产物可作为接触指标。

（二）接触反应

接触后出现面部异常感觉（烧灼感、针刺感或紧麻感），暴露部位皮肤、黏膜刺激症状，而无明显全身症状者。

（三）诊断及分级

根据临床表现，中毒者可以分为以下两级。

1. 轻度中毒

出现明显全身症状，包括头痛、头晕、乏力、食欲不振以及恶心，并有精神萎靡、呕吐、口腔分泌物增多或肌束震颤。

2. 重度中毒

除上述临床表现外，具有下列一项表现：①阵发性抽搐；②意识障碍；③肺水肿。

（三）鉴别诊断

本类与有机磷类农药中毒的鉴别要点为：①呕吐物或呼气中无大蒜臭味。②瞳孔多无改变。③全血胆碱酯酶活力正常。④大剂量阿托品治疗易出现中毒反应（很少耐受 5mg 以上）。⑤肟类复能剂治疗无效。⑥拟除虫菊酯类混配农药中毒表现则较复杂，主要取决于混配农药各成分的比例和毒性。

五、治疗

急性拟除虫菊酯类农药中毒尚无特效解毒药物，可按照一般急性化学中毒原则处理，如及早清除毒物、阻止毒物继续吸收、促进毒物从体内排出、增强代谢、保护重要脏器、对症支持治疗、积极防治并发症等，一般预后较好。重症患者可给予血液净化治疗。

职业中毒患者应立即脱离中毒现场，对污染的皮肤应尽快用肥皂水等碱性液体或清水彻底清洗。温热水可加重皮肤的异常感觉，故应避免使用。皮肤有炎症或灼伤者应避免强光照射，可口服抗过敏药物，局部用 N，N–二甲基–乙胺酸盐处理；皮肤损伤严重者，可用湿润烧伤膏或维生素 E 油剂涂抹；眼睛有污染者，现场应立即用生理盐水或 1%~2% 的碳酸氢钠溶液或流动清水彻底冲洗眼睛，然后用可的松、玻璃酸钠交替点眼。

经口中毒者，一般不宜催吐（除溴氰菊酯、杀灭菊酯外），彻底洗胃仍是抢救成功的关键。洗胃时动作宜轻柔。洗胃液最好选用 2%~4% 的碳酸氢钠溶液，每次 300mL 左右，洗后吸净，以免导致急性胃扩张，禁用 1 : 5000 的高锰酸钾溶液洗胃。洗后可注入活性炭以吸附胃中残留药液。不需导泻，特别是禁用油类泻剂。

伴有惊厥抽搐者，可用地西泮、苯巴比妥肌注，持续抽搐可用0.8%氯甲噻唑（chlorethiazol）溶液静脉滴注，成人剂量为0.5~0.7g，以及使用氨基甲酸乙酯（urethane）静脉注射，累积剂量可达1g/kg。止痉处理对救治拟除虫菊酯类中毒至关重要，也是降低病死率的关键。

伴肺水肿或严重心肌损害及全身变态反应者，可加用肾上腺糖皮质激素。

阿托品虽可减轻口腔分泌和肺水肿症状，宜小剂量应用，切忌阿托品化，以免引起阿托品中毒。拟除虫菊酯类与有机磷类混合中毒者，阿托品化出现较早，所需剂量亦远小于单纯有机磷中毒者的使用量，故大剂量应用易出现中毒反应，应引起注意。

若患者为拟除虫菊酯类与有机磷类混配农药引起的急性中毒，临床表现常以有机磷中毒为主，中毒者的临床表现一般与急性有机磷杀虫剂中毒相似，故应先检测全血或红细胞胆碱酯酶。治疗时先采用阿托品、胆碱酯酶复能剂等药物，而后给予对症处理。不能排除农药中是否含有机磷才能给分中毒时，可用阿托品试验治疗，并密切观察治疗反应。对重度拟除虫菊酯中毒出现肺水肿者，可用少量阿托品治疗。本品与杀虫脒或西维因混合中毒时，也应分别按甲脒类、氨基甲酸酯类中毒处理。

轻度中毒患者治愈后可从事原工作。重度中毒者根据病情安排康复治疗，治愈后可从事原工作。皮肤反应强烈者不宜再继续接触除虫菊酯类。

（闫永建　冯宝宝）

第五节　案例分析

一、有机磷类农药中毒案例

（一）事件经过

患者男，37岁，既往体健，无手术及过敏史。2020年某日，该患者在田间自行勾兑、喷洒敌敌畏半天，穿居家衣服，无防护服及防毒口罩。稀释药液污染背部、四肢等多处衣服和皮肤，作业完成后只清洗双手即休息。当日下午感多汗、乏力、视物不清，精神差，家属带其来县级医院就诊。

（二）临床资料

入院查体：体温35.5℃，脉搏78次/min，呼吸20次/min，血压110/72mm Hg；神志清，精神差，全身皮肤潮湿，可闻及呼出气有机磷农药气味；背部皮肤局部可见约25cm×25cm皮肤红肿，右前臂远端内侧可见约2cm×10cm皮肤红肿，右足背侧局部可见约4cm×4cm皮肤红肿，均无水疱、破溃。双瞳孔直径约1.5mm，对光反应存在。颈软。两肺呼吸音粗，可闻及湿啰音。腹软，全腹无压痛及反跳痛。四肢肌力大致正常。急诊科予全身皮肤、黏膜清洗，更换衣物；测血清胆碱酯酶活力15U（参考值30~80U）。血常规、血糖结果正常。建立静脉通道，给予阿托品2mg静脉注射，生理盐水20mL+碘解磷定1g缓慢静脉注射。随后转入病房。入院后给予：阿托品1mg静脉注射（每4 h一次）、生理盐水20mL+碘解磷定0.5g缓慢静脉注射（每8h一次）及补液对症治疗。

4月17日，患者仍感乏力，无大汗、胸闷，饮食、睡眠正常。查体：神志清，精神正常，皮肤干燥；双瞳孔直径约2.5mm，对光反应灵敏；背部、右前臂、右足皮肤红肿较前减轻；两肺呼吸音清晰，未闻及干、湿啰音。复测血清胆碱酯酶10U，血钠132mmol/L，肌红蛋白90ng/mL，肝功能、肾功能、肌钙蛋白、肌酸激酶同工酶、淀粉酶结果均大致正常。嘱患者适量进高盐食物。4月19日，患者无明显不适，皮肤干燥，皮肤红肿区较前缩小；血清胆碱酯酶15U，肝功能、肾功能、电解质、肌红蛋白结果均正常。

4月20日下午停用所有药物继续留院观察，共应用阿托品18mg，碘解磷定3g。4月23日复查血清胆碱酯酶20U。患者自述无多汗、胸闷、乏力等不适，自主活动正常，背部皮肤损伤处仍有红肿，要求出院。4月23日下午，患者出院。嘱患者两个月内避免接触农药，一周后复查，如有不适及时就诊。

4月23日夜间躺下休息1h后稍感胸闷、乏力，当时未在意，约两小时后被家属发现呼之不应，全身潮湿，口腔有白色泡沫溢出，小便失禁，急送入院。查体：无意识，双瞳孔直径约4mm，对光反应消失，全身皮肤潮湿，无自主呼吸，无心音，四肢查体无任何生理、病理体征。立即予以心肺复苏、气管插管、呼吸机辅助通气，应用阿托品、肾上腺素、碘解磷定等药物治疗，急查胆碱酯酶 < 5U。积极抢救1h，患者仍无任何生命体征，心电监护示等电位线，宣布临床死亡。询问家属，患者回家后饮食正常，未再打药。睡觉前未述不适，被褥未更换。

（三）案例具体分析

患者具有明确的生产性敌敌畏农药接触史，个人安全使用农药防护意识差，在未做好防护的情况下，喷洒农药4~5h，造成皮肤污染后未立即清洗，故引起中毒。患者为皮肤、呼吸道吸收中毒。敌敌畏毒性高，对皮肤的刺激性强，直接接触部位反应强烈，可有红肿、糜烂、水疱甚至大泡，分泌物多，应多次清洗并给予专业处理，否则可导致农药局部持续吸收，毒效应延迟。从病情看，本例入院查体属于急性有机磷轻 – 中度中毒，有肺水肿。仅在急诊科给予清洗皮肤，入院后未再清洗。特殊解毒药物应用4d即停药观察，共应用阿托品18mg，碘解磷定3g，血清胆碱酯酶持续低于正常，但患者要求出院。出院后当晚（中毒后7d），病情“反跳”而死亡。究其原因：①未及时、彻底清洗污染皮肤，未更换床褥，可造成农药的持续吸收；②治疗疗程短、复能剂用量不足，可能导致病情反复；③农药具有心脏毒性，造成恢复期“心源性猝死”。生产性农药中毒在基层仍常见，应加强安全使用农药的宣传培训，加强基层医院的规范化诊疗。

二、急性氨基甲酸酯类农药中毒案例

因职业性农药中毒的案例较少，以下介绍一起因误服农药导致的急性氨基甲酸酯类农药中毒案例。

（一）事件经过

患者男，68岁。因“误服农药1h”，就诊于当地医院。

（二）临床资料

当地医院病历记载：意识模糊，表情淡漠，双侧瞳孔直径1.5mm，口唇轻度发绀。双肺呼吸音粗，可闻及痰鸣音及湿啰音。心率80次/min，律齐，未闻及病理性杂音。腹软，左上腹轻压痛，肠鸣音活跃。神经系统未见异常。查血胆碱酯酶活力为0，按“重度有机磷农药中毒”给予洗胃，使用氯解磷定、阿托品解救，病情好转，意识清楚。继续应用阿托品，4h后患者出现烦躁不安，谵语，未及时将阿托品减量。次日患者意识不清，面色苍白，呼吸减弱，血压下降。此时共用阿托品近300mg，氯解磷定8.0g，家属要求放弃治疗。停止治疗后，当日下午患者意识好转，呼之能睁眼，为进一步治疗而转入急诊科。查体：体温38℃，脉搏120次/min，血压110/70mmHg；意识模糊，烦躁；全身皮肤干燥，颜面潮红；双侧瞳孔直径4.0mm，对光反射迟钝；双肺呼吸音粗，未闻及干

湿啰音；心界不大，心率120/min，律齐，未闻及病理性杂音；腹软，肝脾未及，肝区轻叩痛，肠鸣音弱；血生化肝功轻度损害。心电图检查示：窦性心律，T波各导联低平。追问病史，患者诉当时误服农药为呋喃丹。修正诊断为①“急性氨基甲酸酯类农药中毒（呋喃丹）”；②阿托品中毒。停用阿托品，给予吸氧、补液、保肝、促排泄等治疗，病情逐渐好转，治疗5d痊愈出院。

（三）案例具体分析

本例误服了氨基甲酸酯类农药，但接诊医师在未详细询问病史、未明确何种农药中毒的情况下，盲目大剂量使用阿托品和肟类复能剂，当出现阿托品过量的表现后，又未能及时减量，导致阿托品中毒，致病情加重。家属要求放弃治疗。医院详细询问病史，修正诊断后，按照急性氨基甲酸酯类农药中毒（呋喃丹）和阿托品中毒治疗，患者痊愈出院。本例说明氨基甲酸酯类农药中毒和急性有机磷中毒临床表现有相似之处，但发病机理和治疗措施均有不同，应注意鉴别。

（闫永建　曾　梅）

第十二章　其他常见化合物的职业中毒

12

第一节　丙烯酰胺中毒

丙烯酰胺（acrylamide，AA），分子式 $CH_2CHCONH_2$，是一种不饱和酰胺，常温常压下为白色结晶状固体，不易挥发，易溶于水、乙醇、乙醚和三氯甲烷等极性溶剂，微溶于甲苯，不溶于苯和庚烷。在密闭容器中发生聚合，可能引起爆炸。遇热、明火可燃。受高温分解，产生腐蚀性气体。

一、接触机会

丙烯酰胺有晶体和水溶液两种形态，目前在工业生产中主要使用丙烯酰胺水溶液，几乎不形成蒸气压力。在污水处理、石油开采、造纸、纺织、印染等行业及生产聚丙烯酰胺、合成丙烯酰胺、N，N- 亚甲基双丙烯酰胺、N- 羟甲基丙烯酰胺等化学物的工艺过程中均可能发生中毒。

二、致病机制

丙烯酰胺可经皮肤、呼吸道及消化道侵入，皮肤吸收是职业性丙烯酰胺中毒的主要途径。本品吸收后仅少部分（$<10\%$）以原形从尿中排出，一部分与血红蛋白及器官中蛋白质的巯基结合，转而分布于神经组织及其他脏器，一部分转化为环氧丙酰胺（glycidamide，GA），在谷胱甘肽转移酶催化下，代谢产生巯基尿酸 - 乙酰丙酰胺半胱氨酸从尿中排出，仅极少量（$<5\%$）由粪便和呼吸道排出。

本品属中等毒性，啮齿类动物口服给药的 LD_{50} 为 100~200mg/kg，具有神经毒性、致癌性、遗传毒性、发育毒性、雄性生殖毒性等，目前在人群中得到证实为神经毒性，其余毒性仍在研究中。AA 是蓄积性神经毒，对中枢及周围神经系统均有损害。急性毒性以中枢神经损害症状为主，慢性中毒以周围神经损害症状为主。其发病机制有氧化应激介导、抑制中枢神经系统能量代谢、调控神经元凋亡、抑制生物膜融合、干扰神经轴浆运输系统等。

三、临床表现

丙烯酰胺中毒主要损伤神经系统，临床表现取决于中毒者的接触剂量。

（一）急性和亚急性中毒

急性和亚急性中毒均以中枢神经损害症状为主，其主要症状是小脑共济失调和自主神经功能障碍，轴突病变并不明显。

职业性急性中毒较为少见，临床所见急性中毒多为消化道吸收所致，主要症状为嗜睡、意识障碍、谵妄、躁动、抽搐、昏迷等中毒性脑病表现，严重者可因多器官功能衰竭而死亡。

较短时间内反复接触较高浓度丙烯酰胺可引起亚急性中毒，表现为四肢无力、嗜睡及小脑功能障碍。小脑共济失调表现为言语含糊、动作笨拙、持物不稳、精细动作难以完成、步态蹒跚，查体可见眼球水平性震颤、四肢肌张力降低，指鼻及跟膝胫试验不稳，轮替动作失调等。脱离接触 1 个月左右，随中毒性脑病好转，逐渐出现感觉 – 运动型周围神经病，表现为肢体麻木、刺痛、下肢无力、对称性远端音叉振动觉和触觉障碍、腱反射减弱或消失、感觉性共济失调、肌力减退等；严重者远端肌肉萎缩，可影响运动功能。偶有颅神经损伤表现，可出现视野缩小、视神经萎缩等。

（二）慢性中毒

慢性中毒多于接触 AA 数月、数年后发生，一般为隐匿起病，发病初期出现头晕、头痛、疲乏、无力、嗜睡、食欲不振、消瘦等，随着病程进展，出现周围神经病，首先出现末梢变性，继而出现轴突变性，表现为四肢末端对称性感觉和运动障碍。临床表现为接触局部皮肤多汗、湿冷、红斑、脱皮，进而有四肢无力、肢端麻木、持物不牢、精细动作困难、步态蹒跚等。神经系统检查可见跟腱反射减弱或消失，四肢对称性手套、袜套样分布的痛觉、触觉障碍，病情进展时可扩展到肘、膝水平；深感觉障碍时可见感觉性共济失调、肢体远端音叉振动觉和位置觉均减退，闭目难立试验阳性等。严重病例可见四肢肌力减退、四肢肌肉萎缩，明显影响运动能力。四肢振动觉障碍及跟腱反射减弱是慢性轻度中毒的早期表现，因此，应反复仔细检查这两项体征，检查跟腱反射应取俯卧屈膝位法。

（三）实验室检查

1. 神经 – 肌电图测定

神经 – 肌电图测定可见远端感觉神经电位明显降低，感觉和运动神经传导速度减慢，诱发电位波幅降低，肌电图上可见自发性失神经电位，提示慢性丙烯酰胺中毒是以轴索损害为主的周围神经病。

2. 脊髓及大脑诱发电位测定

脊髓及大脑诱发电位测定可见脊髓传导速度减慢，传导时间延长，而颈髓以上中枢传导时间未见改变，提示脊髓上行传导神经纤维受损。

3. 血中丙烯酰胺 – 血红蛋白加合物测定

AA 和 GA 能与血红蛋白的氨基末端缬氨酸结合，生成性质稳定的加合物 AA–Hb 和 GA–Hb，这两种加合物性质稳定，可存留于整个红细胞生存周期，可作为 AA 慢性暴露水平的客观指标。此外，该类加合物与接触者周围神经症状有良好的剂量 – 反应关系，如 AA–Hb 含量超过 1nmol/g 球蛋白的接触者有 39% 出现手和足部刺痛和麻木症状，而 AA–Hb 加合物水平 < 0.51nmol/g 球蛋白以下者则未发现上述症状。

4. 尿中代谢物测定

尿中至少可检测到 4 种丙烯酰胺代谢产物，其中 N– 乙酰 –S–（2– 氨基甲酰乙基）– 半胱氨酸（AAMA）为主要代谢产物，占 51.7%，其在人体内存留时间很短，48h 后几乎完全排出体外，尽可作为丙烯酰胺急性接触的反应指标。AA 在体内经细胞色素 P450 中 CYP2E1 酶的催化下可生成 GA，使毒性增大，其代谢产物 GAMA 似更能反映丙烯酰胺的毒性情况，可通过检测 GAMA 在尿中含量反映近期丙烯酰胺的暴露情况。

四、诊断及鉴别诊断

国家已颁布《职业性丙烯酰胺中毒的诊断》（GBZ 50—2015），可作为诊断依据。

（一）急性中毒

1. 诊断原则

根据短期内接触大量丙烯酰胺的职业史，以中枢神经系统功能障碍为主的临床表现，结合实验室检查结果及工作场所职业卫生学调查，进行综合分析，排除其他类似疾病后，方可诊断。需要与脑出血或脑栓塞、外伤、癫痫、急性药物中毒、中枢感染性疾病等鉴别。

2. 诊断分级

（1）轻度中毒：短期接触大量丙烯酰胺后，出现头痛、头晕、乏力，接触局部皮肤多汗、湿冷、红斑、脱皮，或伴四肢麻木，并同时出现轻度意识障碍或小脑性共济失调如持物不稳、站立不稳或步态蹒跚。

（2）重度中毒：在轻度中毒表现基础上，出现中度或重度意识障碍，可伴有癫痫样发作，或出现明显的精神症状。

（二）慢性中毒

1. 诊断原则

根据长期接触丙烯酰胺的职业史，出现多发性周围神经损害的症状、体征及神经 – 肌电图改变，结合工作场所职业卫生学调查，排除其他病因引起的周围神经疾病后，方可诊断。需要排除其他原因引起的周围神经病，如呋喃类、异烟肼、砷、三氯乙烯、氯丙烯、磷酸三邻甲苯酯（TOCP）、甲基正丁基酮、正己烷等中毒及糖尿病、感染性多发性神经炎等。

2. 诊断分级

（1）轻度中毒：长期接触丙烯酰胺，局部皮肤（尤其手足部位）出现多汗、湿冷、脱皮、红斑或肢端麻木、刺痛、下肢乏力等症状，同时出现四肢对称性手套、袜套样分布的痛觉、触觉障碍，肢体远端音叉振动觉减退，伴跟腱反射减弱或神经 – 肌电图检查提示轻度周围神经损害。

（2）中度中毒：在轻度中毒基础上，出现四肢振动觉或痛觉、触觉障碍水平达肘、膝以上，伴跟腱反射消失，或肢体肌力减退至 3 级，或深感觉明显障碍伴感觉性共济失调，或神经 – 肌电图检查提示明显周围神经损害。

（3）重度中毒：在中度中毒基础上，出现肢体肌力减退至 2 级及以下，或四肢远端明显肌肉萎缩，或神经 – 肌电图检查提示严重周围神经损害。

五、治疗

丙烯酰胺中毒无特效解毒剂，主要为对症支持治疗。

（一）急性中毒

急性中毒者应立即脱离丙烯酰胺作业环境，脱去污染的衣物，清洗污染的皮肤、黏膜，误服者应彻底洗胃，并灌服活性炭。救治重点在防治中毒性脑水肿、保护重要脏器功能，并采用吸氧、改善微循环、神经营养药物治疗，如有明显意识障碍者可短期使用糖皮质激素治疗。

（二）慢性中毒

慢性中毒者重点是治疗周围神经病，可用B族维生素、神经营养药物（如甲钴胺）及中医中药（复方丹参、脉络宁等），并辅以康复治疗及对症治疗。

（何蔡为　王会宁）

第二节　环氧乙烷中毒

环氧乙烷（ethylene oxide）属于环氧化合物，又名1，2-环氧乙烷（1，2-ep-oxyethane）、氧化乙烯（ethylene oxide），4℃以下为无色透明液体，在常温下为无色略带醚刺激性气味的气体，高浓度时有甜味感。易溶于水和乙醇、乙醚、苯、丙酮、二硫化碳、四氯化碳等一般有机溶剂。其气体蒸气压很高，30℃时可达141kPa，这一特性决定了具有其较强的穿透力，因此成为甲醛之后的第二代化学消毒剂，至今仍为最好的冷消毒剂之一，也是目前四大低温灭菌技术（低温等离子体、低温甲醛蒸气、环氧乙烷、戊二醛）中最重要的一员。

一、接触机会

环氧乙烷由乙烯催化和氧化反应而生成，用于制造乙二醇及其衍生物、合成洗涤剂、非离子表面活性剂、抗冻剂、乳化剂、缩乙二醇类产品，也用于生产增塑剂、润滑剂、橡胶和塑料等，广泛应用于洗染、电子、医药、农药、纺织、造纸、汽车、石油开采与炼制等众多领域。其自动分解时能产生巨大能量，故可作为火箭喷气推进器的动力。它与二氧化碳混合可作熏蒸剂杀菌，对金属不腐蚀，无残留气味，用作一些不耐受高温消毒物品的气体杀菌剂，如医疗卫生器材、粮食、食物、香料、精密仪器等。急性中毒以生产性中毒为主，常系管道破裂、敞口投料及未戴有效防毒口罩检修等原因所致。作熏蒸剂使用时，不按操作规程作业，不注意个人防护，工作完毕后不注意清洗暴露皮肤均为引起皮肤损伤的原因。

二、致病机制

环氧乙烷是一种高度活泼的烷化剂、刺激剂、神经毒剂，主要经呼吸道和皮肤吸收，损害中枢神经系统和呼吸系统。环氧乙烷的神经毒性可能由于在体内转化为甲醛或乙二醇，再氧化为草酸，引起细胞功能障碍；或与三甲胺结合形成乙酰胆碱，其代谢产物产生原浆毒，均对神经系统有明显抑制作用。环氧乙烷可对呼吸系统产生刺激作用，接触低浓度环氧乙烷可产生鼻喉刺激，高浓度可引起气管与支气管炎、支气管痉挛和肺不张，接触后12h或更长时间可发生急性肺水肿，甚至可引起多脏器损害。

环氧乙烷蒸气对皮肤一般不产生刺激，但因环氧乙烷极易溶于水，若接触部位因沾水或出汗时，便可发生严重皮炎。环氧乙烷液体沾染皮肤时，因其蒸发可引起冻伤或灼伤。皮肤反复接触时可产生致敏反应。

三、临床表现

（一）急性中毒

1. 呼吸系统损害

（1）急性气管－支气管炎、支气管肺炎：出现剧烈咳嗽、胸闷、气短、乏力。两肺闻及哮鸣音或少量啰音，X 射线胸片检查显示支气管炎、支气管周围炎或肺炎。

（2）支气管痉挛：出现剧烈咳嗽、呼吸困难、发绀、胸闷。

（3）肺水肿：病情严重者，可在吸入环氧乙烷后 12h 或更长时间可发生肺水肿。血气分析可见低氧血症、呼吸性酸中毒或碱中毒。

2. 神经系统损害

（1）早期表现为剧烈的搏动性头痛、头晕、呕吐，继之手足无力、全身肌束颤动和步态不稳、言语障碍、定向力障碍；意识障碍，严重者出现不同程度昏迷，甚至死亡。

（2）迟发性神经病：极少数中、重度患者在中毒后 4~11d，患者由意识清醒转为嗜睡或躁动不安，定向障碍、幻觉、妄想、忧郁、焦虑、精神运动性兴奋或攻击行为等，查体膝反射亢进、锥体束征阳性、脑电图轻度异常，头颅 CT 一般正常，肌电图正常或呈神经源性损害。故中毒者临床治疗应密切观察半个月。

（3）周围神经病：也有报道急性中毒可导致周围神经损害。

3. 循环系统

重度环氧乙烷中毒常并发心肌损害，表现为心律失常，心电图提示有 T 波、S-T 段改变、QT 间期延长，或提示心肌损害，个别病例出现房室传导阻滞。有报道急性中、重度中毒患者，肌红蛋白升高，肌钙蛋白正常或稍高，CK-MB 正常。一般较呼吸系统损害和神经系统损害出现得晚，或为一过性损害。

4. 消化系统

消化系统损害常表现为恶心、呕吐、腹痛、腹泻、腹部压迫感或沉重感，重症病例可出现肝功能损害，ALT、AST、CK、CK-MB、LDH 均有不同程度的升高，发病后 3~7d 明显。

5. 眼部损害

眼结膜充血、水肿、角膜溃疡，表现为眼结膜充血、水肿、畏光、流泪、视物模糊等。

6. 皮肤损伤

液态环氧乙烷或环氧乙烷水溶液可引起皮肤化学性灼伤，以 40%~60% 溶液损害最大。皮肤接触后先有刺痛和冷感，随后红肿、起疱或渗出，愈后可留有黑棕色色素。

（二）慢性中毒

有报道长期接触环氧乙烷的医疗器械消毒工存在呼吸、皮肤双重途径暴露，可引起神经衰弱综合征和自主神经功能紊乱，也有周围神经损害、晶体混浊和白内障的报道。有报道接触环氧乙烷的女工自然流产率升高，有些劳动者还出现性功能减退、性激素水平异常等，对细胞遗传学、血液学的影响及致癌性也有报道。

四、诊断及鉴别诊断

现行《职业性急性环氧乙烷中毒诊断标准》（GBZ 245—2013）可作为诊断和处理急性环氧乙烷

中毒的依据。

1. 诊断原则

根据在短期内接触较大量环氧乙烷的职业史，出现以中枢神经系统、呼吸系统损害为主要临床表现，结合现场职业卫生学调查和实验室结果，综合分析，并排除其他原因导致的类似疾病后，可诊断为急性环氧乙烷中毒。

2. 诊断分级

根据诊断标准将急性环氧乙烷中毒病情分为三级。

（1）轻度中毒：指头晕、头痛、恶心、呕吐、眼部不适、咽干等症状加重，并出现步态蹒跚或意识模糊；或发生急性气管 – 支气管炎者。

（2）中度中毒：在轻度中毒的基础上，出现谵妄或浑浊状态；或发生急性支气管肺炎或急性间质性肺炎者。

（3）重度中毒：在中度中毒的基础上，出现肺泡性肺水肿；或重度中毒性脑病者。

3. 鉴别诊断

急性环氧乙烷中毒一般不难诊断，但其早期临床表现与上呼吸道感染无异，易误诊。需与以下疾病鉴别：其他刺激性气体急性中毒、流感、上呼吸道感染、支气管炎、细菌性肺炎、病毒性或支原体肺炎、心源性肺水肿等。

慢性中毒无相应诊断标准，应根据临床表现及神经 – 肌电图检查结果，注意排除免疫性、血管炎性、代谢性、药物源性等因素所致的周围神经病。

五、治疗

无特效解毒剂，主要采取一般急救措施、对症治疗及支持治疗。

（1）清除污染迅速将患者脱离中毒现场至空气新鲜处更换污染衣物，用大量清水冲洗污染的皮肤和头发 15min 以上，外涂地塞米松霜或苯海拉明霜，有化学灼伤者局部用紫草油或烧伤湿润膏。眼睛接触时，提起眼睑，用大量清水或生理盐水冲洗受环氧乙烷刺激的眼睛 15min 以上，然后用含糖皮质激素的眼药水和含抗菌药物的眼药水交替滴眼。误服者立即漱口、催吐，用 3%~5% 碳酸氢钠溶液反复洗胃，10%~15% 活性炭水口服，口服甘露醇导泻等。

（2）合理氧疗，解除支气管痉挛、祛痰，保持呼吸道通畅，抗生素预防感染，必要时考虑气管插管或气管切开机械辅助通气。

（3）积极防治脑水肿、肺水肿，如早期、足量、短程应用肾上腺糖皮质激素等。详见概述脑水肿、肺水肿治疗章节。

（4）其他对症支持治疗，促进脑代谢、营养神经、改善微循环等。

（5）皮肤损害者参照 GBZ 51—2009 处理。

（何蔡为　王会宁）

第三节　腈类化合物中毒

一、乙腈

乙腈（acetonitrile，ethanenitrile）亦称甲基腈（methyl cyanide）、氰甲烷（cyanomethane），化学式为 C_2H_3N 或 CH_3CN，为无色、有芳香气味的液体，易蒸发，可溶于水，易与乙醇、乙醚、丙酮、氯仿、四氯化碳、氯乙烯等混溶。水溶液不稳定，可水解为醋酸和氨；乙腈受热则可释出氰化氢（HCN）。

（一）接触机会

乙腈系通过加热乙酰胺和冰醋酸混合液而制备，是重要的工业溶剂，主要用于抽提丁二烯、纸杯合成纤维和某些特殊涂料、石油烃去焦油、动物和植物油抽提脂肪酸等；也用作有机合成（如苯乙酮、1- 萘醋酸、维生素 B_1、甾体类药物等）反应介质，或制备维生素 B_1 和香料的中间体、高介电常数极性溶剂、均三嗪氮肥增效剂、乙醇变性剂的原料。还可用于合成乙胺、醋酸等，并在织物染色、照明工业中也有许多用途。在生产过程中可因接触其液体或蒸气而引起急性中毒。

（二）致病机制

本品可通过呼吸道、消化道、皮肤迅速吸收进入人体，主要代谢途径为氧化，先生成羟基乙腈，进而生成甲醛和氰化氢，后者可大部分转化为硫氰酸盐从尿中排出；小量羟基乙腈可转化为甲酸参与一碳化合物代谢或继续氧化为二氧化碳和氨，从呼气排出。部分乙腈亦可以原形存在，并经呼气及尿排出，排出速率较快，故本品无明显蓄积作用。急性乙腈中毒病情一般不如氰化氢严重，极少引起猝死。表明乙腈的毒性除与其在体内释放出 CN^- 有关外，也与其本身及硫氰酸盐等代谢产物的作用有一定关系。如摄入高浓度大量乙腈，不能及时转化为硫氰酸盐排出，常可导致严重氰化物中毒，甚至猝死。

（三）临床表现

急性职业性乙腈中毒并不少见，国内外均屡见报道。乙腈蒸气具有轻度刺激性，吸入中毒者，较高浓度下能引起一定程度的眼、上呼吸道刺激症状，如眼结膜充血、流泪、咽干、咽痛、咳嗽等表现。重度中毒的临床表现以中枢神经系统损害为主。与氰化氢相比，乙腈中毒起病较缓，中毒潜伏期多在 4h 以上，亦有接触 3d 后才发病的报道。出现面色灰白、虚弱无力、恶心、呕吐、流涎、腹痛、腹泻、胸闷、胸痛，严重者可出现呼吸抑制、血压下降、昏迷、抽搐等症状。可因昏迷、抽搐、呼吸衰竭、心脏停搏而死亡。

乙腈中毒时，患者脉搏、心率皆减慢，呼吸深慢，面色多呈苍白，常引起肾脏损害，出现蛋白尿；亦有报告显示患者会出现尿频等症状，提示与氰化物中毒并不完全一致，不能排除其本身及 SCN^- 等代谢产物的作用。

目前尚无慢性乙腈中毒临床报告。

（四）诊断及鉴别诊断

急性乙腈中毒目前暂无统一的诊断标准，诊断主要根据短时间内较大量乙腈的职业史，出现以中枢神经系统为主，或伴心、肺、脑、肾等脏器损害的临床表现，结合现场职业卫生学调查及实验室检查结果，综合分析，排除其他病因所致的类似疾病，方可诊断。

需与有机溶剂、窒息性气体、脑血管意外、糖尿病昏迷等相鉴别。血浆中氰离子、硫氰酸盐及乙腈含量增高提示乙腈接触，有助于诊断，但不能提示有无中毒及其程度，共同接触者出现类似表现也有明确的提示作用。具体诊断分级可参照《职业性急性丙烯腈中毒诊断标准》（GBZ 13—2016）进行。

慢性中毒尚无肯定的病例报告，故诊断需十分谨慎。可疑病例按职业禁忌证调离乙腈接触岗位，积极治疗、康复。

（五）治疗

急性乙腈中毒的治疗包括解毒治疗和对症支持治疗两部分。

1. 一般处理

中毒患者至少应观察48~72h。对于有皮肤污染者，应立即用清水冲洗和更换衣服。如乙腈溅入眼内，用大量清水或生理盐水冲洗至少15min。口服者应立即催吐、洗胃。

2. 尽快给予特效解毒剂

首选高铁血红蛋白形成剂及供硫剂。常用的解毒治疗方法有亚硝酸钠—硫代硫酸钠疗法，如无亚硝酸钠，可选用大剂量亚甲蓝替代。具体给药方法如下。

（1）间断给予亚硝酸异戊酯（2~3支压碎于纱布中）吸入。

（2）亚硝酸钠—硫代硫酸钠疗法：首先缓慢静脉注射3%亚硝酸钠溶液10~15mL，或按6~12mg/kg给药。其次再静脉注射25%~50%硫代硫酸钠溶液20~50mL，必要时可重复给药。应用亚硝酸钠时应避免剂量过大或注射速度过快，以免发生严重的高铁血红蛋白血症或低血压。

（3）亚甲蓝—硫代硫酸钠疗法：亚甲蓝溶液按5~10mg/kg稀释后缓慢静脉注射，随后立即静脉注射25%~50%硫代硫酸钠溶液20~50mL，必要时可重复给药。

3. 积极对症支持治疗

（1）保持呼吸道通畅，合理氧疗，有条件可给予高压氧治疗，必要时机械通气辅助呼吸。

（2）积极防治脑水肿、肺水肿，如早期、短程、足量应用糖皮质激素、抗氧化剂及脱水、利尿剂等。

（3）纠正代谢性酸中毒，维持水、电解质平衡及微循环平衡，防治继发感染，保护心、肺、脑、肾重要脏器功能，及时给予相应的治疗措施。

二、丙烯腈

丙烯腈（acrylonitrile，propenenitrile，AN）又名乙烯基氰（vinyl cyanide），化学式为C_3H_3N，为无色透明液体，具特殊杏仁味，易蒸发，易燃烧，易溶于各种有机溶剂，微溶于水，可与水形成共沸混合物，水解时可形成丙烯酸。其蒸气可与空气形成爆炸性混合物。纯品易自聚，特别是在缺氧或暴露于可见光的情况下，更易聚合；遇明火、高热易引起燃烧，并放出有毒气体；与氧化剂、强酸、强碱；与胺类、溴反应剧烈。

（一）接触机会

本品工业上用于制造合成树脂、合成橡胶、合成纤维、丙烯酸酯等重要合成材料的主要原料；丙烯腈水解可制得丙烯酰胺和丙烯酸及其酯类，这些物质均是重要的有机化工原料；丙烯腈还可电解加氢偶联制得己二腈，后者加氢又可制得己二胺，己二胺则是尼龙66的原料；也可用于生产抗水剂、胶黏剂、杀虫剂等。本品也是一种非质子型急性溶剂，作为油田泥浆助剂PAC142的原料。

劳动者在制造、储运以及使用丙烯腈过程中有机会接触本品，特别是进入反应器内检修或其容器破损泄漏时，吸入其蒸气或皮肤污染中毒。

（二）致病机制

丙烯腈可经呼吸道、消化道及皮肤吸收，其毒性作用与氰化氢相似，但发病较缓，其发病机制尚不完全清楚，主要有以下一些看法。

1. 代谢产物 CN^- 的毒性作用

多数学者认为，急性毒性与其在肝微粒体混合功能氧化酶作用下生成的代谢产物 CN^- 有关，CN^- 通过抑制呼吸链终端酶细胞色素氧化酶，阻断呼吸链电子传递和细胞生物氧化，使细胞失去利用氧的能力，造成组织缺氧。由于中枢神经系统对缺氧极为敏感，故急性 AN 中毒时中枢神经系统是主要靶器官。

2. 与各种活性物质反应

如可与含巯基酶类反应，降低体内可溶性谷胱甘肽和蛋白质巯基的水平，干扰其生理功能。

3. 丙烯腈分子本身或其环氧化物的直接毒性

上述物质可与体内蛋白质、DNA、RNA 等大分子物质形成共价结合，具有致癌、致畸、致突变作用，构成丙烯腈“三致”的生化基础。故国际癌症研究机构（IARC）已将其列为 2A 类化学物质，即对人类有可能致癌性的物质。

4. 其他

丙烯腈本身处对呼吸中枢有直接麻醉作用外，高浓度时对呼吸道黏膜也有刺激作用，甚至可诱发肺水肿；一些研究还发现丙烯腈可直接影响骨髓造血功能，引起外周血细胞核骨髓细胞数量减少，形态和功能异常；AN 还可与红细胞牢固结合，其单体双键断裂产生的自由基可消耗红细胞内谷胱甘肽，引起脂质过氧化、膜离子运转酶活性抑制，最终导致膜结构损伤、细胞破坏。

（三）临床表现

1. 急性中毒

短时间接触较大量丙烯腈，可引起中枢神经系统损害为主的临床表现，伴有眼结膜、鼻咽黏膜刺激症状及局部皮肤损伤。职业性急性中毒多因吸入较高浓度的丙烯腈蒸气或皮肤污染未得到及时清理引起，误服其液体也可引起中毒。

由于丙烯腈的特色气味，可使人免于持续吸入较高浓度的丙烯腈，故吸入途径引起的丙烯腈中毒一般多为轻度中毒，症状与轻度急性氰化物类似，但发病较为缓和。急性中毒潜伏期为 0.5~24h，接触量不大时主要表现为头痛、头晕、乏力、恶心、呕吐、腹痛、腹泻及黏膜刺激症状；如持续接触低浓度丙烯腈，可出现胸闷、胸痛、呼吸困难、心悸、意识障碍，甚至昏迷、大小便失禁、全身抽搐。小部分病例可出现肺水肿、肝脏损害，于中毒后 1~2 周出现肝脏轻度增大、转氨酶增高、心肌酶增高及心电图异常；吸入高浓度蒸气可在数十分钟内出现前述各种症状，并很快出现呼吸困难、发绀、昏迷、全身强直性抽搐、大小便失禁、心律失常，可因呼吸骤停而死亡。有资料表明，人吸入 $1000mg/m^3$AN 1~2h 即可致死。部分患者尚可出现周围神经损害症状和体征。

2. 慢性中毒

慢性中毒目前尚无定论。经常接触 AN 的劳动者神经衰弱综合征发生率较高，有报道，AN 作业工人外周血象降低、贫血的发生率增高。动物实验表明，丙烯腈可选择性损害多巴胺神经元，使多巴胺合成减少，可导致机体运动协调功能障碍；在动物身上显示有致癌性、致畸性和致突变性，但对人类的致癌性问题仍需积累更多资料。

3. 皮肤损害

本品可致接触性皮炎，表现为红斑、疱疹及脱屑，愈后可有色素沉着，皮损可不伴全身中毒症状。

（四）诊断及鉴别诊断

1. 急性中毒

可依据现行《职业性急性丙烯腈中毒的诊断》（GBZ 13—2016）进行诊断。

（1）诊断原则：根据短时间内吸入或皮肤污染较大量的丙烯腈，出现以中枢神经系统损害为主、伴呼吸道和眼部急性刺激症状的临床表现，结合实验室检查结果，综合分析，排除其他病因所致的类似疾病，方可诊断。但急性丙烯腈中毒与无机氰化物中毒症状较为相似，鉴别要点是丙烯腈在体内代谢后方释放出 CN^-，发病稍慢；氰化物入人体后可迅速解离出 CN^-，故发病较快。

急性丙烯腈中毒需与急性有机溶剂、四乙基铅、窒息性气体中毒和脑血管病、糖尿病昏迷等疾病相鉴别。血中丙烯腈、氰离子、硫氰酸盐，尿中硫氰酸盐、氰乙基硫醇尿酸通常都增高，可作为接触的指标。

（2）诊断分级

急性丙烯腈中毒分为以下两级。

①轻度中毒：指出现头痛、头昏、上腹不适、恶心、呕吐、手足麻木、胸闷、呼吸困难、腱反射亢进、嗜睡或意识模糊等症状，且持续较久者（可有血清转氨酶升高、心电图或心肌酶异常）。

②重度中毒：指在轻度中毒的基础上，出现以癫痫大发作样抽搐，或昏迷，或肺水肿者。

2. 慢性中毒

目前我国尚无统一的慢性丙烯腈中毒诊断标准，也无明确的慢性中毒病例报告。由于慢性接触丙烯腈所出现的临床症状并不具有特征性，故诊断难度大，需谨慎。可疑病例按职业禁忌证调离 ACN 岗位，积极治疗、康复。

3. 皮肤损害

丙烯腈所致皮肤损害，可参照《职业性皮肤病的诊断总则》（GBZ 18—2013）及《职业性接触性皮炎诊断标准》（GBZ 20—2019）诊断。

（五）治疗

1. 急性中毒

参照本章乙腈中毒部分。

2. 慢性中毒

慢性中毒无特殊治疗，以对症支持治疗为主。皮肤损害参照《职业性皮肤病的诊断总则》（GBZ 18—2013）及《职业性接触性皮炎诊断标准》（GBZ 20—2019）处理。

（何蔡为　王会宁）

第四节　案例分析

一、职业性丙烯酰胺中毒案例

（一）事件经过

某市疾病预防控制中心职业病诊断小组于 2007 年、2014 年、2016 年先后在某农科化工有限公司确诊 3 例慢性丙烯酰胺中毒病例，同一企业不同岗位均出现职业性丙烯酰胺中毒病例报道较为少见。职业卫生现场调查情况：某农科化工有限公司于2013年搬迁至新厂址并投产，采用丙烯腈为主要原料的生物催化法生产丙烯酰胺，新厂的生产流水线和设备较老厂先进。老厂丙烯酰胺日生产量10~30t，年产量3000~10000t。新厂丙烯酰胺日生产量50t，年产量15000t。与传统化学催化法相比，生物催化法具有转化率高、反应条件温和、产品品质好、生产工艺简单、能耗低及对工人的危害较小等优点。其生产工艺流程：茄子瓶→发酵岗位→水合岗位→25%~30%丙烯酰胺贮槽→加热套管→浓缩塔→结晶釜→离心机→干燥床→混料槽→包装。该公司提供的2011年、2012年老厂工作场所丙烯酰胺检测报告显示，晶体出料口$C_{TWA}<8.3\times10^{-4}mg/m^3$、晶体干燥床旁$C_{TWA}<8.3\times10^{-4}mg/m^3$。2014年，新厂工作场所丙烯酰胺检测报告显示，包装岗位$C_{TWA}1.04\times10^{-4}mg/m^3$，超限倍数$1.38\times10^{-3}mg/m^3$。

（二）临床资料

【病例1】男，43岁，于1996年8月至2001年7月，在该公司任水合岗位操作工，接触丙烯酰胺近5年。所在岗位是将前道工序生产的发酵液与水在反应釜中发生催化反应，生成25%~30%的丙烯酰胺水溶液，并将该水溶液浓缩后送入结晶岗位。由于老厂基本处于作坊式发展阶段，为增加产能，车间长时间处于边改造、边生产状态，车间内“滴漏”现象严重。患者经常手工清洗板框和出料过滤器的滤布，徒手处理丙烯酰胺聚合物以防止其自聚，并多次被要求下到反应釜中徒手处理残留物，致使手部皮肤经常破损不愈。车间内仅有排风扇通风排毒，个人防护用品为普通工作服、普通皮鞋、纱布手套及口罩。

2000年5月起，患者出现四肢无力、手脚麻木、嗜睡、记忆力减退等症状。2001年6月14日，公司体检时发现下肢触觉障碍，舌中线弯曲偏右，人中偏离，随即将其送至某市职业病防治院进行诊治。就诊时四肢远端痛触觉减退，肱二、三头肌腱反射稍亢进，四肢肌力、肌张力正常，无跟腱反射减弱及共济失调。肌电图检查显示：患者右拇指展肌、左右小指展肌、右胫前肌肌电位正常，但大力收缩呈混合相，提示神经源性损害。神经传导测定：左右正中神经运动传导速度（MCV）、左右胫神经MCV、右尺神经感觉传导速度（SCV）、右腓肠神经SCV均减慢，右正中神经SCV潜伏期延长，诊断“周围神经病（丙烯酰胺所致）”。予神经生长因子、B族维生素、能量合剂及加强营养和功能锻炼等综合治疗后，四肢麻木无力症状逐渐好转，感觉障碍逐渐减轻。2006年11月28日，肌电图检查示右拇指展肌神经源性损害，神经传导测定示左右正中神经MCV、左右尺神经MCV、左右胫神经MCV潜伏期延长，传导速度正常。2007年1月23日诊断为职业性慢性轻度丙烯酰胺中毒。

【病例2】男，50岁，于1999年6月至2012年7月，在该公司晶体车间工作，其中2001年至2002年7月，在浓缩岗位工作，其余工作于干燥岗位，接触丙烯酰胺近13年。每班工作12h，每周5班。干燥岗位是将浓缩塔浓缩生成的65%丙烯酰胺送至结晶釜，用氨冷却至5℃后进入干燥床，生成99.9%丙烯酰胺进入混料槽后包装为成品。企业生产设备简陋，干燥床长8m、宽1.2m，热空气通过干燥床底部孔隙吹浮床内丙烯酰胺粉剂以达到干燥目的。工作时规定每小时需人工清理干燥床1次，每次20min。每15d需彻底清理干燥床1次，要求作业人员进入干燥床内用铁锹把丙烯酰胺粉剂及结块全部清理干净，清理时干燥床内弥漫着丙烯酰胺粉末。另每班还需人工从干燥床与引风机之间管道内收集丙烯酰胺粉剂20余桶倒入混料槽内。浓缩岗位是将精制而成30%丙烯酰胺抽进溶液槽经热水套管循环加温浓缩至65%丙烯酰胺，常会吸入出料时经溶液槽挥发的含丙烯酰胺的水蒸气。虽然身穿工作服并配戴口罩、手套，但完工后往往全身衣服湿透，皮肤上黏附着丙烯酰胺粉剂，手部皮肤常脱皮、破损，经久不愈。

患者自2010年底出现双手脱皮、头痛、手脚麻木、四肢无力、嗜睡、食欲下降、记忆力减退等不适症状，但未引起重视，后不适症状逐渐加重，于2014年6月12日，就诊于某医院。查体：意识清，言语对答正常，四肢肌力、肌张力正常，四肢腱反射存在，四肢手套袜子样感觉减退，共济尚可。神经传导测定：左右正中神经MCV、SCV减慢，F波PL正常；左右尺神经MCV、SCV减慢；左右桡神经SCV减慢；左胫后神经MCV减慢，F波PL延长；右胫后神经MCV减慢，潜伏期延长，F波PL延长；左右腓肠神经SCV减慢。检查结果显示神经源性损害。2014年8月22日，诊断为职业性慢性轻度丙烯酰胺中毒。

【病例3】男，57岁，于2008年9月至2012年12月、2013年2月至8月，先后在该公司老厂和新厂晶体车间和包装车间从事丙烯酰胺晶体包装工作，接触丙烯酰胺近5年。每班12h，每周5班。包装岗位设备非常简陋，包装机长1.5m、宽0.8m，两旁装有激震电机，通过电机振动使丙烯酰胺干粉进入包装袋，人工过秤包装。包装车间生产工艺流程：99.7%~99.9%丙烯酰胺干粉→干燥房尾部下料槽→定量过磅箱→自动捡袋机→线制缝口处→喷日期条码→二次电子过磅验秤→铲车入库。虽然新厂采用自动化流水线包装，但过磅箱、捡袋机接口处仍有大量丙烯酰胺粉末溢出。包装时新老厂车间内均弥漫着丙烯酰胺粉末且无空调制冷系统，夏天作业人员仅穿薄工作服，下班时工作服已全部湿透，身上黏附着很多丙烯酰胺粉末。2013年7月一夜班中，包装机出现故障，导致整袋丙烯酰胺粉末灌满全身。患者自2010年7月出现食欲减退、嗜睡、双手脱皮、手脚发麻等症状，口服维生素B效果欠佳，仍坚持上班，后上述症状逐渐加重。2013年7月，包装机故障事件后，手脚发麻症状更为严重，甚至无法持筷吃饭，行走也出现困难。2013年9月5日，公司将其送至山东某市职业病防治院进行诊治。肌电图检查示双侧正中神经深支及浅支、尺神经深支及浅支、腓深及腓浅神经、胫神经、腓肠神经呈神经源性损害。2016年5月6日，再次就诊山东某市职业病防治院，查体：一般情况可，双侧上下肢肌力、肌张力正常，轮替试验（–），昂伯氏征（–），行走可，各关节活动可。肌电图检查：双侧尺神经神经源性损害（双侧尺神经呈脱髓鞘损害，右侧尺神经支呈脱髓鞘及轴索损害），右侧腓浅神经呈轴索损害。2016年8月9日，诊断为职业性慢性轻度丙烯酰胺中毒。

（三）案例具体分析

丙烯酰胺具有高度水溶性和较强的渗透性，其单体可经皮肤、黏膜、呼吸道和胃肠道吸收，经皮肤的吸收量约是消化道的200倍，且可通过完整皮肤进入人体，故皮肤接触是导致中毒最为常见的途径。夏季气温较高，一方面可增加丙烯酰胺挥发逸散量，使工人接触量增加；另一方面，工人忽视手套、胶鞋等个人防护用品的佩戴，皮肤被污染后不及时清洗，加之工人出汗量增加，毛孔扩张，加速了有毒物质的吸收，本案例中的3例患者中毒前期还均出现不同程度的皮损，更增加了皮肤接触毒物的机会和接触量，从而导致中毒。该公司提供的新老厂工作场所丙烯酰胺检测报告中晶体出料口、晶体干燥床旁、包装岗位均未检出，【病例2】和【病例3】两位患者均提出异议，但老厂相关设备均已拆除无法复测，新厂包装岗位复测仍未检出。企业提供的2012年《职业健康检查总结报告书》显示有3名接触丙烯酰胺工人体检中出现程度不一的双手震颤。综上，在日常的职业卫生管理中，不能只重视车间空气中丙烯酰胺的浓度，经皮肤黏膜吸收引起中毒的情况更应引起高度重视。加强个人防护教育和监管，工人应穿长袖工作服、长筒胶靴及橡胶手套，避免皮肤直接接触丙烯酰胺；个人防护用品一旦被污染，应立即清洗处理；培养良好的习惯，下班后必须洗澡。用人单位对发生皮损的人员要及时调离工作岗位，避免进一步接触。

二、职业性环氧乙烷中毒案例

（一）事件经过

2012年某日23时，一辆装有环氧乙烷的槽罐车运至上海金山区某化工企业卸料，驾驶员连接好金属软管至槽车上的出料阀门后打开阀门开始卸料，就在出料阀门刚打开的瞬间，金属软管突然脱落，导致环氧乙烷泄漏喷出，气流将驾驶员从3m高处冲下，该车押运员前往扑救，2人均因为吸入大量环氧乙烷当场昏迷，紧急送往医院。事故最终造成5t多的环氧乙烷泄漏。该企业在组织排险救援过程中，先后有6名救援人员（无防护措施）出现不同程度的头痛、头晕、恶心、呕吐、腹痛等症状来院就诊。

（二）临床资料

8例患者中男性7例，女性1例，年龄30~49岁，平均年龄41.3岁。深昏迷2例，谵妄1例，意识模糊3例，朦胧状态1例，腹痛5例，皮肤红疹、水疱2例。2例昏迷患者频繁呕吐，其他患者均有头痛、头晕、恶心、呕吐症状。因事故发生于2012年，无职业性急性环氧乙烷中毒标准，依据《职业性急性化学物中毒性神经系统中毒诊断标准》（GBZ 76—2002）及《职业性化学性皮肤灼伤诊断标准》（GBZ 51—2002），诊断观察对象1例，轻度中毒4例（其中合并轻度化学性皮肤灼伤2例），中度中毒1例，重度中毒2例。本组中毒病例中，2例重度中毒病例（驾驶员和押运员）均抢救无效死亡，6例轻、中度中毒患者治疗10~34d出院，出院时稍有头痛、头晕，记忆力、计算能力较前好转，膝反射恢复正常；2例皮肤灼伤患者创面愈合良好，实验室检查结果基本正常。

（三）案例具体分析

在危险化学品运输、装卸过程中，从业人员的文化素质、业务能力、敬业精神以及生理、心理状况都与发生事故的概率相关。本次事故完全是由人为操作失误造成。事故经调查发现，造成软管脱落的主要原因是软管与阀门未紧固所致。驾驶员在长途驾驶后，未做短暂休息而继续疲劳工作，把金属软管连接至阀门后，未作检查，便将阀门打开。其次，押运员并非专业押运技术人员（与驾驶员为夫妻），未受过专业培训，既不具备处置危险化学品泄漏的技能，也没有抢救中毒患者的医学常识。在发现其丈夫受伤后，紧张慌乱，未采取正确施救方法，最终双双中毒身亡。此外，6名化工公司劳动者在清理事故现场时，也存在操作错误，未佩戴防毒面具等个人防护用品，导致发生集体急性职业中毒。

（何蔡为　王会宁）

参 考 文 献

[1] 孙贵范，邬堂春 . 职业卫生与职业医学［M］. 8 版 . 北京：人民卫生出版社，2017.

[2] 张文昌，贾光 . 职业卫生与职业医学［M］. 2 版 . 北京：科学出版社 . 2008.

[3] 赵金垣 . 临床职业病学［M］. 3 版 . 北京：北京大学医学出版社，2017.

[4] 黄先青，张艳芳 . 化学中毒与检验［M］. 北京：人民卫生出版社 . 2016.

[5] 葛均波，徐永健，王辰 . 内科学［M］. 9 版 . 北京：人民卫生出版社，2018.

[6] 孙贵范 . 职业卫生与职业医学［M］. 7 版 . 北京：人民卫生出版社，2012.

[7] 胡波，刘志东，李智民 . 职业病运动康复理论与实践［M］. 1 版 . 广东：广东科技出版社，2023.

[8] 燕铁斌，陈文华 . 康复治疗指南［M］. 北京：人民卫生出版社，2020.

[9] 纪树荣 . 运动疗法技术学［M］. 北京：华夏出版社，2011.

[10] 王玉龙 . 康复运动评定学［M］. 北京：人民卫生出版社，2018.

[11] 黄金祥 . 职业中毒［M］. 北京：化学工业出版社，2014.

[12] 王祖兵 . 中毒事件处置及案例剖析［M］. 上海：同济大学出版社，2019.

[13] 李珏，牛东升 . 用人单位职业卫生管理工作基础与实务［M］. 北京：人民卫生出版社，2020.

[14] 王世俊 . 金属中毒 .［M］. 2 版 . 北京：人民卫生出版社，1977.

[15] 李德鸿，赵金垣，李涛 . 中华职业医学［M］. 2 版 . 北京：人民卫生出版社，2019.

[16] 何凤生，王世俊，任引津，等 . 中华职业医学［M］. 北京：人民卫生出版社，1999.

[17] 赵金垣 . 临床职业病学［M］. 北京：北京大学医学出版社，2010.

[18] 杨径，李智民 . 职业病诊断实践与案例评析［M］. 北京：人民卫生出版社，2012.

[19] 孙承业 . 实用急性中毒全书［M］. 2 版 . 北京：人民卫生出版社，2020.

[20] 黄金详 . 职业中毒诊断医师培训教程［M］. 2 版 . 北京：化学工业出版社，2014.

[21] 恽晓平 . 康复疗法评定学［M］. 北京：华夏出版社，2014.

[22] 燕铁斌，梁维松，冉春风 . 现代康复治疗学［M］. 2 版 . 广东：广东科技出版社，2012.

[23] 樊晶光，王海椒，李晗 . 我国职业中毒现状及防治建议［J］. 伤害医学（电子版）. 2017，6（2）：1–4.

[24] 袁媛，何仟，王丹，等 . 2004—2021 年我国急性职业中毒报告事件特征分析［J］. 职业卫生与应急救援 . 2023，41（1）：37–42.

[25] 郎楠，袁媛，周静 . 我国化学中毒救治基地建设现状分析［J］. 中国工业医学杂志 . 2023，36（5）：387–390.

[26] 黎敏，李超乾，卢中秋，等 . 急性中毒诊断与治疗中国专家共识［J］. 中华急诊医学杂志，2016，25（11）：1361–1375.

[27] 孟庆义，邱泽武．化学毒剂与有毒化学品中毒急救处置中国专家共识 2015［J］．中华危重病急救医学，2015，27（11）：865–874.

[28] 中国医师协会急诊医师分会，中国急诊专科医联体，中国医师协会急救复苏和灾难医学专业委员会，等．刺激性气体中毒诊治专家共识［J］．中华急诊医学杂志，2020，29（12）：1527–1536.

[29] 杨新荣，王正银，王明华，等．37 例黄磷中毒临床分析［J］．工业卫生与职业病，2014，40（1）：52–53.

[30] 吴常明，肖雄，黄舒，等．氮氧化物毒气及稀硫酸毒液致严重急性化学性肺炎 2 例［J］．临床肺科杂志，2019，24（3）：575–577.

[31] 高华北，马金辉，刘晓，等．1 起槽罐车残液引发的急性氯气职业中毒事件的调查［J］．中国职业医学，2010，37（1）：78–79.

[32] 夏丽华，程樱，刘莉莉，等．职业性慢性镉中毒临床诊断治疗研究进展［J］．中国职业医学，2016，43（1）：97–100.

[33] 肖春霞，赖燕，黄蕾，等．二巯丙磺钠与大剂量激素联合治疗急性汞中毒致间质性肺炎 2 例临床分析［J］．职业卫生与应急救援，2024，42（2）：273–275+278.

[34] 朱华，张兴国，邵华．70 例急性四乙基铅中毒临床分析［J］．中国工业医学杂志，2016，29（4）：294–295.

[35] 陈新，王慧娟，王洋，等．1 例四乙基铅中毒误诊为精神障碍的分析［J］．工业卫生与职业病，2013，39（6）：383.

[36] 张红兵，张宏群，窦建瑞，等．汞毒性研究概况及职业性汞中毒诊断标准修订探讨［J］．职业卫生与应急救援，2022，40（4）：501–505.

[37] 王琳，徐丛杉，孙德兴．急性砷化氢中毒多器官损害的临床特征分析［J］．中国中西医结合急救杂志，2020，27（4）：472–476.

[38] 李森林，王新文，彭静，等．急性砷化氢中毒的治疗——附 52 例分析［J].中国工业医学杂志，2000，13（2）：104–105.

[39] 吴菲，赵红宇，李晓燕，等．急性职业性砷化氢中毒诊治的临床分析［J］．昆明医科大学学报，2015，36（3）：57–59.

[40] 方圆，孙家正，孙明玉，等．镉毒性危害及其防治措施研究进展［J］．毒理学杂志，2022，36（6）：517–520.

[41] 雷尤春，刘永生，赖晓东，等．12 例职业性慢性锰中毒临床特点分析［J］.工业卫生与职业病，2021，47（2）：151–152.

[42] 赵琳，李俊彦，陈静，等．锰神经毒性机制研究进展［J］．中国药理学与毒理学杂志，2021，35（1）：58–64.

[43] 唐小江，黄明，李斌，等．国内外三甲基氯化锡中毒事故分析［J］．中国工业医学杂志，2010，23（5）：352–356.

[44] 孙道远，张巡淼，陈嘉斌，等．急性三甲基锡中毒 52 例临床分析［J］．中国工业医学杂志，2007，20(5)：289–292.

[45] 张舸，徐秋萍，黄海英．急性三甲基氯化锡中毒 45 例［J］．中华劳动卫生职业病杂志，2006，24（5）；308–309.

[46] 陈朝东，唐小江，刘焕珍，等．三甲基氯化锡职业接触者血钾水平的调查［J］．中国热带医学，2006，6（7）：1287-1288.

[47] 杨晨，赖平，袁经林，等．1996—2016年我国三甲基氯化锡中毒事故分析［J］．海南医学，2017，28（13）：3.

[48] 周鹏宇，闵珍，孙道远，等．一起再生锡回收致三甲基氯化锡中毒5例临床分析［J］．中国工业医学杂志，2024，37（1）：55-57.

[49] 黄简抒，严蓉，宣丹旦，等．职业性钡化合物中毒105例临床分析［J］．中国工业医学杂志，2016，29（3）：233-236.

[50] 严蓉，万伟国，黄简抒．急性钡中毒的临床进展［J］．中国工业医学杂志，2015，28（5）：347-349.

[51] 冯文兰，尹宇杰，刘仲岩．碳酸钡中毒致心律失常1例［J］．中华劳动卫生职业病杂志，2022，40（7）：535-537.

[52] 刘欣，王叶屏，王永义，等．1起吸入碳酸钡粉尘所致急性钡中毒事件的调查［J］．中国工业医学杂志，2020，33（6）：567+572.

[53] 梅勇，张劲松，陈旭锋，等．急性吸入性金属镍中毒4例［J］．中华急诊医学杂志，2016，25（12）：1273.

[54] 陆金云，孙建平．镍电解液烧伤并急性镍中毒1例诊治并文献复习［J］．中国乡村医药，2022，29（5）：48-49.

[55] 尚慧，马国煜，李林云，等．急性羰基镍中毒临床治疗实践与探讨［J］．工业卫生与职业病，2017，43（5）：392-393+395.

[56] 李晓萍，张志坚．以急性呼吸窘迫综合征为主要表现的重度急性羰基镍中毒三例报告［J］．中国呼吸与危重监护杂志，2015，14（1）：101-102.

[57] 唐玉樵，叶绿素，贺炜，等．1起急性羰基镍中毒事故调查［J］．中国工业医学杂志，2014，27（3）：240.

[58] 颜翩，陈玉琳，杨蓉英，周朴艳，王文庆，刘靖平．铟的自然分布、生产及应用研究进展［J］．中国资源综合利用，2023，41（7）：93-97+103.

[59] 朱秋鸿，黄金祥．职业接触铟化合物所致的肺部损害［J］．中国工业医学杂志，2012，25（4）：268-271.

[60] 黄世文，李小萍．铟致肺损伤研究进展［J］．工业卫生与职业病，2016，42（5）：391-395+398.

[61] 夏丽华，邓小峰，张莹，等．血浆置换联合血液灌流抢救急性重度三氯甲烷中毒［J］．中国职业医学，2013，40（4）：309-310.

[62] 一起急性氰化氢中毒的调查［J］．职业与健康，2012，28（12）：1442-1444.

[63] 朱晓莉，王涤新．氰化物中毒的诊疗研究新进展［J］．中华内科杂志，2007，46（9）：786-787.

[64] 董志鹏，史懋功，邵海燕，等．急性重度氰化氢中毒一例［J］．中华劳动卫生职业病杂志，2018，36（1）：56-57.

[65] 吕淑秋．急性氨中毒323例临床分析［J］．中华劳动卫生职业病杂志，1994，12（4）：102-103.

[66] 李艳萍，王晓辉，张立仁，等．急性氨中毒318例临床分析［J］．职业卫生与应急救援，2000，18（4）：200-203.

[67] 李雄，曾伟华，贺建林，等 . 急性氨中毒的肺部 X 射线、CT 分析（附 11 例报道）[J]. 实用预防医学，2010，17（6）：1178–1180.

[68] 卢杨，王爱华，王安潮 . 急性氨中毒的肺功能改变 [J]. 实用全科医学，2005，3（1）：28–29.

[69] 何为，李思惠 . 急性氨吸入损伤发病特征及救治要点临床研究 [J]. 中国职业医学，2012，39（5）：396–400.

[70] 许艳红 . 急性液氨中毒的护理 [J]. 中华护理杂志，2000，35（5）：275–276.

[71] 刘建宁，唐振豪 . 急性氨中毒 22 例临床分析 [J]. 中华劳动卫生职业病杂志，2003，21（4）：288–289.

[72] 薛长江，郝凤桐 . 1 例急性重度氨气中毒患者的 3 年随访临床分析 [J]. 中国工业医学杂志，2013，26（5）：340–341.

[73] 王招兄，李思惠 . 急性光气中毒的临床特点研究 [J]. 职业卫生与应急救援，2002，20（2）：63–65.

[74] 刘静，寿永明，张叶，等 . 近 30 年来我国急性光气中毒与接触反应 1132 例分析 [J]. 职业卫生与应急救援，2013，31（2）：68–70.

[75] 赵庆玲，庄淑美 . 急性光气中毒 36 例分析 [J]. 中国工业医学杂志，2015，28（1）：17.

[76] 张琳琳，周树生，刘宝，等 . 重度光气中毒致急性呼吸窘迫综合征患者的临床特点及救治策略 [J]. 中国危重病急救医学，2012，24（2）：118–119.

[77] 岳茂兴 . 氮氧化物中毒损伤的临床救治与进展 [J]. 中华急诊医学杂志，2001，10（4）：222–223.

[78] 吴林峰，孙祖良，任萍萍，等 . 13 例急性氮氧化物中毒抢救体会 [J]. 中国工业医学杂志，2004，17（3）：171–172.

[79] 夏玉静 . 急性氮氧化物中毒 48 例分析 [J]. 职业卫生与应急救援，2004，22（4）：213–214.

[80] 刘瑞莹，胡丹丹，杨荷戟 . 急性氮氧化物中毒 3 例 [J]. 中国冶金工业医学杂志，2007，24(1)：161.

[81] 翁雪梅，李思惠 . 167 例急性氮氧化物中毒临床特征及救治要点 [J]. 中国职业医学，2012，39（2）：127–129.

[82] 徐华 . 1 例急性氮氧化物中毒致呼吸窘迫综合征分析 [J]. 中国职业医学，2007，34（6）：480–481.

[83] 于光彩，菅向东，王洁茹，等 . 职业性急性氮氧化物中毒一例 [J]. 中华劳动卫生职业病杂志，2014，32（1）：69–70.

[84] 邵志华，孙晓红，徐进，等 . 全氟异丁烯染毒致家兔肺损伤研究 [J]. 毒理学杂志，2007，21（3）：227–229.

[85] 翁雪梅，李思惠 . 急性有机氟吸入损伤特征及临床救治要点研究 [J]. 中国职业医学，2011，38（6）：483–485.

[86] 耿平，夏仲芳，叶靖，等 . 急性有机氟气体中毒患者呼吸系统损害的特点分析 [J]. 临床急诊杂志，2014，15（2）：71–74.

[87] 徐敏蓉，林继华 . 21 例职业性有机氟毒物吸入后 72h 内心电图分析 [J]. 中国职业医学，2008，35（2）：165–166.

[88] 柳月珍，陈寿权，李章平．急性有机氟吸入中毒患者血尿氟浓度变化及临床意义［J］．中华急诊医学杂志，2010，19（10）：1078–1081.

[89] 翁雪梅，闻建范，王洁．群发急性有机氟吸入及中毒临床诊治体会［J］．职业卫生与应急救援，2010，28（4）：222–223.

[90] 何钦，朱若凯，时庆华，等．职业性急性有机氟中毒10例临床分析［J］．江西医药，2018，53（5）：488–489.

[91] 严蓉，张静波，孙道远，等．13例职业性急性有机氟中毒病例救治分析［J］．中国工业医学杂志，2022，35（1）：29–31.

[92] 于冰洁，牛燕英，尚波．电热锅生产工人急性有机氟中毒1例［J］．中国工业医学杂志，2024，37（1）：86.

[93] 曾雪娇，龚华，黄威，等．一起职业性急性重度有机氟中毒事件调查分析［J］．环境与职业医学，2022，39（1）：85–88.

[94] 古小明，毛耿，柯儿升，等．一起由甲醛泄漏导致中毒的事件调查［J］．职业卫生与应急救援，2017，35（2）：186–187.

[95] 张丽萍．一起甲醛泄漏事件现场抢救引发医务人员职业暴露的调查分析［J］．世界最新医学信息文摘，2019，19（23）：223+225.

[96] 周瑜，朱建全，徐琪，等．职业性慢性甲醛中毒性阻塞性肺病1例分析［J］．中国职业医学，2013，40（2）：124+127.

[97] 于中锴，邹宪宝，孙宝泉，等．重度二氧化硫气体中毒2例临床分析［J］．灾害医学与救援（电子版），2016，5（2）：107–108.

[98] 尚念胜，牛燕英，訾向东，等．氢氟酸烧伤合并急性化学性肺炎1例［J］．职业卫生与应急救援，2021，39（1）：117–118.

[99] 许海蓉．1例ECMO联合CRRT救治重度氢氟酸中毒患者的护理［J］．临床医药文献电子杂志，2017，4（56）：11045–11047.

[100] 冯静云，陈菲菲，薛峰，等．12例急性硫酸二甲酯中毒患者临床观察［J］．职业卫生与应急救援，2020，38（5）：525–527.

[101] 刘咏梅，陆强．3例职业性急性硫酸二甲酯中毒临床特点分析［J］．中国工业医学杂志，2024，37（1）：53–55.

[102] 张雪涛，王志红，唐晓勤．16例快递分拣工急性硫酸二甲酯暴露救治体会及文献复习［J］．职业卫生与应急救援，2019，37（4）：335–337+352.

[103] 徐秦儿，谈国强，徐迪威．一起急性苯胺中毒事故调查分析［J］．职业与健康，2001，17（11）：16.

[104] 毛叶挺，单利玲．慢性丙烯酰胺中毒3例报告［J］．中国工业医学杂志，2017，30（6）：476–477.

[105] 李秀菊，王朋，黄简抒，等．急性环氧乙烷中毒八例分析［J］．中华劳动卫生职业病杂志，2013，31（5）：391–392.

[106] 闻建范．环氧乙烷槽车泄漏：一起处置不当致死的化学中毒事故［J］．职业卫生与应急救援，2013，31（2）：110–111.

[107] 李友顺，白小宁，李富根，等.2023年及近年我国农药登记情况和特点分析［J］．农药科学与

管理，2024，45（2）：10–19+28.
［108］中国医师协会急诊医师分会．急性有机磷农药中毒诊治临床专家共识（2016）［J］．中国急救医学，2016，36（12）：1057–1065.
［109］孟庆冰，田英平．胆碱酯酶复能剂与抗胆碱能药物的具体应用——《急性有机磷农药中毒诊治临床专家共识（2016）》解读［J］．河北医科大学学报，2019，40（3）：249–251.
［110］闫永建，李秀菊，宁国英，等．急性有机磷农药中毒规范化治疗研究［J］．中华劳动卫生职业病杂志，2010，28（5）：321–324.
［111］陈霞，秦瑶，张美辨，等．2008—2022 年某市农药中毒病例回顾性分析［J］．工业卫生与职业病，2024，50（1）：20–25+40.
［112］张明浩，付国强，田小溪．急性毒死蜱中毒诊治进展［J］．医学综述，2019，25（4）：763–768.
［113］王磊，唐泽海，陈奎，等．急性有机磷农药中毒氯解磷定用量的临床研究［J］．中华急诊医学杂志，2017，26（8）：924–927.
［114］丁溢姣，项俊之，唐亚慧，等．血液灌流联合血液透析治疗急性重度有机磷中毒的 Meta 分析［J］．中华急诊医学杂志，2023，32（2）：224–229.
［115］漆小莉，熊明分，陶宁，等．连续性静脉—静脉血液滤过联合血液灌流治疗急性重度有机磷中毒的临床观察［J］．河北医学，2024，30（2）：281–286.
［116］张万恒，宋伟香．经皮肤二次接触有机磷中毒致死亡 1 例［J］．中国乡村医药，2022，29（1）：43.
［117］国家卫生和计划生育委员会．职业病诊断通则（GBZ/T 265—2014）［S］．北京：中国标准出版社，2014.
［118］国家卫生和计划生育委员会．职业性急性化学物中毒的诊断 总则（GBZ 71—2013）［S］．北京：中国标准出版社，2013.
［119］国家卫生健康委员会．职业性慢性化学物中毒诊断标准 总则（GBZ/T 329—2024）［S］．北京：中国标准出版社，2024.
［120］国家卫生健康委员会．突发中毒事件卫生应急处置人员防护导则（WS/T 680—2020）［S］．北京：中国标准出版社，2020.
［121］国家卫生健康委员会．突发中毒事件卫生应急处置技术规范 总则（WS/T 679—2020）［S］．北京：中国标准出版社，2020.
［122］中华人民共和国卫生部．职业性急性氰化物中毒诊断标准（GBZ 209–2008）［S］．北京：法律出版社，2008.
［123］中华人民共和国国家职业卫生标准．职业性急性有机磷杀虫剂中毒诊断标准（GBZ 8—2002）［S］．北京：法律出版社，2002.
［124］中华人民共和国国家职业卫生标准．职业性急性氨基甲酸酯杀虫剂中毒诊断标准（GBZ 52—2002）［S］．北京：法律出版社，2002.
［125］中华人民共和国国家职业卫生标准．职业性急性拟除虫菊酯中毒诊断标准（GBZ 43—2002）［S］．北京：法律出版社，2002.
［126］中华人民共和国卫生部．工业企业设计卫生标准（GBZ 1—2010）［S］．北京：人民卫生出版社，2010.

[127] 中华人民共和国卫生部．工作场所有毒气体检测报警装置设置规范（GBZ/T 223—2009）[S]．北京：人民卫生出版社，2009.

[128] 中华人民共和国住房和城乡建设部．石油化工可燃气体和有毒气体检测报警设计标准（GB/T 50493—2019）[S]．北京：中国计划出版社，2019.

[129] 中华人民共和国应急管理部．眼面部防护应急喷淋和洗眼设备 第1部分：技术要求（GB/T 38144. 1—2019）[S]．北京：中国标准出版社，2019.

[130] 中华人民共和国应急管理部．面部防护应急喷淋和洗眼设备 第2部分：使用指南（GB/T 38144. 1—2019）[S]．北京：中国标准出版社，2019.

[131] 李瑞．富含巯基亚麻籽肽的制备及其对慢性铅中毒小鼠的保护作用[D]．内蒙古农业大学，2023.

[132] Roberts JR，Reigart JR，Ebeling M，et al. Time required for blood lead levels to decline in nonchelated children [J]. Journal of Toxicology Clinical Toxicology，2001，39（2）：153.

[133] Hong YS，Song KH，Chung JY. Health effects of chronic arsenic exposure [J]. J Prev Med Public Health. 2014，47（5）：245-252.

[134] Aposhian HV，Zakharyan RA，Avram MD，et al. A review of the enzymology of arsenic metabolism and a new potential role of hy-drogen peroxide in detoxieation of the trivalent arsenic species [J]. Toxieol Appl Pharmaeo1，2004，198（3）：327-335.

[135] Lindberg AL，Kumar R，Goessler W，et al. Metabolism of low-dose inorganic arsenic in a central European population：influence of sex and genetic polymorphisms [J]. Environ Health Perspect，2007，115（7）：1081-1086.

[136] Kim DJ，Kim YS. Magnolol protects against trimethyltininduced neuronal damage and glial activation in vitro and in vivo [J]. Neurotoxicology，2016（53）：173-185.

[137] Shintani N，Ogita K，Hashimoto H，etal. Recent studies on the tri-methyltin actions in central nervous systems [J]. akugaku Zasshi，2007，127（3）：451-461.

[138] Davidson CE，Reese BE，Billingsley ML，et al. Stannin，a protein that localizes to the mitochondria and sensitizes NIH3T3 cells to trimethyltin and dimethyltin toxicity [J]. Mol Pharmacol，2004，66（4）：855-863.

[139] Du Y. Acute trimethyltin poisoning caused by exposure to polyvinyl chloride production：8 cases [J]. Am J Med Sci，2021，362（1）：92-98.

[140] Kravchenko J，Darrah TH，Miller RK，et al. A review of the health impacts of barium from natural and anthropogenic exposure [J]. Environ Geochem Health，2014，36（4）：797-814.

[141] Mohammed AT，Ismail HTH. Hematological，biochemical，and his-topathological impacts of barium chloride and barium carbonate accumu-lation in soft tissues of male Sprague-Dawley rats [J]. Environ Sci Pol- lut Res Int，2017，24（34）：26634-26645.

[142] REHMAN K，FATIMA F，WAHEED I，et al. Prevalence of exposure of heavy metals and their impact on health consequences [J]. J Cell Biochem，2018，119（1）：157.

[143] Chen CY，Wang YF，Huang WR，et al. Nichel induces oxidative stress and genotoxicity in human lymphocytes [J]. Toxicol Appl Pharmacol，2003，189：153-159.

[144] Chen CY, Wang YF, Lin YH, et al. Nickel–induced oxidative stress and effect of antioxidants in human lymphocytes [J] . Arch Toxicol, 2003, 77: 123–130.

[145] Cooper CE, Brown GC. The inhibition of mitochondrial cytochrome oxidase by the gases carbon monoxide, nitric oxide, hydrogen cyanide and hydrogen sulfide: chemical mechanism and physiological significance [J] . J Bioenerg Biomembr, 2008, 40 (5): 533–9.

[146] Hai CX, Wang Q. The regulations establishment of the global emergency medical rescue for chemical terror and accident [J] .International Review of the Armed Forces Medical Service, 2005, 78 (2): 76–81.

[147] Sciulo AM, Phillips CS, Orzolek LD, et al. Genomic analysis murine pulmonary tissue following carbonyl chloride inhalation [J] . Chemical research in toxicology, 2005, 18 (11): 1654 –1660.

[148] Hai CX, Wang Q. The characteristics and countermeasure of military medical rescue to sudden chemical accident [C] . // Proceeding of the XXXVI World Congress on Military Medicine.Russia, 2005.

[149] Michael Eddleston PE, Worek F. Differences between organophosphorus insecticides in human self–poisoning: a prospective cohort study [J] . LANCET, 2005, 366: 1452–1459.

[150] Franz Worek, Horst Thiermann, Timo Wille. Organophosphorus compounds and oximes: a critical review [J] . Archives of Toxicology, 2020, 94: 2275–2292.

[151] Arsuffi–Marcon R, Souza LG, Santos–Miranda A, et al. Neurotoxicity of Pyrethroids in neurodegenerative diseases: From animals' models to humans' studies [J] . Chem Biol Interact. 2024, 391: 110911.

[152] Voros C, Dias J, Timperley CM, Nachon F, et al. The risk associated with organophosphorus nerve agents: from their discovery to their unavoidable threat, current medical countermeasures and perspectives [J] . Chem Biol Interact. 2024, 395: 110973.